수렵면허
시험 & 헌팅

한권으로 끝내기

2026 시대에듀 수렵면허시험&헌팅 한권으로 끝내기

Always **with you**

사람의 인연은 길에서 우연하게 만나거나 함께 살아가는 것만을 의미하지는 않습니다.
책을 펴내는 출판사와 그 책을 읽는 독자의 만남도 소중한 인연입니다.
시대에듀는 항상 독자의 마음을 헤아리기 위해 노력하고 있습니다. 늘 독자와 함께하겠습니다.

자격증 · 공무원 · 금융/보험 · 면허증 · 언어/외국어 · 검정고시/독학사 · 기업체/취업
이 시대의 모든 합격! 시대에듀에서 합격하세요!
www.youtube.com ➜ 시대에듀 ➜ 구독

머리말
PREFACE

수렵은 인류뿐만 아니라 모든 생물의 생존 수단 중 하나로 과거부터 지금까지 함께 전해지고 사용되어 오는 수단이다. 현대로 오면서 문화가 발달함에 따라 수렵은 전문적인 직업으로도 발전하였으며, 생존뿐만 아닌 우리의 유희와 건강을 위한 다양한 레포츠 중의 하나로 자리매김하고 있다.

이처럼 우리 생활과 밀접한 연관을 맺고 있는 수렵을 흔히들 '1등 국민의 스포츠'라고 한다. 신체적으로도 건강해야 하는 것은 물론이고, 정신적으로도 건강하여 범죄를 저지른 적이 없어야 하며, 어느 정도 경제적 여유가 있는 사람들만이 할 수 있는 레포츠라는 인식 때문이다.

그렇기 때문에 수렵인들은 1등 국민이라는 자부심을 가지고 몇 가지 지켜야 할 것들이 있다. 다른 사람에게 실수로라도 상처를 주는 일이 없어야 하며, 잘못된 마음을 먹거나 혹은 실수로라도 보호해야 할 야생동물들을 사냥해서는 안 된다는 점이다. 이처럼 수렵은 총기를 다루고 생태계에 직접적인 영향을 줄 수 있다. 따라서 개인의 자율에 자정을 맡기고 만들어가는 것이 아닌 국가에서 먼저 나서서 건전한 수렵문화를 정착하기 위한 수렵면허 시험제를 도입하게 되었다.

주요 개정사항

❶ 야생생물 보호 및 관리에 관한 법률(2025년 12월 14일 시행), 총포·도검·화약류 등의 안전관리에 관한 법률(2026년 1월 8일 시행), 문화유산의 보존 및 활용에 관한 법률(2025년 2월 14일 시행)이 반영되었다.

❷ 환경부 공개문제를 보면 야생생물 보호 및 관리에 관한 법률 전체를 문제화한 것을 알 수 있다. 그에 따라 본 도서에 반영되지 않은 법령들을 빈칸 넣기 문제화하여 부담을 줄이면서 학습할 수 있도록 하였다. 평균 60점 이상(단, 각 과목당 최소 40점 이상)이면 합격하는 시험이니 전체 법령을 다 외우는 것보다는 일부라도 확실하게 외우고 익히는 것이 중요하다.

이 책으로 공부한 많은 수렵인들이 수렵면허시험을 통과한 후에도 건전한 수렵인으로서의 몸가짐과 지식을 잊지 않고 지켜나가는 진정한 '헌터'가 되기를 진심으로 기원한다. 아울러 이 책이 많은 수렵인들의 지침서가 되기를 바란다.

편저자 씀

INFORMATION
수렵면허시험 안내

❖ 다음 사항은 2025년 서울특별시 시험일정으로 각 지자체별로 원서접수 시기나, 시험장소, 시험일, 합격자 발표일 등이 다를 수 있기 때문에 자세한 사항은 지방자치단체 인터넷원서접수센터 홈페이지(local.gosi.go.kr) 및 응시하고자 하는 각 지자체 시행공고를 필히 확인하시기 바랍니다.

◈ 수렵면허시험이란?

수렵장 주소지를 관할하는 시장 또는 군수·구청장이 시행하는 시험으로 수렵에 필요한 기본적인 소양과 자질을 갖춘 자에게 면허를 부여해 총기 안전사고 예방 및 야생동물 밀렵·밀거래 방지, 야생동물 보호·관리를 위한 목적으로 시행되며 수렵면허 소지자는 수렵기간 동안 수렵활동과 재산상 피해를 주는 유해야생동물 구제 활동 등을 할 수 있다.

◈ 수렵면허의 종류(야생생물 보호 및 관리에 관한 법률 제44조 제2항)

구 분	내 용	비 고
제1종	총기를 사용하는 수렵	총기(엽총, 공기총)
제2종	총기 외의 수렵도구를 사용하는 수렵	활, 석궁(도르래 석궁 제외), 그물

◈ 응시자격

❶ 합격자 발표일 현재 「야생생물 보호 및 관리에 관한 법률」 제46조의 규정에 의한 결격사유에 해당하지 아니한 자

- ▶ 미성년자
- ▶ 심신상실자
- ▶ 「정신건강증진 및 정신질환자 복지서비스 지원에 관한 법률」 제3조 제1호에 따른 정신질환자
- ▶ 「마약류 관리에 관한 법률」 제2조 제1호에 따른 마약류 중독자
- ▶ 「야생생물 보호 및 관리에 관한 법률」을 위반하여 금고 이상의 실형을 선고받고 그 집행이 끝나거나(집행이 끝난 것으로 보는 경우를 포함) 집행이 면제된 날부터 2년이 지나지 아니한 사람
- ▶ 「야생생물 보호 및 관리에 관한 법률」을 위반하여 금고 이상의 형의 집행유예를 선고받고 그 유예기간 중에 있는 사람
- ▶ 「야생생물 보호 및 관리에 관한 법률」 제49조에 따라 수렵면허가 취소된 날부터 1년이 지나지 아니한 사람

❷ 주소지에 관계없이 응시 가능
❸ 총기소지 결격사유(총포화약법 제13조)가 있는 경우, 제1종 수렵면허를 취득해도 총기소지 허가가 불가하다.

시험일정(2025년 기준)

구 분	응시원서 접수기간	시험장소 공고	시험일시	합격자 발표
상반기	02.24~02.27	03.24	03.29	04.08
하반기	06.02~06.05	06.30	07.05	07.15

※ 시험장소 및 합격자 발표는 서울특별시 인재개발원 홈페이지(hrd.seoul.go.kr), 지방자치단체 인터넷원서접수센터 홈페이지(local.gosi.go.kr)에 공고합니다.

시험과목(필기시험)

❶ 수렵에 관한 법령 및 수렵의 절차
❷ 야생동물의 보호·관리에 관한 사항
❸ 수렵도구의 사용방법 : 1종(총기를 사용하는 수렵), 2종(총기 외 수렵도구를 사용하는 수렵)
❹ 안전사고의 예방 및 응급조치에 관한 사항
※ 수렵도구의 사용방법만 면허에 따라 다르고 다른 과목은 동일함

시험구성

형 식	문항 수	시험시간	합격기준
4지 선다형	4과목 80문항(과목당 20문항)	100분	매 과목당 40점 이상, 전 과목 평균 60점 이상 득점자

응시원서 접수(인터넷 접수만 가능)

❶ 접수방법 : 지방자치단체 인터넷원서접수센터 홈페이지에 접속하여 접수
❷ 접수시간 : 접수기간 내 24시간(단, 시작일은 09:00부터, 마감일은 18:00까지)
❸ 응시수수료 : 10,000원

수험생 주의사항

❶ 응시자는 시험당일 시험시작 40분 전까지 응시표, 신분증(주민등록증, 운전면허증 등), 컴퓨터용 흑색 사인펜을 지참하고 해당 시험실의 지정된 좌석에 앉아 시험관리관의 안내에 따라야 합니다.
❷ 접수된 응시원서의 기재사항 착오 및 누락 허위기재 등으로 발생한 불이익은 일체 응시자의 책임입니다.
❸ 부정행위자는 당해 시험을 무효로 처리합니다.

이 책의 구성과 특징

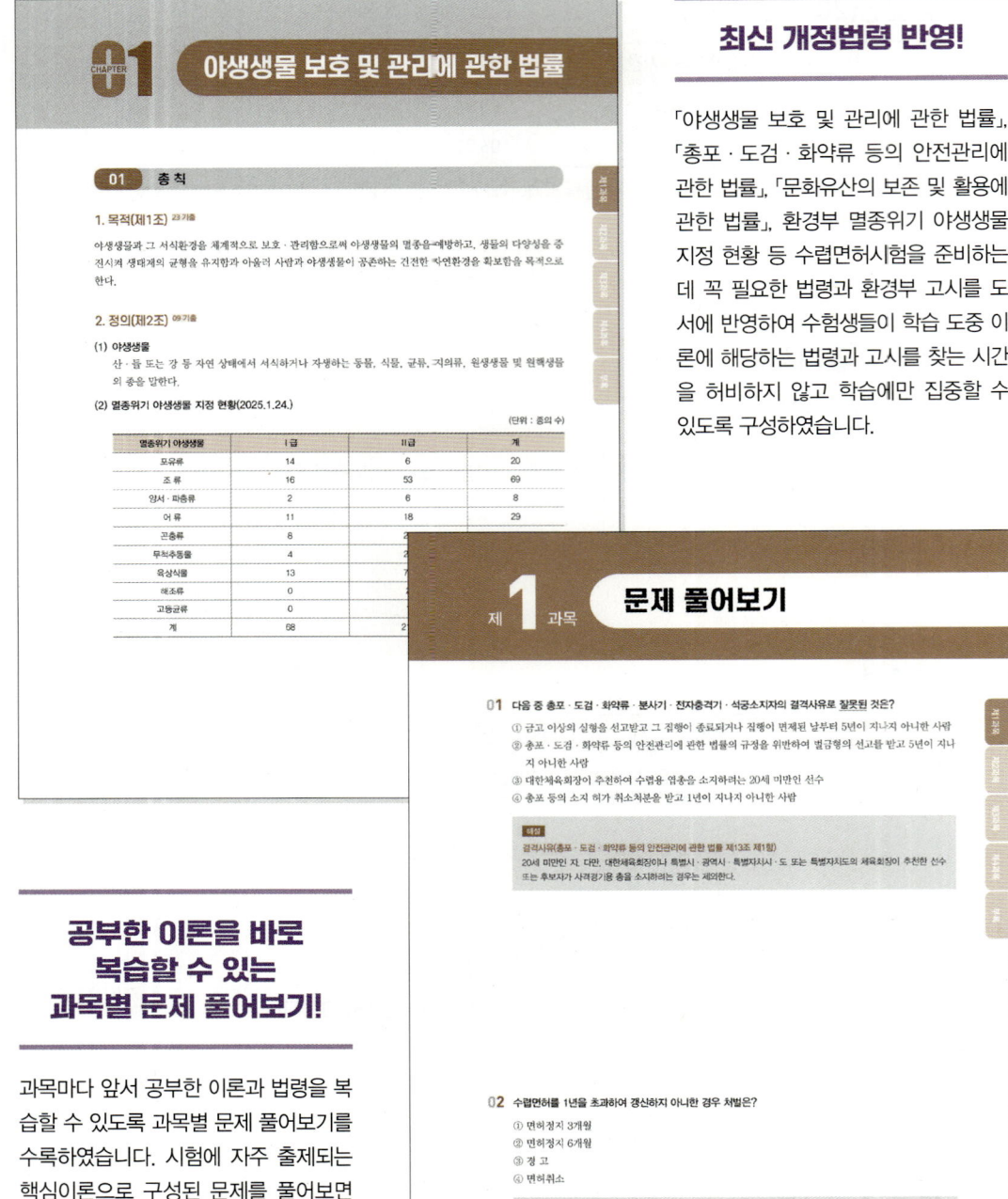

최신 개정법령 반영!

「야생생물 보호 및 관리에 관한 법률」, 「총포·도검·화약류 등의 안전관리에 관한 법률」, 「문화유산의 보존 및 활용에 관한 법률」, 환경부 멸종위기 야생생물 지정 현황 등 수렵면허시험을 준비하는 데 꼭 필요한 법령과 환경부 고시를 도서에 반영하여 수험생들이 학습 도중 이론에 해당하는 법령과 고시를 찾는 시간을 허비하지 않고 학습에만 집중할 수 있도록 구성하였습니다.

공부한 이론을 바로 복습할 수 있는 과목별 문제 풀어보기!

과목마다 앞서 공부한 이론과 법령을 복습할 수 있도록 과목별 문제 풀어보기를 수록하였습니다. 시험에 자주 출제되는 핵심이론으로 구성된 문제를 풀어보면서 현재 자신의 상태를 점검하고 틀리거나 헷갈리는 문제는 하단에 있는 해설을 통해 다시 한번 공부할 수 있도록 하였습니다.

2026 시대에듀 수렵면허시험&헌팅 한권으로 끝내기

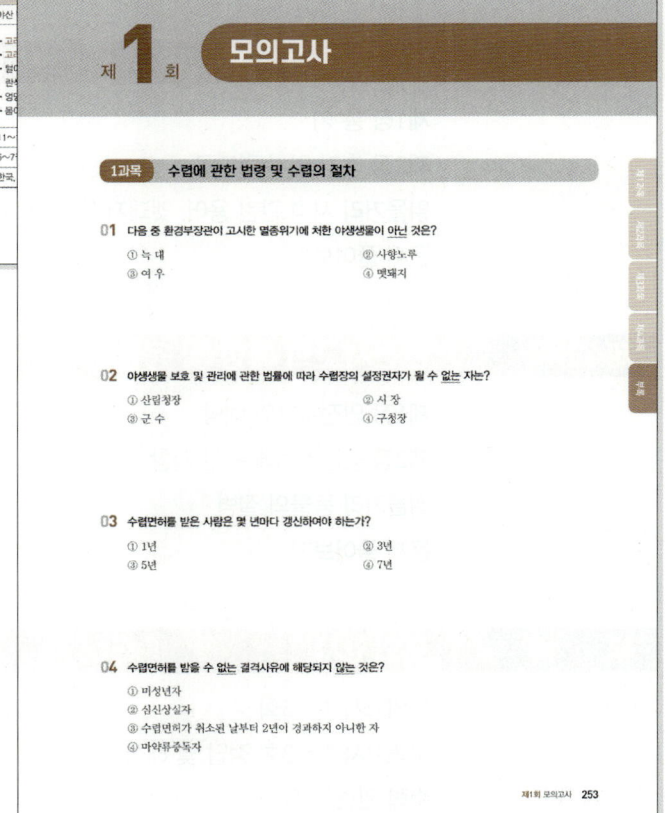

컬러 사진 수록!

수렵대상 유해야생동물의 생김새와 특징을 더욱 자세하게 공부할 수 있도록 컬러 사진으로 수록하였습니다. 유해야생동물의 특징과 모습을 설명한 이론을 사진과 함께 비교해 보면서 총 16종에 해당하는 수렵대상 유해야생동물에 대한 형태특성을 완벽하게 공부해 보세요.

모의고사 3회분 수록!

전문 저자진이 시험에 자주 출제되는 핵심이론과 수렵면허시험 문제은행을 완벽하게 분석하여 구성한 모의고사 3회분을 수록하였습니다. 실제 시험과 똑같이 구성된 모의고사를 풀어보면서 문제유형을 파악하고 수렵면허시험에 완벽하게 대비해 보세요.

이 책의 차례

제1과목 수렵에 관한 법령 및 수렵의 절차

- 제1장 야생생물 보호 및 관리에 관한 법률 … 3
- 제2장 수렵절차 … 36
- 읽을거리 멧돼지 사냥 … 47
- 문제 풀어보기 … 49
- 빈칸 넣기 문제 … 71

제2과목 야생동물의 보호·관리에 관한 사항

- 제1장 야생동물 … 85
- 제2장 수렵동물 … 93
- 읽을거리 멧돼지 사냥개의 훈련 및 관리 … 113
- 문제 풀어보기 … 115

제3과목 수렵도구의 사용방법

- 제1장 총 기 … 137
- 제2장 총기 외 수렵도구 … 157
- 읽을거리 사격 관련 용어, 멧돼지 사냥 용어 … 161
- 문제 풀어보기 … 173

제4과목 안전사고의 예방 및 응급조치에 관한 사항

- 제1장 안전사고의 예방 … 197
- 제2장 응급조치에 관한 사항 … 206
- 읽을거리 동물의 질병 … 228
- 문제 풀어보기 … 231

부 록 모의고사

- 모의고사 1~3회 … 253
- 모의고사 1~3회 정답 및 해설 … 310
- 수렵 관련 상식 … 331
- 수렵 이것이 궁금하다 Q&A … 340

제1과목

수렵에 관한 법령 및 수렵의 절차

CHAPTER 01	야생생물 보호 및 관리에 관한 법률
CHAPTER 02	수렵절차
읽을거리	멧돼지 사냥
문제 풀어보기	
빈칸 넣기 문제	

교육은 우리 자신의 무지를 점차 발견해 가는 과정이다.

- 윌 듀란트 -

CHAPTER 01 야생생물 보호 및 관리에 관한 법률

01 총 칙

1. 목적(제1조) 23 기출

야생생물과 그 서식환경을 체계적으로 보호·관리함으로써 야생생물의 멸종을 예방하고, 생물의 다양성을 증진시켜 생태계의 균형을 유지함과 아울러 사람과 야생생물이 공존하는 건전한 자연환경을 확보함을 목적으로 한다.

2. 정의(제2조) 09 기출

(1) 야생생물

산·들 또는 강 등 자연 상태에서 서식하거나 자생하는 동물, 식물, 균류, 지의류, 원생생물 및 원핵생물의 종을 말한다.

(2) 멸종위기 야생생물 지정 현황(2025.1.24.)

(단위 : 종의 수)

멸종위기 야생생물	I급	II급	계
포유류	14	6	20
조 류	16	53	69
양서·파충류	2	6	8
어 류	11	18	29
곤충류	8	21	29
무척추동물	4	28	32
육상식물	13	79	92
해조류	0	2	2
고등균류	0	1	1
계	68	214	282

① 멸종위기 야생생물 Ⅰ급 : 자연적 또는 인위적 위협요인으로 개체수가 크게 줄어들어 멸종위기에 처한 야생생물로 대통령령으로 정하는 종을 말한다.

[멸종위기 야생생물 Ⅰ급] 25, 24, 11 기출

포유류	조 류
붉은박쥐, 늑대, 여우, 표범, 호랑이, 수달, 반달가슴곰, 사향노루, 산양, 스라소니, 대륙사슴, 작은관코박쥐, 무산쇠족제비, 물범	노랑부리백로, 황새, 저어새, 흑고니, 흰꼬리수리, 참수리, 검독수리, 두루미, 넓적부리도요, 청다리도요사촌, 크낙새, 먹황새, 호사비오리, 느시, 뿔제비갈매기, 고니

② 멸종위기 야생생물 Ⅱ급 : 자연적 또는 인위적 위협요인으로 개체수가 크게 줄어들고 있어 현재의 위협요인이 제거되거나 완화되지 아니할 경우 가까운 장래에 멸종위기에 처할 우려가 있는 야생생물로 대통령령으로 정하는 종을 말한다.

[멸종위기 야생생물 Ⅱ급] 25, 24, 11 기출

포유류	조 류
삵, 담비, 물개, 큰바다사자, 하늘다람쥐, 토끼박쥐	개리, 검은머리갈매기, 검은머리물떼새, 검은머리촉새, 검은목두루미, 고대갈매기, 긴꼬리딱새, 긴점박이올빼미, 까막딱따구리, 노랑부리저어새, 독수리, 따오기, 뜸부기, 매, 무당새, 물수리, 벌매, 붉은가슴흰죽지, 붉은배새매, 붉은어깨도요, 붉은해오라기, 뿔쇠오리, 뿔종다리, 새매, 새호리기, 섬개개비, 솔개, 쇠검은머리쑥새, 쇠제비갈매기, 시베리아흰두루미, 수리부엉이, 알락개구리매, 알락꼬리마도요, 양비둘기, 올빼미, 재두루미, 잿빛개구리매, 조롱이, 참매, 청호반새, 큰고니, 큰기러기, 큰덤불해오라기, 큰뒷부리도요, 큰말똥가리, 팔색조, 항라머리검독수리, 흑기러기, 흑두루미, 흑비둘기, 흰목물떼새, 흰이마기러기, 흰죽지수리

(3) 국제적 멸종위기종
① 멸종위기에 처한 종 중 국제거래로 영향을 받거나 받을 수 있는 종으로서 멸종위기종 국제거래협약의 부속서 Ⅰ에서 정한 것이다.
② 현재 멸종위기에 처하여 있지는 않으나 국제거래를 엄격하게 규제하지 아니할 경우 멸종위기에 처할 수 있는 종과 그 멸종위기에 처한 종의 거래를 효과적으로 통제하기 위하여 규제를 하여야 하는 그 밖의 종으로서 멸종위기종 국제거래협약의 부속서 Ⅱ에서 정한 것이다. 25, 24 기출
③ 멸종위기종 국제거래협약의 당사국이 이용을 제한할 목적으로 자기 나라의 관할권에서 규제를 받아야 하는 것으로 확인하고 국제거래 규제를 위하여 다른 당사국의 협력이 필요하다고 판단한 종으로서 멸종위기종 국제거래협약의 부속서 Ⅲ에서 정한 것이다.

(4) 유해야생동물 25, 24, 23, 11, 10, 08, 07, 03 기출
① 사람의 생명이나 재산에 피해를 주는 야생동물로서 환경부령이 정하는 종을 말한다.
② 장기간에 걸쳐 무리를 지어 농작물 또는 과수에 피해를 주는 참새, 까치, 어치, 직박구리, 까마귀, 갈까마귀, 떼까마귀, 큰부리까마귀
③ 일부 지역에 서식밀도가 너무 높아 농·림·수산업에 피해를 주는 꿩, 멧비둘기, 고라니, 멧돼지, 청설모, 두더지, 쥐류 및 오리류(오리류 중 원앙이, 원앙사촌, 황오리, 알락쇠오리, 호사비오리, 뿔쇠오리, 붉은가슴흰죽지는 제외)

④ 비행장 주변에 출현하여 항공기 또는 특수건조물에 피해를 주거나 군 작전에 지장을 주는 조수류(멸종위기 야생동물은 제외)
⑤ 인가주변에 출현하여 인명·가축에 위해를 주거나 위해 발생의 우려가 있는 멧돼지 및 맹수류(멸종위기 야생동물은 제외)
⑥ 분묘를 훼손하는 멧돼지
⑦ 전주 등 전력시설에 피해를 주는 까치, 까마귀, 갈까마귀, 떼까마귀, 큰부리까마귀
⑧ 일부 지역에 서식밀도가 너무 높아 분변 및 털 날림 등으로 국가유산 훼손이나 건물 부식 등의 재산상 피해를 주거나 생활에 피해를 주는 집비둘기
⑨ 일부 지역에 서식밀도가 너무 높아 「양식산업발전법」 제2조 제2호에 따른 양식업, 「낚시 관리 및 육성법」 제2조 제4호에 따른 낚시터업, 「내수면어업법」 제2조 제5호에 따른 내수면어업 등의 사업 또는 영업에 피해를 주는 민물가마우지

[유해야생동물] 25 기출

포유류	조류	계
6종	14종	20종
맹수류, 쥐류, 멧돼지, 고라니, 두더지, 청설모	오리류, 조수류, 참새, 꿩, 멧비둘기, 갈까마귀, 까마귀, 떼까마귀, 큰부리까마귀, 까치, 어치, 직박구리, 집비둘기, 민물가마우지	

(5) 인공증식

야생생물을 일정한 장소 또는 시설에서 사육·양식 또는 증식하는 것을 말한다.

(6) 생물자원

「생물다양성 보전 및 이용에 관한 법률」 제2조 제3호의 규정에 의한 생물자원을 말한다.

(7) 야생동물 질병

야생동물이 병원체에 감염되거나 그 밖의 원인으로 이상이 발생한 상태로서 환경부령으로 정하는 질병을 말한다.

> **더 알아보기** 수렵 가능한 수렵동물의 종류(수렵동물의 종류 지정 환경부 고시 제2018-238호)

포유류	조류	계
3종	13종	16종
멧돼지, 고라니, 청설모	꿩(수꿩), 멧비둘기, 까마귀, 갈까마귀, 떼까마귀, 쇠오리, 청둥오리, 홍머리오리, 고방오리, 흰뺨검둥오리, 까치, 어치, 참새	

(8) 포획·채취 등의 금지 야생생물

포획이 금지된 멸종위기 야생생물과 그 밖의 야생생물로서 환경부령이 정하는 종을 말한다.

포유류	조류	파충류	양서류	계
57종	388종	17종	9종	471종

(9) 야생동물 검역대상질병

야생동물 질병의 유입을 방지하기 위하여 제34조의18에 따라 수입검역을 실시하는 야생동물 질병으로서 환경부령으로 정하는 것을 말한다. 이 경우 「가축전염병 예방법」 제2조 제2호에 따른 가축전염병 및 「수산생물질병 관리법」 제2조 제6호에 따른 수산동물전염병은 제외한다.

(10) 질병진단

죽은 야생동물 또는 질병에 걸린 것으로 확인되거나 걸릴 우려가 있는 야생동물에 대하여 부검, 임상검사, 혈청검사, 그 밖의 실험 등을 통하여 야생동물 질병의 감염 여부를 확인하는 것을 말한다.

(11) 사육곰

1981년부터 1985년까지 증식 또는 재수출을 목적으로 수입 또는 반입한 곰과 그 곰으로부터 증식되어 사육되고 있는 곰(제16조 제3항 단서에 따라 용도를 변경하고 환경부령으로 정하는 시설에서 관람 또는 학술 연구 목적으로 기르고 있는 곰은 제외한다)을 말한다.

(12) 곰 사육농가

사육곰을 소유하거나 사육하는 자를 말한다.

> **더 알아보기** 먹는 것이 금지되는 야생동물 24, 23 기출
>
> 야생동물이나 이를 사용하여 만든 음식물 또는 추출가공식품을 먹는 경우 법적 처벌을 받도록 환경부령이 정하는 종을 말한다.
>
> | 포유류 | 조류 | 파충류 | 양서류 | 계 |
> |---|---|---|---|---|
> | 13종 | 9종 | 6종 | 3종 | 31종 |
> | 수달, 반달가슴곰, 사향노루, 산양, 삵, 담비, 물개, 멧토끼, 오소리, 너구리, 고라니, 노루, 멧돼지 | 흑기러기, 큰기러기, 가창오리, 뜸부기, 쇠기러기, 청둥오리, 흰뺨검둥오리, 고방오리, 쇠오리 | 구렁이, 자라, 살모사, 까치살모사, 능구렁이, 유혈목이 | 한국산개구리, 계곡산개구리, 북방산개구리 | – |

3. 야생생물 보호 및 이용의 기본원칙(제3조)

(1) 야생생물은 현세대와 미래세대의 공동자산임을 인식하고 현세대는 야생생물과 그 서식환경을 적극 보호하여 그 혜택이 미래세대에게 돌아갈 수 있도록 하여야 한다.

(2) 야생생물과 그 서식지를 효과적으로 보호하여 야생생물이 멸종되지 아니하고 생태계의 균형이 유지되도록 하여야 한다.

(3) 국가, 지방자치단체 및 국민이 야생생물을 이용할 때에는 야생생물이 멸종되거나 생물다양성이 감소되지 아니하도록 하는 등 지속가능한 이용이 되도록 하여야 한다.

4. 국가 등의 책무(제4조) 25 기출

(1) 국가는 야생생물의 서식실태 등을 파악하여 야생생물의 보호에 관한 종합적인 시책을 수립·시행하고, 야생생물 보호와 관련되는 국제협약을 준수하여야 하며, 관련 국제기구와 협력하여 야생생물의 보호와 그 서식환경의 보전을 위하여 노력하여야 한다.

(2) 지방자치단체는 야생생물 보호를 위한 국가의 시책에 적극 협조하여야 하며, 지역적 특성에 따라 관할구역의 야생생물의 보호와 그 서식환경의 보전을 위한 대책을 수립·시행하여야 한다.
(3) 모든 국민은 야생생물 보호를 위한 국가와 지방자치단체의 시책에 적극 협조하는 등 야생생물 보호를 위하여 노력하여야 한다.

02 야생생물의 보호

1. 총칙

(1) **야생생물 보호 기본계획의 수립 등(제5조)** 25 기출
   ① 환경부장관은 야생생물 보호와 그 서식환경의 보전을 위하여 5년마다 멸종위기 야생생물 등에 대한 야생생물 보호 기본계획(이하 "기본계획"이라 한다)을 수립하여야 한다.
   ② 환경부장관은 기본계획을 수립하거나 변경하는 때에는 관계 중앙행정기관의 장과 미리 협의하여야 하고, 수립되거나 변경된 기본계획을 관계 중앙행정기관의 장과 특별시장·광역시장·특별자치시장·도지사·특별자치도지사(이하 "시·도지사"라 한다)에게 통보하여야 한다.
   ③ 환경부장관은 기본계획의 수립 또는 변경을 위하여 관계 중앙행정기관의 장과 시·도지사에게 그에 필요한 자료의 제출을 요청할 수 있다.
   ④ 시·도지사는 기본계획에 따라 관할구역의 야생생물의 보호를 위한 세부계획(이하 "세부계획"이라 한다)을 수립하여야 한다.
   ⑤ 시·도지사가 세부계획을 수립하거나 변경할 때에는 미리 환경부장관의 의견을 들어야 한다.
   ⑥ 기본계획과 세부계획에 포함되어야 할 내용과 그 밖에 필요한 사항은 대통령령으로 정한다.

(2) **야생생물 등의 서식실태 조사(제6조)**
   ① 환경부장관은 멸종위기 야생생물, 「생물다양성 보전 및 이용에 관한 법률」 제2조 제8호에 따른 생태계교란 생물 등 특별히 보호하거나 관리할 필요가 있는 야생생물의 서식실태를 정밀하게 조사하여야 한다.
   ② 환경부장관은 보호하거나 관리할 필요가 있는 야생생물 및 그 서식지 등이 자연적 또는 인위적 요인으로 인하여 훼손될 우려가 있는 경우에는 수시로 실태조사를 하거나 관찰종을 지정하여 조사할 수 있다.
   ③ 조사의 내용·방법 등에 관하여 필요한 사항은 환경부령으로 정한다.

(3) **정보제공의 요청(제6조의2)**
   환경부장관은 야생생물의 보호 및 관리를 위하여 야생생물 수입 실적 등 대통령령으로 정하는 정보를 관계 행정기관이나 지방자치단체의 장에게 요청할 수 있다. 이 경우 요청을 받은 기관의 장은 특별한 사유가 없으면 요청에 따라야 한다.

(4) **야생동물종합관리시스템(제6조의3)**
   ① 환경부장관은 야생동물의 수출·수입·반출·반입·양도·양수·보관·폐사 등에 관한 사항을 효율적으로 관리하기 위하여 전자정보시스템(이하 "야생동물종합관리시스템"이라 한다)을 구축하여 운영할 수 있다.
   ② 야생동물종합관리시스템의 구축·운영 등에 필요한 사항은 환경부령으로 정한다.

(5) 서식지 외 보전기관의 지정 등(제7조)

① 환경부장관은 야생생물을 서식지에서 보전하기 어렵거나 종의 보존 등을 위하여 서식지 외에서 보전할 필요가 있는 경우에는 관계 중앙행정기관의 장의 의견을 들어 야생생물의 서식지 외 보전기관을 지정할 수 있다. 다만, 지정된 서식지 외 보전기관(이하 "서식지 외 보전기관"이라 한다)에서 「자연유산의 보존 및 활용에 관한 법률」 제11조에 다른 천연기념물을 보전하게 하려는 경우에는 국가유산청장과 협의하여야 한다.

② 환경부장관 및 지방자치단체의 장은 서식지 외 보전기관에서 멸종위기 야생생물을 보전하게 하기 위하여 필요하면 그 비용의 전부 또는 일부를 지원할 수 있다.

③ 서식지 외 보전기관의 지정에 필요한 사항은 대통령령으로 정하고, 그 기관의 운영 및 지정서 교부 등에 필요한 사항은 환경부령으로 정한다.

> **더 알아보기** 서식지 외 보전기관의 지정취소 사유(제7조의2)
>
> ① 환경부장관은 서식지 외 보전기관이 다음 각 호의 어느 하나에 해당하는 경우에는 그 지정을 취소할 수 있다.
> 1. 거짓이나 그 밖의 부정한 방법으로 지정을 받은 경우(반드시 취소)
> 2. 관련법을 위반하여 야생동물을 학대한 경우
> 3. 관련법을 위반하여 포획·수입 또는 반입한 야생동물, 이를 사용하여 만든 음식물 또는 가공품을 그 사실을 알면서 취득(환경부령으로 정하는 야생생물을 사용하여 만든 음식물 또는 추출가공식품을 먹는 행위는 제외한다)·양도·양수·운반·보관하거나 그러한 행위를 알선한 경우
> 4. 관련법을 위반하여 멸종위기 야생생물을 포획·채취 등을 한 경우
> 5. 관련법을 위반하여 멸종위기 야생생물의 포획·채취 등을 위하여 폭발물, 덫, 창애, 올무, 함정, 전류 및 그물을 설치 또는 사용하거나 유독물, 농약 및 이와 유사한 물질을 살포 또는 주입한 경우
> 6. 관련법을 위반하여 허가 없이 국제적 멸종위기종 및 그 가공품을 수출·수입·반출 또는 반입한 경우
> 7. 관련법을 위반하여 국제적 멸종위기종 및 그 가공품을 수입 또는 반입 목적 외의 용도로 사용한 경우
> 8. 관련법을 위반하여 국제적 멸종위기종 및 그 가공품을 포획·채취·구입하거나 양도·양수, 양도·양수의 알선·중개, 소유, 점유 또는 진열한 경우
> 9. 삭제
> 10. 관련법을 위반하여 환경부령으로 정하는 종에 해당하는 야생생물을 포획·채취하거나 죽인 경우
> 11. 관련법을 위반하여 야생생물을 포획·채취하거나 죽이기 위하여 폭발물, 덫, 창애, 올무, 함정, 전류 및 그물을 설치 또는 사용하거나 유독물, 농약 및 이와 유사한 물질을 살포하거나 주입한 경우
> 12. 관련법을 위반하여 환경부령으로 정하는 종에 해당하는 야생생물을 허가 없이 수출·수입·반출 또는 반입한 경우
> 13. 정당한 사유 없이 계속하여 3년 이상 야생생물의 보전 실적이 없는 경우
> 14. 제56조에 따른 보고 및 검사 등의 명령을 3회 이상 이행하지 않는 등 야생생물 보호·관리가 부실한 경우
>
> ② 제1항에 따라 지정이 취소된 자는 취소된 날부터 7일 이내에 지정서를 환경부장관에게 반납하여야 한다.

(6) 야생동물의 학대금지(제8조)

① 누구든지 정당한 사유 없이 야생동물을 죽음에 이르게 하는 다음의 학대행위를 하여서는 아니 된다.

▶ 위반 시 3년 이하의 징역 또는 300만 원 이상 3천만 원 이하의 벌금

㉠ 때리거나 산 채로 태우는 등 다른 사람에게 혐오감을 주는 방법으로 죽이는 행위
㉡ 목을 매달거나 독극물, 도구 등을 사용하여 잔인한 방법으로 죽이는 행위
㉢ 그 밖에 ②의 ㉠~㉤의 학대행위로 야생동물을 죽음에 이르게 하는 행위

② 누구든지 정당한 사유 없이 야생동물에게 고통을 주거나 상해를 입히는 다음의 학대행위를 하여서는 아니 된다.
▶ 위반 시 2년 이하의 징역 또는 2천만 원 이하의 벌금
㉠ 포획·감금하여 고통을 주거나 상처를 입히는 행위
㉡ 살아 있는 상태에서 혈액, 쓸개, 내장 또는 그 밖의 생체의 일부를 채취하거나 채취하는 장치 등을 설치하는 행위
㉢ 도구·약물을 사용하거나 물리적인 방법으로 고통을 주거나 상해를 입히는 행위
㉣ 도박·광고·오락·유흥 등의 목적으로 상해를 입히는 행위
㉤ 야생동물을 보관, 유통하는 경우 등에 고의로 먹이 또는 물을 제공하지 아니하거나, 질병 등에 대하여 적절한 조치를 취하지 아니하고 방치하는 행위

(7) 불법 포획한 야생동물의 취득 등 금지(제9조)
▶ 위반 시 1년 이하의 징역 또는 1천만 원 이하의 벌금
① 누구든지 이 법을 위반하여 포획·수입 또는 반입한 야생동물, 이를 사용하여 만든 음식물 또는 가공품을 그 사실을 알면서 취득(환경부령으로 정하는 야생동물을 사용하여 만든 음식물 또는 추출가공식품을 먹는 행위 포함)·양도·양수·운반·보관하거나 그러한 행위를 알선하지 못한다.
② 환경부장관이나 지방자치단체의 장은 이 법을 위반하여 포획·수입 또는 반입한 야생동물, 이를 사용하여 만든 음식물 또는 가공품을 압류하는 등 필요한 조치를 할 수 있다.

(8) 덫·창애·올무 등의 제작금지 등(제10조) 25 기출
▶ 위반 시 1년 이하의 징역 또는 1천만 원 이하의 벌금
누구든지 덫·창애·올무 또는 그 밖에 야생동물을 포획할 수 있는 도구를 제작·판매·소지 또는 보관하여서는 아니 된다. 다만, 학술 연구, 관람·전시, 유해야생동물의 포획 등 환경부령으로 정하는 경우에는 그러하지 아니하다.

(9) 야생동물로 인한 피해의 예방 및 보상(제12조)
① 국가와 지방자치단체는 야생동물로 인한 다음의 피해를 예방하기 위하여 필요한 시설을 설치하는 자에게 그 설치비용의 전부 또는 일부를 지원할 수 있다.
㉠ 야생동물로 인한 인명 피해(신체적으로 상해를 입거나 사망한 경우를 말한다. 이하 같다)
㉡ 야생동물로 인한 농업·임업 및 어업의 피해
㉢ 야생동물로 인하여 일정한 지역에서 반복적·지속적으로 발생한 재산상의 피해로서 환경부령으로 정하는 피해
② 국가와 지방자치단체는 멸종위기 야생동물, 포획이 금지된 야생동물 또는 시·도 보호 야생동물에 의하여 인명 피해나 농업·임업 및 어업의 피해를 입은 자와 다음의 어느 하나에 해당하는 지역에서 야생동물에 의하여 인명 피해나 농업·임업 및 어업의 피해를 입은 자에게 예산의 범위에서 그 피해를 보상할 수 있다.
㉠ 야생생물 특별보호구역
㉡ 야생생물 보호구역
㉢ 「자연환경보전법」 제12조에 따른 생태·경관보전지역
㉣ 「습지보전법」 제8조에 따른 습지보호지역

ⓜ 「자연공원법」 제2조 제1호에 따른 자연공원
　　　ⓗ 「도시공원 및 녹지 등에 관한 법률」 제2조 제3호에 따른 도시공원
　　　ⓢ 그 밖에 야생동물을 보호하기 위하여 환경부령으로 정하는 지역
　③ ①에 따른 피해 예방시설의 설치비용 지원 기준과 절차, ②에 따른 피해보상의 기준과 절차 등에 따른 필요한 사항은 대통령령으로 정한다.

(10) **지원기준과 피해보상기준(동법 시행령 제7조)**
　① 피해예방시설의 설치비용 지원기준 : 야생동물로 인한 피해를 예방하는 데 필요한 울타리・방조망(防鳥網)・경음기(警音器) 등의 설치 또는 구입에 드는 비용 중 환경부장관이 정하여 고시하는 금액
　② 피해보상기준 : 야생동물로 인하여 피해를 입은 농작물・임산물・수산물 등의 피해액 중 환경부장관이 정하여 고시하는 금액

2. 멸종위기 야생생물의 보호

(1) **멸종위기 야생생물에 대한 보전대책의 수립 등(제13조)**
　① 환경부장관은 대통령령으로 정하는 바에 따라 멸종위기 야생생물에 대한 중장기 보전대책을 5년마다 수립・시행하여야 한다.
　② 환경부장관은 멸종위기 야생생물의 서식지 등에 대한 보호조치를 마련하여야 하며, 자연상태에서 현재의 개체군으로는 지속적인 생존이 어렵다고 판단되는 종을 증식・복원하는 등 필요한 조치를 하여야 한다.
　③ 환경부장관은 멸종위기 야생생물에 대한 중장기 보전대책의 시행과 멸종위기 야생생물의 증식・복원 등을 위하여 필요하면 관계 중앙행정기관의 장과 시・도지사에게 협조를 요청할 수 있다.
　④ 환경부장관은 멸종위기 야생생물의 보호를 위하여 필요하면 토지의 소유자・점유자 또는 관리인에게 대통령령으로 정하는 바에 따라 해당 토지의 적절한 이용방법 등에 관한 권고를 할 수 있다.

(2) **멸종위기 야생생물의 포획・채취 등의 금지(제14조)** 25, 23 기출
　① 누구든지 멸종위기 야생생물을 포획・채취・방사(放飼)・이식(移植)・가공・유통・보관・수출・수입・반출・반입(가공・유통・보관・수출・수입・반출・반입하는 경우에는 죽은 것을 포함한다)・죽이거나 훼손(이하 "포획・채취 등"이라 한다)해서는 아니 된다. 다만, 다음의 어느 하나에 해당하는 경우로서 환경부장관의 허가를 받은 경우에는 그러하지 아니하다.
　　ⓐ 학술 연구 또는 멸종위기 야생생물의 보호・증식 및 복원의 목적으로 사용하려는 경우
　　ⓑ 생물자원 보전시설이나 「생물자원관의 설립 및 운영에 관한 법률」 제2조 제2호에 따른 생물자원관에서 전시용으로 사용하려는 경우
　　ⓒ 「공익사업을 위한 토지 등의 취득 및 보상에 관한 법률」 제4조에 따른 공익사업의 시행 또는 다른 법령에 따른 인가・허가 등을 받은 사업의 시행을 위하여 멸종위기 야생생물을 이동시키거나 이식하여 보호하는 것이 불가피한 경우
　　ⓓ 사람이나 동물의 질병 진단・치료 또는 예방을 위하여 관계 중앙행정기관의 장이 환경부장관에게 요청하는 경우
　　ⓔ 대통령령으로 정하는 바에 따라 인공증식한 것을 수출・수입・반출 또는 반입하는 경우
　　ⓕ 그 밖에 멸종위기 야생생물의 보호에 지장을 주지 아니하는 범위에서 환경부령으로 정하는 경우

> **더 알아보기** 위반 시 처벌사항
>
> **위반 시 처벌사항**
> - 5년 이하의 징역 또는 500만 원 이상 5천만 원 이하의 벌금 : 멸종위기 야생생물 I 급을 포획·채취·훼손하거나 죽인 자
> - 3년 이하의 징역 또는 300만 원 이상 3천만 원 이하의 벌금 : 멸종위기 야생생물 II 급을 포획·채취·훼손하거나 죽인 자, 멸종위기 야생생물 I 급을 가공·유통·보관·수출·수입·반출 또는 반입한 자
> - 2년 이하의 징역 또는 2천만 원 이하의 벌금 : 멸종위기 야생생물 II 급을 가공·유통·보관·수출·수입·반출 또는 반입한 자, 멸종위기 야생생물을 방사하거나 이식한 자
> - 1년 이하의 징역 또는 1천만 원 이하의 벌금 : 거짓, 그 밖의 부정한 방법으로 포획·채취 등의 허가를 받은 자
> - 수렵면허를 취소하거나 1년 이내의 범위에서 기간을 정하여 수렵면허의 효력 정지 : 멸종위기 야생동물을 포획한 경우

② 누구든지 멸종위기 야생생물의 포획·채취 등을 위하여 다음에 해당하는 행위를 하여서는 아니 된다(포획·채취 등의 방법을 정하여 환경부장관의 허가를 받은 경우 등 환경부령으로 정하는 경우에는 예외).

▶ 위반 시 3년 이하의 징역 또는 300만 원 이상 3천만 원 이하의 벌금

㉠ 폭발물·덫·창애·올무·함정·전류 및 그물의 설치 또는 사용
㉡ 유독물·농약 및 이와 유사한 물질의 살포 또는 주입

③ 다음에 해당하는 경우에는 포획 등의 금지 규정을 적용하지 아니한다.

㉠ 인체에 급박한 위해를 끼칠 우려가 있어 포획하는 경우
㉡ 질병에 감염된 것으로 예상되거나 조난 또는 부상당한 야생동물의 구조·치료 등이 시급하여 포획하는 경우
㉢ 「자연유산의 보존 및 활용에 관한 법률」 제11조에 따른 천연기념물에 대하여 「자연유산의 보존 및 활용에 관한 법률」 제17조에 따라 허가를 받은 경우
㉣ 서식지 외 보전기관이 관계 법령에 따라 포획·채취 등의 인·허가 등을 받은 경우
㉤ 보관 신고를 하고 보관하는 경우
㉥ 대통령령으로 정하는 바에 따라 인공증식한 것을 가공·유통 또는 보관하는 경우

④ 허가를 받고 멸종위기 야생생물의 포획·채취 등을 하려는 자는 허가증을 지녀야 하고, 포획·채취 등을 한 경우에는 그 결과를 환경부장관에게 신고하여야 한다.

▶ 위반 시 2백만 원 이하의 과태료

⑤ 야생생물이 멸종위기 야생생물로 정하여질 당시에 그 야생생물 또는 그 박제품을 보관하고 있는 자는 그 정하여진 날부터 1년 이내에 환경부장관에게 그 사실을 신고하여야 한다. 다만, 「자연유산의 보존 및 활용에 관한 법률」 제21조에 따라 신고한 경우에는 그러지 아니하다.

▶ 위반 시 2백만 원 이하의 과태료

⑥ 국제적 멸종위기종 및 그 가공품에 대한 수출·수입·반출·반입 허가를 받은 것과 수출·수입·반출·반입 허가를 면제받은 것에 대하여는 ①(수출·수입·반출·반입의 허가만 해당한다)을 적용하지 아니한다.

⑦ ①에 따른 허가의 기준·절차 및 허가증의 발급 등에 필요한 사항은 환경부령으로 정한다.

(3) 멸종위기 야생생물의 포획·채취 등의 허가취소(제15조)

① 환경부장관은 멸종위기 야생생물의 포획·채취 등의 허가를 받은 자가 다음의 어느 하나에 해당하는 경우에는 그 허가를 취소할 수 있다.
  ㉠ 거짓이나 그 밖의 부정한 방법으로 허가를 받은 경우(반드시 취소)
  ㉡ 멸종위기 야생생물의 포획·채취 등을 할 때 허가조건을 위반한 경우
  ㉢ 멸종위기 야생생물을 허가받은 목적이나 용도 외로 사용하는 경우
② 허가가 취소된 자는 취소된 날부터 7일 이내에 허가증을 환경부장관에게 반납하여야 한다. **09 기출**
  ▶ 위반 시 1백만 원 이하의 과태료

(4) 사육동물의 관리기준(제16조의6)

① 사육시설등록자는 다음의 사육동물 관리기준을 지켜야 한다.
  ㉠ 사육시설이 사육동물의 특성에 맞는 적절한 장치와 기능을 발휘할 수 있도록 유지·관리할 것
  ㉡ 사육동물의 사육과정에서 건강상·안전상의 위해가 발생하지 아니하도록 예방대책을 강구하고, 사고가 발생하면 응급조치를 할 수 있는 장비·약품 등을 갖출 것
  ㉢ 사육동물을 이송·운반하거나 사육하는 과정에서 탈출·폐사에 따른 안전사고나 생태계 교란 등이 없도록 대책을 강구할 것
  ㉣ 그 밖에 ㉠부터 ㉢까지의 규정에 준하는 사항으로서 사육동물의 보호 및 관리를 위하여 필요하다고 인정하여 환경부령으로 정하는 사항

3. 멸종위기 야생생물 외의 야생생물 보호 등

(1) 야생생물의 포획·채취 금지 등(제19조) **25, 23 기출**

① 누구든지 멸종위기 야생생물에 해당하지 아니하는 야생생물 중 환경부령이 정하는 종을 포획·채취하거나 죽여서는 아니 된다. 다만, 다음 중 어느 하나에 해당하는 경우로서 특별자치시장·특별자치도지사·시장·군수·구청장(자치구의 구청장)의 허가를 받은 경우에는 그러하지 아니하다.
  ▶ 위반 시 2년 이하의 징역 또는 2천만 원 이하의 벌금
  ㉠ 학술 연구 또는 야생생물의 보호·증식 및 복원의 목적으로 사용하려는 경우
  ㉡ 생물자원 보전시설이나 「생물자원관의 설립 및 운영에 관한 법률」 제2조 제2호에 따른 생물자원관에서 전시용으로 사용하려는 경우
  ㉢ 「공익사업을 위한 토지 등의 취득 및 보상에 관한 법률」 제4조에 따른 공익사업의 시행 또는 다른 법령에 따른 인가·허가 등을 받은 사업의 시행을 위하여 멸종위기 야생생물을 이동시키거나 이식하여 보호하는 것이 불가피한 경우
  ㉣ 사람이나 동물의 질병의 진단·치료 또는 예방을 위하여 관계 중앙행정기관의 장이 시장·군수·구청장에게 요청하는 경우
  ㉤ 환경부령으로 정하는 야생생물을 환경부령으로 정하는 기준 및 방법 등에 따라 상업적 목적으로 인공증식하거나 재배하는 경우
② 환경부장관은 내수면 수산자원을 ①에 따른 종으로 정하려는 경우에는 미리 해양수산부장관과 협의하여야 한다.

③ 누구든지 야생생물을 포획·채취하거나 죽이기 위하여 다음에 해당하는 행위를 하여서는 아니 된다(포획·채취 또는 고사 방법을 정하여 허가를 받은 경우, 환경부령으로 정하는 경우 등은 예외).
▶ 위반 시 2년 이하의 징역 또는 2천만 원 이하의 벌금
㉠ 폭발물·덫·창애·올무·함정·전류 및 그물의 설치 또는 사용
㉡ 유독물·농약 및 이와 유사한 물질의 살포 또는 주입

③ 다음 중 어느 하나에 해당하는 경우에는 포획금지 규정을 적용하지 아니한다.
㉠ 인체에 급박한 위해를 끼칠 우려가 있어 포획하는 경우
㉡ 질병에 감염된 것으로 예상되거나 조난 또는 부상당한 야생동물의 구조·치료가 시급하여 포획하는 경우
㉢ 「자연유산의 보존 및 활용에 관한 법률」 제11조에 따른 천연기념물에 대하여 같은 법 제17조에 따라 허가를 받은 경우
㉣ 서식지 외 보전기관이 관계 법령에 따라 포획의 인·허가 등을 받은 경우
㉤ 시장·군수·구청장으로부터 유해야생동물의 포획허가를 받은 경우
㉥ 수렵장 설정자로부터 수렵승인을 받은 경우
㉦ 어업활동으로 불가피하게 혼획(混獲)된 경우로서 해양수산부장관에게 3개월 이내에 신고한 경우
㉧ 「해양생태계의 보전 및 관리에 관한 법률」 제2조 제11호에 따른 해양보호생물에 대하여 같은 법 제20조에 따라 허가를 받은 경우

(2) 야생생물의 포획허가 취소(제20조)
① 시장·군수·구청장은 제19조 제1항 단서에 따라 야생동물의 포획·채취 또는 죽이는 허가를 받은 자가 다음의 어느 하나에 해당하는 경우에는 그 허가를 취소할 수 있다.
㉠ 거짓이나 그 밖의 부정한 방법으로 허가를 받은 경우(반드시 취소)
㉡ 야생생물을 포획·채취 또는 고사시킬 때 허가조건을 위반한 경우
㉢ 허가받은 목적 외의 용도로 사용한 경우
㉣ 허가받은 기준 또는 방법에 따라 인공증식하거나 재배하지 아니한 경우
② 허가가 취소된 자는 취소된 날부터 7일 이내에 허가증을 시장·군수·구청장에게 반납하여야 한다.
▶ 위반 시 1백만 원 이하의 과태료

(3) 유해야생동물의 포획허가 및 관리 등(제23조)★ 23, 09, 08, 07 기출
① 유해야생동물을 포획하려는 자는 시장·군수·구청장의 허가를 받아야 한다.
② 시장·군수·구청장은 유해야생동물의 포획을 허가하고자 할 때에는 유해야생동물로 인한 농작물 등의 피해상황, 유해야생동물의 종류 및 수 등을 조사하여 과도한 포획으로 인하여 생태계가 교란되지 아니하도록 하여야 한다.
③ 시장·군수·구청장은 유해야생동물의 포획허가를 신청한 자의 요청이 있으면 수렵면허를 받고, 수렵보험에 가입한 자에게 포획을 대행하게 할 수 있다.
④ 시장·군수·구청장은 허가를 하였을 때에는 지체 없이 산림청장 또는 그 밖의 관계 행정기관의 장에게 그 사실을 통보하여야 한다.
⑤ ① 또는 ③에 따라 유해야생동물을 포획한 자는 환경부령으로 정하는 바에 따라 유해야생동물의 포획결과를 시장·군수·구청장에게 신고하여야 한다.

⑥ ①에 따른 허가기준 · 안전수칙 · 포획 방법 및 허가증의 발급 등에 필요한 사항은 환경부령으로 정한다.
⑦ ① 또는 ③에 따라 포획한 유해야생동물의 처리 방법은 환경부령으로 정한다.

4. 야생생물 특별보호구역 등의 지정·관리

(1) 야생생물 특별보호구역의 지정(제27조)
① **환경부장관**은 멸종위기 야생생물의 보호 및 번식을 위하여 특별히 보전할 필요가 있는 지역을 토지소유자 등 이해관계인 및 지방자치단체의 장의 의견을 듣고 관계 중앙행정기관의 장과 협의하여 야생생물 특별보호구역으로 지정할 수 있다. 11 기출
② 환경부장관은 특별보호구역이 군사 목적상, 천재지변 또는 그 밖의 사유로 특별보호구역으로서의 가치를 상실하거나 보전할 필요가 없게 된 경우에는 그 지정을 변경하거나 해제하여야 한다.
③ 환경부장관은 특별보호구역을 지정 · 변경 또는 해제할 때에는 보호구역의 위치 · 면적 · 지정일시, 그 밖에 필요한 사항을 정하여 고시하여야 한다.
④ ①~③까지의 사항 외에 특별보호구역의 지정기준 · 절차 등에 관하여 필요한 사항은 환경부령으로 정한다.

(2) 특별보호구역에서의 행위 제한(제28조)
누구든지 특별보호구역에서는 다음에 해당하는 훼손행위를 하여서는 아니 된다(문화유산의 보존 및 활용에 관한 법률에 따른 문화유산과 자연유산의 보존 및 활용에 관한 법률에 따른 자연유산에 대하여는 그 법에서 정하는 바에 따름).
▶ 위반 시 3년 이하의 징역 또는 300만 원 이상 3천만 원 이하의 벌금
① 건축물 또는 그 밖의 공작물의 신축 · 증축(기존 건축 연면적의 2배 이상 증축하는 경우만 해당한다) 및 토지의 형질변경
② 하천 · 호소 등의 구조를 변경하거나 수위 또는 수량에 변동을 가져오는 행위
③ 토석의 채취
④ 그 밖에 야생생물 보호에 유해하다고 인정되는 훼손행위로서 대통령령으로 정하는 행위

(3) 특별보호구역 안에서의 행위 제한의 예외(제28조 제2항)
다음에 해당하는 경우에는 행위 제한 규정을 적용하지 아니한다.
① 군사 목적을 위하여 필요한 경우
② 천재지변 또는 이에 준하는 대통령령으로 정하는 재해가 발생하여 긴급한 조치가 필요한 경우
③ 특별보호구역에서 기존에 실시하던 영농행위를 지속하기 위하여 필요한 행위 등 대통령령으로 정하는 행위를 하는 경우
④ 그 밖에 환경부장관이 야생생물의 보호에 지장이 없다고 인정하여 고시하는 행위를 하는 경우

(4) 특별보호구역에서의 금지행위(제28조 제3항)
누구든지 특별보호구역에서 다음에 해당하는 행위를 하여서는 아니 된다(군사 목적 또는 천재지변의 경우 예외).
▶ 위반 시 1백만 원 이하의 과태료

① 특정수질유해물질, 폐기물 또는 인체급성유해성물질, 인체만성유해성물질, 생태유해성물질을 버리는 행위
② 환경부령으로 정하는 인화물질(휘발유·등유 등 인화점이 70℃ 미만인 액체, 자연발화성 물질, 기체 연료)을 소지하거나 취사 또는 야영하는 행위
③ 야생생물의 보호에 관한 안내판 또는 그 밖의 표지물을 더럽히거나 훼손하거나 함부로 이전하는 행위
④ 그 밖에 야생생물의 보호를 위하여 금지하여야 할 행위로서 대통령령으로 정하는 행위
   ㉠ 소리·빛·연기·악취 등을 내어 야생동물을 쫓는 행위
   ㉡ 야생생물의 둥지·서식지를 훼손하는 행위
   ㉢ 풀, 입목·죽의 채취 및 벌채(특별보호구역에서 해당 특별보호구역의 지정 전에 실시하던 영농행위를 지속하기 위하여 필요한 경우 또는 관계 행정기관의 장이 야생생물의 보호 등을 위하여 환경부장관과 협의하여 풀, 입목·죽의 채취 및 벌채를 하는 경우는 제외)
   ㉣ 가축의 방목
   ㉤ 야생동물의 포획 또는 그 알의 채취
   ㉥ 동물의 방사(조난된 동물을 구조·치료하여 동일 지역에 방사하는 경우 또는 관계 행정기관의 장이 야생동물의 복원을 위하여 환경부장관과 협의하여 방사하는 경우는 제외)

(5) 출입제한(제29조)

① 환경부장관이나 시·도지사는 야생생물을 보호하고 멸종을 예방하기 위하여 필요하면 특별보호구역의 전부 또는 일부 지역에 대하여 일정한 기간 동안 출입을 제한하거나 금지할 수 있다. 다만, 다음의 행위를 하기 위하여 출입하는 경우에는 그러하지 아니하며, 「문화유산의 보존 및 활용에 관한 법률」 제2조에 따른 문화유산과 「자연유산의 보존 및 활용에 관한 법률」 제2조에 따른 자연유산에 대하여는 국가유산청장과 협의하여야 한다.
   ㉠ 야생생물의 보호를 위하여 필요한 행위로서 환경부령으로 정하는 행위
   ㉡ 군사 목적을 위하여 필요한 행위
   ㉢ 천재지변 또는 이에 준하는 대통령령으로 정하는 재해가 발생하여 긴급한 조치를 하거나 원상 복구에 필요한 조치를 하는 행위
   ㉣ 특별보호구역에서 기존에 하던 영농행위를 지속하기 위하여 필요한 행위 등 대통령령으로 정하는 행위
   ㉤ 그 밖에 야생생물의 보호에 지장이 없는 것으로서 환경부령으로 정하는 행위
     ▶ 위반 시 2백만 원 이하의 과태료
② 환경부장관이나 시·도지사는 출입을 제한하거나 금지하려면 해당 지역의 위치·면적·기간·출입방법, 그 밖에 출입제한 또는 금지의 사유, 위반 시의 과태료 등을 고시하여야 한다.
③ 환경부장관이나 시·도지사는 출입을 제한하거나 금지하게 된 사유가 소멸(消滅)된 경우에는 지체 없이 출입의 제한 또는 금지를 해제하여야 하며, 그 사실을 고시하여야 한다.

(6) 야생생물 보호구역의 지정 등(제33조)

① 시·도지사나 시장·군수·구청장은 멸종위기 야생생물 등을 보호하기 위하여 특별보호구역에 준하여 보호할 필요가 있는 지역을 야생생물 보호구역(이하 "보호구역"이라 한다)으로 지정할 수 있다. 11 기출
② 시·도지사나 시장·군수·구청장은 보호구역을 지정·변경 또는 해제할 때에는 「토지이용규제 기본법」 제8조에 따라 미리 주민의 의견을 들어야 하며, 관계 행정기관의 장과 협의하여야 한다.

③ 시·도지사나 시장·군수·구청장은 보호구역을 지정·변경 또는 해제할 때에는 환경부령으로 정하는 바에 따라 보호구역의 위치, 면적, 지정일시, 그 밖에 해당 지방자치단체의 조례로 정하는 사항을 고시하여야 한다.
④ 시·도지사나 시장·군수·구청장은 해당 지방자치단체의 조례로 정하는 바에 따라 출입 제한 등 보호구역의 보전에 필요한 조치를 할 수 있다.
⑤ 환경부장관이 정하여 고시하는 야생동물의 번식기에 보호구역에 들어가려는 자는 환경부령으로 정하는 바에 따라 시·도지사나 시장·군수·구청장에게 신고하여야 한다. 다만, 다음의 어느 하나에 해당하는 경우에는 그러하지 아니하다.
▶ 위반 시 1백만 원 이하의 과태료
㉠ 산불의 진화(鎭火) 및 「자연재해대책법」에 따른 재해의 예방·복구 등을 위한 경우
㉡ 군의 업무수행을 위한 경우
㉢ 그 밖에 자연환경조사 등 환경부령으로 정하는 경우
⑥ 시·도지사나 시장·군수·구청장은 ⑤의 본문에 따른 신고를 받은 경우 그 내용을 검토하여 이 법에 적합하면 신고를 수리하여야 한다.

03 야생동물 질병관리와 자원관리

1. 야생동물 질병관리

(1) 야생동물 질병관리 기본계획의 수립 등(제34조의3)
① 환경부장관은 야생동물(수산동물은 멸종위기 야생생물로 정한 종 또는 제19조 제1항에 따라 포획·채취 금지 야생생물로 정한 종에 한정한다. 이하 이 절에서 같다) 질병의 예방과 확산 방지, 체계적인 관리를 위하여 5년마다 야생동물 질병관리 기본계획을 수립·시행하여야 한다. 이 경우 환경부장관은 계획 수립 이전에 관계 중앙행정기관의 장과 협의하여야 한다.
② 야생동물 질병관리 기본계획에는 다음의 사항이 포함되어야 한다.
㉠ 야생동물 질병의 예방 및 조기 발견을 위한 신고체계 구축
㉡ 야생동물 질병별 긴급대응 대책의 수립·시행
㉢ 야생동물 질병에 대응하기 위한 국내외의 협력
㉣ 야생동물 질병의 진단, 조사 및 연구
㉤ 야생동물 질병에 관한 정보 및 자료의 수집·분석
㉥ 야생동물 질병의 조사·연구를 위한 전문인력의 양성
㉦ 그 밖에 야생동물 질병의 방역 시책 등에 관한 사항
③ 환경부장관은 야생동물 질병관리 기본계획의 수립 또는 변경을 위하여 관계 중앙행정기관의 장과 시·도지사에게 그에 필요한 자료 제출을 요청할 수 있다.
④ 환경부장관은 ①에 따라 수립된 야생동물 질병관리 기본계획을 시·도지사에게 통보하여야 하며, 시·도지사는 야생동물 질병관리 기본계획에 따라 관할구역의 야생동물 질병관리를 위한 세부계획을 수립하여야 한다.

⑤ ①부터 ④까지에서 규정한 사항 외에 야생동물 질병관리 기본계획 및 세부계획의 수립 등에 필요한 사항은 대통령령으로 정한다.

(2) 야생동물의 질병연구 및 구조 · 치료 등(제34조의4)
① 환경부장관과 시 · 도지사는 야생동물 질병관리를 위하여 야생동물의 질병연구, 조난당하거나 부상당한 야생동물의 구조 · 치료, 야생동물 질병관리기술의 개발 · 보급 등 필요한 조치를 하여야 한다.
② 환경부장관 및 시 · 도지사는 대통령령으로 정하는 바에 따라 야생동물의 질병연구 및 구조 · 치료시설(이하 "야생동물 치료기관"이라 한다)을 설치 · 운영하거나 위하여 환경부령으로 정하는 바에 따라 관련 기관 또는 단체를 야생동물 치료기관으로 지정할 수 있다.
③ 환경부장관 및 시 · 도지사는 ②에 따라 설치 또는 지정된 야생동물 치료기관에 야생동물의 질병연구 및 구조 · 치료 활동에 드는 비용의 전부 또는 일부를 지원할 수 있다.
④ ②에 따른 야생동물 치료기관의 지정기준 및 지정서 발급 등에 관한 사항은 환경부령으로 정한다.

(3) 야생동물 치료기관의 지정취소(제34조의5)
① 환경부장관과 시 · 도지사는 야생동물 치료기관이 다음의 어느 하나에 해당하는 경우에는 그 지정을 취소할 수 있다.
   ㉠ 거짓이나 그 밖의 부정한 방법으로 지정을 받은 경우(반드시 취소)
   ㉡ 특별한 사유 없이 조난당하거나 부상당한 야생동물의 구조 · 치료를 3회 이상 거부한 경우
   ㉢ 관련법을 위반하여 야생동물을 학대한 경우
   ㉣ 관련법을 위반하여 불법으로 포획 · 수입 또는 반입한 야생동물, 이를 사용하여 만든 음식물 또는 가공품을 그 사실을 알면서 취득(환경부령으로 정하는 야생동물을 사용하여 만든 음식물 또는 추출가공식품을 먹는 행위는 제외한다) · 양도 · 양수 · 운반 · 보관하거나 그러한 행위를 알선한 경우
   ㉤ 관련법을 위반하여 질병에 걸린 것으로 확인되거나 걸렸다고 의심할만한 정황이 있는 야생동물임을 알면서 신고하지 아니한 경우
   ㉥ 관련법을 위반하여 야생동물 예방접종 · 격리 · 이동제한 · 출입제안 또는 살처분 명령을 이행하지 아니한 경우
   ㉦ 관련법을 위반하여 살처분한 야생동물의 사체를 소각하거나 매몰하지 아니한 경우
② ①에 따라 지정이 취소된 자는 취소된 날부터 7일 이내에 지정서를 환경부장관 또는 시 · 도지사에게 반납하여야 한다.

(4) 죽거나 병든 야생동물의 신고(제34조의6)
① 질병에 걸린 것으로 확인되거나 걸렸다고 의심할만한 정황이 있는 야생동물(죽은 야생동물을 포함한다)을 발견한 사람은 환경부령으로 정하는 바에 따라 지체 없이 야생동물 질병에 관한 업무를 수행하는 대통령령으로 정하는 행정기관의 장(국립야생동물질병관리기관장) 또는 관할 지방자치단체의 장에게 신고하여야 한다.
② ①에 따른 신고를 받은 행정기관의 장은 신고자가 요청한 경우에는 신고자의 신원을 외부에 공개해서는 아니 된다.

(5) 질병진단(제34조의7)
① 국립야생동물질병관리기관장은 야생동물의 질병진단을 할 수 있는 시설과 인력을 갖춘 대학, 민간연구소, 야생동물 치료기관 등을 야생동물 질병진단기관으로 지정할 수 있다.

② 관련법에 따른 신고를 받은 관할 지방자치단체의 장은 국립야생동물질병관리기관장 또는 ①에 따라 지정된 야생동물 질병진단기관(이하 "야생동물 질병진단기관"이라 한다)의 장에게 해당 야생동물의 질병진단을 의뢰할 수 있다.
③ 국립야생동물질병관리기관장은 야생동물 질병의 발생 상황을 파악하기 위하여 다음의 업무를 수행한다.
　㉠ 전국 또는 일정한 지역에서 야생동물의 질병의 예찰(豫察)·진단 및 조사·연구
　㉡ 야생동물 치료기관 등 야생동물을 보호·관리하는 시설의 야생동물의 질병진단
④ 야생동물 질병진단기관의 장은 ②에 따른 질병진단 결과 야생동물 질병이 확인된 경우에는 국립야생동물질병관리기관장과 관할 지방자치단체의 장에게 알려야 한다.
⑤ 국립야생동물질병관리기관장은 ② 및 ③에 따른 질병진단 및 조사·연구 결과 야생동물 질병이 확인되거나 ④에 따른 통지를 받은 경우에는 환경부장관에게 이를 보고하고, 관할 지방자치단체의 장과 아래의 구분에 따른 관계 행정기관의 장에게 알려야 한다.
　㉠ 야생동물 질병이 「가축전염병 예방법」에 따른 가축전염병에 해당하는 경우 : 농림축산식품부장관
　㉡ 야생동물 질병이 「수산생물질병 관리법」에 따른 수산동물전염병에 해당하는 경우 : 해양수산부장관
　㉢ 야생동물 질병이 「감염병의 예방 및 관리에 관한 법률」에 따른 인수공통감염병에 해당하는 경우 : 질병관리청장
⑥ 야생동물의 질병진단 요령, 야생동물 질병의 병원체 보존·관리, 시료(試料)의 포장·운송 및 취급처리 등에 필요한 사항은 국립야생동물질병관리기관장이 정하여 고시한다.
⑦ 국립야생동물질병관리기관장은 야생동물 질병진단기관이 다음의 어느 하나에 해당하는 경우에는 그 지정을 취소할 수 있다.
　㉠ 거짓이나 그 밖의 부정한 방법으로 지정받은 경우(반드시 취소)
　㉡ ①에 따른 지정기준을 충족하지 못하게 된 경우
　㉢ ④를 위반하여 야생동물 질병이 확인된 사실을 알면서도 알리지 아니한 경우
　㉣ ⑥에 따라 야생동물의 질병진단 요령 등 필요한 사항으로서 국립야생동물질병관리기관장이 정하여 고시한 사항을 따르지 아니한 경우
⑧ ①에 따른 야생동물 질병진단기관의 지정기준, 지정절차 및 지정방법 등에 관한 사항은 환경부령으로 정한다.

(6) 역학조사(제34조의9)

① 국립야생동물질병관리기관장과 시·도지사는 다음의 어느 하나에 해당하는 경우 원인규명 등을 위한 역학조사(疫學調査)를 할 수 있다.
　㉠ 야생동물 질병이 발생하였거나 발생할 우려가 있다고 인정한 경우
　㉡ 야생동물에 질병 예방 접종을 한 후 이상반응 사례가 발생한 경우
　㉢ 시·도지사(국립야생동물질병관리기관장에게 요청하는 경우에 한정한다) 또는 관계 중앙행정기관의 장이 요청하는 경우
② 누구든지 국립야생동물질병관리기관장 또는 시·도지사가 ①에 따른 역학조사를 하는 경우 정당한 사유 없이 이를 거부 또는 방해하거나 회피해서는 아니 된다.
③ ①에 따른 역학조사의 시기 및 방법 등에 관하여 필요한 사항은 환경부령으로 정한다.

2. 생물자원의 보전

(1) 생물자원 보전시설의 등록(제35조)
① 생물자원 보전시설을 설치·운영하려는 자는 환경부령으로 정하는 바에 따라 시설과 요건을 갖추어 환경부장관이나 시·도지사에게 등록할 수 있다. 다만, 「수목원 조성 및 진흥에 관한 법률」 제9조에 따라 등록한 수목원은 이 법에 따라 생물자원 보전시설로 등록한 것으로 본다.
② 생물자원 보전시설을 등록한 자는 등록한 사항 중 환경부령으로 정하는 사항을 변경하려면 등록한 환경부장관 또는 시·도지사에게 변경등록을 하여야 한다.
③ ①에 따른 등록증의 교부 등에 관한 사항은 환경부령으로 정한다.

(2) 등록취소(제36조)
① 환경부장관이나 시·도지사는 관련법에 따라 생물자원 보전시설을 등록한 자가 다음의 어느 하나에 해당하는 경우에는 그 등록을 취소할 수 있다.
  ㉠ 거짓이나 그 밖의 부정한 방법으로 등록한 경우(반드시 취소)
  ㉡ 관련법에 따라 환경부령으로 정하는 시설과 요건을 갖추지 못한 경우
② ①에 따라 등록이 취소된 자는 취소된 날부터 7일 이내에 등록증을 환경부장관이나 시·도지사에게 반납하여야 한다.

(3) 생물자원 보전시설 간 정보교환체계 구축(제38조)
환경부장관은 생물자원에 관한 정보의 효율적인 관리 및 이용과 생물자원 보전시설 간의 협력을 도모하기 위하여 다음의 기능을 내용으로 하는 정보교환체계를 구축하여야 한다.
① 전산정보체계를 통한 정보 및 자료의 유통
② 보유하는 생물자원에 대한 정보 교환
③ 생물자원 보전시설의 과학적인 관리
④ 그 밖에 생물자원 보전시설 간 협력에 관한 사항

04 수렵 관리

1. 수렵장

(1) 수렵장의 설정(제42조)
① 시장·군수·구청장은 야생동물의 보호와 국민의 건전한 수렵활동을 위하여 일정 지역에 수렵을 할 수 있는 장소(수렵장)를 설정할 수 있다(둘 이상의 시·군·구의 관할구역에 걸쳐 수렵장 설정이 필요한 경우 대통령령으로 정하는 바에 따라 시·도지사가 설정). 23, 10, 09, 08 기출
② 누구든지 수렵장 외의 장소에서 수렵을 하여서는 아니 된다.
  ▶ 위반 시 2년 이하의 징역 또는 2천만 원 이하의 벌금

③ 시·도지사 또는 시장·군수·구청장은 수렵장을 설정하려면 미리 토지 소유자 등 이해관계인의 의견을 들어야 하고, 수렵장을 설정하였을 때에는 지체 없이 다음 사항을 고시하여야 한다. 08 기출
  ㉠ 수렵장의 명칭 및 구역
  ㉡ 존속기간
  ㉢ 수렵기간
  ㉣ 관리소의 소재지
  ㉤ 수렵장의 사용료 및 징수방법
  ㉥ 수렵도구 및 수렵방법
  ㉦ 수렵할 수 있는 야생동물의 종류 및 포획제한수량
  ㉧ 수렵인의 수
④ 시·도지사 또는 시장·군수·구청장은 수렵장을 설정한 후 야생동물의 보호를 위하여 필요하면 수렵장의 설정을 해제하거나 변경할 수 있으며, 수렵장의 설정을 해제하거나 변경하였을 때에는 지체 없이 그 사실을 고시하여야 한다.
⑤ 시·도지사 또는 시장·군수·구청장은 ①에 따라 수렵장을 설정하려면 환경부장관의 승인을 받아야 한다. 또한, 수렵장의 설정을 변경하거나 해제하는 경우에도 승인을 받아야 한다.
⑥ 시·도지사 또는 시장·군수·구청장은 수렵장을 설정하였을 때에는 환경부령으로 정하는 바에 따라 지역 주민 등이 쉽게 알 수 있도록 안내판을 설치하는 등 필요한 조치를 하여야 하며, 수렵으로 인한 위해의 예방과 이용자의 건전한 수렵활동을 위하여 필요한 시설·설비 등을 갖추어야 하고, 수렵장 관리규정을 정하여야 한다.
  ㉠ 수렵장 관리소
  ㉡ 안내시설 및 휴게시설
  ㉢ 응급의료시설
  ㉣ 사격연습시설
  ㉤ 야생동물의 인공사육시설(야생동물을 인공사육하여 수렵대상 동물로 사용하는 수렵장만 해당)
  ㉥ 포획물의 보관 및 처리시설
  ㉦ 수렵장의 경계표지시설
  ㉧ 안전관리시설

(2) 수렵동물의 지정(제43조)

▶ **2년 이하의 징역 또는 2천만 원 이하의 벌금**: 수렵동물 외의 동물을 수렵하거나 수렵기간이 아닌 때에 수렵한 사람
▶ **1년 이하의 징역 또는 1천만 원 이하의 벌금**: 수렵장에서 수렵을 제한하기 위하여 고시한 사항을 위반한 사람

① 환경부장관은 수렵장에서 수렵할 수 있는 야생동물(수렵동물)의 종류를 지정·고시하여야 한다.
② 환경부장관이나 지방자치단체의 장은 수렵장에서 수렵동물의 보호·번식을 위하여 수렵을 제한하려면 수렵동물을 포획할 수 있는 기간(수렵기간)과 그 수렵장의 수렵동물 종류·수량, 수렵도구, 수렵방법 및 수렵인의 수 등을 정하여 고시하여야 한다.
③ 환경부장관은 수렵동물의 지정 등을 위하여 야생동물의 종류 및 서식밀도 등에 대한 조사를 주기적으로 실시하여야 한다.

[수렵동물의 종류 지정]

포유류	조류	계
3종	13종	
멧돼지, 고라니, 청설모	꿩(수꿩), 멧비둘기, 까마귀, 갈까마귀, 떼까마귀, 쇠오리, 청둥오리, 홍머리오리, 고방오리, 흰뺨검둥오리, 까치, 어치, 참새	16종

(3) 수렵승인(제50조)

① 수렵장에서 수렵동물을 수렵하려는 사람은 수렵장 설정자에게 **수렵장 사용료**를 납부하고 수렵승인을 받아야 한다. 11 기출

▶ 위반 시 2년 이하의 징역 또는 2천만 원 이하의 벌금

② 수렵장 설정자의 승인을 얻어 수렵한 사람은 수렵한 동물에 수렵동물임을 확인할 수 있는 표지를 붙여야 한다.

▶ 위반 시 1백만 원 이하의 과태료

③ 수렵장 설정자는 수렵장 사용료 등의 수입을 수렵장 시설의 설치·유지관리와 대통령령으로 정하는 사업에 사용하여야 한다.

④ 수렵장 설정자는 환경부령으로 정하는 바에 따라 수렵장 운영실적을 환경부장관에게 보고하여야 한다.

(4) 수렵보험(제51조) 25 기출

수렵장에서 수렵동물을 수렵하려는 사람은 수렵으로 인하여 다른 사람의 생명·신체 또는 재산에 피해를 준 경우에 이를 보상할 수 있도록 보험에 가입하여야 한다.

① 수렵 중에 다른 사람을 사망하게 한 경우 : **1억 5천만 원 이상**

② 수렵 중에 다른 사람을 부상하게 하거나 다른 사람의 재산에 손해를 입힌 경우 : **3천만 원 이상**

③ 수렵 중에 다른 사람을 부상하게 하여 그 사람이 부상에 대한 치료를 마친 후 더 이상의 치료효과를 기대할 수 없고 그 증상이 고정된 상태에서 그 부상이 원인이 되는 신체적 장해가 생긴 경우 : **1억 5천만 원 이상**

(5) 수렵면허증의 휴대의무(제52조)

수렵장에서 수렵동물을 수렵하려는 사람은 수렵면허증을 지니고 있어야 한다.

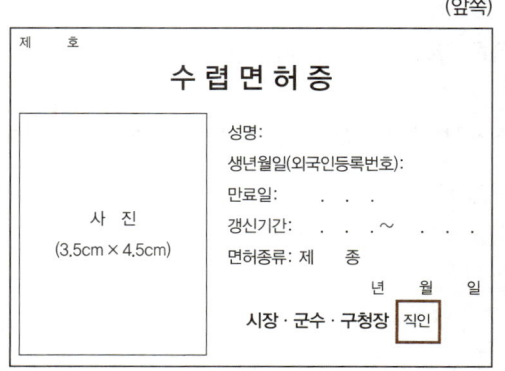

(6) **수렵장의 설정 제한지역(제54조)** 24, 10 기출

다음에 해당하는 지역은 수렵장으로 설정할 수 없다.

① **특별보호구역 및 보호구역**
② 생태·경관보전지역 및 지정된 시·도 생태·경관보전지역
③ **습지보호지역**
④ 자연공원 및 도시공원
⑤ **군사기지 및 군사시설보호구역**
⑥ 도시지역
⑦ 문화유산이 있는 장소 및 지정된 보호구역
⑧ 자연유산이 있는 장소 및 지정된 보호구역
⑨ 지정된 관광지 등
⑩ 자연휴양림, 채종림 및 산림유전자원보호구역의 산지
⑪ 수목원
⑫ 능묘·사찰·교회의 경내
⑬ 그 밖에 야생동물의 보호 등을 위하여 환경부령으로 정하는 장소

(7) **수렵의 제한(제55조)** 24 11 10 09 03 기출

수렵장에서도 다음에 해당하는 장소 또는 시간에는 수렵을 하여서는 아니 된다.

▶ 위반 시 1년 이하의 징역 또는 1천만 원 이하의 벌금

① 시가지·인가 부근 또는 그 밖에 여러 사람이 다니거나 모이는 장소로서 환경부령으로 정하는 장소
② 해가 진 후부터 해뜨기 전까지
③ 운행 중인 차량·선박 및 항공기
④ 도로로부터 100m 이내의 장소(도로 쪽을 향하여 수렵을 하는 경우에는 도로로부터 600m 이내의 장소를 포함)
⑤ 문화유산이 있는 장소 및 지정된 보호구역으로부터 1km 이내의 장소
⑥ 자연유산이 있는 장소 및 지정된 보호구역으로부터 1km 이내의 장소
⑦ 울타리가 설치되어 있거나 농작물이 있는 다른 사람의 토지(점유자의 승인을 얻은 경우 제외)
⑧ 그 밖에 인명·가축·문화재·건축물·차량·철도차량·선박 또는 항공기에 피해를 줄 우려가 있어 환경부령으로 정하는 장소 및 시간
  ㉠ 해안선으로부터 100m 이내의 장소(해안 쪽을 향하여 수렵을 하는 경우에는 해안선으로부터 600m 이내의 장소를 포함)
  ㉡ 수렵장 설정자가 야생동물 보호 또는 인명·재산·가축·철도차량 및 항공기 등에 대한 피해 발생의 방지를 위하여 필요하다고 인정하는 지역

2. 수렵면허

(1) **수렵면허의 발급(제44조)**

수렵장에서 수렵동물을 수렵하려는 사람은 그 주소지를 관할하는 시장·군수·구청장으로부터 수렵면허(발급 수수료 1만 원)를 받아야 한다. 08 기출

▶ **2년 이하의 징역 또는 2천만 원 이하의 벌금** : 수렵면허를 받지 아니하고 수렵한 자 25, 24 기출
▶ **1년 이하의 징역 또는 1천만 원 이하의 벌금** : 거짓, 그 밖의 부정한 방법으로 수렵면허를 받은 자

① 제1종 수렵면허 : 총기를 사용하는 수렵 10, 09 기출
② 제2종 수렵면허 : 총기 외의 수렵도구를 사용하는 수렵 10 기출

더 알아보기 수렵면허 발급 시 첨부서류 25, 24 기출

수렵면허 발급 시	수렵면허 갱신 시
• 수렵면허 신청서 • 수렵면허시험 합격증 • 수렵강습 이수증 • 1년 이내에 발급된 다음의 서류(총포 소지 허가증 사본) – 신체검사서 또는 운전면허증 사본 – 총기 소지의 적정 여부에 대한 정신건강의학과 전문의 의견이 기재된 진단서 또는 소견서 • 증명사진 1장	• 수렵면허 갱신 신청서 • 1년 이내에 발급된 다음의 서류(총포 소지 허가증 사본) – 신체검사서 또는 운전면허증 사본 – 총기 소지의 적정 여부에 대한 정신건강의학과 전문의 의견이 기재된 진단서 또는 소견서 • 증명사진 1장 • 수렵면허증 • 수렵강습 이수증

(2) 수렵면허의 갱신(제44조 제3항)★ 25, 24, 11, 09, 08, 07, 03, 02 기출
수렵면허를 받은 사람은 5년마다 수렵면허를 갱신하여야 한다.

(3) 수렵면허시험(제45조)
① 수렵면허를 받으려는 사람은 관련법의 규정에 따른 수렵면허의 종류별로 수렵에 관한 법령 등 환경부령으로 정하는 사항에 대하여 시·도지사가 실시하는 수렵면허시험에 합격하여야 한다.
② 수렵면허시험의 실시방법·절차, 그 밖에 필요한 사항은 대통령령으로 정한다.
③ 수렵면허시험에 응시하고자 하는 자는 수수료를 납부하여야 한다.

(4) 결격사유(제46조)
다음에 해당하는 자는 수렵면허를 받을 수 없다.
① 미성년자
② 심신상실자, 정신질환자, 마약류중독자
③ 이 법을 위반하여 금고 이상의 실형을 선고받고 그 집행이 끝나거나(집행이 끝난 것으로 보는 경우 포함) 집행이 면제된 날부터 2년이 지나지 아니한 사람
④ 이 법을 위반하여 금고 이상의 집행유예를 선고받고 그 유예기간 중에 있는 사람
⑤ 수렵면허가 취소(①에 해당하여 면허가 취소된 경우는 제외한다)된 날부터 1년이 지나지 아니한 사람

(5) 수렵강습(제47조) 25, 11 기출
① 수렵면허를 받으려는 사람은 수렵면허시험에 합격한 후 환경부장관이 지정하는 전문기관(수렵강습기관)에서 실시하는 수렵의 역사·문화, 수렵 시 지켜야 할 안전수칙 등에 관한 강습을 받아야 한다.
② 수렵면허를 갱신하려는 사람은 수렵강습기관에서 수렵 시 지켜야 할 안전수칙과 수렵에 관한 법령 및 수렵의 절차 등에 관한 강습을 받아야 한다.
③ 수렵강습기관의 장은 강습을 받은 자에게 강습 이수증을 발급하여야 한다.
④ 수렵강습기관의 장은 수렵강습을 받으려는 사람에게 수강료를 징수할 수 있다.
⑤ 수렵강습기관의 지정기준 및 지정서 교부 등에 관한 사항은 환경부령으로 정한다.

(6) 수렵면허증의 발급 등(제48조) **25 기출**

① 시장·군수·구청장은 수렵면허시험에 합격하고, 강습 이수증을 발급받은 사람에게 수렵면허증을 발급하여야 한다.

② 수렵면허의 효력은 수렵면허증을 본인이나 대리인에게 발급한 때부터 발생하고, 발급받은 수렵면허증은 다른 사람에게 대여하지 못한다.

  ▶ **1년 이하의 징역 또는 1천만 원 이하의 벌금** : 수렵면허증을 대여한 자

③ 수렵면허증을 잃어버렸거나 손상되어 못 쓰게 되었을 때에는 재발급받아야 한다.

(7) 수렵면허 취소·정지 사유(제49조)

시장·군수·구청장은 수렵면허를 받은 사람이 다음에 해당하는 경우에는 수렵면허를 취소하거나 1년 이내의 범위에서 일정한 기간을 정하여 그 수렵면허의 효력을 정지할 수 있다.

① 거짓, 그 밖의 부정한 방법으로 수렵면허를 받은 경우(반드시 취소)★ **09 07 기출**
② 수렵면허를 받은 자가 (4) 결격사유에서 ⑤를 제외한 나머지에 해당하는 경우(반드시 취소)
③ 수렵 또는 유해야생동물 포획 중 고의 또는 과실로 다른 사람의 생명·신체 또는 재산에 피해를 준 경우
 23 기출
④ 수렵도구를 이용하여 범죄행위를 한 경우
⑤ 규정을 위반하여 멸종위기 야생동물을 포획한 경우 **24 기출**
⑥ 규정을 위반하여 야생동물을 포획한 경우
⑦ 규정을 위반하여 유해야생동물을 포획한 경우
⑧ 규정을 위반하여 수렵면허를 갱신하지 아니한 경우
⑨ 수렵승인을 받지 아니하고 수렵을 한 경우
⑩ 수렵이 제한되는 장소나 시간에 수렵을 한 경우

(8) 수렵면허증 반납(제49조 제2항) **25, 24, 10, 07 기출**

수렵면허의 취소 또는 정지 처분을 받은 사람은 취소 또는 정지 처분을 받은 날부터 7일 이내에 수렵면허증을 시장·군수·구청장에게 반납하여야 한다.

05 벌 칙

(1) 5년 이하의 징역 또는 5백만 원 이상 5천만 원 이하의 벌금(제67조)

① 멸종위기 야생생물 Ⅰ급을 포획·채취·훼손하거나 죽인 자
② 사육곰을 소유·사육·증식한 자
③ 상습적으로 ①·②의 죄를 지은 사람은 7년 이하의 징역에 처한다. 이 경우 7천만 원 이하의 벌금을 병과할 수 있다.

(2) 3년 이하의 징역 또는 3백만 원 이상 3천만 원 이하의 벌금(제68조)
    ① 야생동물을 죽음에 이르게 하는 학대행위를 한 자
    ② 멸종위기 야생생물 Ⅱ급을 포획·채취·훼손하거나 죽인 자
    ③ 멸종위기 야생생물 Ⅰ급을 가공·유통·보관·수출·수입·반출 또는 반입한 자 07 기출
    ④ 멸종위기 야생생물을 포획·채취 등을 위하여 폭발물·덫·창애·올무·함정·전류 또는 그물을 설치 또는 사용하거나 유독물·농약 및 이와 유사한 물질을 살포 또는 주입한 자
    ⑤ 허가 없이 국제적 멸종위기종 및 그 가공품을 수출·수입·반출 또는 반입한 자
    ⑥ 인공증식 허가를 받지 아니하고 국제적 멸종위기종을 증식한 자
    ⑦ 특별보호구역에서 훼손행위를 한 자
    ⑧ 사육시설의 등록을 하지 아니하거나 거짓으로 등록을 한 자
    ⑨ 수입금지 야생동물 또는 물건을 수입한 자
    ⑩ 지정검역물 등에 대한 반송 또는 소각·매몰 등의 명령을 이행하지 아니한 자
    ⑪ 야생동물검역관의 지시를 받지 아니하고 지정검역물을 다른 장소로 이동시킨 자
    ⑫ 검역증명서를 첨부하지 아니하고 지정검역물을 수입한 자
    ⑬ 수입검역을 받지 아니하거나 거짓 또는 부정한 방법으로 수입검역을 받은 자
    ⑭ 수입장소의 제한을 위반하여 지정검역물을 수입한 자
    ⑮ 지정검역물 등에 대한 반송 또는 소각·매몰 등의 명령을 이행하지 아니한 자
    ※ 상습적으로 ①, ②, ④ 또는 ⑥의 죄를 지은 사람은 5년 이하의 징역에 처한다. 이 경우 5천만 원 이하의 벌금을 병과할 수 있다.

(3) 2년 이하의 징역 또는 2천만 원 이하의 벌금(제69조)
    ① 야생동물에게 고통을 주거나 상해를 입히는 학대행위를 한 자
    ② 멸종위기 야생생물 Ⅱ급을 가공·유통·보관·수출·수입·반출 또는 반입한 자
    ③ 멸종위기 야생생물을 방사하거나 이식한 자
    ④ 국제적 멸종위기종 및 그 가공품을 수입 또는 반입 목적 외의 용도로 사용한 자
    ⑤ 국제적 멸종위기종 및 그 가공품을 포획·채취·구입하거나 양도·양수, 양도·양수의 알선·중개, 소유, 점유 또는 진열한 자
    ⑥ 야생생물을 포획·채취하거나 죽인 자
    ⑦ 야생생물을 포획·채취하거나 죽이기 위하여 폭발물·덫·창애·올무·함정·전류 또는 그물을 설치 또는 사용하거나 유독물·농약 및 이와 유사한 물질을 살포하거나 주입한 자
    ⑧ 허가 없이 야생동물 관련 영업을 한 자
    ⑨ 제한행위의 중지 또는 원상회복 명령을 위반한 자
    ⑩ 관련법을 위반하여 사육곰 및 그 부속물을 양도·양수·운반·보관·섭취하거나 그러한 행위를 알선한 자
    ⑪ 관련법을 위반하여 관람 또는 학술 연구 목적으로 용도변경한 곰을 환경부령으로 정하는 시설 외에서 사육한 자
    ⑫ 수렵장 외의 장소에서 수렵한 자 07 기출
    ⑬ 수렵동물 외의 동물을 수렵하거나 수렵기간이 아닌 때에 수렵한 자 09, 07 기출
    ⑭ 수렵면허를 받지 아니하고 수렵한 자 25, 24, 07 기출

⑮ 수렵장 설정자로부터 수렵승인을 받지 아니하고 수렵한 자
⑯ 사육시설의 변경등록을 하지 아니하거나 거짓으로 변경등록을 한 자
⑰ 야생동물 전시행위를 한 자
※ 상습적으로 ①, ⑥ 또는 ⑦의 죄를 지은 사람은 3년 이하의 징역에 처한다. 이 경우 3천만 원 이하의 벌금을 병과할 수 있다.

(4) 1년 이하의 징역 또는 1천만 원 이하의 벌금(제70조)
① 포획·수입 또는 반입한 야생동물, 이를 사용하여 만든 음식물 또는 가공품을 그 사실을 알면서 취득(음식물 또는 추출가공식품을 먹는 행위를 포함한다)·양도·양수·운반·보관하거나 그러한 행위를 알선한 자
② 덫, 창애, 올무 또는 그 밖에 야생동물을 포획하는 도구를 제작·판매·소지 또는 보관한 자
③ 거짓이나 그 밖의 부정한 방법으로 포획·채취 등의 허가를 받은 자
④ 거짓이나 그 밖의 부정한 방법으로 수출·수입·반출 또는 반입 허가를 받은 자
⑤ 관련법에 따른 정기 또는 수시 검사를 받지 아니한 자
⑥ 관련법에 따른 개선명령을 이행하지 아니한 자
⑦ 멸종위기 야생생물 및 국제적 멸종위기종의 멸종 또는 감소를 촉진시키거나 학대를 유발할 수 있는 광고를 한 자
⑧ 거짓이나 그 밖의 부정한 방법으로 포획·채취 또는 죽이는 허가를 받은 자
⑨ 허가 없이 야생생물을 수출·수입·반출 또는 반입한 자
⑩ 지정관리 야생동물을 수입·반입한 자
⑪ 지정관리 야생동물을 양도·양수·보관한 자
⑫ 거짓이나 그 밖의 부정한 방법으로 유해야생동물 포획허가를 받은 자
⑬ 예방접종·격리·이동제한·출입제한 또는 살처분 명령에 따르지 아니한 자
⑭ 살처분한 야생동물의 사체를 소각하거나 매몰하지 아니한 자
⑮ 거짓이나 그 밖의 부정한 방법으로 지정검역시행장의 지정을 받은 자
⑯ 거짓이나 그 밖의 부정한 방법으로 보관관리인의 지정을 받은 자
⑰ 등록을 하지 아니하고 야생동물의 박제품을 제조하거나 판매한 자
⑱ 수렵장에서 수렵을 제한하기 위하여 정하여 고시한 사항(수렵기간은 제외한다)을 위반한 사람
⑲ 거짓이나 그 밖의 부정한 방법으로 수렵면허를 받은 사람
⑳ 수렵면허증을 대여한 사람
㉑ 수렵 제한사항을 지키지 아니한 사람
㉒ 이 법을 위반하여 야생동물을 포획할 목적으로 총기와 실탄을 같이 지니고 돌아다니는 사람

(5) 몰수(제71조)
다음의 어느 하나에 해당하는 국제적 멸종위기종 및 그 가공품은 몰수한다.
① 허가 없이 수입 또는 반입되거나 그 수입 또는 반입 목적 외의 용도로 사용되는 국제적 멸종위기종 및 그 가공품
② 허가 또는 승인 등을 받지 아니하고 포획·채취·구입되거나 양도·양수, 양도·양수의 알선·중개, 소유·점유 또는 진열되고 있는 국제적 멸종위기종 및 그 가공품
③ 인공증식 허가를 받지 아니하고 증식되거나 인공증식에 사용된 국제적 멸종위기종

④ 다음의 어느 하나에 해당하는 사육곰 및 그 부속물은 몰수한다.
    ㉠ 관련법을 위반하여 소유·사육·증식된 사육곰
    ㉡ 관련법을 위반하여 양도·양수·운반·보관된 사육곰 및 그 부속물
    ㉢ 관련법을 위반하여 관람 또는 학술 연구 목적으로 용도를 변경하였으나 환경부령으로 정하는 시설 외에서 사육된 곰

(6) 양벌규정(제72조)
법인 또는 단체의 대표자나 법인·단체 또는 개인의 대리인, 사용인, 그 밖의 종업원이 그 법인·단체 또는 개인의 업무에 관하여 제67조 제1항, 제68조 제1항, 제69조 제1항 또는 제70조의 위반행위를 하면 그 행위자를 벌하는 외에 그 법인·단체 또는 개인에게도 해당 조문의 벌금형을 과(科)한다. 다만, 법인·단체 또는 개인이 그 위반행위를 방지하기 위하여 해당 업무에 관하여 상당한 주의와 감독을 게을리하지 아니한 경우에는 그러하지 아니하다.

(7) 과태료(제73조)
① 1천만 원 이하의 과태료
    ㉠ 야생생물의 보호를 위하여 필요한 시·도지사의 조치를 위반한 자
    ㉡ 시·도 보호구역 또는 보호구역의 보전에 필요한 시·도지사 또는 시장·군수·구청장의 조치를 위반한 자
② 200만 원 이하의 과태료
    ㉠ 멸종위기 야생생물의 포획·채취 등의 결과를 신고하지 아니한 자
    ㉡ 멸종위기 야생생물의 보관 사실을 신고하지 아니한 자
    ㉢ 유해야생동물의 포획허가 및 관리 등을 위반하여 유해야생동물의 포획 결과를 신고하지 아니한 자
    ㉣ 출입 제한 또는 금지 규정을 위반한 자
    ㉤ 역학조사를 정당한 사유 없이 거부 또는 방해하거나 회피한 자
    ㉥ 주변 환경의 오염방지를 위하여 필요한 조치를 이행하지 아니한 자
    ㉦ 야생동물의 사체를 매몰한 토지를 3년 이내에 발굴한 자
    ㉧ 야생동물검역관의 질문에 거짓으로 답변하거나 야생동물검역관의 출입·검사·수거 및 소독 등 필요한 조치를 거부 또는 방해하거나 회피한 자
    ㉨ 공무원의 출입·검사·질문을 거부·방해 또는 기피한 자 **09 기출**
    ㉩ 사육곰 탈출 등 안전사고 발생 시 신고 또는 사고 수습을 위하여 필요한 조치를 하지 아니한 자
    ㉪ 수의사에 의하여 인도적인 방법으로 사육곰을 처리하지 아니한 자
③ 100만 원 이하의 과태료
    ㉠ 서식지 외 보전기관의 지정취소에 따른 지정서를 반납하지 아니한 자
    ㉡ 야생동물 운송 시의 주의사항을 위반하여 야생동물을 운송한 자
    ㉢ 멸종위기 야생생물의 포획·채취·방사 또는 이식을 위한 허가증을 지니지 아니한 자
    ㉣ 멸종위기 야생생물의 포획·채취·방사 또는 이식을 위한 허가증을 반납하지 아니한 자
    ㉤ 수입하거나 반입한 국제적 멸종위기종의 양도·양수 또는 질병·폐사 등을 신고하지 아니한 자
    ㉥ 국제적 멸종위기종 인공증식증명서를 발급받지 아니한 자
    ㉦ 국제적 멸종위기종 및 그 가공품의 입수경위를 증명하는 서류를 보관하지 아니한 자

ⓞ 사육시설의 변경신고를 하지 아니하거나 거짓으로 변경신고를 한 자
ⓩ 사육시설의 폐쇄 또는 운영 중지 신고를 하지 아니한 자
ⓧ 승계신고를 하지 아니한 자
㉠ 야생동물을 포획·채취하거나 죽인 결과를 신고하지 아니한 자 11 기출
㉡ 야생생물의 포획·채취 허가가 취소된 때 취소된 날부터 7일 이내에 허가증을 시장·군수·구청장에게 반납하지 아니한 자
㉣ 환경부령으로 정하는 종으로서 살아있거나 알 상태인 야생동물을 양도·양수 또는 보관하려거나 혹은 보관하고 있는 야생동물이 폐사한 경우에 시장·군수·구청장에게 신고하지 아니한 자
㉤ 환경부령으로 정하는 지정관리 야생동물을 수입·반입 혹은 수출·반출 시 환경부령으로 정하는 바에 따라 시장·군수·구청장에게 신고하지 아니한 자
㉮ 지정관리 야생동물을 양도·양수 또는 보관하려거나 혹은 보관하고 있는 야생동물이 폐사한 경우 시장·군수·구청장에게 신고하지 아니한 자
㉯ 야생동물 영업을 허가받은 자가 휴업 또는 폐업하는 경우 보관 중인 야생동물의 처리 등 필요한 조치를 하지 아니한 자
㉰ 야생동물 영업자의 지위를 승계한 자가 승계한 날부터 기간(30일) 내에 영업의 승계를 시장·군수·구청장에게 신고하지 아니한 자
㉱ 허가가 취소되거나 영업이 정지된 야생동물 영업자는 보관 중인 야생동물의 처리 등의 필요한 조치를 하지 아니한 자
㉲ 정당한 사유 없이 공무원의 출입·검사·질문을 거부·방해 또는 기피한 자
㉳ 유해야생동물 포획 안전수칙을 지키지 아니한 자
㉴ 유해야생동물 처리 방법을 지키지 아니한 자
㉵ 유해야생동물 포획 허가 취소에 따른 허가증을 반납하지 아니한 자
㉶ 유해야생동물 관리에 따른 금지 또는 제한 행위를 한 자
㉷ 특별보호구역 안에서의 금지행위를 한 자
㉸ 특별보호구역 안에서의 행위제한을 위반한 자
㉹ 야생동물의 번식기에 신고하지 아니하고 보호구역에 들어간 자 11 기출
㉺ 야생동물 치료기관의 지정취소 규정을 위반하여 지정서를 반납하지 아니한 자
㉻ 질병진단 규정을 위반하여 야생동물 질병이 확인된 사실을 알면서도 국립야생동물질병관리기관장과 관할 지방자치단체의 장에게 알리지 아니한 자
Ⓐ 생물자원 보전시설 등록이 취소된 때 취소된 날부터 7일 이내에 등록증을 환경부장관이나 시·도지사에게 반납하지 아니한 자
Ⓑ 박제업자 등록 등의 규정을 위반하여 장부를 갖추어 두지 아니하거나 거짓으로 적은 자
Ⓒ 박제업자 등록 등의 규정을 위반하여 박제품의 신고 등 시장·군수·구청장의 명령을 준수하지 아니한 자
Ⓓ 박제업자 등록이 취소된 때 취소된 날부터 7일 이내에 등록증을 시장·군수·구청에게 반납하지 아니한 자
Ⓔ 수렵강습기관 지정이 취소된 때 취소된 날부터 7일 이내에 지정서를 환경부장관에게 반납하지 아니한 자

Ⓕ 수렵면허의 취소 또는 정지 처분이 된 때 처분을 받은 날부터 7일 이내에 수렵면허증을 시장·군수·구청장에게 반납하지 아니한 자 11 기출
Ⓖ 수렵동물임을 확인할 수 있는 표지를 붙이지 아니한 자
Ⓗ 수렵면허증을 지니지 아니하고 수렵을 한 자 11, 07 기출
Ⓘ 수렵장 운영실적을 보고하지 아니한 자
Ⓙ 환경부장관 및 시·도지사로부터 요청받은 보고 또는 자료 제출 의무를 하지 아니하거나 거짓으로 한 자

(8) 행정처분(동법 시행규칙 별표12)

위반사항		근거법령	행정처분기준			
			1차	2차	3차	4차 이상
거짓, 그 밖의 부정한 방법으로 수렵면허를 받은 경우		법 제49조 제1항 제1호	면허취소			
수렵면허를 받은 자가 법 제46조 제1호부터 제6호까지의 어느 하나에 해당하는 경우		법 제49조 제1항 제2호	면허취소			
수렵 중 고의 또는 과실로 다른 사람의 생명·신체 또는 재산에 대하여 피해를 일으킨 경우	1) 생명·신체에 피해를 준 경우	법 제49조 제1항 제3호	면허취소			
	2) 재산에 피해를 준 경우		면허정지 3개월	면허정지 6개월	면허취소	
수렵도구를 이용하여 범죄행위를 한 경우		법 제49조 제1항 제4호	면허정지 6개월	면허취소		
법 제14조 제1항 또는 제2항을 위반하여 멸종위기 야생동물을 포획한 경우		법 제49조 제1항 제5호	경고	면허정지 6개월	면허취소	
법 제19조 제1항 또는 제2항을 위반하여 야생동물을 포획한 경우		법 제49조 제1항 제6호	경고	면허정지 3개월	면허정지 6개월	면허취소
법 제23조 제1항을 위반하여 유해야생동물을 포획한 경우		법 제49조 제1항 제7호	경고	면허정지 1개월	면허정지 3개월	면허정지 6개월
법 제44조 제3항을 위반하여 수렵면허를 갱신하지 아니한 경우	1) 1년을 초과하지 아니한 경우	법 제49조 제1항 제8호	면허정지 3개월			
	2) 1년을 초과한 경우		면허취소			
법 제50조 제1항을 위반하여 수렵을 한 경우	1) 수렵승인을 받지 아니한 경우	법 제49조 제1항 제9호	경고	면허정지 3개월	면허정지 6개월	면허취소
	2) 수렵장 사용료를 납부하지 아니한 경우		경고	면허정지 1개월	면허정지 3개월	면허정지 6개월
법 제55조 각 호의 어느 하나에 해당하는 장소나 시간에 수렵을 한 경우		법 제49조 제1항 제10호	경고	면허정지 3개월	면허정지 6개월	면허취소

> **더 알아보기** 수렵강습 수강신청서

수렵강습 수강신청서

접수번호	접수일	처리기간 즉시

신청인	성 명		생년월일(외국인등록번호)
	주 소		

강습개최일	
장 소	

「야생생물 보호 및 관리에 관한 법률」 제47조 제1항·제2항 및 같은 법 시행규칙 제60조 제2항에 따라 위와 같이 수렵강습 수강을 신청합니다.

년   월   일

신청인   (서명 또는 인)

수렵강습기관장   귀하

첨부서류	없 음	수수료 없음

처리절차
신청서 작성 → 접수 → 확인 → 결재 → 이수증 작성 → 이수증 발급
신청인   처리기관 : 수렵강습기관

더 알아보기 　총포 소지 허가 신청서

(앞쪽)

접수 번호	접수 일자	처리 일자	처리기간	경찰서장 허가 7일 시·도경찰청장 허가 10일

신청인	성 명		주민등록번호	
	직 업		운전면허번호	
	주 소		전화번호	

관리책임자 (예술소품용 총포 등 소지 허가를 신청하는 경우에만 해당한다)	성 명	주민등록번호	휴대전화번호	성 명	주민등록번호	휴대전화번호

총포 내용	총종·형식	[ ]산탄외대 [ ]산탄상하쌍대 [ ]산탄수평쌍대 [ ]삼연쌍대 [ ] 라이플 [ ]공기총스프링 [ ]공기총(펌프) [ ]공기총(가스) [ ]권총회전 [ ]권총착탈 [ ]공 간 [ ]원 절 [ ]중 절 [ ]레 바 [ ]수동장전 [ ]자동장전 [ ]기 타		
	총 명	제조국명	명 칭	
	구 경	공 칭　　　　　　　　　　　　　　번(구경)	총신의 길이　　　　　　　　　cm	
		실측치수　　　　　　　　　　　　　　mm	총 전체의 길이　　　　　　　cm	
	대체 총신	구 경　　　　　　　번(구경)　　　　mm	총신의 길이　　　　　　　　　cm	
	총 번	제　　　　　호	총중량　　　　　　　　　　　kg	
	적합실탄 공포탄명		탄창장전탄수　　　　　　　　개	

용 도	[ ]호 신 [ ]수 렵 [ ]유해조수 구제 [ ]사격경기 [ ]어 획 [ ]건 축 [ ]공 업 [ ]기타 산업 [ ]신호·구명 [ ]도살·마취 [ ]시험·연구 [ ]예술소품용

입수경위	양도인	성 명		주민등록번호		
		직업 또는 직위		주 소		
		허가청		업소명		
		허가번호	제　　　호	허가연월일	년　월　일	
		양도양수연월일			년　월　일	
	수입 내용	수입면장번호	제　　　호	수입연월일	년　월　일	
		수입국명		수입지		
	임 대	임대업소명		임대업소 주소		

보 관	**총포 소지 허가증이 발급될 때까지 보관합니다.**	보관연월일	년　월　일
	보관처	보관책임자	(서명 또는 인)

허가증 발급		조사복명		신원·전과 조회	

「총포·도검·화약류 등 단속법」 제12조 제1항 및 같은 법 시행규칙 제21조 제1항에 따라 위와 같이 신청합니다.

　　　　　　　　　　　　　　　　　　　　　　　　　　　　　　　년　월　일
　　　　　　　　　　　　　　　　　　　　　신청인　　　　　　(서명 또는 인)

시·도경찰청장·경찰서장　귀하

더 알아보기 | 총포 소지 허가 신청서

(뒤쪽)

첨부서류	1. 신체검사서 2. 총포의 출처를 증명할 수 있는 서류 3. 총포의 용도를 소명할 수 있는 서류 4. 사진(가로 2.5cm, 세로 3cm) 5. 정신건강의학과 전문의 진단서 또는 소견서(수렵용 또는 유해조수구제용 총포를 소지하려는 경우에만 해당합니다) 6. 병력신고 및 개인정보 이용 동의서(수렵용 또는 유해조수구제용 총포를 제외한 총포를 소지하려는 경우에만 해당합니다)	수수료 3,000~5,000원

유의사항
1. 신체검사서는 공기총·가스발사총·마취총·산업용총 및 구명줄발사총의 경우 외에는 종합병원 또는 병원에서 발행한 것에 한하며, 가스발사총·산업용 타정총의 경우 「도로교통법」 제80조에 따른 운전면허가 있는 사람은 신체검사서를 첨부하지 아니합니다. 2. 총포 출처 증명서류는 입수경위에 따라 다음과 같습니다. 　가. 기존 허가 총포의 경우는 총포 소지 허가증 　나. 소지 허가 총포로서 상품화할 경우에는 총포 소지 허가증 반납증명 서류 　다. 수입 또는 양도 총포의 경우에는 수입면장 　라. 국내 제품인 경우에는 제조명세서 3. 총포의 용도를 소명할 수 있는 서류는 다음과 같습니다. 　가. 사격경기용 총포 : 사격선수확인증 　나. 수렵용 총포 : 제1종 수렵면허증 또는 수렵면허시험 합격증 　다. 유해조수구제용 총포 : 제1종 수렵면허증, 제1종 수렵면허시험 합격증 또는 유해야생동물 포획허가증 　라. 그 밖의 용도에 필요한 총포 : 총포의 해당 용도를 소명할 수 있는 서류

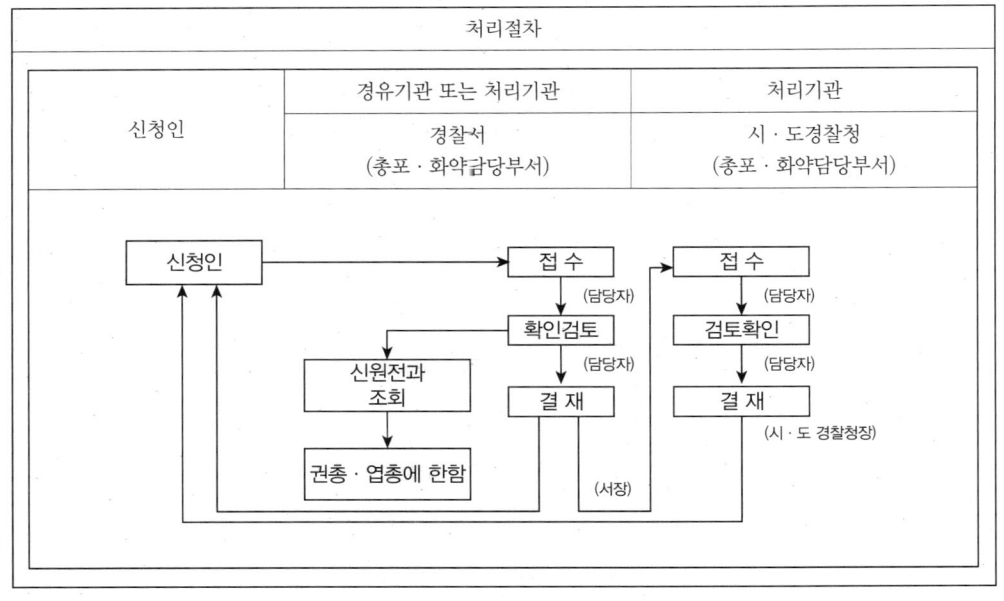

더 알아보기   수렵면허 신청서

수렵면허 신청서

※ [ ]에는 해당되는 곳에 V표를 합니다.

접수번호	접수일	처리기간 5일

신청인	성 명		생년월일(외국인등록번호)
	주 소		전화번호

수렵면허 종류	[ ] 1종 [ ] 2종
수렵을 하려는 야생동물의 종류	
수렵방법	

「야생생물 보호 및 관리에 관한 법률」제44조 제1항, 같은 법 시행령 제30조 및 같은 법 시행규칙 제52조 제1항에 따라 위와 같이 수렵면허를 신청합니다.

년 월 일

신청인 (서명 또는 인)

시장 · 군수 · 구청장   귀하

| 제출서류 **09 기출** | 1. 수렵면허시험 합격증
2. 수렵강습 이수증(최근 1년 이내에 수렵강습기관에서 강습을 받은 것만 해당합니다)
3. 최근 1년 이내에 발급된 다음 각 목의 서류. 다만, 「총포 · 도검 · 화약류 등의 안전관리에 관한 법률」제12조에 따른 총포 소지 허가를 받은 사람은 총포 소지 허가증 사본으로 갈음할 수 있습니다.
  가. 신체검사서(「의료법」제3조 제2항 제3호 가목에 따른 병원 또는 같은 호 바목에 따른 종합병원에서 발급된 것으로 한정합니다). 다만, 「도로교통법」제80조에 따른 운전면허를 받은 사람은 운전면허증 사본으로 갈음할 수 있습니다.
  나. 총기 소지의 적정 여부에 대한 정신건강의학과 전문의 의견이 기재된 진단서 또는 소견서(「야생생물 보호 및 관리에 관한 법률」제44조 제2항 제1호에 따른 제1종 수렵면허를 받으려는 경우만 해당합니다.
4. 증명사진 1장 | 수수료
10,000원 |

처리절차

신청서 작성 → 접 수 → 확 인 → 결 재 → 면허증 작성 → 면허증 발급
신청인   접수기관   처리기관 : 시 · 군 · 구(수렵면허 담당부서)   신청인
         (민원실)

더 알아보기 수렵야생동물 포획승인신청서

수렵야생동물 포획승인신청서

접수번호	접수일	처리기간 15일

신청인	성 명		생년월일(외국인등록번호)
	주 소		

포획장소			
야생동물별 포획신청량		포획기간	
총기의 종류		수렵장 사용료	

「야생생물 보호 및 관리에 관한 법률」 제50조 제1항 및 같은 법 시행규칙 제63조 제1항에 따라 위 수렵장의 수렵야생동물을 포획하려 하오니 승인하여 주시기 바랍니다.

년 월 일

신청인 (서명 또는 인)

시장 · 군수 · 구청장 귀하

신청인(대표자) 제출서류	1. 수렵면허증 사본 1부 2. 「야생생물 보호 및 관리에 관한 법률」 제51조에 따른 보험의 가입증명서 1부 ※ 참고사항 「야생생물 보호 및 관리에 관한 법률」 제50조 제1항에 따른 수렵장 사용료는 수렵동물 확인표지 수령 시 납부하여야 합니다.	수수료 없음

처리절차
신청서 작성 → 접 수 → 서류 확인 → 결 재 → 승인서 작성 → 승인서 발급 신청인　　접수기관　처리기관 : 시 · 군 · 구(수렵면허 담당부서)　신청인 　　　　　(민원실)

더 알아보기 | 생태계교란 생물

1. 공통 적용기준
   ① 포유류, 양서류, 파충류, 어류, 곤충류 : 살아 있는 생물체와 그 알을 포함한다.
   ② 식물 : 살아 있는 생물체와 그 부속체(종자, 구근, 인경, 주아, 덩이줄기, 뿌리) 및 표본을 포함한다.
2. 생태계교란 생물 25, 23 기출

구 분	학 명
포유류	뉴트리아 *Myocastor coypus*
양서류 · 파충류	가. 황소개구리 *Lithobates catesbeianus* 나. 붉은귀거북속 전종 *Trachemys spp.* 다. 리버쿠터 *Pseudemys concinna* 라. 중국줄무늬목거북 *Mauremys sinensis* 마. 악어거북 *Macrochelys temminckii* 바. 플로리다붉은배거북 *Pseudemys nelsoni* 사. 늑대거북 *Chelydra serpentina*
어 류	가. 블루길 *Lepomis macrochirus* 나. 배스 *Micropterus salmoides* 다. 브라운송어 *Salmo trutta*
갑각류	미국가재 *Procambarus clarkii*
곤충류	가. 꽃매미 *Lycorma delicatula* 나. 붉은불개미 *Solenopsis invicta* 다. 등검은말벌 *Vespa velutina nigrithorax* 라. 갈색날개매미충 *Pochazia shantungensis* 마. 미국선녀벌레 *Metcalfa pruinosa* 바. 아르헨티나개미 *Linepithema humile* 사. 긴다리비틀개미 *Anoplolepis gracilipes* 아. 빗살무늬미주메뚜기 *Melanoplus differentialis* 자. 열대불개미 *Solenopsis geminata* 차. 열대긴수염개미 *Paratrechina longicornis*
식 물	가. 돼지풀 *Ambrosia artemisiifolia* 나. 단풍잎돼지풀 *Ambrosia trifida* 다. 서양등골나물 *Ageratina altissima* 라. 털물참새피 *Paspalum distichum var. indutum* 마. 물참새피 *Paspalum distichum var. distichum* 바. 도깨비가지 *Solanum carolinense* 사. 애기수영 *Rumex acetosella* 아. 가시박 *Sicyos angulatus* 자. 서양금혼초 *Hypochaeris radicata* 차. 미국쑥부쟁이 *Aster pilosus* 카. 양미역취 *Solidago altissima* 타. 가시상추 *Lactuca scariola* 파. 갯줄풀 *Spartina alterniflora* 하. 영국갯끈풀 *Spartina anglica* 거. 환삼덩굴 *Humulus japonicus* 너. 마늘냉이 *Alliaria petiolata* 더. 돼지풀아재비 *Parthenium hysterophorus* 러. 물여뀌바늘 *Ludwigia peploides*

CHAPTER 02 수렵절차

1. 수렵면허시험(응시하고자 하는 각 지자체별 공고문 확인) 24 기출

수렵장에서 수렵동물을 수렵하려는 사람은 대통령령으로 정하는 바에 따라 그 주소지를 관할하는 시장·군수·구청장으로부터 수렵면허를 받아야 한다. 수렵면허를 받은 사람은 **5년마다 수렵면허를 갱신하여야 한다**(야생생물 보호 및 관리에 관한 법률 제44조 제1항).

(1) 수렵면허 종류(동법 제44조 제2항)
① 1종 : 총기를 사용하는 수렵 11, 10 기출
② 2종 : 총기 외의 수렵도구(그물, 활)를 사용하는 수렵 11, 10, 07, 03 기출

(2) 시험과목(동법 시행규칙 제54조)★ 08 기출
① 수렵에 관한 법령 및 수렵의 절차
② 야생동물의 보호·관리에 관한 사항
③ 수렵도구의 사용방법
④ 안전사고의 예방 및 응급조치에 관한 사항

(3) 시험방법
① 시험방법 : 선택형 필기시험(4지선다 택1형), 필요한 경우 실기시험 추가
② 시험문제 : 80문제(각 과목 20문제, 시험시간 100분)
③ 합격기준 : 매 과목 40점 이상, 전 과목 평균 60점 이상 득점자
　※ 특별한 사정이 있는 경우를 제외하고 시험실시 후 10일 이내에 면허시험의 합격자를 발표하여야 함

(4) 시험공고
① 매년 2회 시험 실시(상반기, 하반기 2회 실시)
② 지자체 홈페이지, 게시판, 일간신문, 방송을 통해 필기시험일 30일 전에 공고

(5) 응시자격이 없는 자(동법 제46조) 11, 10, 09 기출
① 미성년자
② 심신상실자, 정신건강증진 및 정신질환자 복지서비스 지원에 관한 법률에 따른 정신질환자, 마약류 관리에 관한 법률에 따른 마약류중독자
③ 야생생물 보호 및 관리에 관한 법률을 위반하여 금고 이상의 실형을 선고받고 그 집행이 끝나거나(집행이 끝난 것으로 보는 경우를 포함) 집행이 면제된 날부터 2년이 지나지 아니한 사람
④ 야생생물 보호 및 관리에 관한 법률을 위반하여 금고 이상의 형의 집행유예를 선고받고 그 유예기간 중에 있는 사람
⑤ 수렵면허가 취소된 날부터 1년이 경과되지 아니한 사람

(6) 접수방법
 ① 지방자치단체 인터넷 원서접수 사이트(http://local.gosi.go.kr)에 접속하여 접수
   ※ 구체적인 방법은 접수기간 중에 원서접수 사이트에서 처리단계별로 안내함
 ② 접수기간 및 시간 : 접수기간 내 24시간(단, 시작일은 09:00부터, 마감일은 18:00까지)
 ③ 응시수수료 : 10,000원 **11 기출**
   ※ 응시수수료 외에 별도의 처리비용(휴대폰 결제·카드 결제·계좌이체 비용 등) 소요
 ④ 인터넷 원서접수 관련 안내 및 유의사항
  ㉠ 사진파일(JPG) 규격 : 해상도 100dpi 이상, 3.5cm × 4.5cm 기준(응시원서 접수 전 6개월 이내에 촬영한 모자를 쓰지 않은 상반신 사진)
  ㉡ 배경이 있는 사진, 스냅사진, 상반신 전체가 나온 사진, 얼굴이 잘려 나오거나 작아서 식별이 곤란한 사진 등은 사용할 수 없습니다.
  ㉢ 원서접수 및 취소기간 내에 원서접수 취소자에 한하여 응시수수료를 환불할 수 있습니다.
  ㉣ 접수기간 동안에는 원서접수 기재사항을 수정할 수 있으나, 접수기간 이후에는 수정 불가합니다.
  ㉤ 합격증은 응시자 주소지로 우편(등기)발송 예정이므로 합격증 수령에 차질이 없도록 개인정보를 정확히 기재하여 주시기 바랍니다.

(7) 응시자 유의사항
 ① 응시자는 시험 당일 시험 시작 40분 전까지 응시표, 신분증(주민등록증, 운전면허증, 주민번호가 표기된 여권 및 장애인 복지카드), 컴퓨터용 흑색 사인펜을 지참하고 해당 시험실의 지정된 좌석에 앉아 시험관리관의 안내에 따라야 합니다.
 ② 접수된 응시원서의 기재사항 착오 및 누락, 허위기재 등으로 발생한 불이익은 일체 응시자의 책임입니다.
 ③ 응시자는 응시표, 답안지, 시험시간 및 장소공고 등에서 정한 주의사항에 유의하여야 하며, 이를 준수하지 않을 경우 불이익을 받을 수 있습니다.
 ④ 부정행위자는 당해 시험을 무효로 처리합니다.
 ⑤ 시험시간 개시 후 50분이 지난 이후 퇴실 가능하며 재입실은 불가합니다.

2. 수렵강습 이수 **11 기출**

수렵면허를 받거나 갱신하려는 사람은 수렵면허시험에 합격한 후(신규면허자만 해당함) 수렵강습기관에서 실시하는 강습을 받아야 한다(야생생물 보호 및 관리에 관한 법률 제47조).

(1) 수강신청
 ① 강습개시 전까지 수렵강습기관의 장에게 강습료와 수강신청서 제출
 ② 이론강습 : 사격실기를 할 수 없는 지역에 한함
 ③ 실기강습 : 추가부담(클레이 사격비용, 개인 레슨비용)

(2) 수렵강습 과목 및 강습시간 09 기출

강습과목	강습시간
수렵의 역사·문화	1시간
수렵에 관한 법령 및 수렵의 절차	1시간
야생동물의 보호·관리에 관한 사항	1시간
수렵도구의 사용법 및 안전수칙 및 사고발생 시 조치방법	1시간

> **더 알아보기** 수렵면허 필기시험 합격증 및 수렵강습 이수증 유효 기간
> - 야생생물 보호 및 관리에 관한 법률 시행규칙 제52조에 따라 수렵강습 이수증은 수렵면허 신청일 기준으로 최근 1년 이내에 수렵강습기관에서 강습을 받은 것만 해당된다.
> - 야생생물 보호 및 관리에 관한 법률 시행규칙 제60조에 따라 수렵강습을 받으려는 사람은 수렵면허 필기시험 합격증을 발급받은 날부터 5년 이내에 수렵강습 수강신청을 해야 한다.

3. 총기소지 허가 09, 02 기출

총포 중 엽총·가스발사총·공기총·마취총·도살총·산업용총·구난구명총 또는 그 부품을 소지하고자 할 때에는 주소지를 관할하는 경찰서장의 허가를 받아야 하며 이 경우 신청인의 정신질환 또는 성격장애 등을 확인할 수 있도록 행정안전부령으로 정하는 서류를 허가관청에 제출해야 한다(총포·도검·화약류 등의 안전관리에 관한 법률 제12조 제1항 제2호). – 위반 시 3년 이상 15년 이하의 징역 또는 3천만 원 이상 1억 원 이하의 벌금(총포·화약류만 해당)

(1) 총의 성능기준(동법 시행규칙 별표1)
① 산탄총 : 번경 4번 내지 32번 및 구경 0.41인치의 것에 한함(동법 시행령 제3조 제1항 제1호 가)
② 강선총 : 구경 0.22인치 내지 0.38인치의 것에 한함

총의 종류	탄 알	유효사거리	최대도달거리
산탄총	18.3mm 이하	60m 이내	560m 이하
강선총	22호	100m 이내	1,600m 이하
	30호	300m 이내	2,000m 이하
	38호	300m 이내	4,000m 이하

③ 공기총 : 구경 4.5mm 내지 5.5mm의 것에 한함. 다만, 산탄총인 공기총의 경우에는 5.5mm 내지 6.4mm의 것에 한함(동법 시행령 제3조 제1항 제1호)
④ 가스총 : 공기총의 경우와 같음

총의 종류	구 경	연지탄의 에너지	압축실 실린더 전체체적
단탄총	4.5mm	60J 이하	500cm^3 이하
	5.0mm	60J 이하	500cm^3 이하
	5.5mm	60J 이하	500cm^3 이하
산탄총	5.5~6.4mm	60J 이하	500cm^3 이하

더 알아보기	석궁의 성능기준
구분	성능
탄력성	68kg 이하일 것
유효사거리	30m 이내

(2) 총포 · 도검 · 화약류 · 분사기 · 전자충격기 · 석궁소지자의 결격사유(동법 제13조 제1항) 07, 03, 02 기출

다음에 해당하는 사람은 총포 · 도검 · 화약류 · 분사기 · 전자충격기 · 석궁의 소지 허가를 받을 수 없다.

① 20세 미만인 자. 다만, 대한체육회장이나 특별시 · 광역시 · 특별자치시 · 도 또는 특별자치도의 체육회장이 추천한 선수 또는 후보자가 사격경기용 총을 소지하려는 경우는 제외한다.
② 심신상실자, 마약 · 대마 · 향정신성의약품 또는 알코올 중독자, 정신질환자 또는 뇌전증 환자
③ 금고 이상의 실형을 선고받고 그 집행이 끝나거나(집행이 끝난 것으로 보는 경우를 포함한다) 면제된 날부터 5년이 지나지 아니한 자
④ 금고 이상의 형의 집행유예를 선고받고 그 유예기간 중에 있는 사람
⑤ 다음의 어느 하나에 해당하는 죄를 범하여 금고 이상의 실형을 선고받고 그 집행이 끝나거나(집행이 끝난 것으로 보는 경우를 포함한다) 면제된 날부터 10년이 지나지 아니한 자
  ㉠ 「형법」 제114조의 죄
  ㉡ 「형법」 제257조 제1항 · 제2항, 제260조 및 제261조의 죄
  ㉢ 「특정강력범죄의 처벌에 관한 특례법」 제2조 제1항 각 호의 죄
  ㉣ 「아동 · 청소년의 성보호에 관한 법률」 제7조 및 제8조의 죄
  ㉤ 「스토킹범죄의 처벌 등에 관한 법률」 제18조 제1항 및 제2항의 죄
⑥ 이 법을 위반하여 벌금형을 선고받고 5년이 지나지 아니한 자
⑦ 이 법을 위반하여 금고 이상의 형의 집행유예를 선고받고 그 유예기간이 끝난 날부터 3년이 지나지 아니한 자
⑧ ⑤의 어느 하나에 해당하는 죄를 범하여 벌금형을 선고받고 7년이 지나지 아니하거나 금고 이상의 형이 집행유예를 선고받고 그 유예기간이 끝난 날부터 7년이 지나지 아니한 사람
⑨ 「도로교통법」 제148조의2의 죄(이하 "음주운전 등"이라 한다)로 벌금 이상의 형을 선고받은 날부터 5년 이내에 다시 음주운전 등으로 벌금 이상의 형을 선고받고 그 집행이 종료(집행이 종료된 것으로 보는 경우를 포함한다)되거나 집행이 면제된 날부터 5년이 지나지 아니한 사람
⑪ 제45조 또는 제46조 제1항에 따라 허가가 취소된 후 1년이 지나지 아니한 자

(3) 제출 서류(동법 시행규칙 제21조)

① 총포 소지 허가 신청서
② 신체검사서(공기총 · 가스발사총 · 마취총 · 산업용총 · 구명줄발사총 · 도검 · 분사기 · 전자충격기 및 석궁의 경우 외에는 종합병원 또는 병원에서 발행한 것에 한한다. 다만, 타정총 · 가스발사총 · 도검 · 분사기 및 전자충격기의 경우 운전면허가 있는 사람은 신체검사서를 첨부하지 아니한다)
③ 총포 · 도검 · 화약류 · 분사기 · 전자충격기 · 석궁의 출처를 증명할 수 있는 서류
④ 다음의 구분에 따른 총포의 용도를 소명할 수 있는 서류(총포를 소지하는 경우에만 해당한다)

㉠ 사격경기용 총포 : 제24조 각 호의 어느 하나에 해당하는 자(대한체육회장, 한국장애인복지진흥회장, 대한사격연맹회장, 한국장애인사격연맹회장 또는 그 지회장)가 발급한 사격선수확인증
㉡ 수렵용 총포 : 「야생생물 보호 및 관리에 관한 법률 시행규칙」 제57조 제3항에 따른 제1종 수렵면허시험 합격증 또는 같은 규칙 제61조 제1항에 따른 제1종 수렵면허증
㉢ 유해조수구제용 총포 : ㉡의 서류 또는 「야생생물 보호 및 관리에 관한 법률 시행규칙」 제30조 제2항에 따른 유해야생동물 포획허가증(총도에 의한 포획허가에만 해당한다)
㉣ 그 밖의 용도에 필요한 총포 : 총포의 해당 용도를 소명할 수 있는 서류
⑤ 사진(가로 2.5센티미터, 세로 3센티미터)
⑥ 총포 소지의 적정 여부에 대한 정신건강의학과 전문의 의견이 기재된 진단서 또는 소견서(수렵용 또는 유해조수구제용 총포를 소지하려는 경우에만 해당한다)
⑦ 병력(病歷)신고 및 개인정보 이용 동의서(수렵용 또는 유해조수구제용 총포를 제외한 총포를 소지하려는 경우에만 해당한다)

(4) 총포 소지 허가를 받으려는 사람 등에 대한 교육의 과목 및 시간(동법 시행규칙 별표9)

대상	교육과목		교육시간
엽총·공기총·석궁의 소지 허가를 받으려는 사람	총포·도검·화약류 등의 안전관리에 관한 법령 및 야생생물 보호 및 관리에 관한 법령	• 소지·운반의 제한 • 허가갱신절차(석궁의 경우에는 제외한다) • 보관·휴대·운반 시의 제한 • 수렵절차 및 제한(석궁의 경우에는 제외한다) • 허가 목적 외 사용금지 • 성능개조 금지	30분
	엽총·공기총·석궁의 취급 실기	• 성능 및 조작방법 • 사격술(석궁의 경우에는 제외한다) • 안전관리수칙 • 도난·분실·안전사고 발생 시 조치요령	30분

4. 수렵면허증 취득

수렵면허를 받으려는 사람은 수렵면허 신청서와 첨부서류를 시장·군수·구청장에게 제출해야 한다(야생생물 보호 및 관리에 관한 법률 시행규칙 제52조).

(1) 신청기관
   주소지를 관할하는 시·군·구청

(2) 제출서류(동법 시행규칙 제52조)
   ① 수렵면허시험 합격증
   ② 수렵강습 이수증
   ③ 최근 1년 이내에 종합병원 또는 병원에서 발행한 다음의 서류. 다만, 「총포·도검·화약류 등의 안전관리에 관한 법률」 제12조에 따른 총포 소지 허가를 받은 사람은 총포 소지 허가증 사본으로 갈음할 수 있다.

㉠ 신체검사서. 다만, 「도로교통법」 제80조에 따른 운전면허를 받은 사람은 운전면허증 사본으로 갈음할 수 있다.
㉡ 총기 소지의 적정 여부에 대한 정신건강의학과 전문의 의견이 기재된 진단서 또는 소견서
④ 증명사진 1장

> **더 알아보기** 채권 매입
>
> | 구 분 | 엽 구 | 도시철도채권 | 국민주택채권 | 유효기간 | 비 고 |
> |---|---|---|---|---|---|
> | 1종 면허 | 총 기 | 150,000 | 100,000 | 5년 | 채권액은 지역에 따라 다를 수 있음 |
> | 2종 면허 | 총기 외 | 75,000 | 50,000 | 5년 | |

(3) 갱신 및 재교부
① 수렵면허의 유효기간은 5년이며 유효기간이 끝나는 날의 3개월 전부터 수렵면허의 유효기간이 끝나는 날까지 갱신하여야 한다. 갱신을 하지 않을 경우 면허의 효력정지 또는 취소를 할 수 있다. 25, 24, 11 기출
② 시장·군수·구청장은 수렵면허의 유효기간이 만료되기 6개월 이전에 수렵면허갱신 대상자에게 이를 통지하여야 한다.
③ 분실 또는 손상되어 못 쓰게 된 면허증은 재교부할 수 있다.

> **더 알아보기** 제출서류(동법 시행규칙 서식 50) - 수수료 10,000원
>
> | 갱신하는 경우 | 재발급하는 경우 |
> |---|---|
> | • 최근 1년 이내에 발급된 다음의 서류(총포·도검·화약류 등의 안전관리에 관한 법규에 따른 총포 소지 허가를 받은 사람은 총포 소지 허가증 사본으로 갈음할 수 있음)
 - 신체검사서(병원 또는 종합병원에서 발급된 것으로 한정) 또는 도로교통법 제80조에 따른 운전면허를 받은 사람은 운전면허증 사본으로 갈음할 수 있음
 - 총기 소지의 적정 여부에 대한 정신건강의학과 전문의 의견이 기재된 진단서 또는 소견서
• 증명사진 1장
• 수렵면허증
• 수렵강습 이수증(최근 1년 이내에 수렵강습기관에서 강습을 받은 것만 해당) | • 수렵면허증(수렵면허증을 분실한 경우는 제외)
• 증명사진 1장 |

5. 수렵보험 가입

수렵장에서 수렵동물을 수렵하려는 사람은 수렵으로 인하여 다른 사람의 생명·신체 또는 재산에 피해를 준 경우에 이를 보상할 수 있도록 대통령령으로 정하는 바에 따라 보험에 가입하여야 한다(동법 제51조).

(1) 보험범위(동법 시행령 제35조)
① 수렵 중에 다른 사람을 사망하게 한 경우 : 1억 5천만 원 이상
② 수렵 중에 다른 사람을 부상하게 하거나 다른 사람의 재산에 손해를 입힌 경우 : 3천만 원 이상
③ 수렵 중에 다른 사람을 부상하게 하여 그 사람이 부상에 대한 치료를 마친 후 더 이상의 치료효과를 기대할 수 없고 그 증상이 고정된 상태에서 그 부상이 원인이 되는 신체적 장해가 생긴 경우 : 1억 5천만 원 이상

6. 야생동물 포획승인 11 기출

수렵장에서 수렵동물을 수렵하려는 사람은 수렵장을 설정한 자로부터 수렵승인을 얻어야 하며, 수렵장 사용료를 납부하여야 한다(동법 제50조).

(1) 제출서류(동법 시행규칙 제63조)
① 수렵야생동물 포획승인 신청서
② 수렵면허증 사본
③ 수렵보험의 가입증명서

(2) 수렵장 사용료 및 포획수량
① 환경부 고시(14년 기준)
수렵동물의 종류와 엽구 및 수렵장 사용일수별 포획수량은 지역의 서식밀도 등을 감안 수렵장 설정권자가 자율적으로 설정·고시

구 분		수렵동물	기간별(천 원)		
			엽기 내	30일	10일
적색포획승인권		16종	500	400	300
1종(엽총)	멧돼지		지자체 고시 참고		
	고라니				
	조류1종				
청색포획승인권		15종 (멧돼지 제외)	200	150	70
1종(공기총) 및 2종	고라니		지자체 고시 참고		
	조류1종				

* 조류1종 : 꿩(수꿩), 멧비둘기, 참새, 오리류(쇠오리, 청둥오리, 홍머리오리, 고방오리, 흰뺨검둥오리)
** '공란'은 수렵장 설정자가 확인표지를 발급하는 수렵대상 동물의 수량을 산정하여 기재

② 남원시 고시(23년 기준)

구분			기간별(천 원)	
			엽기 내(100일)	수용인원
1종	적색포획승인권		500천 원	
	포획승인수량 (확인표지 개수)	멧돼지 고라니 기타조수류	5개(마리) 2개(마리) 23개(마리)	350명
1·2종	청색포획승인권		300천 원	
	포획승인수량 (확인표지 개수)	고라니 기타조수류	2개(마리) 45개(마리)	150명
수용인원 합계				500명

* 기타조수류 : 청설모, 꿩(수꿩), 멧비둘기, 참새, 오리류 5종(흰뺨검둥오리, 청둥오리, 쇠오리, 홍머리오리, 고방오리), 어치, 까치, 까마귀, 갈까마귀, 떼까마귀)
** 수렵동물 확인표지(Tag)는 포획한 야생동물 모두에 부착하여야 합니다.
*** 적색포획승인권은 1종 수렵면허 취득자만이 포획승인을 받을 수 있습니다.
**** 분실 및 훼손된 확인표지(Tag)는 재발급을 받을 수 없습니다.
※ 남원시 수렵장 설정고시는 참고용으로 지자체 고시마다 사용료 및 수렵동물의 종류가 다르니 유의하시기 바랍니다.

7. 경찰서 총기 출고

(1) 제출서류(총포·도검·화약류 등의 안전관리에 관한 법률 시행령 제14조의4 제3항)

허가관청이 지정한 장소에 보관 중인 총포와 그 실탄 또는 공포탄을 반환받으려는 총포소지자는 행정안전부령으로 정하는 보관해제 신청서에 다음의 서류를 첨부하여 허가관청에 제출하여야 한다.

① 반환받으려는 사유 및 이를 증명하는 서류
② 보관증명서
③ 위치정보수집 동의서

(2) 기타사항

① 야간에는 엽총 및 공기총을 경찰관서에 보관하고 수렵총기 안전관리수첩에 입·출고사항 기록을 유지한다. **09 기출**
② 수렵을 종료했거나 기간이 만료될 경우에는 즉시 관할 경찰서(엽총) 또는 파출소(공기총)에 재보관 조치하여야 한다. 수렵기간은 2월 말(윤년의 경우 2월 29일)로 기준지 아니하고 2월 28일까지로 한다.
③ 수렵에 이용하는 총기는 수렵 기간 중 지정하는 경찰관서에 보관하고, 정당한 이유 없이 수렵장을 이탈해서는 안 되며, 수렵장을 벗어날 때에는 미리 경찰관서에 신고하여야 한다.

8. 수렵활동

(1) 신고 및 총기관리
① 수렵장에 도착하면 가까운 지서나 경찰서에 도착신고를 하여야 한다.
② 당일 수렵이 끝나면 저녁 7시까지 경찰관서에 보관하여야 하며 수렵총기 안전관리수첩에 인수 경찰관의 입·출고 확인을 받아 기록을 유지한다.

(2) 수렵방법
① 수렵활동 시에는 포획승인서, 수렵면허증을 휴대해야 한다.
② 승인받은 포획기간, 포획지역, 포획예정량 등의 승인사항을 준수해야 한다.
③ 수렵활동 시에는 수렵인의 포획일시, 장소, 수렵활동 경로 등 이력 관리를 할 수 있는 수렵관리애플리케이션을 항시 사용해야 한다.
④ 수렵활동 시에는 "수렵"이라고 기재된 주황색 조끼와 수렵모자를 착용해야 한다.
⑤ 포획승인서에 포획한 야생동물의 종류·수량 및 포획장소 등을 게재해야 한다.
⑥ 수렵도구는 엽총, 공기총, 활, 석궁(도르래 석궁 제외), 그물만 허용한다.
⑦ 수렵견(엽견)은 1인 2마리로 엄격히 제한하며 포획 승인 시 받은 수렵견 인식표를 반드시 부착해야 한다.
⑧ 민가지역 등을 통과하는 경우 엽견 끈을 잡고 이동하여 엽견의 일반인 접근을 금지한다.
⑨ 민가 및 축사 주변에서 수렵을 하지 않아야 한다.
⑩ 포획승인절차, 수렵금지구역 및 수렵행위제한확인표지 부착, 포획야생동물의 신고, 수렵장 총기안전수칙 등 수렵장 설정자의 고시사항을 준수해야 한다.
⑪ 수렵장 운영기간 중 ASF(아프리카돼지열병) 발생지역 출입(통과)을 자제하며, 불가피하지 해당 지역을 출입(통과)할 시 총기를 보관하고 있는 시·군 환경부서에 사전 신고를 하여야 하며 시·군 담당 공무원의 안내에 따라 방역조치를 해야 한다.
⑫ 수렵 후 48시간 동안은 양돈농가 및 축산관계시설 방문을 금지하며 수렵 후 엽견의 오염투위 소독 등 복귀 후 깨끗이 목욕해야 한다.
⑬ ASF 발생지역에서 활동한 수렵인은 고시를 통해 현재 운영 중인 수렵장에 출입할 수 없으며 ASF 발생지역에서 사용한 포획도구, 엽견 등을 활용하여 수렵할 수 없습니다.

(3) 포획·채취 등의 신고(야생생물 보호 및 관리에 관한 법률 시행규칙 제27조) 09, 03 기출
허가를 받아 야생생물을 포획·채취하거나 고사시킨 자는 법 제19조 제5항에 따라 포획 또는 채취하거나 고사시킨 후 5일 이내에 야생동물 포획·채취 등 허가증에 포획 또는 채취하거나 고사시킨 개체수·장소·시간 및 포획·채취 또는 고사방법 등을 적어 시장·군수·구청장에게 신고하여야 한다.

(4) 수렵동물 확인표지

① 구형 확인표시

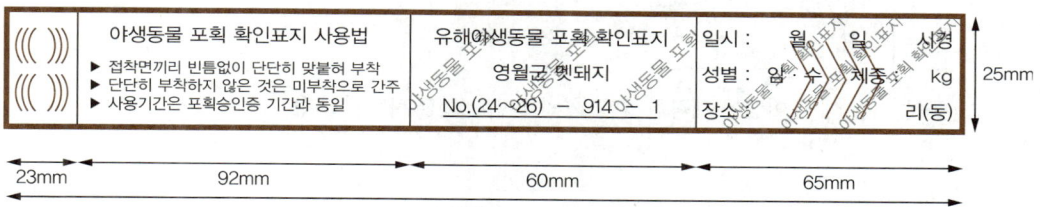

② 신형 확인표지

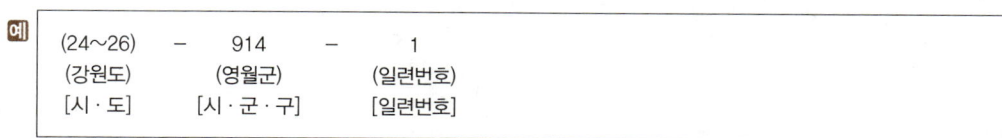

㉠ 재료는 유포감열지(두께 : 원지 80±10㎛, 박리지 50±10㎛)로 하고 합성수지 코팅으로 내구성과 내열성을 높여 훼손을 최소화한다.

㉡ 표지물의 색은 청색 테두리에 흰색 바탕으로 하며, 위·변조 방지를 위하여 숨은 인쇄(홀로그램)를 적용하여 적외선 플래시(RV)로 식별이 가능하도록 한다.

㉢ 표지물의 접착 부위는 칼날모양 [(()), 〉〉〉]으로 제작하여 1회 사용 후 완전히 파손되어 재사용이 불가능하도록 한다.

㉣ 포획한 즉시 각 포획동물별로 성별, 포획일시, 장소 등을 기록하고 포획동물의 발목 부위에 접착면을 이용하여 단단히 부착한다.

※ 소형조류(참새 등)는 묶음으로 부착할 수 있으며 시·군·구의 포획승인 조건으로 정한다.

㉤ 확인표지의 번호(No)는 「도로명주소법」에 따른 국가 기초구역 번호를 활용한 다음에 일련번호를 부여한다.

예	(24~26)	–	914	–	1
	(강원도)		(영월군)		(일련번호)
	[시·도]		[시·군·구]		[일련번호]

㉥ 본 지침 개정 이전에 제작한 구형 확인표지는 소진 시까지 사용 가능하다.

③ 포획용 도구 확인표지

㉠ 형태 : 원형
㉡ 재질 : 은색 알루미늄
㉢ 두께 : 1.0 ~ 1.5㎜
㉣ 글씨 : 양각 글씨
㉤ 구멍 : 2㎜ 내외
㉥ 확인표지의 번호(No)는 「도로명주소법」에 따른 국가 기초구역 번호를 활용한 다음에 일련번호를 부여한다.

예	(24~26) (강원도) [시·도]	-	914 (영월군) [시·군·구]	-	1 (일련번호) [일련번호]

㉦ 본 지침 개정 이전에 제작한 구형 확인표지는 소진 시까지 사용 가능하다.

수렵면허 읽을거리

"멧돼지 사냥"

❶ 몰이사냥

몰이사냥이란 전문 몰이꾼(일명 발꾼) 2~3명이 멧돼지가 은신해 있는 산을 수색하여 멧돼지를 몰아내면, 엽사는 도주할 예상로에 미리 자리를 잡고 준비하고 있다가 목을 통과하는 멧돼지를 쏘아 쓰러뜨리는 사냥 방법이다. 일명 목사냥이라고도 한다. 참고로 모든 야생동물들이 그렇듯 멧돼지도 평소에 자주 다니는 길(이동 통로)이 있는데 적에게 쫓길 때는 대개 이 길로 도주한다. 이 예상 도주로 중에서 시야가 넓고 엽사가 은신하여 사격하기 용이한 장소를 '목'이라 한다. '끌목'이란 말도 있는데 이는 사냥개를 데리고 수색하는 엽사를 '끌목 포수'라 한다. 이 몰이사냥은 몰이하는 사람이 멧돼지 발(족적)을 잘 보는 '발꾼'이어야 한다. 최근 산림이 울창해지면서 목의 시야가 좁아지고 발꾼이 추적하여 몰이를 하는 것도 어려워졌거니와 멧돼지가 정확한 목으로 갈 확률도 희박해져 지금은 거의 하지 않는 사냥 방법이다.

❷ 추적사냥

추적사냥이란 말 그대로 엽사가 멧돼지의 발자국을 추적하여 멧돼지가 은신하고 있는 장소에 아주 근접하여 총을 쏘아 잡는 방법인데, 교묘하게 우리를 치고 있는 영리한 멧돼지에게 들키지 않고 근거리까지 추적하여 사격한다는 것은 현실적으로 상당히 어려우며 성공할 확률이 희박하다.

❸ 개사냥

개를 이용하여 멧돼지를 잡는 방법으로, 멧돼지가 있을 만한 산을 사냥개들이 수색하여 은신하고 있는 멧돼지를 찾아내어 싸우고 있는 동안 엽사가 가까운 거리까지 접근하여 총을 쏘아 멧돼지를 잡는 방법이다(1980년대 이전만 해도 창으로 사냥하는 사람들이 더러 있었다). 현재 가장 보편화되어 있는 사냥 방법으로 위험도는 낮으면서 성공률은 가장 높다.

수렵면허 읽을거리

개사냥 방법

잘 훈련된 사냥개 2마리를 데리고 멧돼지가 은신해 있을 만한 산의 능선이나 산 아랫길 등 대체적으로 걷기 수월한 쪽으로 걸어가고 있으면, 사냥개는 엽사가 걷는 쪽의 좌우를 앞서 수색해 나가면서 멧돼지를 찾는다. 숨어 있던 멧돼지를 찾게 되면 사냥개는 멧돼지를 보고 짖다가 멧돼지가 공격해 오면 도망치고, 그 사이 다른 사냥개가 뒤를 공격하여 멧돼지가 돌아서면 도망가던 사냥개는 다시 돌아서 공격한다. 이렇게 두세 마리의 사냥개가 서로 협조하면서 멧돼지를 치고 빠지는 식으로 싸우고 있을 때 엽사가 근접하여 신속히 총을 쏘아 멧돼지를 잡는 방법이다.

개와 싸우던 멧돼지는 사람이 접근하는 것을 감지하면 더 이상 싸우지 않고 도망치려고 하지만, 노련한 사냥개들은 이때를 놓치지 않고 계속 멧돼지를 따라가면서 앞을 막거나 뒷다리를 공격하면서 엽사가 도착할 때까지의 시간을 벌게 된다. 그러나 이때 엽사가 너무 늦게 도착하거나 혹은 나이 많은 영리한 큰 멧돼지일 경우에는 개들의 피해가 아주 심각해진다.

사냥개가 멧돼지들을 붙들어 놓고 싸우고 있는 장소에 엽사가 도착하였을 때, 멧돼지를 신속하고 정확하게 바로 사격하지 않으면 사냥개들이 많이 다치게 된다. 왜냐하면 사냥개는 엽사가 오기 전에는 멧돼지와 적당한 거리를 두고 싸우지만, 엽사가 접근하면 사기충천하여 몸을 사리지 않고 거칠게 공격하기 때문에 신속 정확하게 처리하지 않으면 개가 크게 다치기 때문이다.

사냥할 때, 한두 명의 엽사가 사냥개를 데리고 멧돼지의 은신처를 공격하기 좋은 위치에서 작전하고, 나머지 두세 명의 엽사는 멧돼지의 예상 도주토에 목을 잡으면 실패율이 거의 없다. 예상 도주로인 목은 보통 지형의 위로부터 상·중·하 목으로 잡는데 몰이꾼이 몰이하는 목 사냥과는 달리 목을 잡고 있다가 목을 통과하는 멧돼지를 바로 사격하기도 하고 목을 통과하기 전에 멧돼지가 사냥개에 쫓기다가 붙들려 싸우고 있으면 신속하게 접근하여 사격하기도 한다.

❹ 월 발

월발이란 발꾼이 밤발(간밤에 찍힌 새로운 발자국, 새발이라고도 함)을 발견하고 추적(멧돼지가 은신해 있을 만한 장소는 우회하여 추적)하여 예상 이동로에 더 이상의 발자국이 없는 것을 확인하여 멧돼지가 어느 지점에 머물러 있는지를 알아내는 것을 말한다. 모든 멧돼지 사냥은 월발하여 사냥하는 것이 성공의 비결이다.

제1과목 문제 풀어보기

01 다음 중 총포 · 도검 · 화약류 · 분사기 · 전자충격기 · 석궁소지자의 결격사유로 잘못된 것은?

① 금고 이상의 실형을 선고받고 그 집행이 종료되거나 집행이 면제된 날부터 5년이 지나지 아니한 사람
② 총포 · 도검 · 화약류 등의 안전관리에 관한 법률의 규정을 위반하여 벌금형의 선고를 받고 5년이 지나지 아니한 사람
③ 대한체육회장이 추천하여 수렵용 엽총을 소지하려는 20세 미만인 선수
④ 총포 등의 소지 허가 취소처분을 받고 1년이 지나지 아니한 사람

> **해설**
> 결격사유(총포 · 도검 · 화약류 등의 안전관리에 관한 법률 제13조 제1항)
> 20세 미만인 자. 다만, 대한체육회장이나 특별시 · 광역시 · 특별자치시 · 도 또는 특별자치도의 체육회장이 추천한 선수 또는 후보자가 사격경기용 총을 소지하려는 경우는 제외한다.

02 수렵면허를 1년을 초과하여 갱신하지 아니한 경우 처벌은?

① 면허정지 3개월
② 면허정지 6개월
③ 경 고
④ 면허취소

> **해설**
> 1년을 초과하지 아니한 경우는 면허정지 3개월이지만, 초과한 경우에는 면허취소에 해당한다.

정답 1 ③ 2 ④

03 총포 소지 허가를 받을 사람이 이수해야 하는 교육시간은?

① 30분
② 1시간
③ 2시간
④ 3시간

> **해설**
> 총포 소지 허가를 받으려는 사람 등에 대한 교육의 과목 및 시간(총포·도검·화약류 등의 안전관리에 관한 법률 시행규칙 별표 9)

교육과목	교육시간
총포·도검·화약류 등의 안전관리에 관한 법령 및 야생생물 보호 및 관리에 관한 법령	30분
엽총·공기총·쇠궁의 취급실기	30분

04 야생생물 보호원의 결격사유가 아닌 것은?

① 피성년후견인
② 야생생물 보호 및 관리에 관한 법률을 위반하여 금고 이상의 실형을 선고받고 그 집행이 면제된 날부터 2년이 경과되지 아니한 자
③ 파산선고를 받은 자로서 복권되지 아니한 자
④ 야생생물 보호 및 관리에 관한 법률을 위반하여 금고 이상의 형의 집행유예를 선고받고 그 유예기간 중에 있는 자

> **해설**
> 야생생물 보호원의 결격사유(야생생물 보호 및 관리에 관한 법률 제60조 제3호)
> 야생생물 보호 및 관리에 관한 법률을 위반하여 금고 이상의 실형을 선고받고 그 집행이 종료되거나 집행이 면제된 날부터 3년이 경과되지 아니한 자

05 의무적으로 가입해야 하는 수렵보험의 보상한도 중 옳은 것은?

① 수렵 중에 다른 사람을 부상하게 한 경우 : 5천만 원 이상
② 수렵 중에 다른 사람을 사망하게 한 경우 : 1억 5천만 원 이상
③ 수렵 중에 다른 사람의 재산에 손해를 입힌 경우 : 5천만 원 이상
④ 수렵 중에 다른 사람의 재산에 손해를 입힌 경우 : 1억 원 이상

> **해설**
> 보험 가입(야생생물 보호 및 관리에 관한 법률 시행령 제35조)
> 수렵장에서 야생동물을 수렵하려는 사람이 가입해야 하는 보험은 다음의 구분에 따른 금액을 보상할 수 있는 보험으로 한다.
> • 수렵 중에 다른 사람을 사망하게 한 경우: 1억 5천만 원 이상
> • 수렵 중에 다른 사람을 부상하게 하거나 다른 사람의 재산에 손해를 입힌 경우 : 3천만 원 이상
> • 수렵 중에 다른 사람을 부상하게 하여 그 사람이 부상에 대한 치료를 마친 후 더 이상의 치료효과를 기대할 수 없고 그 증상이 고정된 상태에서 그 부상이 원인이 되는 신체적 장해가 생긴 경우 : 1억 5천만 원 이상

06 수렵동물 확인표지(Tag)에 대한 설명으로 틀린 것은?

① 수렵승인 신청을 받은 수렵장 설정자는 적합하다고 인정되면 포획승인서와 수렵동물 확인서를 신청인에게 내주어야 한다.
② 수렵동물 확인표지에는 포획일시·장소 등 게재사항을 기록하여야 한다.
③ 미사용 수렵동물 확인표지는 수렵기간이 끝난 후 15일 이내에 수렵장 설정자에게 반납한다.
④ 최종 수요자에게 인계할 때 포획한 동물에게 부착한다.

> **해설**
> 수렵동물 확인표지는 수렵장에서 수렵동물을 포획한 후 지체 없이 확인표지에 포획일시·장소 등 게재사항을 기록하여 포획동물의 다리에 부착하여 최종 수요자에게 인계될 때까지 유지하여야 한다.

07 수렵강습에 대한 설명이 아닌 것은?

① 3시간의 강습을 이수하여야 한다.
② 강습개시 전까지 수렵강습기관의 장에게 수강신청서를 제출하여야 한다.
③ 실기강습 시 추가비용이 소요된다.
④ 수렵강습기관의 장은 실시예정일 30일 전에 일시·장소 등을 공고하여야 한다.

> **해설**
> 과목당 1시간씩 총 4시간의 강습을 이수하여야 한다(야생생물 보호 및 관리에 관한 법률 시행규칙 별표 10 참고).

정답 5 ② 6 ④ 7 ①

08 다음 중 수렵강습 과목이 아닌 것은?

① 산림자원의 조성 및 관리에 관한 법률
② 수렵에 관한 법령 및 수렵의 절차
③ 야생동물의 보호·관리에 관한 사항
④ 수렵도구의 사용법 및 안전수칙 및 사고발생 시 조치방법

> **해설**
> 수렵강습 과목 및 강습시간(야생생물 보호 및 관리에 관한 법률 시행규칙 별표 10)
>
> | 강습 과목 | 강습시간 |
> | --- | --- |
> | 수렵의 역사·문화 | 1시간 |
> | 수렵에 관한 법령 및 수렵의 절차 | 1시간 |
> | 야생동물의 보호·관리에 관한 사항 | 1시간 |
> | 수렵도구의 사용법, 안전수칙 및 사고발생 시 조치방법 | 1시간 |

09 수렵승인 신청 시 필요하지 않은 서류는?

① 포획승인 신청서
② 수렵면허증 사본
③ 총포 소지 허가증
④ 수렵보험의 가입증명서

> **해설**
> 제출서류(야생생물 보호 및 관리에 관한 법률 시행규칙 서식 65)
> • 수렵야생동물 포획승인 신청서
> • 수렵면허증 사본
> • 수렵보험의 가입증명서

10 수렵장에서 수렵동물을 수렵하려는 사람이 휴대해야 하는 것은?

① 총포 소지 허가증
② 포획승인 신청서
③ 수렵면허증
④ 주민등록증

> **해설**
> 수렵면허증 휴대의무(야생생물 보호 및 관리에 관한 법률 제52조)
> 수렵장에서 수렵동물을 수렵하려는 사람은 야생생물 보호 및 관리에 관한 법률 제48조 제1항에 따른 수렵면허증을 지니고 있어야 한다.

11 경찰서 총기 출고 시 필요하지 <u>않은</u> 서류는?

① 수렵면허증 사본
② 총포해제 신청서
③ 사용각서
④ 총포 소지 허가증

> **해설**
> 제출서류
> • 수렵면허증 사본
> • 수렵야생동물포획승인증 사본
> • 총포해제 신청서
> • 사용각서

12 수렵장 외의 장소에서 수렵을 한 경우의 벌칙은?

① 1년 이하의 징역 또는 1천만 원 이하의 벌금
② 2년 이하의 징역 또는 2천만 원 이하의 벌금
③ 3년 이하의 징역 또는 3천만 원 이하의 벌금
④ 1천만 원 이하의 과태료

> **해설**
> 벌칙(야생생물 보호 및 관리에 관한 법률 제69조 제1항 제12호)
> 수렵장 외의 장소에서 수렵한 경우 2년 이하의 징역 또는 2천만 원 이하의 벌금에 처한다.

13 야생생물 보호 및 관리에 관한 법률의 목적에 해당되지 <u>않는</u> 것은?

① 야생생물과 그 서식환경을 체계적으로 보호·관리
② 야생생물의 멸종을 예방
③ 생물의 다양성을 증진시켜 생태계의 균형을 유지
④ 유해조수와 공존하는 건전한 자연환경을 확보

> **해설**
> 목적(야생생물 보호 및 관리에 관한 법률 제1조)
> 야생생물 보호 및 관리에 관한 법률은 야생생물과 그 서식환경을 체계적으로 보호·관리함으로써 야생생물의 멸종을 예방하고, 생물의 다양성을 증진시켜 생태계의 균형을 유지함과 아울러 사람과 야생생물이 공존하는 건전한 자연환경을 확보함을 목적으로 한다.

14 수렵방법에 관한 설명 중 옳지 않은 것은?

① 2인 이상 조를 편성하여 수렵해야 한다.
② 포획지정 조수 및 제한수량을 엄격히 지켜야 한다.
③ 엽견수는 1인 1마리로 제한한다.
④ 민가 및 축사 주변에서 수렵을 하지 않아야 한다.

> **해설**
> 엽견수는 1인 2마리로 엄격히 제한하고 수렵승인 신청 시 발급받은 수렵견 사용, 수렵인의 성명, 연락처가 표시된 인식표를 반드시 부착하여야 한다.

15 수렵동물 확인표지에 대한 내용 중 옳지 않은 것은?

① 수렵기간이 끝난 후 30일 이내에 수렵동물 포획승인서와 미사용 수렵동물 확인표지를 수렵장 설정자에게 반납해야 한다.
② 포획승인권별 확인표지 수량은 예상량 범위 내에서 수렵장 설정권자가 결정한다.
③ 수렵장 설정자는 확인표지를 직접 구매·제작하여 보급하거나 위탁자에게 확인표지를 구매·제작·보급토록 조치한다.
④ 지침 개정 전에 제작한 구형 확인표지도 사용 가능하다.

> **해설**
> 수렵기간이 끝난 후 15일 이내에 반납해야 한다(야생생물 보호 및 관리에 관한 법률 시행규칙 제63조 제2항 제4호).

16 수렵장을 설정한 때에 지체 없이 고시하여야 하는 사항이 아닌 것은?

① 수렵장의 사용료 및 징수방법 ② 수렵기간
③ 수렵인의 수 ④ 안내시설 및 휴게시설

> **해설**
> 수렵장 설정의 고시(야생생물 보호 및 관리에 관한 법률 시행규칙 제49조)
> 수렵장 설정고시에는 다음의 사항이 포함되어야 한다.
> • 수렵장의 명칭 및 구역
> • 수렵기간
> • 수렵장의 사용료 및 징수방법
> • 수렵할 수 있는 야생동물의 종류 및 포획제한수량
> • 존속기간
> • 관리소의 소재지
> • 수렵도구 및 수렵방법
> • 수렵인의 수

17 다음 중 수렵면허 시험과목이 아닌 것은?

① 수렵에 관한 법령 및 수렵의 절차
② 야생동물의 보호 · 관리에 관한 사항
③ 수렵도구의 사용방법
④ 총포 · 도검 · 화약류 등의 안전관리에 관한 법률

> **해설**
> 수렵면허 시험과목(야생생물 보호 및 관리에 관한 법률 시행규칙 제54조)
> • 수렵에 관한 법령 및 수렵의 절차
> • 야생동물의 보호 · 관리에 관한 사항
> • 수렵도구의 사용방법(제1종 또는 제2종)
> • 안전사고의 예방 및 응급조치에 관한 사항

18 수렵면허는 몇 년마다 갱신해야 하는가?

① 3년
② 4년
③ 5년
④ 10년

> **해설**
> 수렵면허의 갱신(야생생물 보호 및 관리에 관한 법률 제44조 제3항)
> 수렵면허를 받은 자는 5년마다 수렵면허를 갱신하여야 한다.

19 다음 중 처벌이 가장 무거운 것은?

① 수렵면허증을 대여한 자
② 수렵장 외의 장소에서 수렵한 자
③ 수렵 제한사항을 지키지 아니한 자
④ 거짓이나 그 밖의 부정한 방법으로 포획허가를 받은 자

> **해설**
> ① · ③ · ④는 1년 이하의 징역 또는 1천만 원 이하의 벌금, ②는 2년 이하의 징역 또는 2천만 원 이하의 벌금에 해당한다.

정답 17 ④ 18 ③ 19 ②

20 포획한 수렵동물에 대한 확인표지 부착에 대한 설명으로 틀린 것은?

① 참새나 까치는 확인표지 부착 대상이 아니다.
② 확인표지를 부착하는 것은 포획량 관리를 위해서이다.
③ 멧돼지는 다리에 부착한다.
④ 까치는 날개에 부착한다.

> **해설**
> 참새나 까치는 확인표지 부착 대상에 속한다.

21 다음 중 야생생물 보호원의 직무가 아닌 것은?

① 수렵인 지도
② 수렵장 관리의 보조
③ 특별보호구역의 관리
④ 포획물 처리 개입

> **해설**
> 직무 범위(야생생물 보호 및 관리에 관한 법률 시행규칙 제74조)
> • 멸종위기 야생생물의 보호 및 증식 · 복원에 관한 주민의 지도 · 계몽
> • 수렵인 지도 및 수렵장 관리의 보조
> • 특별보호구역 및 보호구역의 관리
> • 야생생물의 서식실태조사 및 서식환경 개선
> • 생태계교란 생물, 유해야생동물, 야생화된 동물 등의 관리
> • 야생동물의 불법 포획 및 불법 거래행위 감시업무의 보조

22 다음 중 로드킬(Road kill)을 예방하는 것이 아닌 것은?

① 생태통로(Eco-bridge)를 설치한다.
② 도로를 확장하여 교통을 원활하게 한다.
③ 로드킬 경고판을 설치한다.
④ 도로 건설 시 야생동물 서식지를 우회하여 짓도록 한다.

> **해설**
> 도로를 무분별하게 확장하게 되면 야생동물의 기존 통로가 위협받게 되어 더욱 위험해진다.

23 수렵기간 중 야간에 총기를 보관해야 하는 장소는 어디인가?

① 소지자가 보관한다.
② 소방관서에 보관한다.
③ 지역 예비군관서에 보관한다.
④ 관할 경찰서장이 지정하는 경찰관서에 보관한다.

> **해설**
> 야간(19:00~익일 07:00)에는 지정된 경찰관서 무기고에 총기를 보관하여야만 하며, 위반 시 과태료 부과 및 보관해제가 금지된다.

24 다음 중 수렵인에 대한 내용으로 틀린 것은?

① 수렵보험에 반드시 가입하여야 한다.
② 미성년자는 수렵면허를 받을 수 없다.
③ 수렵면허증을 잃어버렸을 경우 재교부를 받아야 한다.
④ 거짓의 방법으로 수렵면허를 취득한 경우 면허를 사용할 수 있다.

> **해설**
> 수렵면허의 취소(야생생물 보호 및 관리에 관한 법률 제49조 제1항 제1호)
> 거짓, 그 밖의 부정한 방법으로 수렵면허를 취득한 경우 반드시 취소하여야 한다.

25 다음 중 수렵면허에 대한 설명으로 옳은 것은?

① 총기를 사용하는 수렵은 2종 면허이다.
② 총기 외의 수렵도구를 사용하는 수렵은 1종 면허를 필요로 한다.
③ 총포 소지자는 주소지를 관할하는 경찰서장 또는 지방경찰청장의 허가를 받아야 한다.
④ 수렵면허 시험과목에는 야생동물 포획 방법이 포함된다.

> **해설**
> ① · ② 총기사용은 1종 면허이며, 그 외의 것은 2종 면허이다.
> ④ 수렵면허 시험과목에는 야생동물 포획 방법이 아닌 수렵도구의 사용방법이 포함된다.

정답 23 ④ 24 ④ 25 ③

26 모의총포를 제조·판매할 경우 벌칙은?

① 2년 이하의 징역 또는 500만 원 이하의 벌금에 처한다.
② 300만 원 이하의 과태료에 처한다.
③ 5년 이하의 징역에 처한다.
④ 10년 이하의 징역 또는 1천만 원 이하의 벌금에 처한다.

> **해설**
> 벌칙(총포·도검·화약류 등의 안전관리에 관한 법률 제73조 제1호)
> 모의총포를 제조·판매할 경우는 2년 이하의 징역 또는 500만 원 이하의 벌금에 처하게 된다.

27 총포 소지 허가를 갱신하지 않을 경우에는 어떻게 되는가?

① 허가취소　　　　　② 강제등록
③ 과태료　　　　　　④ 경 고

> **해설**
> 총포 소지 허가 미갱신 시 허가취소의 행정처분을 받는다. 다만 재해, 질병, 그 밖에 부득이한 사유로 기간 내에 신청할 수 없는 경우에는 그 사유를 기록한 서류를 첨부하여 연기신청을 할 수 있다.

28 멸종위기 야생생물 포유류 중 Ⅰ급이 아닌 것은?

① 붉은박쥐　　　　　② 늑 대
③ 여 우　　　　　　　④ 담 비

> **해설**
> 담비는 멸종위기 야생생물 포유류 중 Ⅱ급에 해당하는 종이다.

29 생태계를 교란하는 동물이 아닌 것은?

① 황소개구리　　　　② 블루길
③ 붉은귀거북　　　　④ 초 어

> **해설**
> 35 p 2. 생태계교란 생물 표 참조

정답　26 ①　27 ①　28 ④　29 ④

30 유해야생동물이 아닌 것은?

① 분묘를 훼손하는 멧돼지
② 서식지 과밀로 농업에 피해를 주는 황오리
③ 장기간에 걸쳐 과수에 피해를 입히는 참새
④ 전주 등 전력시설에 피해를 주는 까치

> **해설**
> 황오리는 유해야생동물에서 제외된다.

31 다음 중 먹는 것이 금지된 동물끼리 짝지어진 것은?

① 수달, 담비, 뉴트리아
② 반달가슴곰, 삵, 청설모
③ 노루, 멧토끼, 오소리
④ 꿩, 갈까마귀, 고방오리

> **해설**
> 뉴트리아는 생태계 교란동물이며, 청설모 · 꿩 · 갈까마귀는 먹는 것이 금지된 동물에 포함되지 않는다.

32 다음 중 야생생물 특별보호구역의 지정권자는?

① 환경부장관
② 시 · 도지사
③ 시 · 군 · 구청장
④ 특별자치도지사

> **해설**
> 야생생물 특별보호구역의 지정(야생생물 보호 및 관리에 관한 법률 제27조 제1항)
> 환경부장관은 멸종위기 야생생물의 보호 및 번식을 위하여 특별히 보전할 필요가 있는 지역을 토지소유자 등 이해관계인과 지방자치단체의 장의 의견을 듣고 관계 중앙행정기관의 장과 협의하여 야생생물 특별보호구역으로 지정할 수 있다.

정답 30 ② 31 ③ 32 ①

33 다음 중 포상금을 받을 수 있는 사유가 아닌 것은?

① 덫·창애·올무로 야생동물을 포획할 수 있는 도구를 제작·판매·소지 또는 보관한 자를 신고한 경우
② 멸종위기 야생생물을 포획·채취 등을 한 자를 체포한 경우
③ 수렵장 외의 장소에서 수렵한 자를 고발한 경우
④ 수렵동물을 수렵한 자를 신고한 경우

> **해설**
> 포상금(야생생물 보호 및 관리에 관한 법률 제57조 제10호)
> 수렵동물 외의 동물을 수렵한 자를 신고·고발·현장에서 체포한 경우 포상금을 지급한다.

34 야생동물의 학대금지에 대한 내용 중 틀린 것은?

① 포획·감금하여 고통을 주거나 상처를 입히는 행위
② 도박·광고·오락·유흥 등의 목적으로 손해를 입히는 행위
③ 보관·유통 시에 고의로 먹이 또는 물을 제공하지 않거나 질병을 방치하는 행위
④ 야생동물을 죽음에 이르게 하는 학대를 했을 경우 2년 이하의 징역 또는 2천만 원 이하의 벌금에 처한다.

> **해설**
> 3년 이하의 징역 또는 300만 원 이상 3천만 원 이하의 벌금에 처한다.

35 다음 중 수렵보험의 범위로 옳은 것은?

① 본인이 사망하게 된 경우는 1억 원 이상이 지급된다.
② 다른 사람이 사망하게 된 경우는 1억 5천만 원 이상이 지급된다.
③ 다른 사람에 재산상 손해를 입힌 경우는 5천만 원 이상이 지급된다.
④ 다른 사람에 생명·재산상의 손해에 대해서는 1억 원 이상이 지급된다.

> **해설**
> 수렵보험의 범위(야생생물 보호 및 관리에 관한 법률 시행령 제35조)
> • 수렵 중에 다른 사람을 사망하게 한 경우: 1억 5천만 원 이상
> • 수렵 중에 다른 사람을 부상하게 하거나 다른 사람의 재산에 손해를 입힌 경우 : 3천만 원 이상
> • 수렵 중에 다른 사람을 부상하게 하여 그 사람이 부상에 대한 치료를 마친 후 더 이상의 치료효과를 기대할 수 없고 그 증상이 고정된 상태에서 그 부상이 원인이 되는 신체적 장해가 생긴 경우 : 1억 5천만 원 이상

36 다음 중 3년 이하의 징역 또는 300만 원 이상 3천만 원 이하의 벌금에 처하는 경우가 <u>아닌</u> 것은?

① 멸종위기 야생생물 Ⅱ급을 포획 · 채취 · 훼손하거나 고사시킨 자
② 멸종위기 야생생물 Ⅰ급을 가공 · 유통 · 보관 · 수출 · 수입 · 반출 또는 반입한 자
③ 허가 없이 국제적 멸종위기종 및 그 가공품을 수출 · 수입 · 반출 또는 반입한 자
④ 멸종위기 야생생물을 방사 또는 이식한 자

> **해설**
> 벌칙(야생생물 보호 및 관리에 관한 법률 제69조 제3호)
> 멸종위기 야생생물을 방사 또는 이식한 자는 2년 이하의 징역 또는 2천만 원 이하의 벌금에 처한다.

37 멸종위기 야생생물의 포획 · 채취 등의 허가를 받은 자에 대하여 허가를 반드시 취소하여야 하는 경우는?

① 거짓, 그 밖의 부정한 방법으로 허가를 받은 경우
② 멸종위기 야생생물의 포획 등을 함에 있어 허가의 조건을 위반한 경우
③ 멸종위기 야생생물을 허가받은 목적 · 용도 외로 사용하는 경우
④ 멸종위기 야생생물의 채취 등을 함에 있어 허가의 조건을 위반한 경우

> **해설**
> 멸종위기 야생생물의 포획 · 채취 등의 허가취소(야생생물 보호 및 관리에 관한 법률 제15조 제1항 제1호)
> 환경부장관은 거짓, 그 밖의 부정한 방법으로 허가를 받은 경우에는 반드시 허가를 취소하여야 한다.

38 유해야생동물의 포획허가에 대한 설명 중 <u>틀린</u> 것은?

① 유해야생동물을 포획하고자 하는 자는 환경부장관의 허가를 받아야 한다.
② 유해야생동물은 사람의 생명이나 재산에 피해를 주는 동물을 말한다.
③ 유해야생동물 포획을 신청한 자에게 포획을 대행하게 할 수 있다.
④ 인가에 출현하여 위해를 주는 맹수류 중 멸종위기종은 제외된다.

> **해설**
> 유해야생동물의 포획허가 및 관리(야생생물 보호 및 관리에 관한 법률 제23조 제1항)
> 유해야생동물을 포획하고자 하는 자는 시장 · 군수 · 구청장의 허가를 받아야 한다.

39 특별보호구역 안에서 제한되는 행위가 아닌 것은?

① 건축물, 그 밖의 공작물의 신축·증축
② 하천, 호소의 구조 변경
③ 토석의 채취
④ CCTV 설치

> **해설**
> 특별보호구역 안에서의 행위가 제한되는 사유는 ①·②·③ 이외에도 수면의 매립·간척, 불을 놓는 행위가 있다(야생생물 보호 및 관리에 관한 법률 제28조 제1항).

40 환경부장관이 정하여 고시하는 야생동물의 번식기에 시·도 보호구역 또는 보호구역 안에 들어가고자 하는 자는 시·도지사 또는 시장·군수·구청장에게 신고하여야 하는데, 미이행 시 과태료는?

① 1백만 원 이하의 과태료
② 2백만 원 이하의 과태료
③ 3백만 원 이하의 과태료
④ 5백만 원 이하의 과태료

> **해설**
> 과태료(야생생물 보호 및 관리에 관한 법률 제73조 제3항 제13호)
> 1백만 원 이하의 과태료가 부과된다.

41 포획허가가 취소된 자가 취소된 날부터 7일 이내에 환경부장관에게 허가증을 반납하지 않았을 경우 과태료는 얼마인가?

① 1백만 원 이하의 과태료
② 2백만 원 이하의 과태료
③ 3백만 원 이하의 과태료
④ 5백만 원 이하의 과태료

> **해설**
> 과태료(야생생물 보호 및 관리에 관한 법률 제73조 제3항 제4호)
> 허가증을 반납하지 아니한 자는 1백만 원 이하의 과태료가 부과된다.

42 수렵면허증에 대한 설명으로 <u>틀린</u> 것은?

① 정당한 사유가 있으면 타인에게 대여할 수 있다.
② 수렵면허증이 있다고 하더라도 별도의 절차를 거쳐 수렵을 하게 된다.
③ 수렵면허증이 효력을 상실하였을 경우 7일 이내에 반납하여야 한다.
④ 수렵면허증의 기재사항에 변동이 있으면 변경신청을 해야 한다.

> **해설**
> 수렵면허증의 발급(야생생물 보호 및 관리에 관한 법률 제48조 제2항)
> 수렵면허의 효력은 수렵면허증을 본인이나 대리인에게 발급한 때부터 발생하고 발급받은 수렵면허증은 다른 사람에게 대여하지 못한다.

43 다음 중 수렵장으로 설정할 수 <u>없는</u> 곳은 총 몇 개인가?

㉠ 특별보호구역	㉡ 수목원
㉢ 습지보호구역	㉣ 도시지역
㉤ 준농림지역	

① 1개
② 2개
③ 3개
④ 4개

> **해설**
> 준농림지역은 수렵장 설정 제한지역에 포함되지 않는다(야생생물 보호 및 관리에 관한 법률 제54조).

44 다음 중 수렵이 제한된 장소는?

① 운행이 정지된 차 안
② 문화재가 있는 장소로부터 1km 이내의 장소
③ 일출 이후
④ 개발지

> **해설**
> ② 이외에도 수렵장에서 시가지·인가 부근, 일출 전, 일몰 후, 운행 중인 차량·선박 및 항공기, 도로로부터 100m 이내 장소, 울타리가 설치되어 있거나 농작물이 있는 다른 사람의 토지, 그 밖에 환경부령으로 정하는 장소 및 시간에는 수렵이 제한된다(야생생물 보호 및 관리에 관한 법률 제55조).

정답 42 ① 43 ④ 44 ②

45 수렵면허 갱신 시 필요한 첨부서류로 모두 짝지어진 것은?

① 수렵강습 이수증, 수렵면허증, 증명사진 2장
② 신체검사서, 수렵강습 이수증, 증명사진 1장
③ 신체검사서, 증명사진 1장, 수렵면허증, 수렵강습 이수증
④ 총포 소지 허가증, 포획승인증, 총기보관수첩, 증명사진 1장

> **해설**
> 수렵면허증 갱신 시 필요한 제출서류(야생생물 보호 및 관리에 관한 법률 시행규칙 별지 제50호)
> • 신체검사서(또는 정신건강의학과 전문의 의견이 기재된 진단서 및 소견서)
> • 증명사진 1장
> • 수렵면허증
> • 수렵강습 이수증

46 다음 중 수렵면허 결격사유가 아닌 것은?

① 미성년자
② 수렵면허가 취소된 날부터 2년이 경과되지 아니한 자
③ 심신상실자
④ 야생생물 보호 및 관리에 관한 법률을 위반하여 금고 이상의 형을 선고받고 유예기간에 있는 자

> **해설**
> 결격사유(야생생물 보호 및 관리에 관한 법률 제46조 제7호)
> 수렵면허가 취소된 날부터 1년이 지나지 아니한 사람은 수렵면허를 받을 수 없다.

47 수렵면허증의 취소 또는 정지 처분을 받은 자는 며칠 이내에 반납해야 하는가?

① 1일
② 3일
③ 5일
④ 7일

> **해설**
> 수렵면허의 취소·정지(야생생물 보호 및 관리에 관한 법률 제49조 제2항)
> 수렵면허의 취소 또는 정지 처분을 받은 자는 취소 또는 정지 처분을 받은 날부터 7일 이내에 수렵면허증을 시장·군수·구청장에게 반납하여야 한다.

정답 45 ③ 46 ② 47 ④

48 2백만 원 이하의 과태료에 해당하는 사유가 <u>아닌</u> 것은?

① 멸종위기 야생생물의 포획 · 채취 등의 결과를 신고하지 아니한 자
② 멸종위기 야생생물의 보관신고를 하지 아니한 자
③ 출입제한 또는 금지를 위반한 자
④ 야생동물의 번식기에 신고하지 아니하고 보호구역에 들어간 자

> **해설**
> ④ 1백만 원 이하의 과태료 처분을 받는다(야생생물 보호 및 관리에 관한 법률 제73조 제3항 제13호).

49 멸종위기 야생생물 조류 중 Ⅰ급이 <u>아닌</u> 것은?

① 저어새
② 큰말똥가리
③ 검독수리
④ 고니

> **해설**
> 큰말똥가리는 멸종위기 야생생물 조류 중 Ⅱ급에 해당한다.

50 불법 포획한 야생동물이란 사실을 알면서 먹은 경우 벌칙은?

① 5년 이하의 징역 또는 500만 원 이상 5천만 원 이하의 벌금
② 3년 이하의 징역 또는 300만 원 이상 3천만 원 이하의 벌금
③ 2년 이하의 징역 또는 2천만 원 이하의 벌금
④ 1년 이하의 징역 또는 1천만 원 이하의 벌금

> **해설**
> **벌칙(야생생물 보호 및 관리에 관한 법률 제70조 제2호)**
> 포획 · 수입 또는 반입한 야생동물, 이를 사용하여 만든 음식물 또는 가공품을 그 사실을 알면서 취득(음식물 또는 추출가공식품을 먹는 행위를 포함한다) · 양도 · 양수 · 운반 · 보관하거나 그러한 행위를 알선한 자는 1년 이하의 징역 또는 1천만 원 이하의 벌금에 처한다.

정답 48 ④ 49 ② 50 ④

51 다음 중 100만 원 이하의 과태료 사항이 <u>아닌</u> 것은?

① 제19조 제5항의 규정을 위반하여 야생동물의 포획결과를 신고하지 아니한 자
② 제26조 제2항의 규정에 의한 시·도지사의 조치를 위반한 자
③ 제20조 제2항의 규정을 위반하여 허가증을 반납하지 아니한 자
④ 제28조 제3항의 규정에 의한 금지행위를 위반한 자

> **해설**
> 과태료(야생생물 보호 및 관리에 관한 법률 제73조 제1항 제1호)
> 제26조 제2항의 규정에 의한 시·도지사의 조치를 위반한 자는 1천만 원 이하의 과태료에 처한다.

52 다음 수렵면허에 관한 사항 중 <u>틀린</u> 것은?

① 총기를 사용하는 수렵은 제1종 수렵면허가 필요하다.
② 야생동물을 수렵하고자 하는 자는 주소지를 관할하는 시장·군수·구청장으로부터 수렵면허를 받아야 한다.
③ 수렵면허를 갱신하려는 자 또는 수렵면허를 재교부받으려는 자는 대통령령이 정하는 바에 따라 수수료를 납부하여야 한다.
④ 제2종 수렵면허는 총기 외의 수렵도구를 사용하는 수렵이다.

> **해설**
> 수렵면허(야생생물 보호 및 관리에 관한 법률 제44조 제4항)
> 수렵면허를 받거나 수렵면허를 갱신하려는 사람 또는 수렵면허를 재발급받으려는 사람은 환경부령으로 정하는 바에 따라 수수료를 내야 한다.

53 수렵승인에 관한 다음 기술 중 <u>틀린</u> 것은?

① 승인을 받아 수렵한 자는 수렵동물의 종류 및 수량 등을 수렵장 설정자에게 신고하여야 한다.
② 수렵장 설정자는 수렵장의 운영실적을 시·군·구청장에게 보고하여야 한다.
③ 수렵장 설정자는 대통령령이 정하는 바에 따라 수입을 사용하여야 한다.
④ 수렵하고자 하는 자는 수렵장 설정자에게 수렵장 사용료를 납부하여야 한다.

> **해설**
> 수렵승인 등(야생생물 보호 및 관리에 관한 법률 제50조 제4항)
> 수렵장 설정자는 환경부령으로 정하는 바에 따라 수렵장 운영실적을 환경부장관에게 보고하여야 한다.

정답 51 ② 52 ③ 53 ②

54 수렵면허 재발급 시 필요한 첨부서류로 모두 짝지어진 것은?

① 수렵면허증, 증명사진 1장
② 수렵강습 이수증, 신체검사서, 증명사진 1장
③ 수렵면허증, 수렵강습 이수증
④ 수렵강습 이수증, 증명사진 1장

> **해설**
> 수렵면허 재발급 시 제출서류(야생생물 보호 및 관리에 관한 법률 시행규칙 별지 제50호 서식)
> - 수렵면허증(분실한 경우 제외)
> - 증명사진 1장

55 수렵면허의 갱신은 언제까지 신청해야 하는가?

① 유효기간 만료 3개월 전
② 유효기간 만료일까지
③ 유효기간 만료 3개월 후까지
④ 유효기간 만료 1년 이내

> **해설**
> 수렵면허의 신청(야생생물 보호 및 관리에 관한 법률 시행규칙 제52조 제2항)
> 수렵면허를 갱신하려는 자는 수렵면허의 유효기간이 끝나는 날의 3개월 전부터 수렵면허의 유효기간이 끝나는 날까지 수렵면허 갱신 신청서에 정해진 서류를 첨부하여 시장·군수·구청장에게 제출해야 한다.

56 수렵강습에 관한 다음 기술 중 틀린 것은?

① 수렵강습은 시장·군수·구청장이 지정하는 수렵강습기관에서 실시한다.
② 수렵강습은 수렵의 역사·문화, 수렵 시 지켜야 할 안전수칙 등을 포함한다.
③ 수렵강습기관의 장은 강습 이수증을 발급한다.
④ 수렵강습기관의 장은 환경부령에 따라 수강료를 징수할 수 있다.

> **해설**
> 수렵강습(야생생물 보호 및 관리에 관한 법률 제47조 제1항)
> 수렵면허를 받으려는 사람은 수렵면허시험에 합격한 후 환경부령으로 정하는 바에 따라 환경부장관이 지정하는 전문기관(이하 "수렵강습기관"이라 한다)에서 수렵의 역사·문화, 수렵 시 지켜야 할 안전수칙 등에 관한 강습을 받아야 한다.

정답 54 ① 55 ② 56 ①

57 수렵제도는 크게 엽구(獵區)제도와 면허(免許)제도로 나눌 수 있다. 엽구제도에 대한 설명으로 적합한 것은?

① 국가로부터 수렵면허를 받은 자가 수렵법이 허용하는 범위 내에서 수렵하는 제도
② 야생동물에 대한 모든 권한이 국가에 귀속되며 보호와 관리의무도 국가에 있는 제도
③ 일정크기 이상의 토지를 소유한 자가 자신의 토지 내에서 수렵권한 및 관리의무를 갖는 제도
④ 수렵면허 발급이 간단하고 비용이 저렴한 제도

해설

구 분	엽구제도(Revier System)	면허제도(License System)
정 의	야생동물의 수렵권이 토지 소유자에게 귀속되어 있다는 것에 근거하여 일정한 크기를 가진 토지를 단위로 엽구가 구성되고 엽구별로 관리되는 제도	국가로부터 수렵면허를 받은 자는 수렵법이 허용하는 일정 기간 동안 주어진 구역 내에서 자기의 토지 소유 유무에 관계없이 수렵권이 주어지는 제도
장 점	• 야생동물 보호 증식에 유리함 • 밀렵근절 • 관리의 효율성 및 경제성 • 수익자 관리비 부담(형평성원칙) • 농임업의 소득증대 • 고용창출효과 • 피해보상문제발생 없음 • 관광유치효과	• 수렵기회의 공평성 • 종 다양성 보호
단 점	• 기회의 공평성 제한 • 종 다양성 보호에 문제 • 과다증식된 종에 의한 산림파괴	• 야생동물 보호에 애로 • 재정 지출의 과대함 • 피해대상에 대한 책임문제 • 엽사의 윤리관 결여

58 불법 포획한 야생동물에 관한 사항 중 잘못된 것은?

① 불법으로 포획한 야생동물로 가공한 음식물은 먹지 못한다.
② 환경부령이 정하는 포획금지 야생동물로 만든 음식물은 먹지 못한다.
③ 불법 포획한 야생동물은 그 거래가 금지된다.
④ 불법 포획한 야생동물은 환경부장관만이 압류할 수 있다.

해설

불법 포획한 야생동물의 취득 등 금지(야생생물 보호 및 관리에 관한 법률 제9조 제2항)
환경부장관이나 지방자치단체의 장은 이 법을 위반하여 포획·수입 또는 반입한 야생동물, 이를 사용하여 만든 음식물 또는 가공품을 압류하는 등 필요한 조치를 할 수 있다.

59 「자연환경보전법」에서 사용하는 '생태통로'의 정의에 가장 적합한 것은?

① 생물 다양성을 높이고 생태계의 연속성을 높이거나 특정한 생물종의 서식조건을 개선하기 위하여 조성하는 생물 서식공간을 말한다.
② 생물 다양성을 증진시키고 생태계 기능의 연속성을 유지하기 위하여 생태적으로 중요한 지역을 연결하는 생태적 서식공간을 말한다.
③ 식물·동물 및 미생물 군집(群集)들과 무생물 환경이 기능적인 단위로 상호작용하는 역동적인 복합체를 말한다.
④ 야생 동·식물의 서식지가 단절되거나 훼손 또는 파괴되는 것을 방지하고 야생 동·식물의 이동 등 생태계의 연속성 유지를 위하여 설치하는 생태적 공간을 말한다.

> **해설**
> ① 소(小)생태계
> ② 생태축
> ③ 생태계

60 포유류에서 '생태계교란 생물'로 지정고시된 생물은?

① 뉴트리아(*Myocastor coypus*)
② 황소개구리(*Rana catesbeiana*)
③ 파랑볼우럭(블루길, *Lepomis macrochirus*)
④ 꽃매미(*Lycorma delicatula*)

> **해설**
> 생태계교란 생물은 다음과 같다(환경부고시 제2024-212호).
>
> | 구 분 | 종 명 |
> |---|---|
> | 포유류 | 뉴트리아 *Myocastor coypus* |
> | 양서류·파충류 | 가. 황소개구리 *Lithobates catesbeianus*
나. 붉은귀거북속 전종 *Trachemys spp.*
다. 리버쿠터 *Pseudemys concinna*
라. 중국줄무늬목거북 *Mauremys sinensis*
마. 악어거북 *Macrochelys temminckii*
바. 플로리다붉은배거북 *Pseudemys nelsoni*
사. 늑대거북 *Chelydra serpentina* |
> | 어 류 | 가. 블루길 *Lepomis macrochirus*
나. 배스 *Micropterus salmoides*
다. 브라운송어 *Salmo trutta* |
> | 갑각류 | 미국가재 *Procambarus clarkii* |

정답 59 ④ 60 ①

곤충류	가. 꽃매미 *Lycorma delicatula* 나. 붉은불개미 *Solenopsis invicta* 다. 등검은말벌 *Vespa velutina nigrithorax* 라. 갈색날개매미충 *Pochazia shantungensis* 마. 미국선녀벌레 *Metcalfa pruinosa* 바. 아르헨티나개미 *Linepithema humile* 사. 긴다리비틀개미 *Anoplolepis gracilipes* 아. 빗살무늬미주메뚜기 *Melanoplus differentialis* 자. 열대불개미 *Solenopsis geminata* 차. 열대긴수염개미 *Paratrechina longicornis*
식물	가. 돼지풀 *Ambrosia artemisiaefolia var. elatior* 나. 단풍잎돼지풀 *Ambrosia trifida* 다. 서양등골나물 *Eupatorium rugosum* 라. 털물참새피 *Paspalum distichum var. indutum* 마. 물참새피 *Paspalum distichum var. distichum* 바. 도깨비가지 *Solanum carolinense* 사. 애기수영 *Rumex acetosella* 아. 가시박 *Sicyos angulatus* 자. 서양금혼초 *Hypochoeris radicata* 차. 미국쑥부쟁이 *Aster pilosus* 카. 양미역취 *Solidago altissima* 타. 가시상추 *Lactuca scariola* 파. 갯줄풀 *Spartina alterniflora* 하. 영국갯끈풀 *Spartina anglica* 거. 환삼덩굴 *Humulus japonicus* 너. 마늘냉이 *Alliaria petiolata* 더. 돼지풀아재비 *Parthenium hysterophorus* 러. 물여뀌바늘 *Ludwigia peploides*

61 야생생물 보호원의 해임 또는 해촉 사유가 아닌 것은?

① 업무 수행을 게을리할 때
② 업무 수행능력이 부족할 때
③ 소정의 회비를 납부하지 아니하였을 때
④ 업무상의 명령을 위반하였을 때

> **해설**
> 야생생물 보호원 등의 해임 또는 위촉해제(야생생물 보호 및 관리에 관한 법률 제62조)
> • 야생생물 보호원이 피성년후견인, 파산선고를 받고 복권되지 아니한 사람, 금고 이상의 실형을 선고받고 그 집행이 끝나거나(집행이 끝난 것으로 보는 경우를 포함한다) 집행이 면제된 날부터 3년이 지나지 아니한 사람, 금고 이상의 형의 집행유예를 선고받고 그 유예기간 중에 있는 사람 중 어느 하나에 해당하게 되었을 때(강행규정-반드시 해임 또는 위촉해제)
> • 명예 야생생물 보호원이 관련법에 따른 단체의 회원 자격을 상실하였을 때(강행규정-반드시 해임 또는 위촉해제)
> • 업무 수행을 게을리하거나 업무 수행능력이 부족할 대(임의규정)
> • 업무상의 명령을 위반하였을 때(임의규정)

제1과목 빈칸 넣기 문제

제1조 목적

01 야생생물과 그 서식환경을 체계적으로 (   )으로써 야생생물의 (   )하고, 생물의 다양성을 증진시켜 생태계의 (   )과 아울러 사람과 야생생물이 공존하는 (   )을 (   )을 목적으로 한다.

> **정답**
> 보호·관리함 | 멸종을 예방 | 균형을 유지함 | 건전한 자연환경 | 확보함

제2조 정의

02 "(   )"이란 산·들 또는 강 등 자연상태에서 서식하거나 자생(自生)하는 동물, (   ), (   ), (   )의 종(種)을 말한다.

> **정답**
> 야생생물 | 식물, 균류·지의류(地衣類), 원생생물 및 원핵생물

제2조 정의

03 "(   )"이란 자연적 또는 인위적 위협요인으로 개체수가 크게 줄어들어 (   )에 처한 야생생물로서 (   )으로 정하는 기준에 해당하는 종이다.

> **정답**
> 멸종위기 야생생물 I급 | 멸종위기 | 대통령령

제2조 정의

04 "( )"이란 ( )이나 ( )를 주는 야생동물로서 ( )으로 정하는 종을 말한다.

> **정답**
> 유해야생동물 | 사람의 생명 | 재산에 피해 | 환경부령

제2조 정의 24 기출

05 "( )"이란 야생생물을 일정한 장소 또는 시설에서 ( ) 또는 증식하는 것을 말한다.

> **정답**
> 인공증식 | 사육·양식

제2조 정의

06 "( )"이란 야생동물이 ( )에 감염되거나 그 밖의 원인으로 이상이 발생한 상태로서 ( )으로 정하는 질병을 말한다.

> **정답**
> 야생동물 질병 | 병원체 | 환경부령

제2조 정의

07 "( )"이란 죽은 야생동물 또는 질병에 걸린 것으로 확인되거나 걸릴 우려가 있는 야생동물에 대하여 ( ), ( ), ( ), 그 밖의 실험 등을 통하여 야생동물 질병의 ( )를 확인하는 것을 말한다.

> **정답**
> 질병진단 | 부검, 임상검사, 혈청검사 | 감염 여부

제7조의2 서식지 외 보전기관의 지정취소

08 관련법을 위반하여 야생동물을 (   ), (   ) 또는 반입한 야생동물, 이를 사용하여 만든 (   ) 또는 (   )을 그 사실을 알면서 취득·양도·양수·운반·보관하거나 그러한 행위를 알선한 경우

> **정답**
> 포획, 수입 | 음식물 | 가공품

제8조 야생동물의 학대금지

09 누구든지 정당한 사유 없이 야생동물을 때리거나 산 채로 태우는 등 다른 사람에게 (   )을 주는 방법으로 죽이는 행위, 목을 매달거나 독극물, 도구 등을 사용하여 (   )으로 죽이는 행위, 그 밖에 학대행위로 야생동물을 죽음에 이르게 하는 행위를 하여서는 아니 된다.

> **정답**
> 혐오감 | 잔인한 방법

제10조 덫, 창애, 올무 등의 제작금지 등

10 누구든지 (   ), (   ), (   ) 또는 그 밖에 야생동물을 포획할 수 있는 도구를 (   ) 또는 보관하여서는 아니 된다.

> **정답**
> 덫, 창애, 올무 | 제작·판매·소지

제14조 멸종위기 야생생물의 포획·채취 등의 금지 제외사유

11 (   )를 끼칠 우려가 있어 포획하는 경우, (   )된 것으로 예상되거나 (   ) 또는 (   )당한 야생동물의 구조·치료 등이 시급하여 포획하는 경우, (   ) 등의 인가·허가 등을 받은 경우, (   )한 것을 가공·유통 또는 보관하는 경우

> **정답**
> 인체에 급박한 위해 | 질병에 감염 | 조난 | 부상 | 포획·채취 | 인공증식

제16조 국제적 멸종위기종의 국제거래 등의 규제

12 허가를 받고 수입하거나 반입한 국제적 멸종위기종을 양도·양수하려는 때에는 양도·양수 전까지, 해당 종이 죽거나 (   )에 걸려 사육할수 없게 되었을 때에는 지체 없이 (   )으로 정하는 바에 따라 환경부장관에게 신고하여야 한다. 다만, 환경부장관이 국내에서 대량으로 증식되어 신고의 필요성이 낮다고 인정하여 (   )하는 국제적 멸종위기종은 제외한다.

> **정답**
> 질병 | 환경부령 | 고시

제16조의8 등록의 취소 등 23 기출

13 사육시설등록자가 다른 사람에게 명의를 대여하여 등록증을 사용하게 한 경우, 1년에 (   ) 이상 시설 폐쇄명령을 받은 경우, 고의 또는 중대한 과실로 사육동물의 탈출, 폐사 또는 (   ) 등이 발생한 경우 그 등록을 취소하거나 (   ) 이내의 기간을 정하여 사육시설의 전부 또는 일부의 폐쇄를 명할 수 있다.

> **정답**
> 3회 | 인명피해 | 6개월

제23조의2 유해야생동물의 포획허가 취소

14 (   )은 유해야생동물의 포획허가를 받은 자가 거짓이나 그 밖의 부정한 방법으로 허가를 받은 경우 그 허가를 취소하여야 한다.

> **정답**
> 시장·군수·구청장

제24조 야생화된 동물의 관리

15 ( )은 버려지거나 달아나 야생화(野生化)된 가축이나 반려동물로 인하여 야생동물의 질병 감염이나 생물다양성의 감소 등 생태계 교란이 발생하거나 발생할 우려가 있으면 관계 중앙행정기관의 장과 협의하여 그 가축이나 반려동물을 야생화된 동물로 ( )하고 필요한 조치를 할 수 있다.

> **정답**
> 환경부장관 | 지정·고시

제32조 멸종위기종관리계약의 체결 등

16 환경부장관이나 ( )는 특별보호구역과 인접지역에서 멸종위기 야생생물의 보호를 위해 토지의 소유자, 점유자 등과 경작방식의 변경, 화학물질의 사용 저감 등 토지의 관리방법을 내용으로 체결하는 계약을 체결하거나 관계 중앙행정기관의 장 또는 지방자치단체의 장에게 ( )의 체결을 권고할 수 있다.

> **정답**
> 시·도지사 | 멸종위기종관리계약

제44조 수렵면허

17 ( )를 받은 사람은 환경부령으로 정하는 바에 따라 ( )마다 ( )를 갱신하여야 한다.

> **정답**
> 수렵면허 | 5년 | 수렵면허

시행규칙 제55조 수렵면허시험의 공고 등

18 시·도지사는 매년 (   ) 이상 수렵면허시험을 실시하여야 한다.

> **정답**
> 2회

시행규칙 제61조 수렵면허증 등

19 수렵면허증의 재발급을 신청하려는 사람은 재발급 신청서에 (   ), (   )을 첨부하여 시장·군수·구청장에게 제출하여야 한다.

> **정답**
> 수렵면허증 | 증명사진 1장

제46조 결격사유

20 미성년자, 심신상실자, 정신질환자, (   ), 금고 이상의 실형을 선고받고 그 집행이 끝나거나(집행이 끝난 것으로 보는 경우 포함) 집행이 면제된 날부터 (   )이 지나지 아니한 사람, 금고 이상의 형의 집행유예를 선고받고 그 유예기간 중에 있는 사람, 수렵면허가 취소된 날부터 (   )이 지나지 아니한 사람은 수렵면허를 받을 수 없다.

> **정답**
> 마약류중독자 | 2년 | 1년

시행규칙 제58조 수렵강습기관의 지정 등

21 수렵강습기관 지정신청서에는 (   ), 기관 또는 단체 등록증, (   ), 수렵강습기관 시설 명세서, 사업계획서, (   )를 첨부하여야 한다.

> **정답**
> 법인등기부등본 | 전문인력 명세서 | 수렵강습 교재

시행규칙 제60조 수강신청 등

22 수렵강습기관의 장이 수렵강습을 받으려는 사람에게 징수할 수 있는 수강료는 ( )으로 한다.

> **정답**
> 2만 원

제47조의2 수렵강습기관의 지정취소

23 수렵강습기관의 지정이 취소된 자는 취소된 날부터 ( ) 이내에 지정서를 환경부장관에게 반납하여야 한다.

> **정답**
> 7일

제53조 수렵장의 위탁관리

24 수렵장 설정자가 수렵장의 관리·운영을 위탁할 때에는 ( )으로 정하는 바에 따라 ( )에게 보고하여야 한다.

> **정답**
> 대통령령 | 환경부장관

제53조 수렵장의 위탁관리

25 수렵장의 관리·운영을 위탁받은 자는 ( )을 ( )에게 보고하여야 한다.

> **정답**
> 수렵장 운영실적 | 수렵장 설정자

제57조 포상금

26 불법적으로 포획·수입 또는 반입한 ( ), 다를 사용하여 만든 ( ) 또는 ( )을 취득·양도·양수· 운반·보관하거나 그러한 행위를 알선한 자, 멸종위기 야생생물을 포획·채취 등을 한 자, 야생동물을 포획할 수 있는 ( )를 제작·판매·소지 또는 보관한 자 등을 신고한 자에게 ( )을 지급할 수 있다.

> **정답**
> 야생동물 | 음식물 | 가공품 | 도구 | 포상금

58조의2 야생생물관리협회

27 야생동물, 멸종위기식물의 ( ) 단속 등 보호업무 지원, 유해야생동물 및 ( )의 관리업무 지원, 수렵장 운영 지원 등 수렵 관리, 수렵강습 등 야생생물 보호·관리에 관한 교육과 홍보 등 야생생물의 보호·관리를 위해 ( )를 설립할 수 있다.

> **정답**
> 밀렵·밀거래 | 생태계교란 생물 | 야생생물관리협회

제59조 야생생물 보호원 25 기출

28 환경부장관이나 지방자치단체의 장은 멸종위기 야생생물, ( ), 유해야생동물 등의 보호·관리 및 수렵에 관한 업무를 담당하는 공무원을 보조하는 ( )을 둘 수 있다.

> **정답**
> 생태계교란 생물 | 야생생물 보호원

제60조 야생생물 보호원의 결격사유

29 금고 이상의 실형을 선고받고 그 집행이 끝나거나 집행이 면제된 날부터 ( )이 지나지 아니한 사람은 ( )이 될 수 없다.

> **정답**
> 3년 | 야생생물 보호원

제64조 청문

30 환경부장관, 시·도지사 또는 시장·군수·구청장, 국립야생동물질병관리기관장 또는 야생동물검역기관의 장은 지정·승인·허가·등록 또는 (　)를 취소하려면 (　)을 하여야 한다.

> **정답**
> 면허 ｜ 청문

제67조 벌칙

31 멸종위기 야생동물 I 급을 (　), (　), (　)하거나 죽인 자는 (　)이하의 징역 또는 (　)이상 (　)이하의 벌금에 처한다

> **정답**
> 포획, 채취, 훼손 ｜ 5년 ｜ 5백만 원 ｜ 5천만 원

시행규칙 제63조 수렵승인신청

32 수렵 승인을 받으려는 사람은 수렵야생동물 포획승인신청서에 (　), (　) 서류를 첨부하여 수렵장 설정자에게 제출하여야 한다.

> **정답**
> 수렵면허증 사본 ｜ 보험의 가입증명서

시행규칙 제63조 수렵승인신청

33 수렵기간이 끝난 후 (　) 이내에 수렵동물 (　)와 미사용 (　)를 수렵장 설정자에게 반납하여야 한다.

> **정답**
> 15일 ｜ 포획승인서 ｜ 수렵동물 확인표지

2014년 환경부 수렵장 설정업무 처리지침-수렵방법 23 기출

34 수렵견은 1인 (   )로 엄격히 제한하고, (   ) 신청 시 수렵견 사용 수렵인의 성명, 연락처가 표시된 인식표를 부착하여야 한다.

정답
2마리 | 수렵승인

자연환경보전법 제2조 정의

35 "자연환경"이라 함은 지하·지표(해양을 제외한다) 및 지상의 모든 (   )과 이들을 둘러싸고 있는 (   )인 것을 포함한 자연의 상태(생태계 및 자연경관을 포함한다)를 말한다.

정답
생물 | 비생물적

자연환경보전법 제2조 정의

36 "자연환경의 (   )한 이용"이라 함은 현재와 장래의 세대가 (   )를 가지고 자연환경을 이용하거나 혜택을 누릴 수 있도록 하는 것을 말한다.

정답
지속가능 | 동등한 기회

자연환경보전법 제2조 정의 25 기출

37 "(   )"란 도로·댐·수중보(水中洑)·하굿둑 등으로 인하여 야생 동·식물의 서식지가 단절되거나 훼손 또는 파괴되는 것을 방지하고 야생 동·식물의 이동 등 생태계의 (   )를 위하여 설치하는 인공 구조물·식생 등의 생태적 공간을 말한다.

정답
생태통로 | 연속성 유지

자연환경보전법 제2조 정의

38 "(　　)"이라 함은 사람의 접근이 사실상 불가능하여 생태계의 훼손이 방지되고 있는 지역 중 (　　)목적을 위하여 이용되는 외에는 특별한 용도로 사용되지 아니하는 무인도로서 대통령령으로 정하는 지역과 관할권이 대한민국에 속하는 날부터 (　　)간의 비무장지대를 말한다.

> **정답**
> 자연유보지역 | 군사 | 2년

생물다양성 보전 및 이용에 관한 법률 제2조 정의

39 "외래생물"이란 외국으로부터 (　　) 또는 (　　)으로 유입되어 그 본래의 (　　) 또는 서식지를 벗어나 존재하게 된 생물을 말한다.

> **정답**
> 인위적 | 자연적 | 원산지

생태계교란 생물 지정고시 제3조 재검토기한

40 환경부장관은 훈령·예규 등의 발령 및 관리에 대한 규정에 따라 이 고시에 대하여 2024년 1월 1일 기준으로 매 (　　)이 되는 시점(매 3년째의 12월 31일까지)마다 그 타당성을 검토하여 개선 등의 조치를 하여야 한다.

> **정답**
> 3년

제2과목

야생동물의 보호·관리에 관한 사항

CHAPTER 01	야생동물
CHAPTER 02	수렵동물
읽을거리	멧돼지 사냥개의 훈련 및 관리
문제 풀어보기	

교육은 우리 자신의 무지를 점차 발견해 가는 과정이다.

– 윌 듀란트 –

야생동물

01 야생동물의 보호

1. 야생동물의 가치

야생동물은 다양한 가치를 가지고 있어 그 중요성이 강조되고 있다. 야생동물이 지닌 가치로는 미적 · 휴양적 · 생태적 · 교육적 · 과학적 · 상업적 가치 등을 들 수 있다.

(1) 미적 가치

야생동물들은 문학, 미술 그리고 음악의 대상이 되며 그 모습 자체로, 다시 말해서 서식지 그 자체가 우리에게 아름다움을 느끼게 하고 그것을 동경하게 하는 등의 미적인 가치를 제공한다.

(2) 휴양적 가치

사냥이나 탐조(探鳥) 등과 같은 취미생활이나 레저 활동의 대상이 되며 도시생활에 찌든 도시인들에게 휴식을 제공하는 등의 휴양적 기능을 가지고 있다. 이러한 휴양적 가치를 통해서 인간은 심성을 가꾸고 인간성을 유지할 수 있다.

(3) 생태적 가치

종자 산포, 수분 매개, 해충 구제 등 생태계에 있어서 다른 동물 개체군 수를 제한하는 등의 생태학적 가치도 빼놓을 수 없는 매우 중요한 가치다. 이러한 야생동물의 생태적 가치를 통해서 생태계는 건전성을 유지할 수 있으며, 그에 따라 우리 인간 역시 지구라고 하는 거대한 생태계 내에서 생존이 가능하다.

(4) 교육 · 과학적 가치

과학적 연구의 대상이자 교육의 대상으로서의 가치를 들 수 있다. 야생동물에 대한 과학적인 연구를 통해서 생태계의 구조 및 기능에 대한 연구가 가능하고 이를 토대로 훼손된 생태계에 대한 보호 및 복원이 가능하다.

(5) 상업적 가치

판매, 무역, 생산력 등 개체군에 의한 사업으로 수익을 주는 상업적 가치 역시 지방의 관광산업 등과 연결되어 지방경제에 막대한 영향을 주는 등의 가치를 지니고 있다. 근래 각광을 받고 있는 생태관광 및 생태교육과 연계된 여러 수익사업이 가능할 수 있는데, 이러한 사업 역시 그 대상이 되는 야생동물의 보전과 관리가 선행되어야 할 것이다.

2. 야생동물의 위기

오늘날 인류가 환경파괴에 끼치는 영향은 전 지구로 확대되고 있다. 지구를 둘러싼 대기의 조성과 우주공간의 방사선 균형, 수분 분포, 기후에 이르기까지 영향을 미치고 있다. 최근 들어 더욱 가속화된 환경파괴는 그 심각성이 두드러진다. 인구의 증가로 물질의 수요가 급증하는 데에 따른 인간의 욕망은 바로 환경파괴의 원인으로 작용하고 있다. 산업화와 도시화에 따른 자연환경의 파괴와 환경오염 등으로 야생동물의 서식지의 질과 양이 감소하고 있으며 야생동물의 생존 자체도 커다란 위협을 받고 있는 실정이다.

(1) 과도한 이용

경제적 이익활동에 의한 물개, 코뿔소, 코끼리, 반달가슴곰, 산양, 사향노루 등의 밀렵이나 남획 등을 들 수 있는데 인간에 의한 무분별한 수확이 바로 이들 종들에 대한 직접적인 개체수의 감소를 초래하고 있다.

(2) 외래종의 도입

현재 우리나라에서도 문제가 심각하게 제기되고 있는 외래종의 도입을 들 수 있다. 예를 들면 외국으로부터 무분별하게 도입해 방사한 황소개구리에 의한 우리나라 양서류들의 생태적 위기나 외래 어종인 베스나 블루길에 의한 하천 생태계의 위기 상황은 우리에게 시사하는 바가 크다. 이러한 외래종 도입의 문제는 비단 외국으로부터 도입된 종이 아니라 한반도에는 서식하고 있으나 주변 도서에 서식하지 않았던 까치를 제주도에 인공적으로 도입한 것도 그 예라 할 수 있다. 까치는 남해라고 하는 생태적인 경계선에 의해 제주도에 서식하지 않고 있었으나, 까치의 인위적인 도입으로 인해 제주도의 생태계는 교란을 받을 수 있는 가능성이 충분하며 또한, 농작물에 피해를 줌으로써 인간과의 갈등의 소지를 지니고 있다. 현재 이러한 농작물에 대한 피해는 제주도에서 그 보고가 발표되고 있는 실정이다.

(3) 환경오염

산업화에 따른 대기오염 · 토양오염 · 수질오염 등의 환경오염으로, 특히 과도한 농약 · DDT · DDE 등의 사용은 야생동물에게 치명적인 해를 끼칠 수 있으며, 산성비에 의한 피해 역시 간과할 수 없는 실정이다. 환경오염으로 인한 피해는 하천 생태계에 영향을 줌으로써 한강이나 그 지천에서의 물고기 떼죽음, 혹은 오염된 먹이로 인한 백로류의 떼죽음과 같은 사건들이 지속적으로 발생하고 있다.

(4) 서식지 파괴

산업화와 도시화 등 인간의 활발한 활동에 따른 여러 개발과 경제적인 목적에 의한 대경목(大徑木)의 벌채와 골프장의 건설, 도로의 건설 등으로 인해 야생동물들의 서식지가 파괴되고 단편화되어 야생동물이 더 이상 서식할 수 없는 지경에 이르게 되었다. 또한, 대규모 매립으로 인해 많은 생물들의 서식지인 갯벌이 사라지고 있으며, 그로 인한 여러 환경적 문제는 현재 우리가 해결해야 할 과제이다.

3. 합리적인 야생동물의 보호

(1) 우리는 아름다운 숲과 맑은 산새 소리가 들리고 다람쥐가 뛰노는 것을 보았을 때 정서적인 안정을 느낀다.

(2) 오늘날과 같이 산업화와 도시화가 더욱 진전되어 가고 있는 현실에서 야생동물이 잘 살아갈 수 있는 자연환경을 가꾸어 가는 것은 실로 중요한 일이라 할 수 있다. 그러므로 우리는 야생동물이 희귀해지거나 멸종되는 여러 원인들에 대한 대책을 마련하여야 한다. 과도하게 이용되고 있는 야생동물 자원에 대해서는 철저한 보호대책을 마련하여 이들을 멸종으로부터 막아야 하며, 희귀하거나 멸종위기에 처해 있는 야생동물의 서식지를 철저하게 보호하려는 노력이 필요하다.

(3) 야생동물의 효능에 대한 맹신으로 발생하는 밀렵을 근절하는 것이 시급한 과제일 것이다. 지속적인 단속과 엄격한 법의 집행이 이루어져야 할 것이며, 보다 근본적으로는 국민의 계몽활동을 통해서 잘못된 보신문화를 건전하게 선도해 나가야 할 것이다.

(4) 편의주의적 발상에 의한 무분별한 개발보다는 야생동물과 공존할 수 있는 지속 가능한 개발 및 계획이 필요하다. 또한, 개발에 앞서 정확한 환경영향평가에 근거하여 개발계획을 수립하는 것이 필요하며, 시공상에 있어서도 야생동물의 서식지 단절, 중요 서식지의 훼손 등은 가급적 피해야 한다.

(5) 야생동물의 보전 및 관리를 위해서 야생동물의 서식지를 개선해 줌으로써 개체군을 증가시킬 수 있는 방법이 있는데 이를 위해서는 야생동물의 서식에 필요한 먹이, 물, 공간과 피난처, 둥지, 잠자리를 포함하는 커버(Cover) 등 서식지 구성요소들에 대한 고려가 필요할 것이다. 또한, 단절된 서식지를 연결해줌으로써 야생동물의 서식을 보장할 수 있는 생태이동통로(Eco-bridge)의 건설이나, 멸종위기에 처한 야생동물을 대상으로 한 인공증식 및 방사 등을 통한 자연상태에서의 개체군 증가를 위한 적극적인 노력이 필요하다. 25, 24, 03 기출

▶ 은신처(피난처) : 야생동물의 서식밀도에 영향, 날씨 또는 포식자와 같은 위협요인으로부터 보호
▶ 공간 : 공간의 크기는 개체군을 이루는 종의 크기, 먹이의 종류, 번식력, 서식지의 다양성 등에 의해 좌우
▶ 토양 : 깊이, 수분, 화학적 특성

02 밀렵·밀거래의 현황

1. 밀렵의 현황

(1) 올가미나 독극물에 의한 밀렵 성행

1997년부터 구경 5.5mm 공기총의 방아틀뭉치 영치와 지속적인 밀렵 단속의 결과, 총기로 인한 밀렵행위는 줄어들고 있는 추세이다. 그러나 올가미나 독극물에 의한 지역적인 밀렵은 계속 성행하고 있어 이에 의한 수렵동물의 밀도감소에 미치는 영향이 클 것으로 판단된다. 이러한 밀렵문제는 일반 국민들에게 합법적인 수렵활동 자체를 동일화함으로써 상대적으로 수렵을 위축시키고 수렵활동 중 불렵과 불법 엽구에 의한 수렵인 및 엽견의 피해가 속출하게 되는 등 밀렵은 건전한 수렵의 활성화에 최대 걸림돌로 작용하고 있는 실정이다.

(2) 밀렵 단속 건수의 증가

야생동물의 밀렵 단속은 매년 지속적으로 실시하고 있으나 야생동물이 보신·기호식품으로 인식되고 또한 수요에 대한 공급의 부족으로 가격이 고가로 형성되고 있는 한, 밀렵 근절은 현실적으로 어려운 실정이다. 환경부에 따르면 23년 기준 최근 5년간 밀렵·밀거래 적발건수는 2018년 258건에서 2022년 129건으로 점차 줄어들고 있으나 그 양태는 점차 지능화·전문화되고 있다.

연도별	건(명)	밀렵					밀거래	엽구 제작	불법 박제	포획물 미신고	기 타
		소 계	총 기	엽 구	독극물	동 물					
2018	258	224	36	174	3	11	1	24	−	1	8
2019	133	114	19	88	0	7	2	1	0	0	16
2020	241	225	15	191	0	19	−	4	0	3	9
2021	141	114	30	73	0	11	−	5	0	0	21
2022	129	108	8	90	1	9	1	2	−	3	15

(3) 단속여건의 열악

직업적인 밀렵꾼의 경제적 이익추구(예 반달가슴곰 3억 원, 사향노루 3천만 원, 산양 5백만 원)와 밀렵이 점조직 형태로 이루어짐에 따라서 행정단속에 한계가 있다. 야생동물의 밀렵은 깊은 산속에서 주로 야간에 이루어지기 때문에 단속 공무원은 기동성·장비의 취약·신변위협 등으로 인해 적극적인 단속이 어렵다. 밀렵꾼들은 외제차 혹은 사륜구동의 자동차나 총기 등을 이용하고 있으나, 단속 공무원은 기동성 면에서 뒤지고 호신장비도 지급받지 못하며 생명의 위협을 받으면서 근무하고 있는 것이 현실이다.

(4) 신고의식의 부족

대부분의 밀렵꾼들은 주로 야간(오후 10시부터 다음 날 오전 3시까지) 밀렵을 하기 때문에 주민들의 제보가 없는 한 밀렵자의 적발이 어렵다. 지역 주민들은 과거부터 야생동물 불법 포획업무에 대한 죄의식이 부족하여 신고의식이 미약하다. 또한 밀렵도구는 올무·덫·창애가 80%를 차지하고 있으나, 이를 불법 제작한 업체는 가내공업으로 소재확인 등이 어려운 실정이다. 아울러 밀렵도구는 철물점에서 철물잡상인 차로 공급되고 있어 제작업체 확인도 곤란하다.

2. 밀렵의 발생요인

(1) 야생동물 효과에 대한 맹신

국민소득 증대에 따른 잘못된 보신주의 팽배로 야생동물의 수요가 급증함에 따라 밀렵이 근절되지 않고 현재까지 지속적으로 성행하고 있다.

(2) 수요에 대한 공급의 불균형

야생동물의 거래가 원천적으로 금지되어 밀거래가 이루어지며, 수요에 비하여 공급이 절대적으로 부족하여 비싼 가격으로 거래되고 있어 밀렵의 유혹을 뿌리치기 어렵다.

(3) 밀렵에 대한 적발 및 처벌 미비

밀렵행위의 은밀성으로 인해 적발이 용이하지 못하고 적발을 해도 법 적용이 엄격하지 않아 재발 방지가 되지 못하고 있다.

(4) 야생동물에 대한 주인의식 결여

야생동물은 현행 민법상 무주물(無主物)로 규정되어 전통적으로 야생동물 소유에 대한 법의식이 희박하다. 또한, 야생동물 보호에 대한 국민들의 낮은 의식수준과 사회전반에 걸쳐 만연해 있는 보신주의 및 야생동물 보호에 대한 동기 결여로 주인의식이 매우 희박하다.

3. 밀렵의 유형

야생동물의 종별, 계절별, 일별 활동유형과 행동권 및 생태적 특성과 서식지역의 지리적 특성에 따라서 가급적 손쉽게 많이 포획할 수 있는 밀렵 방법을 이용하며, 야생동물의 활동시간대에 따라 주간 및 야간밀렵이 이루어지고 있다.

(1) 주간밀렵

오후에 차량을 이용하여 산림에서 임연부나 농경지로 내려오는 꿩, 멧비둘기 및 맹금류 등 주로 조류를 대상으로 밀렵을 실시하고 있다.

(2) 야간밀렵

야간에 산 아래로 내려오는 동물을 서치라이트로 비추어 공기총 또는 불법총기를 이용하여 사냥을 한다. 대상동물은 서식장소에 따라 산림지역(노루), 산림과 농경지(고라니, 너구리), 하천변(오리류)으로 구분할 수 있다. 또한 최근 들어 서치라이트로 동물을 움직이지 못하게 한 후, 사냥개를 이용하여 포획하는 "불개꾼"이 새로운 야간밀렵으로 대두되고 있다. 야간밀렵꾼은 총기은닉장소, 포획시간대와 포획물 수거 시간대 등에 대한 치밀한 계획을 수립하여 수렵법규 및 단속망을 교묘히 피하는 등 점차로 지능화되고 있는 추세이다.

(3) 불법엽구

산림에서 야생동물의 주요 이동통로나 잠자리, 휴식처 근처에 올무, 창애 등을 설치하여 주로 멧돼지, 노루, 고라니, 너구리, 오소리 등 포유류를 포획하는 전통적인 기법이다. 불법엽구를 사용하기 위해서는 동물의 서식흔적 및 이동통로의 파악과 설치기법 등에 대한 지식과 경험이 필요하며, 포획여부를 수시로 확인하여야 하기 때문에 주로 자신들의 거주지 및 인근지역에서 이루어진다.

(4) 독극물

농경지와 습지나 강변에 독극물(다이메크론)을 투여한 볍씨나 콩 등을 살포하여 동물을 독살시키는 방법이다. 주로 오리류가 포획대상이나 멧돼지, 꿩, 멧비둘기 등이 정기적으로 출몰하는 지역에서도 독극물을 사용하기도 한다.

4. 밀렵꾼의 유형

(1) 전문밀렵꾼

밀렵으로 포획한 동물을 판매하여 생계를 유지하는 사람들로, 전국을 무대로 연중 밀렵을 한다. 통상 1~3명으로 구성되며, 점조직으로 구성되어 있기 때문에 적발이 매우 어렵다. 이들은 불법 총기류 및 올가미를 사용하고 전국적으로 약 500여 명 정도가 활동하고 있는 것으로 추정된다. 경력이 보통 20년 이상의 야생동물 밀렵전문가들인 것으로 알려져 있다. 이들 전문밀렵꾼들은 야생동물소비자와 직접 거래선을 갖고 있거나 야생동물 중간 유통상을 겸하고 있으며, 자신의 활동지역 내에 지역밀렵꾼들과 연계되어 있다.

(2) 지역밀렵꾼

주로 올무와 독극물을 이용하여 자신의 주거지역 내에서 밀렵을 하는 사람이다. 산촌 및 읍면소재지에 거주하며 지방의 건강원과 연계되어 있고 향후 전문밀렵꾼으로 성장할 소지가 많다. 이들은 마을주민들에 대한 탐문조사를 통하여 신원파악이 비교적 용이하다.

(3) 불법 포획자

정식으로 수렵면허를 발급받고 수렵을 하지간 포획량 및 수렵지역 등 수렵법규를 어기는 불량 수렵인들을 말한다.

03 밀렵·밀거래의 방지

1. 밀렵자에 대한 대책

(1) 밀렵의 체계적 감시를 위한 데이터베이스와 밀렵 단속체계의 구축

① 밀렵을 과학적이고 체계적으로 감시하기 위해 기초자료를 확보하여 데이터베이스를 구축하는 것이 절실히 요구되고 있다. 이를 위해 밀렵 의심지역 및 조수분포실태, 밀렵도구 설치지역, 지역밀렵자 등의 내용을 포함한 "밀렵지도"를 작성하는 것이 필요하다.

② 밀렵 근절을 위한 "상설밀렵감시단"을 중앙·지방에 설치·운영하는 것이 필요하며, 환경부, (지방)환경관리청, 시·도(시·군·구 포함), 검찰 경찰, (사)야생생물관리협회, (사)한국야생동물보호협회 등과 합동단속을 실시하는 것이 매우 효율적일 것이다.

③ 야생생물 보호 및 관리에 관한 법률이 정하는 벌칙을 엄격하게 적용하여 징역형을 원칙으로 처벌을 강화하고 벌금형인 경우 밀렵에서 얻을 수 있는 수익금보다 벌금 납부액이 훨씬 많아 손해를 보도록 검·경찰과 협의하여 엄격한 법 집행이 추진될 수 있도록 해야 한다.

④ 야생동물 보호 관련 단체 등에 대한 밀렵신고체계를 강화하고, 신고포상금제도가 더욱 활성화되는 것이 바람직하다.

⑤ 청소년, 어린이 봉사대를 조직하고 교육·홍보를 실시하여 이들이 부모를 설득하고, 밀렵포기 및 보호활동 등에 참여할 수 있도록 유도해야 한다.

(2) 불법엽구의 제작·판매자 색출 엄단 및 설치된 엽구의 지속적 제거

불법엽구 제작자를 색출·처벌하기 위해 벌칙을 1년 이하의 징역 또는 1천만 원 이하로 대폭 상향 조정하였다. 또한, 불법 포획 조수 신고자만 포상금을 지급하던 것을 불법엽구 제작자를 신고한 자도 포상금을 지급할 수 있도록 지급범위를 확대함으로써 밀렵을 뿌리째 뽑아야 한다.

2. 중간수요자에 대한 대책

(1) 불법 포획 조수 중간수요자에 대한 강력한 단속

중간공급자(불법 포획자)의 색출을 위하여 건강원이나 요식업소를 대상으로 불법 포획된 야생동물의 가공·판매행위에 대한 강력하고 지속적인 단속이 이루어져야 한다. 아울러 건강원협회, 대한요식협회와 협의하여 불법 포획 조수는 취급하지 않는다는 결의대회 개최 및 스티커 부착 등을 통해서 밀렵을 근절하고자 하는 의지를 확고히 하는 조치들이 필요하다.

(2) 박제업소에 대한 강력한 단속

① 등록박제업자가 비치한 박제품 제조 및 판매대장에 의거 조수 구입처를 역추적 조사하여 불법 포획자를 색출한다(박제판매업자 → 박제제조자 → 조수구입처). 또한 조수구입처, 포획 확인표지 부착 여부 및 장부 비치 사항 등을 강화하는 것이 필요할 것으로 보인다.
② 미등록 박제업자를 색출하고 불법 포획한 야생동물을 이용한 박제제조 조사도 실시하여야 할 것이다.
③ 공공기관, 지방자치단체, 대학연구소 등의 박물관 전시용 박제품 확보 시 계약서 등에 박제품 제조업체 및 박제용 조수구입처를 표기하도록 권장하며, 박제품 제조대장에 주민등록번호까지 등재하도록 개정하고, 전시용 박제품 확보 시 납품자에게 충분한 납품기한을 주어 밀렵을 방지해야 할 것이다.

(3) 야생동물 박제품 유통의 투명화

박물관, 전시관, 개인 등이 보관 중인 박제품의 일제신고 및 정리를 통해 유통의 투명화 및 법적 근거를 마련하는 것이 필요할 것으로 판단된다.

> **더 알아보기** 통상적인 박제 허가(포획한 조·수류를 박제하고자 할 경우)
>
> - 개인은 스스로 박제할 수 없다.
> - 야생생물 보호 및 관리에 관한 법률 제40조(박제업자의 등록 등) 및 같은 법 시행규칙 제47조에 의거 등록된 업자에게 의뢰하여 박제를 추진하되, 박제품(박제용 야생동물을 포함한다)의 출처·종류·수량 및 거래상대방 등이 명확하지 않으면 야생동물의 불법 포획으로 관련법에 의거 처벌대상이 되며, 박제업자가 이 규정을 위반하였을 경우에는 6개월의 범위 안에서 영업을 정지하거나 등록을 취소할 수 있다.

(4) 야생동물 거래시장에 대한 강력한 단속 및 부상 야생동물의 유통 투명화

서울 경동시장, 성남 모란민속장, 대구 한양재도매시장 등에서 불법 포획된 야생동물의 밀거래가 차단될 때까지 수시로 단속을 실시하고 부상동물(신고·치료·방사·폐사·처분) 등을 체계적이고 투명하게 관리하여 불법 박제의 제조를 방지해야 할 것이다.

3. 최종 수요자(소비자)에 대한 대책

(1) 밀렵을 사주하는 일부 소비자에 대한 추적조사 및 벌칙 강화
(2) 불법 포획 야생동물을 이용하여 만든 가공품 이용자의 색출·처벌 강화

4. 기타 밀렵·밀거래 방지를 위한 활동

(1) 밀렵취약 지역도 작성

수렵에 참가하는 엽사들에게 수렵장 안내지도와 반신엽서를 사용하여 올무나 독극물 등에 의한 모든 밀렵현장의 장소, 규모 및 내용을 표시하여 반송하도록 한다. 이를 분석하여 밀렵취약 지역도를 작성하고 이를 바탕으로 집중적으로 지도 및 단속을 실시한다.

(2) 24시간 밀렵신고체계 수립

기존의 128번(환경신문고)이나 밀렵감시단에 밀렵밀거래에 현장을 고발하거나 인근 경찰서나 관공서로 신고하는 지역별 밀렵신고체계 네트워크 구성이 필요하다.

(3) 밀렵방지 전문조직 운영

지역밀렵꾼과 밀렵 유통조직에 대한 많은 정보와 밀렵의 생리를 잘 알고 있는 전문밀렵꾼들 중 전향자로 구성된 '밀렵방지 전문조직'을 구성하여 체계적으로 밀렵을 단속하고 밀렵꾼들의 밀렵 의지를 사전에 압박하여 밀렵을 포기하도록 유도한다.

(4) 밀렵 근절을 위한 지역 주민 주체의 야생동물관리행정 체계의 개발

지역 주민들의 밀렵감시, 수렵동물 밀도조사 및 포획계획서 작성, 수렵포획동물 반출확인 등 수렵행정업무대행에 대한 계약이행여부를 평가하여 그에 상응하는 대가로서 지역 주민에게 수렵동물 포획링(Ring)과 수렵인지(Seal) 등을 판매할 수 있는 허가권을 부여한다. 또는 그 지역에 입렵한 엽사수나 동물밀도 증가효과 등에 따라 차등적으로 대행료를 지급하는 등 야생동물의 보호·관리에 대한 실질적인 경제적 동기를 부여한다.

▶ 야생동물의 밀도조사법 : 전수조사법, 횡단조사법, 흔적조사법

(5) 교육 · 홍보 · 계몽

교육부의 협조로 초등학교에서 환경교육의 일환으로 야생동물의 가치 및 밀렵행위의 범법성을 교육함으로써 밀렵꾼 부모들의 자성을 유도하고, 자라나는 세대들이나 가정주부 등을 대상으로 시청각 교육이나 밀렵·밀거래 현장 탐방을 실시하여 야생동물의 밀렵·밀거래에 대한 예방 및 신고의식 제고의 노력이 필요하다.

CHAPTER 02 수렵동물

01 수렵동물의 식별

① 야외에서 수렵조수를 식별할 때는 몸의 크기, 색채(色彩), 형태(形態), 행동, 울음소리, 발자국 등으로 수렵조수류의 종류를 확인한다. 야외용 도감을 구하여 평소에 익히는 것도 한 방법이다.
② 색채 식별의 경우 어두운 산림 내에서 관찰하거나, 먼 거리에서 관찰하는 경우, 역광에서의 관찰 등은 도감과 현저히 다르게 보일 때가 있으므로 야외에서 조수를 관찰할 때는 종류별로 여러 가지 형태와 동작을 기억하여 식별하는 것이 바람직하다.
③ 특히 알아두어야 할 사항은 흰색을 띤 종류는 수렵조류가 없고, 참새 이외의 작은 새는 수렵조류가 없다는 점이다. 또한 맹금류(독수리, 매, 올빼미, 부엉이)와 유사한 조류, 딱따구리류와 유사한 조류, 두루미와 유사한 조류, 갈매기류와 유사한 조류는 수렵조류가 없고 기러기류 또는 이와 동등 이상의 큰 물새(수금류)는 수렵조류가 없다.
④ 만약 수렵조류의 식별능력이 부족하면 법을 위반할 가능성이 많기 때문에 즐거움보다 두려움이 앞서므로 야외식별에 관한 전반적인 사항을 꼭 익혀 두어야 한다.

02 수렵 포유류

"수렵동물"이라 함은 수렵장 안에서 수렵할 수 있는 야생동물로서 환경부 장관이 지정·고시한 종을 말한다.

★ 25, 24, 11, 10, 09, 07, 03, 02 기출

	포유류(3종)	조류(13종)
수렵대상 동물	멧돼지, 고라니, 청설모	꿩(수꿩), 멧비둘기, 까마귀, 갈까마귀, 떼까마귀, 쇠오리, 청둥오리, 홍머리오리, 고방오리, 흰뺨검둥오리, 까치, 어치, 참새

※ 청설모·까치·어치는 2000년도 지정, 멧토끼는 2005년 수렵동물에서 제외

1. 멧돼지

국 명	멧돼지
학 명	*Sus scrofa corranus*
분 류	척삭동물문(Chordata) 포유강(Mammalia) 우제목(Artiodactyla) 멧돼지과(Suidae)
비 고	먹는 자 처벌대상 야생동물 유해야생동물 수렵동물

① **형태특성** : 머리와 몸길이는 1,135~1,800mm, 꼬리 길이 100~230mm, 뒷다리 200~270mm, 귀의 길이 80~125mm, 두개골 전체 길이는 265~452mm이며, 무게는 50~280kg이다. 몸은 굵고 길며, 사지는 비교적 짧아서 몸통과의 경계는 확실하지 않다. 주둥이는 현저하게 길며 원통형이다. 눈은 비교적 작고 귓바퀴는 삼각형이다. 머리 위르부터 어깨와 등쪽에 걸쳐서 긴 털이 많이 나 있다. 털은 처음에는 흑색이나 늙을수록 털의 색채에 있어서 희끗희끗 백색을 띤 흑색 또는 다색의 모양으로 변하는 것처럼 보인다. 어린 개체에 있어서는 담홍색의 세로무늬가 있다.

② **서식환경** : 깊은 산, 특히 활엽수가 우거진 곳에서 서식한다. 강설이 심할 때에는 야산으로 내려오며 심지어 동네까지 들어올 때도 있다.

③ **생태특성** : 날카로운 송곳니를 가지고 있어서 부상을 당하면 상대를 가리지 않고 용감하게 반격하는 것은 대소를 가리지 않고 다 마찬가지이다. 송곳니의 날카로움은 마치 칼과 같아서 상당히 질긴 나무뿌리를 자르는 데도 쓰이고 싸움할 때는 큰 무기도 된다. 우리나라의 멧돼지도 늙은 수컷은 윗 송곳니가 12cm나 주둥이 밖으로 쑥 나와 있는 것을 볼 수 있다. 본래 초식동물이지만 토끼, 들쥐 같은 작은 짐승으로부터 시내의 물고기, 곤충에 이르기까지 아무거나 먹는 잡식성이다. 교미 시기는 12~1월 사이이며 수컷 여러 마리가 암컷 한 마리의 귀를 쫓으면서 쟁탈전이 벌어진다. 임신기간은 4개월 정도로 5월에 7~8마리에서 12~13마리의 새끼를 낳는다. 24. 08. 03 기출

④ **분포 · 생육지** : 안주, 덕천, 철원, 여주, 하동, 부산, 칠곡, 팔공산, 가야산, 경주, 영일군 산 지대이다.

2. 고라니 11, 03 기출

국 명	고라니
학 명	*Hydropotes inermis argyropus*
분 류	척삭동물문(Chordata) 포유강(Mammalia) 우제목(Artiodactyla) 사슴과(Cervidae)
비 고	한국 고유종 먹는 자 처벌대상 야생동물 유해야생동물 수렵동물

① **형태특성** : 송곳니가 송곳 모양으로 특별히 길게 자라서 끝이 구부러져 있으며 입 밖으로 나와 있는 것이 특징으로 이것으로 나무뿌리를 캐 먹는다. 사향노루의 송곳니보다 좀 굵고 짧으며 암컷의 송곳니는 수컷보다 좀 더 작다. 암수 모두 뿔이 없는 것도 특징이다. 털은 거칠고 굵으며 목과 허리의 털은 길고 등쪽의 색채는 담갈적색이다. 털의 기부는 회백색, 다음은 흑갈색, 적갈색의 순이다. 몸 아랫면은 대백색이며 목은 등쪽보다 담색이고 어깨, 다리, 꼬리는 밤갈색이다. 어린 새끼들은 몸에 세로 열을 지어 흰 점이 있으며 몸 후반부에 더욱 많다. 등쪽의 털은 어미보다도 부드럽고 밤색이다. 유두가 4개 있으므로 고대형 노루임을 입증하여 준다.
② **서식환경** : 갈대밭이나 관목이 우거진 곳에서 서식한다. 높은 산에 연맥된 산기슭에 서식하므로 야지에 가깝고 나무가 적당히 무성한 남향의 사면에서 또는 평지 버들밭에서, 억새가 무성한 황무지에서, 산기슭 가까운 논에서도 흔히 볼 수 있는 종류이다.
③ **생태특성** : 보통 노루와 달라서 크게 놀라지 않으며, 토끼같이 처음 태어났던 곳을 멀리 떠나지 않고 되돌아오는 습성이 있다.
④ **분포 · 생육지**
   ㉠ 목포, 평강, 안주, 하동, 단양
   ㉡ 산맥 : 금강산 일대 · 오대산 · 설악산 · 태백산 · 경주 · 포항

구 분	노 루	고라니 08 기출
서식지	산림지대 또는 숲의 가장자리	야산 및 구릉지 07 기출
특 징	• 노루 수컷은 뿔이 있음 23 기출 • 노루는 암수 모두 송곳니가 없음 • 여름철은 털이 노란빛이나 붉은빛을 띤 갈색이고 겨울철은 올리브 빛 또는 점토색 • 눈 주위에 하얀 테두리가 있고, 엉덩이에 흰색반점이 있음 • 몸이 크고, 털이 부드러움	• 고라니는 암수 모두 뿔이 없음 • 고라니는 암수 모두 송곳니가 있음 02 기출 • 털이 등쪽은 노란빛을 띤 갈색, 배쪽은 연한 노란색 • 엉덩이에 흰색 반점이 없음 • 몸이 작고, 털이 거침
번식기	9~11월(임신기간 294일)	11~1월(임신기간 170~210일)
새끼수	4~5월에 1~3마리를 낳음	5~7월에 1~3마리를 낳음 25, 24 기출
분 포	한국, 중국, 남동 시베리아, 유럽	한국, 중국 동중부

3. 청설모

국 명	청설모
학 명	*Sciurus vulgari scoreae*
분 류	척삭동물문(Chordata) 포유강(Mammalia) 쥐목(Rodentia) 청솔모과(Sciuridae)
비 고	포획금지 야생동물 유해야생동물 수렵동물

① **형태특성** : 몸의 크기는 다람쥐보다 훨씬 크며, 털은 전체적으로 어두운 회색이며 배쪽은 흰색이다. 털의 길이와 색깔은 계절에 따라 다르며 겨울철에는 귀에 털뭉치가 난다. 어린 새끼들은 눈을 감고 있으며 털은 하나도 없는 벌거숭이이다. 체중은 7~8g, 몸길이는 5~6cm, 꼬리는 2.4cm이다. 1주일 후에는 체중이 2배나 되며, 6개월 후에는 크기와 체중이 어미와 비슷해진다.

② **생태특성** : 잣나무, 가래나무, 가문비나두, 상수리나무의 종자를 위시하여 밤, 낙화생과 같은 여러 가지 종류의 과실, 나뭇잎, 나무껍질을 잘 먹으며 야생 조류의 알, 어미 새도 잡아먹는다. 늦은 가을에는 월동하기 위하여 도토리, 밤, 잣과 같은 굳은 열매를 바위 구멍이나 땅속에 저장하여 두는 습성이 있다. 큰 나무줄기 또는 나뭇가지와 가지 사이에 마른 나뭇가지로 보금자리를 만드는데 까치의 보금자리와 흡사하나 크기는 더 작다. 교미 시기는 2월 상순에 시작되며 수컷은 3~4일간 열정적으로 암컷을 따라다닌 후에 1주일에 5~8회 교미한다. 교미에 소요되는 시간은 15초 내외이고 나무 위에서도 땅 위에서도 이루어진다. 임신기간은 35일이며 1회에 낳는 새끼의 수는 약 5마리이다. 분만횟수는 1년에 2회이다. 07, 02 기출

③ **분포·생육지** : 북부·중부 지방, 강릉, 속리산, 원주 백운산, 가평, 도봉산, 설악산 등지이다.

④ **특이사항** : 한국 북부 및 중부, 광릉, 속리산, 원주 백운산, 가평, 도봉산, 설악산 등지에서 채집되었으며, 최근 천적이었던 중·대형 포유류가 없어져 그 숫자가 늘어나고 있는 종이다.

03 수렵 조류

1. 고방오리

국 명	고방오리
학 명	*Anas acuta*
분 류	척삭동물문(Chordata) 조강(Aves) 기러기목(Anseriformes) 오리과(Anatidae)
비 고	먹는 자 처벌대상 야생동물 포획금지 야생동물 수렵동물 수·출입 허가대상 야생동물 국제적 멸종위기종Ⅲ(CITES)

① **형태특성** : 중형종이다. 수컷의 겨울깃은 머리 부분이 갈색이나 어두운 갈색을 띠며, 목 옆의 흰색 선이 뒷머리 쪽으로 연결되고, 앞목은 흰색이다. 등과 어깨깃은 검은 갈색이며, 잿빛 흰색을 띠는 파도모양의 가로띠가 여러 개 있다. 허리는 검은색이며, 각 깃털에는 흰색의 가로줄이 있다. 가슴과 배는 흰색이며, 옆구리는 잿빛 흰색이며 검은 갈색을 띤 가는 세로줄이 많이 있다. 부리와 다리는 푸르스름한 회색이며, 부리의 가장자리는 검은색이다. 이 종은 꼬리와 목이 긴 것이 특징이다. 암컷의 겨울깃은 붉은 갈색이며 각 깃털에 검은색의 축반이 있다. 몸 윗면은 검은 갈색이며, 각 깃털의 가장자리는 붉게 녹슨 색을 띤 흰색으로 곡선의 무늬를 이룬다. 몸 아랫면은 갈색이 도는 흰색이며 붉게 녹슨 색을 띤 갈색 얼룩무늬가 있다. 알은 황록색을 띤 흰색이다.

② **서식환경** : 아한대와 한대 지역에 걸쳐서 번식한다. 월동지에서는 하천, 호소, 소택지, 간석지 등에서 생활한다.

③ **생태특성** : 우리나라에서 흔히 월동하는 겨울철새이다. 긴 꼬리를 물 위에 세워 물구나무 서는 자세로 채식하는 경우도 있다. 둥지는 호소의 중앙이나 물가의 풀숲 속 땅 위에 마른풀을 이용하여 접시 모양으로 만든다. 산란기는 5~7월이다. 알은 9개 정도 낳아 21일 동안 포란한다. 먹이는 수초, 풀씨, 잎, 줄기 등이며, 산란기 전후에는 무척추동물을 먹는다.

④ **분포·생육지**
　㉠ 번식 : 유라시아, 북아메리카 대륙
　㉡ 월동 : 한국 전역(서울 한강 주변, 경상남도 낙동강 등)

2. 쇠오리

국 명	쇠오리
학 명	Anas crecca
분 류	척삭동물문(Chordata) 조강(Aves) 기러기목(Anseriformes) 오리과(Anatidae)
비 고	먹는 자 처벌대상 야생동물 포획금지 야생동물 수렵동물 수 · 출입 허가대상 야생동물 국제적 멸종위기종Ⅲ(CITES)

① **형태특성** : 소형종이다. 수컷의 겨울깃은 이마, 머리 꼭대기, 뒷머리가 밤색이며, 눈 주위에서 뒷목까지 광택 있는 어두운 녹색의 폭 넓은 선이 지나간다. 녹색 선 양옆으로 흰색의 가는 선이 있으며 뺨, 목 옆, 앞목은 밤색이다. 등과 허리는 어두운 갈색이며, 각 깃털의 가장자리는 붉게 녹슨 색을 띤 갈색이다. 가슴은 우중충한 흰색 바탕에 검은색의 작은 얼룩무늬가 있다. 배는 흰색 바탕에 잿빛의 불명확한 가로무늬가 있고, 옆구리는 흰색 바탕에 검은색 파도 모양의 가는 띠가 여러 개 있다. 부리는 검은색이며, 다리는 잿빛 갈색이다. 암컷의 몸 윗면은 진한 갈색이며, 각 깃털의 가장자리는 붉게 녹슨 색을 띤 갈색이다. 등 중앙에는 말발굽 모양의 얼룩무늬가 있다. 암컷의 가슴은 붉게 녹슨 색을 띤 엷은 갈색 바탕에 검은색의 작은 얼룩무늬가 있다. 배는 흰색, 옆구리는 크림색으로 진한 갈색의 말발굽 모양과 같은 얼룩점이 있다. `09, 08, 03 기출`

② **서식환경** : 하천, 호수, 못, 하구, 바다 등지에 서식한다.

③ **생태특성** : 우리나라에서 흔히 월동하는 겨울철새이다. 낮 동안은 해상, 간척지 등 안전한 곳에서 무리를 이루어 휴식하고, 밤에는 논, 밭, 초습지에서 먹이를 찾는다. 둥우리는 물가 숲속의 땅 위에 마른풀을 엮어서 만든다. 알은 녹색을 띤 황갈색이며, 8~10개 정도 낳는다. 먹이는 작은 식물의 열매, 수초의 잎과 줄기, 작은 연체동물 등이다. `23 기출`

④ **분포 · 생육지**
  ㉠ 번식 : 북반구 북구
  ㉡ 월동 : 한국 전역(경상남도 을숙도, 서울 한강 탄천 등)

3. 청둥오리 11, 09 기출

국 명	청둥오리
학 명	*Anas platyrhynchos*
분 류	척삭동물문(Chordata) 조강(Aves) 기러기목(Anseriformes) 오리과(Anatidae)
비 고	먹는 자 처벌대상 야생동물 포획금지 야생동물 수렵동물 수·출입 허가대상 야생동물 인공증식을 위한 포획허가대상 야생동물

① 형태특성 : 소형종이다. 수컷의 겨울깃과 머리와 목이 검은색이며, 짙은 녹색의 검은 광택이 있다(암컷은 검은 갈색이며, 각 깃털의 가장자리는 흐린 갈색이다). 등과 가슴의 경계에는 흰색의 목띠가 있다. 등과 어깨깃은 잿빛 갈색으로 잿빛 흰색 파도 모양의 가로띠가 많이 있다. 허리와 위 꼬리덮깃은 검은색이다. 가슴은 밤색이며, 배와 옆구리는 엷은 잿빛으로 흰색 파도 모양의 가로띠가 많이 있다. 부리는 황록색이며 끝이 검다. 다리는 황적색이다. 암컷의 등과 어깨깃은 붉게 녹슨 색을 띤 갈색이며, 갓 깃털의 중앙에는 검은 갈색의 말발굽 모양 얼룩무늬가 있다. 허리와 위 꼬리덮깃은 검은 갈색이며, 가슴, 배, 옆구리는 붉게 녹슨 색을 띤 흐린 갈색으로 각 깃털에 갈색의 검은 축반이 있다. 부리는 잿빛 녹색으로 끝이 검고 알은 엷은 청록색이다.
② 서식환경 : 해만, 호소, 소택지, 연못, 개울 등 물이 있는 곳에서 생활한다. 바다, 강가, 호숫가, 농경지 등 어디서나 볼 수 있다. 온대로부터 아한대 지방에 걸쳐 번식한다.
③ 생태특성 : 우리나라에서 흔히 월동하는 겨울철새이며, 일부는 텃새로 정착되어 가고 있다. 둥지는 물가 풀숲의 땅 위에 마른 풀잎 등을 이용하여 만든다. 산란기는 4월 하순~7월 상순이다. 알은 6~12개를 낳는다. 먹이는 풀씨, 나무 열매, 곤충류, 무척추동물이다. 오리류 중에서 가장 잘 우는 새로 집오리의 원종이다. 먹이를 찾아 잠수하지 않는 부유성 오리이다.
④ 분포 · 생육지
　㉠ 번식 : 북반구
　㉡ 월동 : 한국 전역

4. 홍머리오리(붉은머리오리)

국 명	홍머리오리(붉은머리오리)
학 명	*Anas penelope*
분 류	척삭동물문(Chordata) 조강(Aves) 기러기목(Anseriformes) 오리과(Anatidae)
비 고	포획금지 야생동물 수렵동물 수 · 출입 허가대상 야생동물 국제적 멸종위기종Ⅲ(CITES)

① **형태특성** : 중형종이다. 수컷의 겨울깃은 이마와 머리 꼭대기가 붉게 녹슨 색을 띤 크림색이며, 그 이외의 머리 부분은 붉은 밤색이다. 뒷머리와 머리 옆의 각 깃털 끝에는 검은색의 작은 얼룩무늬가 있다. 몸의 윗면은 흰색이며 검은 갈색의 가로띠가 많다. 가슴은 잿빛을 띤 붉은 포도주색이며, 배와 옆구리는 흰색으로 옆구리에는 미세한 검은색 가로띠가 많이 있다. 부리는 푸르스름한 회색이며 끝이 검다. 다리는 녹슨 색을 띤 회색이다. 암컷의 머리와 목은 잿빛 갈색으로 검은색의 얼룩무늬가 있다. 몸 윗면은 갈색 바탕에 진한 갈색의 얼룩무늬가 있다. 몸 아랫면은 흰색이다. 부리는 수컷보다 더 검다. 알은 흰색 또는 흐린 황색이다. **03 기출**

② **서식환경** : 초습지의 숲속에서 번식한다. 아한대로부터 한대에 걸쳐 번식한다. 월동지에는 얕은 해안이나 하구의 삼각주에서 큰 무리를 이루어 생활한다.

③ **생태특성** : 우리나라에서 흔히 월동하는 겨울철새이다. 다른 오리류보다 해상으로 나가는 경향이 있다. 턱의 힘이 강하고 부리가 다른 종보다 짧기 때문에 풀을 뜯는 데 적합하다. 둥지는 마른풀과 관목의 가지를 이용하여 만든다. 산란기는 5~6월이다. 알은 7~11개를 낳아 암컷이 22~25일 동안 포란한다. 먹이는 수초류, 수초 등과 같은 식물숲이다.

④ **분포 · 생육지**
　㉠ 번식 : 유라시아 대륙
　㉡ 월동 : 한국(제주도 성산포, 경상남도 낙동강 하구 등지)

5. 흰뺨검둥오리 11 기출

국 명	흰뺨검둥오리
학 명	*Anas poecilorhyncha*
분 류	척삭동물문(Chordata) 조강(Aves) 기러기목(Anseriformes) 오리과(Anatidae)
비 고	먹는 자 처벌대상 야생동물 포획금지 야생동물 수렵동물 수·출입 허가대상 야생동물 인공증식을 위한 포획허가대상 야생동물

① **형태특성** : 암컷과 수컷의 이마, 머리 꼭대기, 뒷머리, 뒷목은 어두운 갈색이며, 각 깃털의 가장자리는 엷은 갈색이다. 양쪽 눈 위에는 흰색의 폭넓은 눈썹 선이 있고, 눈 앞에서 눈 뒤까지는 어두운 갈색의 눈선이 지나간다. 눈선 아래쪽, 턱 밑, 목은 흰색이다. 윗부리 기부 아래쪽에는 어두운 갈색 바탕에 흰색의 작은 얼룩무늬가 흩어져 있는 폭넓은 선이 귀깃을 지나 눈선 뒤쪽까지 지나간다. 등, 허리, 위 꼬리덮깃은 검은 갈색이다. 가슴, 배, 옆구리는 어두운 갈색이며, 각 깃털의 가장자리는 붉게 녹슨 색을 띤 회색이다. 부리는 검은색이며, 끝 가까이에 황색의 가로띠가 있고, 끝은 검은색이다. 다리는 붉은 오렌지색이다. 알은 흰색이다.
② **서식환경** : 호소, 못, 논, 하천, 들판 등에서 생활한다. 온대에서 열대지역에 걸쳐서 번식한다.
③ **생태특성** : 우리나라에서 흔히 번식하는 텃새이다. 주로 숨어서 생활한다. 둥지는 서식지 주위의 풀숲에 마른 풀잎과 풀줄기를 이용하여 만들고, 안전한 곳에서는 집단 번식을 하기도 한다. 산란기는 4~7월이다. 알은 10~12개를 낳는다. 어미 새가 새끼를 한 마리씩 입에 물거나 몸에 매달리게 하여 물가로 운반하는 모습을 관찰할 수 있다. 먹이는 풀씨, 나무 열매, 곤충류 등이다. 먹이를 찾아 잠수하지 않는 부유성 오리이다. 23기출
④ **분포·생육지** : 아시아, 한국 전역(경기도 여주군, 강화군 삼산면 매음리 대송도 등지 등)

6. 꿩(수컷)

국 명	꿩
학 명	*Phasianus colchicus*
분 류	척삭동물문(Chordata) 조강(Aves) 닭목(Galliformes) 꿩과(Phasianidae)
비 고	포획금지 야생동물 유해야생동물 수렵동물

① **형태특성** : 수컷의 머리 꼭대기와 뒷머리는 구릿빛 녹색이며, 뒷머리에는 뿔과 같은 식우가 있다(암컷은 검은색으로 각 깃털의 가장자리는 갈색이다). 목은 검은색이며, 아랫목에는 흰색의 목띠가 있다(암컷의 앞목과 목 옆은 녹슨 색을 띤 엷은 갈색으로 검은색 얼룩무늬가 있다). 윗등은 오렌지색을 띤 황색으로 검은색의 얼룩무늬가 있다. 등과 어깨깃은 크림색이며, 우측 부근에는 검은 갈색 얼룩무늬가 있다. 위 꼬리덮깃은 깃 가장자리가 가늘게 갈라지고 붉은 밤색이나 녹색을 띤다(암컷의 몸 윗면은 검은색으로 밤색의 큰 얼룩무늬가 있다). 눈 주위에는 붉은색의 피부가 넓게 나출되어 있다(암컷은 없다). 가슴은 붉은 구릿빛으로 보라색의 금속광택이나 작은 얼룩무늬가 있고, 배 중앙은 검은 갈색이다. 옆구리는 오렌지색을 띤 황색으로, 검은색의 얼룩무늬가 있다(암컷의 몸 아랫면은 황갈색으로 갈색의 얼룩무늬가 있다). 부리는 엷은 황갈색이다.

② **서식환경** : 도시 공원, 구릉, 산간 초지 등에서 산다. 온대 지역에서 번식한다.

③ **생태특성** : 우리나라 전역에서 번식하는 텃새이다. 번식기에는 수컷이 붉은 피부를 부풀려서 구애한다. 둥지는 숲속의 지면을 오목하게 파서 만든다. 산란기는 4~6월이다. 알은 갈색을 띤 녹회색으로 6~10개를 낳는다. 먹이는 곡식의 낟알이나 개미 메뚜기 등이다. 수컷은 높은 소리를 내며, 암컷은 낮은 소리를 낸다. 03, 02 기출

④ **분포·생육지** : 유라시아 대륙, 한국 전역

※ 암컷은 수렵동물이 아니다.

7. 멧비둘기

국 명	멧비둘기
학 명	*Streptopelia orientalis*
분 류	척삭동물문(Chordata) 조강(Aves) 비둘기목(Columbiformes) 비둘기과(Columbidae)
비 고	포획금지 야생동물 유해야생동물 수렵동물 수·출입 허가대상 야생동물

① **형태특성** : 머리 위와 뺨은 회색이고, 뒷머리에서 윗등까지는 포도빛 회갈색이다. 윗목 양쪽에는 가장자리가 어두운 회색을 띤 검은색의 깃이 있어서 1개의 커다란 무늬를 이루고 있으며, 아래 등과 허리와 위 꼬리덮깃은 푸른 석판빛 회색이다. 꼬리는 검은빛 회색이며, 배쪽은 연한 포도빛 붉은색이고, 목과 윗가슴은 어두운 회색이다. 어린 새는 머리 위와 목이 갈색이고, 옆목에는 어미 새에서 볼 수 있는 검은색과 어두운 회색의 가로띠 모양의 무늬가 없으며, 몸의 아랫면은 어미 새보다 연한 색인데 갈색이 많다. 날개의 길이는 190~200mm, 부리 등의 길이는 15~19mm이며, 꼬리의 길이는 119~146mm, 발목의 길이는 25~28mm이고, 몸의 무게는 175~323g이다.
② **서식환경** : 침엽, 활엽수림이나 주로 낮은 야산과 구릉 숲에 많이 살며, 겨울철에는 작은 떼를 지어 생활한다.
③ **생태특성** : 산란기는 3~6월 사이나 때로는 7~10월 사이에 산란하는 것도 있다.
④ **분포·생육지** : 서울, 경기도, 평안남도, 강원도, 전라남도, 평안북도, 경상도 등

8. 갈까마귀

국 명	갈까마귀
학 명	*Corvus monedula*
분 류	척삭동물문(Chordata) 조강(Aves) 참새목(Passeriformes) 까마귀과(Corvidae)
비 고	포획금지 야생동물 유해야생동물 수렵동물

① **형태특성** : 수컷의 담색형 겨울깃의 머리 꼭대기와 뒷머리는 자색의 광택이 있는 검은색이다. 부리 주위의 깃털은 엷은 색의 축반이 있다. 눈 뒤쪽과 귀깃 위쪽의 깃털은 끝이 잿빛 흰색이다. 턱 밑과 멱은 푸른색의 광택이 있는 검은색이다. 폭이 넓은 목띠와 여기에 이어지는 아랫면은 모두 잿빛이다. 아랫

날개덮깃, 겨드랑이깃, 아래 꼬리덮깃은 석판 검은색이다. 꼬리는 모난 꼬리로 철정색의 광택이 있는 검은색이고 등쪽은 광택이 있는 검은색이다. 여름깃은 봄철의 털갈이를 하지 않기 때문에 광택이 적어지고 검은색은 갈색을 띤다. 암컷의 깃털 색은 수컷과 다름이 없으나 다소 작다. 암컷과 수컷의 암색형은 담색형과 흡사하나 검은색 부분은 자색의 광택을 띠지 않고 푸른색의 광택이 있다. 부리는 모두 검은색이고 높고 짧으며 부리 털은 많아서 윗부리의 1/2을 덮는다. 홍채는 잿빛 갈색이며 다리는 모두 검은색이다.

② 서식환경 : 평지 및 산지 숲에서 서식한다. 산림, 수목, 건축물, 벼랑 등에서 집단으로 집을 짓는다.
③ 생태특성 : 언제나 많은 수가 무리 지어 생활을 한다. 산란기는 5~9월까지이고 연 1회 번식하며 한 배의 산란수는 4~6개이다. 식성은 동·식물성을 모두 먹는다.
④ 분포 · 생육지
  ㉠ 번식 : 시베리아 남부, 아무르 계곡, 우수리 지역, 만주, 몽고, 중국 서북부와 티벳 동부 등지
  ㉡ 월동 : 만주, 한국(북부 고준 지대, 장진호 부근, 풍산 등지), 중국 동부지방

9. 까마귀

국 명	까마귀
학 명	*Corvus corone orientalis*
분 류	척삭동물문(Chordata) 조강(Aves) 참새목(Passeriformes) 까마귀과(Corvidae)
비 고	포획금지 야생동물 유해야생동물 수렵동물

① 형태특성 : 수컷의 겨울깃은 온몸이 자색의 광택이 있는 검은색이다. 이마의 깃털은 비늘 모양이고, 목과 가슴의 깃털은 버드나무 잎 모양이다. 가장 바깥쪽 꼬리깃은 중앙의 꼬리깃보다 약 2cm 짧기 때문에 둥근꼬리를 이룬다. 여름깃은 봄철에 털갈이를 하지 않기 때문에 광택을 잃고 갈색을 띤다. 암컷은 수컷과 같으나 다소 작다. 부리는 강대하나 큰부리까마귀보다 낮다. 색은 검은색이며 부리 털은 부리 중앙에 이른다. 홍채는 검은 갈색이고, 다리는 검은색이다.
② 서식환경 : 평지에서 심산에 이르는 도처의 숲에서 번식한다. 산지 숲, 농경지, 농촌 인가 부근, 하천부지, 공원에서 서식한다. 온대, 아한대지역에 널리 번식한다.
③ 생태특성 : 한국의 전역에 걸쳐 번식하는 흔한 텃새이다. 번식기에는 1~2쌍의 작은 무리를 볼 수 있으나 번식 후 월동기에는 무리를 짓기 시작한다. 농촌의 인가 부근, 도시, 산지, 해변 등 침엽수의 한층 높은 나무 위에 집을 지으며 땅 위에서 3~40m의 나뭇가지 위에 위치한다. 산란기는 3월 하순~6월 하순이고 연 1회 번식하며, 한 배의 산란수는 4~5개이다. 식성은 잡식성으로 조류의 알과 새끼, 포유류 설치목의 들쥐 등을 먹으며, 기타 농작물, 곡류, 과일류 등도 먹이로 한다. 그 밖의 동물성으로는 갑각류, 곤충류 등도 먹는다.
④ 분포 · 생육지 : 유라시아 대륙, 한국 전역

10. 떼까마귀

국 명	떼까마귀
학 명	*Corvus frugilegus*
분 류	척색동물문(Chordata) 조강(Aves) 참새목(Passeriformes) 까마귀과(Corvidae)
비 고	포획금지 야생동물 유해야생동물 수렵동물 수·출입 허가대상 야생동물

① **형태특성** : 수컷의 겨울깃은 온몸이 자색의 광택이 강한 검은색이다. 그리고 콧구멍과 부리 주위에는 깃털이 없고 잿빛 흰색의 피부가 나출되며 적은 양의 솜깃털이 나 있다. 가슴의 깃털은 특히 광택이 강하다. 꼬리는 얕은 둥근 꼬리이다. 여름깃은 봄철에 털갈이를 하지 않기 때문에 자색의 광택은 감소한다. 얼굴의 나출부의 솜털은 없어지고 나출된다. 암컷은 수컷과 같으나 단지 조금 작을 뿐이다. 부리는 까마귀보다 더욱 가늘고 검은색이며, 부리 등은 전체에 걸쳐 천천히 만곡되고, 부리 끝은 뾰족하다. 홍채는 갈색이고, 다리는 검은색이다.

② **서식환경** : 평지, 개활지, 농경지 부근의 숲, 농촌의 인가와 시가지의 수목에 서식한다.

③ **생태특성** : 한국의 전역에 걸쳐 봄과 가을에 무리를 지어 머무르며 한반도의 남단지역에서는 많은 큰 무리가 월동하는 겨울새이다. 군집성이 강하고 교목 위에 집단으로 번식도 한다. 산란기는 3월~5월 중순이고 연 1회 번식하며, 한 배의 산란수는 4~6개, 때로는 6~9개이다. 식성은 잡식성으로 동물성과 식물성을 혼식한다.

④ **분포·생육지**
  ㉠ 번식 : 시베리아 남부, 예니세이, 알타이, 몽고 북부, 아무르 지역, 만주, 중국 남부 등지
  ㉡ 월동 : 한국 남부, 일본 서남부, 중국 동부, 타이완 등지
  ㉢ 이동 : 한국 전역(제주도, 거제도, 남해 도서 등지)

11. 까치

국명	까치
학명	*Pica pica*
분류	척삭동물문(Chordata) 조강(Aves) 참새목(Passeriformes) 까마귀과(Corvidae)
비고	포획금지 야생동물 유해야생동물 수렵동물

① **형태특성** : 수컷 겨울깃의 머리, 목, 어깨, 위 꼬리덮깃, 턱 밑, 멱, 윗가슴, 아랫배, 아래 꼬리덮깃, 퇴부는 광택이 있는 검은색으로 멱의 깃털은 기부가 흰색이고 또한 엷은 색의 축반이 있으며 끝은 다소 털 모양이다. 배는 흰색이다. 꼬리는 심한 쐐기꼬리로 가장 긴 꼬리깃과 가장 짧은 꼬리깃과의 차이는 10~13cm이다. 여름깃은 봄철에 털갈이를 하지 않기 때문에 검은색 부분은 갈색을 띠고 금속광택이 있는 부분은 감톨색이 된다. 꼬리는 녹색기가 적어지고 푸른 검은색기가 짙어진다. 암컷은 수컷과 같다. 부리는 검은색이며 높고 다소 짧다. 홍채는 어두운 갈색이고, 다리는 검은색이다.
② **서식환경** : 평지 촌락 주변, 시가지 공원, 주택가에서 서식한다. 도시 정원과 농촌 등 주로 평지에서 생활하며 고산의 오지에는 드물다.
③ **생태특성** : 한국의 전역에서 번식하는 흔한 텃새이다. 농촌의 민가 또는 시가의 교목 위에 집을 짓는다. 산란기는 2~5월이며 연 1회 번식하고, 한 배의 산란수는 2~7개, 보통 5~6개이다. 식성은 잡식성으로 동물성과 식물성을 먹는다.
④ **분포·생육지** : 다무르 지역, 우수리 지역, 만주, 한국, 타이완, 중국, 하이난 섬, 인도의 북부, 미얀마 등지, 일본 큐슈 지방, 한국 전역(제주도, 기타 도서 지방, 전라남도 지방 제외)

12. 어치

국명	어치
학명	*Garrulus glandarius*
분류	척삭동물문(Chordata) 조강(Aves) 참새목(Passeriformes) 까마귀과(Corvidae)
비고	포획금지 야생동물 유해야생동물 수렵동물

① **형태특성** : 수컷은 겨울깃의 이마에서 머리 꼭대기를 지나 뒷목까지는 여우색이고 이마는 다소 엷은색이다. 머리는 잿빛 검은색으로 다소 타원형에 가까운 세로 얼룩무늬가 있다. 눈앞은 어두운 갈색이다. 아랫부리의 기부에서 뺨에 이르는 굵은 선은 검은색이다. 귀깃은 여우색이며 아랫면은 잿빛을 띤 포도빛 황갈색이다. 턱 밑과 멱은 흰색기가 많고 각 깃털 끝은 털 모양이다. 등과 허리는 잿빛 포도색이다. 아래 꼬리덮깃은 흰색이고, 위 꼬리덮깃도 흰색이다. 꼬리는 얕은 둥근 꼬리로 길고 짧은 꼬리깃의 차이는 불과 10mm 내외에 지나지 않는다. 첫째날개깃은 어두운 갈색으로 둘째깃 이하는 바깥 가장자리가 잿빛 흰색이다. 여름깃은 봄철에 털갈이를 하지 않기 때문에 마모에 의해서 퇴색한다. 특히 머리와 허리의 여우색은 황색을 띠고, 아랫면은 엷은 색으로 된다. 암컷은 수컷과 비슷하다. 부리는 뿔빛 검은색 또는 뿔빛 갈색이다. 홍채는 포도빛 흰색이고, 다리는 갈색이다.

② **서식환경** : 낙엽활엽수림, 혼효림, 침엽수림 등 평지에서 표고 1,200m 정도의 중턱에 이르기까지 도처에서 볼 수 있다. 평지 및 산지의 침엽수림에 영소한다.

③ **생태특성** : 한국의 전역에서 번식하는 흔한 텃새이다. 산란기는 4월 하순~6월 하순까지이고, 연 1회 번식하며, 한 배의 산란수는 4~8개, 보통 5~6개이다. 식성은 잡식성으로 동물성과 식물성을 혼식하나 식물성을 많이 먹는다.

④ **분포 · 생육지** : 우랄~트란스바이칼리아, 아무르 하류, 시베리아 남부, 러시안 알타이, 몽고 북부, 만주, 한국, 우수리 지역, 사할린~홋카이도, 쿠릴 열도 남부 등지

13. 참 새

국 명	참 새
학 명	*Passer montanus*
분 류	척삭동물문(Chordata) 조강(Aves) 참새목(Passeriformes) 참새과(Ploceidae)
비 고	포획금지 야생동물 유해야생동물 수렵동물 수 · 출입 허가대상 야생동물

① **형태특성** : 암컷과 수컷의 이마, 머리 꼭대기, 뒷머리, 뒷목은 우윳빛 초콜릿색이다. 눈 앞, 눈 밑, 귀깃 뒤쪽, 턱 밑, 멱은 검은색이다. 귀깃 앞, 뺨, 목 옆은 흰색이고, 눈 앞 · 뒤에 검은색의 짧은 눈선이 있다. 어깨깃과 등은 밤색을 띤 갈색으로 각 깃털에는 검은색의 굵은 축반이 있고 깃 가장자리는 다갈색이다. 가슴과 배는 흰색으로 가슴은 엷은 잿빛을 띠며 앞가슴과 배는 잿빛을 띤다. 옆구리는 엷은 황갈색을 띤 잿빛 흰색이다. 허리와 위 꼬리덮깃은 다갈색으로 각 깃 가장자리는 잿빛을 띤다. 날개깃은 어두운 갈색이다. 부리는 검은색이고, 홍채는 갈색이다. 다리는 엷은 갈색이며 종아리의 깃털은 엷은 황갈색이다.

② **서식환경** : 도시, 교외, 농경지뿐만 아니라 구릉과 숲속에서도 볼 수 있다.

③ **생태특성** : 흔한 텃새이다. 번식기에는 암수가 짝지어 생활하나 가을과 겨울철에는 무리 생활을 한다.

인공 새집에서도 잘 번식한다. 대개 인가나 건물에 집을 짓는다. 텃새이지만 농작물의 수확기에는 제법 먼 거리까지 이동해서 먹이를 찾는다. 산란기는 2~7월 사이로 3월에서 6월이 가장 많고, 한 배의 산란수는 4~8개이다. 식성은 주로 식물성이며, 여름철에는 곤충류인 딱정벌레목, 나비목, 메뚜기목 등을 많이 먹는다. 식물성은 농작물인 낟알, 기타 풀씨, 나무 열매 등을 먹는다.

④ 분포·생육지 : 한국 전역, 아무르 지역, 우수리 지역, 만주

더 알아보기 새들의 이동성에 따른 분류 23, 09, 08, 07, 03, 02 기출

구 분	습 성	종 명
겨울철새[冬鳥]	가을에 왔다가 겨울을 나고 봄에 번식지로 되돌아감	청둥오리, 두루미, 고니, 떼까마귀, 갈까마귀 등
여름철새[夏鳥]	봄에 왔다가 번식을 한 후 가을에 월동지로 되돌아감	뻐꾸기, 꾀꼬리, 파랑새, 제비 등
텃새[留鳥]	연중 우리나라에 서식 및 번식함	꿩, 멧비둘기, 참새, 까치 등
나그네새[通過鳥]	봄, 가을에 우리나라를 통과함	도요·물떼새, 꼬까참새, 촉새 등
길 잃은 새[迷鳥]	이동 중 태풍 등으로 인하여 우연히 우리나라에 도래함	군함조, 사막꿩, 큰바람까마귀 등

더 알아보기 주요 천연기념물 번식지 09, 07, 02 기출

명 칭	소재지
광릉 크낙새 서식지	경기도 남양주시 진접읍 부평리 산 99-1번지
진천 노원리 왜가리 번식지	충청북도 진천군 이월면 논실길 113-12(노원리)
진도 고니류 도래지	전라남도 진도군 진도읍 수유리 1422
낙동강 하류 철새 도래지	부산광역시 강서구, 사상구, 사하구 일원
여주 신접리 백로와 왜가리 번식지	경기도 여주시 북내면 신접리 285번지
무안 용월리의 백로와 왜가리 번식지	전라남도 무안군 무안읍 용월리 563번지
거제 연안 아비 도래지	경상남도 거제시연안일원
양양 포매리 백로와 왜가리 번식지	강원도 양양군 개매길 215-33(현남면)
거제 학동리 동백나무 숲 및 팔색조 번식지	경상남도 거제시 동부면 학동리 산 125번지
울릉 사동 흑비둘기 서식지	경상북도 울릉군 울릉읍 사동리 214번지
철원 철새 도래지	강원도 철원군 철원읍 일부
횡성 압곡리 백로와 왜가리 번식지	강원도 횡성군 서원면 압곡리 산 186-2번지
한강 하류 재두루미 도래지	경기도 김포시 하성면 가금리 548
신안 칠발도 바닷새류(바다제비, 슴새, 칼새) 번식지	전라남도 신안군칠발도일원
제주 사수도 바닷새류(흑비둘기, 슴새) 번식지	제주도 제주시 추자면 사수도일원
태안 난도 괭이갈매기 번식지	충청남도 태안군란도일원

통영 홍도 괭이갈매기 번식지	경상남도 통영시홍도일원
독도 천연보호구역	경상북도 울릉군 울릉읍 독도리(독도일원)
신안 구굴도 바닷새류(뿔쇠오리, 바다제비, 슴새) 번식지	전라남도 신안군 흑산면 가거도리 산2번지 외
옹진 신도 노랑부리백로와 괭이갈매기 번식지	인천광역시 옹진군 북도면 장봉리 신도 전역
영광 칠산도 괭이갈매기, 노랑부리백로, 저어새 번식지	전라남도 영광군 낙월면 송이도 산462번지 외

지정문화유산(보호물 및 보호구역을 포함한다)이나 임시지정문화유산의 현상을 변경하거나 그 보존에 영향을 미칠 우려가 있는 행위를 한 자는 5년 이하의 징역이나 5천만 원 이하의 벌금에 처한다(문화유산의 보존 및 활용에 관한 법률 제99조 제1항 제1호).

※ 2021년 11월 19일 문화재보호법 시행령이 개정되면서 국보, 보물, 사적 등과 함께 새로 지정 및 재지정한 문화재에 대해서 번호를 부여하지 않으면서 지정번호가 폐지되었다.

04 수렵장 제도

1. 수렵장 선정 기준

(1) 야생동물 서식밀도, 야생동물 보호의지 등 수렵관리 행정능력을 갖춘 시·군을 선정하되 가급적 인접한 2개 이상 시·군을 권역화하여 설정

(2) 유해야생동물에 의한 피해를 최소화하기 위하여 유해야생동물 피해가 많이 발생하고 있는 지역을 우선적으로 설정

(3) 23년 수렵장 고시 설정된 지역(2023.11.20.~2024.02.29.)
   ① 전북 남원시
   ② 전북 임실군
   ③ 전북 순창군
   ※ 전염병 등 상황에 따른 변동이 있을 수 있다.

2. 수렵장 설정 승인신청 및 실적보고

(1) **수렵장 설정 승인신청[야생생물 보호 및 관리에 관한 법률(이하 법) 시행규칙 제50조 참조]**
야생생물 보호 및 관리에 관한 법률 제42조 제5항에 따라 시·도지사 또는 시장·군수·구청장은 환경부장관에게 승인신청서와 다음의 서류를 제출하여야 한다.
   ① **첨부서류**
      ㉠ 수렵장 설정계획서
      ㉡ 수렵장 관리 및 운영계획서
      ㉢ 수렵장 설정 예정지역을 표시한 도면
      ㉣ 수렵할 수 있는 동물별 서식 상황 조사 명세 및 포획예상량 판단서
      ㉤ 수렵장 관리에 관한 수입·지출예산 명세서

> **더 알아보기** 운영계획서에 포함되어야 할 사항
>
> 1. 수렵장 관리소의 소재지
> 2. 수렵기간·이용방법·사용료 및 동물별 포획 오금
> 3. 인공증식·방사 및 보호번식에 필요한 시설물 명세
> 4. 수렵장에서의 수렵 금지구역 지정
> 5. 수렵방법 및 수렵도구
> 6. 그 밖에 수렵장의 관리 및 수렵에 필요한 시설 명세

(2) 수렵장 운영실적 보고(시행규칙 제66조)

① 수렵장 설정자는 법 제50조 제4항에 따라 다음 사항을 수렵기간이 끝난 후 30일 이내에 환경부장관에게 보고하여야 한다.
  ㉠ 수렵장 이용자 및 야생동물 포획 상황
  ㉡ 수렵장 사용료 등 수입 현황
  ㉢ 수렵장 운영경비 명세 및 수입금의 사용명세

② 수렵장의 관리·운영을 위탁받은 자는 법 제53조 제3항에 따라 다음 사항을 매년 수렵장 설정자에게 보고하여야 한다.
  ㉠ 수렵장 이용자 및 수입·지출에 관한 사항
  ㉡ 야생동물의 포획 상황
  ㉢ 수렵장의 관리·운영 현황

3. 수렵방법 및 수렵도구

(1) 수렵방법

① 일반적인 수렵절차에 준하여 수렵하고, 수렵 금지구역 및 수렵행위 제한지역에서 수렵 금지, 안전을 위해 2인 이상으로 조를 편성하여 수렵
② 수렵장 출입 시 총기는 1인 1정 사용이 원초(경찰청 요청사항)
  * 수렵총기의 해제 신청은 수렵장마다 2정까지 가능하나, 수렵장에서 당일 수렵활동 총기는 1정으로 제한된다.
③ 수렵견은 1인 2마리로 엄격히 제한하고, 수렵승인 신청 시 수렵견 사용 수렵인의 성명, 연락처가 표시된 인식표를 부착하도록 의무 부여(고시사항에 명시)
④ 수렵인은 민가지역 등을 통과하는 경우 엽견 끈을 잡고 이동하여 일반인에게 엽견의 접근 차단

(2) 수렵도구

엽총, 공기총, 활, 석궁(도르래 석궁 제외), 그물만 허용

4. 수렵 금지구역 지정

(1) 금지구역 설정
법 제55조에 따라 수렵장에서의 수렵 금지구역을 지정

(2) 세부내역
법 제54조에 따른 수렵장 설정 제한지역을 포함하여 야생생물 보호구역, 공원구역, 문화재 보호구역, 생태계보전지역, 기타 금렵구역 등 유형별로 수렵 금지구역의 명칭, 위치, 면적 등 세부내역서 제출

5. 수렵장 관리사무소 등 설치 및 홍보

(1) 관리사무소 등 설치
① 관리사무소 : 안전사고 예방 및 수렵장 안내 등을 위하여 시·군청, 면사무소, 주유소, 파출소 등 10개소 이상 설치·운영
② 수렵장 안내판 등 설치 : $1km^2$ 당 0.3개 이상 설치
주민 및 수렵인이 수렵 금지구역, 시·군 경계, 인가 등 안전사고 우려지역 등을 쉽게 인지할 수 있도록 표지판, 플래카드, 테이프 등을 설치

> **더 알아보기** 수렵장 시설 등의 설치기준(동법 시행규칙 제51조 제2항)
>
> 법 제42조 제6항 및 법 제53조 제3항에 따라 수렵장 설정자 또는 수렵장의 관리·운영을 위탁받은 자가 갖추어야 할 시설·설비는 다음과 같다.
> 1. 수렵장 관리소
> 2. 안내시설 및 휴게시설
> 3. 응급의료시설
> 4. 사격연습시설
> 5. 야생동물의 인공사육시설(야생동물을 인공사육하여 수렵대상 동물로 사용하는 수렵장만 해당)
> 6. 포획물의 보관 및 처리시설
> 7. 수렵장의 경계표지시설
> 8. 안전관리시설

③ 수렵장 관리 전담인력 확보·운영
  ㉠ 수렵장 사용승인 및 수렵동물 포획신고, 수렵장 안내, 안전사고 예방 등을 위한 전담인력 확보·운영계획 수립·추진
  ㉡ 인력별(공무원, 임시직, 사회복무요원 등) 근무장소, 임무, 근무시간 등 구체적인 운영계획을 수립·추진하고, 안전사고에 대비한 상황실 운영 등도 고려
  ㉢ 면적당 수렵장 관리 인력은 $0.1명/km^2$을 원칙으로 하되 수렵장 지형지물 및 주변여건을 감안하여 확보

(2) 수렵안내서 등
① 수렵인에게 지역의 정보를 제공하여 안전사고 예방
② 수렵 금지구역, 주요 관광지 및 등산로, 인가, 축사, 시설물 등이 표시된 수렵안내지도 및 관리사무소 위치 등 수렵장 운영과 관련된 정보가 포함된 수렵안내서를 발간하여 수렵인 개인별로 배부

(3) 주민홍보

총기사고 및 수렵장 운영으로 인한 주민피해 예방을 위해 주민에 대한 홍보계획 수립·추진

① 지역신문·방송, 반상회, 마을방송 등을 통해 주민에게 수렵장 운영사항을 사전 홍보하여 주민 불안감 해소

② 주요 고속도로 등 주요 진입도로 주변, 관공서, 주유소, 관광지 등 사람들이 많이 다니는 장소에 수렵장 운영에 대한 안내판, 플래카드 등을 설치하여 주민 및 외지인에 대한 홍보

6. 고시

(1) 수렵장 설정 고시

수렵장 설정 승인을 받은 자치단체의 장은 법 제42조 제3항의 규정에 의하여 지체 없이 이를 고시

(2) 수렵장 사용료 및 포획수량

수렵동물의 종류와 엽구 및 수렵장 사용일수별 포획수량은 지역의 서식밀도 등을 감안하여 수렵장 설정 권자가 자율적으로 설정·고시

7. 행정사항

(1) 시·도 및 시·군에서는 필요시 수렵장관리와 관련하여 예산집행에 필요한 조례 개정

(2) 수렵장 설정자는 시·군 경계를 이용자가 쉽게 구별할 수 있도록 경계표지판을 설치하거나 안내원 배치 및 수렵장 안내도 작성·배부

(3) 수렵장 설정자는 법 제50조 제4항의 규정에 의하여 엽기 종료 후 30일 이내에 수렵장 운영실적을 시·도를 경유하여 환경부에 보고

[참고] 환경부(http://www.me.go.kr/, 2014년도 수렵장 설정업무 처리지침(2014.9)

수렵면허 읽을거리

"멧돼지 사냥개의 훈련 및 관리"

❶ 좋은 사냥개의 조건

예전의 멧돼지들은 대부분 개를 만나면 도망가지 않고 바로 개를 공격했다. 그러나 요즘의 멧돼지들은 일단 도망가다가 개가 따라와 뒷다리를 물거나 앞을 가로막으면 그때부터 개를 공격하면서 개와 치고 빠지는 접전을 벌인다.

그렇기 때문에 요즘의 사냥개는 멧돼지보다 빨라야 하며 멧돼지의 위협적인 반격에도 겁내지 않는 투지와 집념이 필요하고, 싸우는 동안 동료 사냥개나 주인에게 빨리 알리기 위해서는 큰 소리로 잘 짖어야 한다. 또한, 산속에 나무가 밀생된 지역이나 장애물이 많은 장소에서 싸울 때가 많으므로 덩치가 적당히 알맞아야 한다. 경사가 아주 험악한 산이나 잡목이 밀생된 장소, 장애물이 많은 곳에서 멧돼지와 싸울 때는 몸집이 작은 사냥개들이 유리하다. 그러나 큰 나무가 있고 장애물이 별로 없는 넓은 장소에서는 체구가 작게 되면 속도나 힘 부분에서 훨씬 불리하다. 그래서 우리나라 지형에 알맞은 사냥개의 체구는 약 60cm 전후가 적당하다.

❷ 선도견 없이 멧돼지 사냥개를 훈련시키는 경우

① 좋은 품종 선택을 한 강아지 5마리 정도를 생후 4~5개월 무렵부터 산을 타게 하면서 체력단련을 하고 자연을 익힌다. 이때 총성·승차 훈련을 겸해서 시킨다.

② 이빨갈이를 하고 난 생후 6~7개월쯤 지난 어린 반 멧돼지 한 마리를 구하여 평소 운동하던 산에 올려놓는다. 처음에는 멧돼지 다리를 줄로 묶어놓고 다섯 마리의 강아지를 풀어놓아 멧돼지를 공격하게 한다. 이때 처음 한두 번은 돼지의 다리에 줄을 매어 훈련시키지만 그 이후부터는 산에 그대로 놓아주고 수색하며 추격하여 잡도록 훈련시킨다.

③ 생후 8개월부터는 작은 돼지에서 시작하여 차츰 큰 돼지로, 월 한 마리씩 상대를 바꾸어 생후 1년이 될 때까지 계속 훈련시키다가 1년이 넘으면 실렵(實獵)에 출전시킨다. 실렵에서 두 마리 정도는 멧돼지의 공격을 받아 희생된다고 각오하더라도 개가 세 마리 정도만 남으면 성공적이라 할 수 있다.

수렵면허 읽을거리

❸ 선도견이 있는 경우의 기본 훈련

① 강아지를 4~5개월 무렵부터 승차 훈련과 총성 훈련 등을 하며 체력 단련과 자연을 익히는 훈련을 하는 것은 앞의 선도견 없이 훈련시키는 방법과 같다. 그러나 생후 7~8개월 때 반 멧돼지(멧돼지와 집돼지의 잡종) 두 마리 정도를 상대하게 한 후 생후 10개월이 되면 바로 선도견과 친화시켜 합류하여 실렵에 출전시키는 것이 효과적이다.

② 비록 반 멧돼지라 할지라도 야성이 남아있어 개가 접근하면 위협적인 소리를 내면서 사정없이 공격하기 때문에, 아무리 성품이 강한 강아지일지라도 처음부터 반 멧돼지와 1:1로 상대하도록 두는 것은 매우 위험하다. 돼지에게 일격을 받아 놀라게 되면 돼지 공포증에서 회복되기 힘들기 때문에 처음에는 반드시 두 마리 이상의 훈련견과 같이 공격하게 하고 훈련견이 한 마리일 경우에는 꼭 선도견과 같이 공격하게 한다.

❹ 멧돼지 사냥개의 관리

멧돼지 사냥개는 멧돼지보다 체력이 강해야 한다. 그러기 위해서는 꾸준한 체력 관리가 필수적이다. 적어도 일주일에 두세 차례 이상 산을 타고 훈련을 해야 한다. 아무리 훌륭한 자질을 갖춘 멧돼지 사냥개일지라도 전혀 운동(체력관리)을 시키지 않고 산으로 데려갔을 때, 3~4시간 동안 산을 타고 나면 주저앉아 꼼짝도 하지 않는다.

다수의 사냥개로 멧돼지 사냥을 할 경우에는 별 문제가 없으나 보통 2~3마리의 멧돼지 사냥개로 사냥을 하면 큰 멧돼지를 만나 사투를 벌이다가 엽사가 미처 접근하기 전에 멧돼지로부터 공격을 받아 중상을 입거나, 중상이 아니더라도 충격을 받고 멧돼지를 잡지 못하는 경우를 2~3번 반복하다 보면 사냥개들이 멧돼지 공포증에 걸리게 된다.

이것을 해결하는 방법으로 멧돼지 사냥꾼들이 쓰는 용어로는 '하도리를 푼다'고 하는데, 보통 만만한 반 멧돼지를 산에 올려놓고 마음껏 공격하게 하여 격투를 벌이고 있을 때 주인이 로프로 멧돼지를 생포함으로써 자신감을 갖게 하고 사기를 높여준다.

제2과목 문제 풀어보기

01 야생동물이 지닌 가치라고 보기 어려운 것은?

① 미적(美的) 가치
② 휴양적(休養的) 가치
③ 오락적(娛樂的) 가치
④ 상업적(商業的) 가치

> **해설**
> 야생동물이 지닌 가치로는 미적 가치, 휴양적 가치, 생태적 가치, 교육·과학적 가치, 상업적 가치 등을 들 수 있다.

02 쇠오리에 대한 설명으로 틀린 것은?

① 도시 공원, 구릉, 산간 초지 등에서 주로 서식한다.
② 우리나라에서 흔히 월동하는 겨울철새이다.
③ 먹이는 작은 식물의 열매, 수초의 잎과 줄기, 작은 연체동물 등이다.
④ 낮 동안은 휴식하고, 밤에는 논·밭·초습지에서 먹이를 찾는다.

> **해설**
> 쇠오리는 하천, 호수, 못, 하구, 바다 등지에 서식한다.

03 수렵조류에 관한 설명 중 옳지 않은 것은?

① 수렵조류에는 흰색을 띤 종류가 있다.
② 기러기류, 딱따구리류는 수렵조류가 아니다.
③ 참새 이외에 작은 새는 수렵조류가 없다.
④ 수렵이 가능한 오리는 주로 겨울철새이다.

> **해설**
> 부분적으로 흰색을 띠는 경우는 있으나 털 전체가 흰색을 띤 경우는 없다.

정답 1 ③ 2 ① 3 ①

04 청둥오리에 대한 설명으로 틀린 것은?

① 겨울철새이지만 일부는 텃새로 정착되어 가고 있다.
② 오리류 중에서 가장 잘 우는 새로 집오리의 원종이다.
③ 청둥오리는 물가 풀숲의 땅 위에 마른 풀잎 등을 이용하여 만든다.
④ 대형종이다.

> **해설**
> 청둥오리는 소형종으로서 몸길이가 약 60cm(암컷은 52cm) 정도이다.

05 다음이 설명하는 수렵조수는?

> • 평지 촌락 주변, 시가지 공원, 주택가에 서식한다.
> • 한국의 전역에 번식하는 텃새이다.
> • 식성은 잡식성이다.

① 어 치
② 참 새
③ 까 치
④ 까마귀

> **해설**
> 까치는 강인한 번식력으로 해마다 개체수가 크게 늘면서 과수농업에 많은 피해를 주고 있다.

06 홍머리오리에 대한 설명으로 틀린 것은?

① 내륙의 산악지에서 큰 무리를 이루어 생활한다.
② 턱의 힘이 강하고 부리가 다른 종보다 짧기 때문에 풀을 뜯는 데 적합하다.
③ 마른 풀과 관목의 가지를 이용하여 둥지를 만든다.
④ 먹이는 수초류, 수초 등과 같은 식물성이다.

> **해설**
> 다른 오리류보다 해상으로 나가는 경향이 있다.

07 수렵이 가능한 오리 중 가장 작은 것은?

① 고방오리
② 홍머리오리
③ 청둥오리
④ 쇠오리

> **해설**
> 쇠오리는 몸길이 약 35cm의 소형종이다.

08 흰뺨검둥오리에 대한 설명으로 틀린 것은?

① 산란기는 4~7월이며, 알은 10~12개 낳는다.
② 우리나라에서 1~3개월 월동하는 겨울철새이다.
③ 호소, 못, 논, 하천, 들판 등에서 생활한다.
④ 먹이는 풀씨, 나무 열매, 곤충류 등이다.

> **해설**
> 흰뺨검둥오리는 우리나라에서 흔히 번식하는 텃새이다.

09 다음 중 고라니에 대한 설명으로 옳지 않은 것은?

① 태어난 곳에서 멀리 떠나지 않는다.
② 노루와 달리 엉덩이에 반점이 없다.
③ 노루보다 몸집이 작다.
④ 1~2월에 3~5마리의 새끼를 낳는다.

> **해설**
> 5~7월에 1~3마리의 새끼를 낳는다.

정답 7 ④ 8 ② 9 ④

10 꿩에 대한 설명으로 틀린 것은?

① 번식기에는 수컷이 붉은 피부를 부풀려서 구애한다.
② 둥우리는 숲속의 지면을 오목하게 파서 만든다.
③ 알은 백색으로 3~5개를 낳는다.
④ 먹이는 곡식의 낟알이나 개미, 메뚜기 등이다.

> **해설**
> 꿩의 산란기는 5~6월이며, 알은 갈색을 띤 녹회색으로 6~10개 낳는다.

11 멧비둘기에 대한 설명으로 틀린 것은?

① 머리 위와 뺨은 회색이고, 뒷머리에서 윗등까지는 포도빛 회갈색이다.
② 꼬리는 검은빛 회색이며, 배쪽은 연한 포도빛 붉은색이다.
③ 해안, 호소, 소택지, 연못, 개울 등 물이 있는 곳에서 생활한다.
④ 산란기는 4~6월 사이나 때로는 7~10월 사이에 산란하는 개체도 있다.

> **해설**
> 멧비둘기는 침엽 · 활엽수림이나 아고산지대의 혼합림에 많이 산다.

12 얕은 개울에서만 주로 먹이활동을 하는 오리는?

① 흰죽지오리
② 검둥오리
③ 검은머리흰죽지
④ 고방오리

> **해설**
> 물속으로 잠수하지 못하는 수면성(부유성) 오리는 개울 근처에서 먹이활동을 하기 때문에 농작물에 피해를 준다.

정답 10 ③ 11 ③ 12 ④

13 갈까마귀에 대한 설명으로 틀린 것은?

① 언제나 많은 수가 무리 지어 생활을 한다.
② 산란기는 5~9월까지이고 연 1회 번식한다.
③ 머리 꼭대기와 뒷머리는 자색의 광택이 있는 검은색이다.
④ 부리는 모두 자색이다.

> **해설**
> 갈까마귀의 부리는 모두 검은색이고 높고 짧으며, 부리 털은 많아서 윗부리의 1/2을 덮는다.

14 수렵할 수 있는 조류는 몇 종인가?

① 8종
② 10종
③ 13종
④ 23종

> **해설**
> 꿩(수꿩), 멧비둘기, 까마귀, 갈까마귀, 떼까마귀, 쇠오리, 청둥오리, 홍머리오리, 고방오리, 흰뺨검둥오리, 까치, 어치, 참새

15 까마귀에 대한 설명으로 틀린 것은?

① 평지에서 심산에 이르는 도처의 침엽수에서 번식한다.
② 산지 숲, 농경지, 농촌 인가 부근, 하천부지, 공원에서 서식한다.
③ 번식기를 제외하고 독립생활을 한다.
④ 우리나라 전역에 걸쳐 번식하는 흔한 텃새이다.

> **해설**
> 번식기에는 1~2쌍의 작은 무리를 볼 수 있으나 번식 후 월동기에는 무리를 짓기 시작한다.

정답 13 ④ 14 ③ 15 ③

16 고라니와 노루에 대한 설명 중 <u>틀린</u> 것은 무엇인가?

① 노루 수컷은 뿔이 있다.
② 노루는 수컷만 송곳니가 있다.
③ 노루보다 고라니의 임신기간이 짧다.
④ 고라니는 암수 모두 송곳니가 있다.

> **해설**
> 노루는 암수 모두 송곳니가 없다.

17 포식종과 피식종에 대한 설명으로 <u>틀린</u> 것은?

① 포식종의 밀도는 피식종의 밀도보다 낮다.
② 피식종의 증식률은 포식종보다 낮다.
③ 포식종은 다양한 종을 포식한다.
④ 피식종은 포식종보다 크기가 작지만 포식종이 작은 경우 대개 큰 피식종의 새끼를 포식한다.

> **해설**
> 피식종의 증식률은 포식종보다 높다.

18 다음 중 참새에 대한 설명으로 <u>틀린</u> 것은?

① 가을과 겨울철에는 무리 생활을 한다.
② 서식지 근처에서 머물며, 행동반경이 좁다.
③ 대개 인가나 건물에 서식하며, 인공 새집에서도 잘 번식한다.
④ 식성은 주로 식물성이다.

> **해설**
> 참새는 텃새이지만 농작물의 수확기에는 제법 먼 거리까지 이동해서 먹이를 찾는다.

19 서식지의 구성요소에 대한 설명으로 **틀린** 것은?

① 일반적으로 대형종은 보다 큰 면적을 필요로 한다.
② 육식동물은 초식동물에 비해 보다 큰 면적을 필요로 한다.
③ 현대에 와서 가장 크게 대두되는 문제는 도로의 증가에 의한 서식환경의 변화이다.
④ 어류와 달리 조류는 오염물질의 영향을 적게 받는다.

> **해설**
> 조류는 곤충을 포식하고, 어류는 물과 직접적인 접촉을 하며 살아가기 때문에 독성 물질 오염의 지표종이다.

20 봄에 왔다가 번식을 한 후 가을에 월동지로 되돌아가는 새는?

① 두루미
② 고니
③ 제비
④ 청둥오리

> **해설**
> 여름철새에는 제비, 뻐꾸기, 꾀꼬리, 파랑새 등이 있다. 나머지 ① · ② · ④는 겨울철새이다.

21 다음 중 조수의 번식기가 잘못 연결된 것은?

① 멧토끼 : 4~9월
② 꿩 : 4~6월
③ 청설모 : 11~2월
④ 까마귀 : 5~6월

> **해설**
> 청설모의 번식기는 2월 상순이다.

정답 19 ④ 20 ③ 21 ③

22 다음 설명 중 옳은 것은?

① 고라니는 노루보다 몸집이 작다.
② 꿩은 암컷만 잡을 수 있다.
③ 멧돼지는 침엽수림 지역에만 산다.
④ 갈까마귀는 수렵이 불가능한 조류이다.

> **해설**
> 꿩은 수컷만 잡을 수 있으며, 멧돼지는 활엽수림 지역에서 서식하며, 갈까마귀는 수렵지정동물이다.

23 고라니와 노루를 비교한 내용 중 <u>틀린</u> 것은?

① 고라니는 야산 및 구릉지에 서식한다.
② 노루 수컷은 뿔이 있다.
③ 노루는 암수 모두 송곳니가 없다.
④ 고라니는 엉덩이에 흰색 반점이 없고, 털이 부드럽다.

> **해설**
> 고라니는 노루보다 작으며 털이 거친 것이 특징이다.

24 다음 중 천연기념물이 <u>아닌</u> 것은?

① 크낙새
② 황 새
③ 산 양
④ 쇠오리

> **해설**
> 쇠오리는 수렵이 가능한 조류이다.

25 문화유산법상 천연기념물을 포획하거나 채취한 자에 대한 벌칙은?

① 5년 이하의 징역 또는 5천만 원 이하의 벌금
② 3년 이하의 징역 또는 3천만 원 이하의 벌금
③ 1년 이하의 징역 또는 1천만 원 이하의 벌금
④ 1천만 원 이하의 벌금

> **해설**
> 무허가 행위 등의 죄(문화유산의 보존 및 활용에 관한 법률 제99조 제1항 제1호)
> 지정문화유산(보호물 및 보호구역을 포함한다)이나 임시지정문화유산의 현상을 변경하거나 그 보존에 영향을 미칠 우려가 있는 행위를 한 자는 5년 이하의 징역이나 5천만 원 이하의 벌금에 처한다.

26 야생동물의 서식환경에 가장 중요한 요소로만 짝지어진 것은?

① 먹이, 서식처, 바람
② 먹이, 은신처, 물
③ 기온, 습도, 물
④ 토질, 지리, 물

> **해설**
> 야생동물의 서식환경에 크게 영향을 미치는 것은 먹이, 은신처, 물이다.

27 다음 중 겨울철새인 것은?

① 청둥오리
② 꿩
③ 멧비둘기
④ 꾀꼬리

> **해설**
> 겨울철새는 청둥오리, 두루미, 고니, 떼까마귀, 갈까마귀 등이 있다.

28 야생동물이 생존에 위협을 받게 된 요인이 <u>아닌</u> 것은?

① 과도한 개발
② 외래종 도입
③ 환경오염
④ 환경영향평가제 도입

> **해설**
> 환경영향평가제란 건설이나 지역 개발계획을 실행에 옮기기 전에 미리 측정하여 대책을 세우는 것으로 공해 발생을 미연에 방지하기 위한 사전평가제도로서 무분별한 개발을 억제하는 데 그 의의가 있다.

29 다음 중 수렵대상 동물인 것은 총 몇 개인가?

㉠ 멧돼지	㉡ 청설모
㉢ 고방오리	㉣ 어 치
㉤ 멧토끼	

① 1개
② 2개
③ 3개
④ 4개

> **해설**
> 멧토끼는 수렵대상 동물이 아니다.

30 다음 중 수렵조류의 번식기가 <u>틀린</u> 것은?

① 멧비둘기 : 5~6월
② 까마귀 : 5~6월
③ 까치 : 4~7월
④ 참새 : 3~6월

> **해설**
> 참새는 2~7월이 번식기이다.

정답 28 ④ 29 ④ 30 ④

31 다음 중 밀렵과 관련한 문제의 발생요인에 대한 설명으로 <u>틀린</u> 것은?

① 그릇된 보신문화가 큰 요인이다.
② 수요보다 공급이 많기 때문에 밀렵이 발생한다.
③ 밀렵에 대한 처벌이 미약하다.
④ 야생동물에 대한 애정과 관심이 부족한 것이 현실이다.

> 해설
> 야생동물에 대한 거래가 원칙적으로 금지가 되어 밀거래가 이루어지며, 수요에 비하여 공급이 절대적으로 부족하여 비싼 가격으로 거래되고 있어 밀렵의 유혹을 뿌리치기 힘들다.

32 밀렵에 대한 설명 중 <u>틀린</u> 것은?

① 총기 밀렵보다 올가미나 올무, 독극물에 의한 밀렵이 성행한다.
② 지속적인 단속에도 불구하고 밀렵은 여전히 사라지지 않고 있다.
③ 단속 공무원의 신변위협 등으로 인해 적극적인 단속이 쉽지 않다.
④ 주민들의 적극적인 제보가 있어 밀렵현장으로 출동은 용이하다.

> 해설
> 대부분의 밀렵꾼들은 야간에 밀렵을 하기 때문에 주민들의 제보가 절대적이다. 지역 주민들은 과거부터 내려온 관행으로 인해 죄의식이 부족하고 신고정신도 부족하다.

33 다음 중 멧돼지의 특성으로 옳은 것은?

① 주둥이는 짧고 원통형이다.
② 다리 부근에 긴 털이 많이 나 있다.
③ 어린 개체는 담황색의 줄무늬가 있다.
④ 본래 육식성이나 풀, 과일 등 가리지 않고 먹는 잡식성이다.

> 해설
> 멧돼지는 주둥이가 길고 원통형이며, 머리 위로부터 어깨와 등쪽에 걸쳐 긴 털이 많이 나 있다. 본래 초식성이지만 토끼, 들쥐, 물고기 등 가리지 않고 먹는 잡식성이다.

정답 31 ② 32 ④ 33 ③

34 고라니에 대한 설명으로 <u>틀린</u> 것은?

① 노루와 달리 크게 놀라지 않는다.
② 갈대밭이나 관목이 우거진 곳에서 서식한다.
③ 처음 태어난 곳을 멀리 떠나지 않고 되들아오는 습성이 있다.
④ 수컷 고라니는 뿔이 있다.

> **해설**
> 고라니는 암수 모두 뿔이 없지만 송곳니를 가지고 있으며, 노루는 암수 모두 송곳니가 없고 수컷만 뿔이 있다.

35 청설모에 대한 설명 중 <u>틀린</u> 것은?

① 몸은 다람쥐보다 크다.
② 털의 색깔은 모두 회색이며, 배는 검다
③ 견과류를 주 먹이로 하기 때문에 농가에 피해를 준다.
④ 월동을 위해 밤, 잣과 같은 열매를 땅속에 저장하는 습성이 있다.

> **해설**
> 털은 전체적으로 어두운 회색이며, 배는 흰색이다.

36 다음 중 수렵이 가능한 조류가 <u>아닌</u> 것은?

① 고방오리
② 쇠오리
③ 청둥오리
④ 가창오리

> **해설**
> 가창오리는 겨울철새로서, 멸종위기 야생동·식물 II급 조류이다.

37 고방오리에 대한 설명 중 <u>잘못된</u> 것은?

① 겨울철새이다.
② 월동지는 주로 하천, 호소 등에서 생활한다.
③ 암컷의 겨울깃은 붉은 갈색이며 각 깃털에 검은 축반이 있다.
④ 산란기 전후에는 수초, 풀씨, 줄기 등을 먹는다.

> **해설**
> 고방오리의 먹이는 풀씨, 잎, 줄기 등이며, 산란기 전후에는 무척추동물을 먹는다.

38 쇠오리의 특성에 대한 설명으로 <u>잘못된</u> 것은?

① 암컷 몸의 윗부분은 진한 갈색이다.
② 하천, 호수, 바다 등지에 서식한다.
③ 수컷의 겨울깃은 이마, 뒷머리 부분이 밤색이다.
④ 낮에는 먹이활동을 하고 밤에는 무리를 지어 안전한 곳에서 휴식을 한다.

> **해설**
> 쇠오리는 낮 동안은 해상, 간척지 등 안전한 곳에서 무리를 이루어 휴식하고, 밤에는 논, 밭, 초습지에서 먹이를 찾는다.

39 수면성 오리와 잠수성 오리에 대한 설명으로 <u>틀린</u> 것은?

① 수렵조수에 해당하는 오리는 수면성 오리이다.
② 잠수성 오리가 수면성 오리에 비해 농작물에 피해를 더 많이 입힌다.
③ 잠수성 오리는 물고기와 낱알들도 먹는다.
④ 청둥오리는 수면성 오리이다.

> **해설**
> 수면성(부유성) 오리가 잠수성 오리에 비해 농작물에 더 많은 피해를 입힌다.

정답 37 ④ 38 ④ 39 ②

40 홍머리오리에 대한 설명 중 옳지 <u>않은</u> 것은?

① 중형종이다.
② 수컷의 겨울깃은 이마와 머리 꼭대기가 붉게 녹슨색을 띤 크림색이다.
③ 암컷의 머리와 목은 잿빛 갈색으로 검은색의 얼룩무늬가 있다.
④ 암컷의 부리 색깔은 수컷보다 연하다.

> **해설**
> 암컷의 머리와 목은 잿빛 갈색으로 검은색의 얼룩무늬가 있다. 몸 윗부분은 갈색 바탕에 진한 갈색의 얼룩무늬가 있고, 몸 아랫부분은 흰색이다. 부리는 수컷보다 더 검다.

41 흰뺨검둥오리에 대한 설명 중 <u>틀린</u> 것은?

① 하천, 호소, 논 등에서 생활한다.
② 겨울철새이다.
③ 먹이는 풀씨, 나무 열매, 곤충류이다.
④ 먹이를 찾아 잠수하지 않는 수면성 오리이다.

> **해설**
> 흰뺨검둥오리는 우리나라에서 흔히 번식하는 텃새이다.

42 꿩에 대한 설명으로 옳은 것은?

① 수컷은 뒷머리에 뿔과 같은 것이 있다.
② 암컷은 눈 주위에 붉은색의 피부가 나출되어 있다.
③ 여름철새이다.
④ 도시 근처에는 서식하지 않는다.

> **해설**
> 수컷은 눈 주위에 붉은색의 피부가 나출되어 있고, 우리나라에서 번식하는 텃새이다. 도시 공원, 구릉, 산간 초지에서 서식한다.

43 다음에 들어갈 단어로 적절한 것은?

> 꿩의 수컷은 (㉠) 소리를 내며, 암컷은 (㉡) 소리를 낸다.

	㉠	㉡
①	높은	낮은
②	낮은	높은
③	쇳	둔탁한
④	둔탁한	쇳

해설
꿩의 수컷은 높은 소리를 내며, 암컷은 낮은 소리를 낸다.

44 다음 중 나그네새인 것은 총 몇 개인가?

> ㉠ 도 요   ㉡ 파랑새
> ㉢ 제 비   ㉣ 꼬까참새

① 1개
② 2개
③ 3개
④ 4개

해설
도요, 꼬까참새가 나그네새이며, 파랑새와 제비는 여름철새이다.

45 떼까마귀에 대한 특성으로 잘못 설명한 것은?

① 수컷의 겨울깃은 자색광택이 강한 검은색이다.
② 암컷은 수컷과 비슷하나 조금 작다.
③ 떼까마귀는 봄과 가을에 통과하는 나그네새이다.
④ 식성은 초식성이다.

해설
떼까마귀는 잡식성이다.

정답 43 ① 44 ② 45 ④

46 까치에 대한 설명 중 **틀린** 것은?

① 텃새이다.
② 평지 촌락 주변, 주택가 등에서 서식한다.
③ 고산 오지에도 다량 서식한다.
④ 식성은 잡식성이다.

> **해설**
> 평지 촌락 주변, 주택가 등에서 서식한다. 도시 정원과 농촌 등 주로 평지에서 생활하며 고산 오지에는 드물다.

47 어치에 대한 설명 중 **틀린** 것은?

① 평지 및 산지의 침엽수림에 집을 짓는다
② 한국 전역에서 볼 수 있다.
③ 산란기는 5~9월이다.
④ 식성은 잡식성이나 식물성을 주로 먹는다.

> **해설**
> 어치의 산란기는 4월 하순~6월 하순이고, 연 1회 번식한다.

48 다음 까마귀 중 몸집이 가장 작은 것은?

① 까마귀
② 큰부리까마귀
③ 떼까마귀
④ 갈까마귀

> **해설**
> 까마귀 몸집은 큰부리까마귀 > 까마귀 > 떼까마귀 > 갈까마귀 순이다.

49 꿩에 대한 설명 중 틀린 것은?

① 암컷만이 수렵이 가능하다.
② 우리나라 전역에 분포한다.
③ 겨울에는 암수가 따로 무리를 만든다.
④ 꿩의 새끼는 꺼병이라고도 한다.

> **해설**
> 꿩의 암컷은 생태계의 최소한의 보호와 개체수에 직접적인 영향을 주기 때문에 수렵 범위에서 제외되며 수컷만 수렵이 가능하다.

50 다음 중 천연기념물은 총 몇 개인가?

| ㉠ 저어새 | ㉡ 소쩍새 |
| ㉢ 두견새 | ㉣ 까막딱따구리 |

① 1개
② 2개
③ 3개
④ 4개

> **해설**
> 모두 천연기념물로 지정된 종들이다.

51 다음 수렵조수 중 우리나라 텃새에 속하는 종류는 무엇인가?

① 멧비둘기
② 홍머리오리
③ 쇠오리
④ 고방오리

> **해설**
> 우리나라 수렵조수 중 텃새에 속하는 조류는 멧비둘기, 흰뺨검둥오리, 꿩, 참새, 까치, 까마귀, 어치가 있다.

정답 49 ① 50 ④ 51 ①

52 다음 중 환경부장관이 고시한 멸종위기에 처한 야생생물이 아닌 것은 무엇인가?

① 늑 대
② 호랑이
③ 고라니
④ 표 범

해설

멸종위기 야생생물

구분	포유류	조류
Ⅰ급	늑대, 대륙사슴, 무산쇠족제비, 물범, 반달가슴곰, 붉은박쥐, 사향노루, 산양, 수달, 스라소니, 여우, 작은관코박쥐, 표범, 호랑이	검독수리, 고니, 넓적부리도요, 노랑부리백로, 느시, 두루미, 먹황새, 뿔제비갈매기, 저어새, 참수리, 청다리도요사촌, 크낙새, 호사비오리, 혹고니, 황새, 흰꼬리수리
Ⅱ급	담비, 물개, 삵, 큰바다사자, 토끼박쥐, 하늘다람쥐	개리, 검은머리갈매기, 검은머리물떼새, 검은머리촉새, 검은목두루미, 고대갈매기, 긴꼬리딱새, 긴점박이올빼미, 까막딱따구리, 노랑부리저어새, 독수리, 따오기, 뜸부기, 매, 무당새, 물수리, 벌매, 붉은가슴흰죽지, 붉은배새매, 붉은어깨도요, 붉은해오라기, 뿔쇠오리, 뿔종다리, 새매, 새호리기, 섬개비, 솔개, 쇠검은머리쑥새, 쇠제비갈매기, 수리부엉이, 시베리아흰두루미, 알락개구리매, 알락꼬리마도요, 양비둘기, 올빼미, 재두루미, 잿빛개구리매, 조롱이, 참매, 청호반새, 큰고니, 큰기러기, 큰덤불해오라기, 큰뒷부리도요, 큰말똥가리, 팔색조, 항라머리검독수리, 흑기러기, 흑두루미, 흑비둘기, 흰목물떼새, 흰이마기러기, 흰죽지수리

53 다음 중 멸종위기 야생생물 Ⅰ급으로 지정된 조류가 아닌 것은 무엇인가?

① 청둥오리(수컷)
② 넓적부리도요
③ 크낙새
④ 참수리

해설

상기 52번 해설 참조

54 다음 중 멸종위기 야생생물 Ⅱ급으로 지정된 포유류가 <u>아닌</u> 것은 무엇인가?

① 멧돼지
② 담비
③ 삵
④ 물개

> **해설**
> 상기 52번 해설 참조

55 다음 중 천연기념물인 조류는 무엇인가?

① 멧비둘기
② 까마귀
③ 쇠오리
④ 노랑부리백로

> **해설**
> 우리나라 천연기념물인 조류
> 개구리매, 개리, 검독수리, 검은머리물떼새, 검은목두루미, 느시, 고니, 까막딱따구리, 노랑부리백로, 노랑부리저어새, 독수리, 두견, 두루미, 따오기, 뜸부기, 매, 먹황새, 붉은배새매, 뿔쇠오리, 새매, 소쩍새, 솔부엉이, 쇠부엉이, 수리부엉이, 알락개구리매, 올빼미, 원앙, 재두루미, 잿빛개구리매, 저어새, 참매, 참수리, 칡부엉이, 큰낙새, 큰고니, 큰소쩍새, 팔색조, 호사도요, 호사비오리, 혹고니, 황새, 황조롱이, 흑기러기, 흑두루미, 흑비둘기, 흰꼬리수리

정답 54 ① 55 ④

제3과목

수렵도구의 사용방법

CHAPTER 01 총 기
CHAPTER 02 총기 외 수렵도구
읽을거리 사격 관련 용어, 멧돼지 사냥 용어
문제 풀어보기

교육은 우리 자신의 무지를 점차 발견해 가는 과정이다.

– 윌 듀란트 –

총기

01 엽총

1. 총기의 개요

총이란 총포 가운데 비교적 구경(口徑)이 작은 것으로 보통 구경 10mm 내외로 개인 또는 2~3명이 휴대할 수 있도록 만들어진 기관총·소총·기관단총·권총류 등의 총칭이다.

(1) 총의 분류
① 구조상으로 크게 선조총(라이플)·산탄총(散彈銃)·특수총으로 나누며 용도에 따라 군용·수렵용·사격 경기용·호신용 등으로 구분한다.
② 총기는 속성에 따라 화약을 사용하는 라이플(Rifle)과 산탄총(Shotgun)이 있으며 화약을 사용하지 않는 공기총(Air Gun)으로 분류한다.
③ 일반적으로 큰 짐승을 사냥할 때는 선조총, 작은 짐승에는 산탄총, 작은 새 등을 잡을 때는 공기총을 사용한다. **08 기출**
④ 산탄총은 빠른 속도로 움직이는 것을 재빨리 조준하여 쓰도록 고안된 총알이 넓은 탄막을 이루어 날아가도록 되어 있다. 따라서 발사된 총알의 몇 분의 1, 또는 몇 십분의 1만이 표적에 명중한다. 그러므로 산탄총의 구경은 라이플총에 비하여 훨씬 넓은 것이 특징이다.

더 알아보기 | 총기 관련 용어

용어	해설
해머(Hammer)	실탄의 뇌관을 때려주는 공이
파이프 건(Pipe Gun)	엽총과 같이 총열이 파이프형으로 제작된 총
트리거(Trigger)	총의 방아쇠
피스톨(Pistol)	권총의 통칭
탄 속	발사된 실탄의 속도
패턴(Pattern)	퍼져나간 산탄의 탄착
초크(Choke)	패턴의 모양을 조절하고자 총열의 끝을 변형시킨 모양
게이지(Gauge)	산탄총의 구경 **24 기출**
밴드(Band)	그립 쪽의 콤드롭(Comd Drop)과 개머리판의 힐드롭(Hill Drop)으로 이루어진 뺨 부분의 상단선
캐스트(Cast)	총열의 개머리판 상단부가 이루는 각
피치다운(Pitch Down)	개머리판을 바닥에 세웠을 때 지면에서 90°의 수직선과 리브선단과의 각도

(2) 엽총의 이해

① 구 조 09, 08, 07 기출

엽총은 크게 총열과 기관부, 개머리판으로 구성되어 있다. 총열은 패턴(탄막)에 영향을 미치며 기관부는 격발장치와 장전을 수행하는 장치를 감싸고 있다. 개머리판은 정확한 사격술을 지원하며 총기반동을 완충시켜 주는 역할을 한다.

② 발사원리

총을 격발하면 노리쇠만에 있는 공이치기가 뇌관을 향해 기계적 충격을 가한다. 이 충격으로 폭발화약인 뇌관의 점화제가 발화되고 발화된 점화제의 폭발성질은 주 화약인 추진제를 일시에 연소시켜 소위 폭발구름(Explosion Cloud)이라고 불리는 가스에너지로 전환시켜 약실에 있는 탄환을 밀어내는 과정을 거치게 된다.

③ 구경과 번경 25 기출

일반적으로 구경(Caliber)이라 함은 라이플 총의 내경(Gauge)을 칭하고, 번경이라 함은 엽총의 총강 지름을 칭하는 용어이다. 게이지는 총기를 발명한 초기부터 영국에 관습적으로 이어온 일종의 중량 표시법으로 1게이지란 1파운드(453.6g)의 납알을 둥글게 만들었을 때 그 직경의 크기와 같다. 수렵용 엽총의 번경은 주로 12게이지, 20게이지, 23게이지, 410게이지를 사용하며, 그중 12게이지를 가장 많이 선호하고 있다. 공기총은 밀리미터법을 사용하여 4.5mm 내지 5.5mm만 사용 가능하며 산탄공기총의 경우에는 5.5~6.4mm의 것으로 제한한다.

번경 단위 23, 02 기출

번 경	12	20	28	410
구경(mm)	18.3	16.0	13.5	10.8

※ 12게이지 : 1/12파운드의 납알을 쏠 수 있는 구경(단, 410게이지는 410/1,000인치)

2. 엽총의 종류

(1) 쌍 대

쌍대총은 두 개의 총열을 좌우 또는 상하로 배치하여 2연발 연속사격이 가능하도록 만든 총기다.

① 상하쌍대 23 기출

하나의 총열 위에 다른 하나의 총열이 있는 것이 상하쌍대다. 이 엽총은 유럽에서 가장 많이 사용하고 있으며 주요 특징은 서로 다른 두 개의 총열 때문에 기능이 다양하다는 것이다. 또한, 조준이 잘 되고 착용감도 좋다. 상하쌍대는 견고하고 총기 반동이 작지만 다소 무겁다. 상하쌍대의 장점으로는 아래 총열의 위치가 낮기 때문에 첫 발의 반동에 의한 "총의 반동"이 작고 두 번째 발사를 위한 조준이 빠르다. 상하쌍대는 고장이 적은 게 특징이나 한 번 고장이 나면 전문가에게 맡겨 수리해야 하는데 쌍대총의 부품은 거의 보이지 않는 곳에 장치되어 있으므로 핀 한 개, 스프링 하나 바꾸는데도 총을 분해하여야 하기 때문이다.

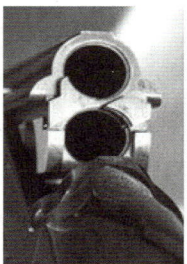

[상하쌍대의 총구]

② 수평쌍대

수평쌍대는 총기반동이 크지만 가볍고 휴대가 간편해 수렵용으로 적합하다. 수평쌍대는 외형적으로는 간단한 것 같으나 **정교한 기술이 필요하므로 제조하기가 어렵다**. 질이 뛰어난 수제품은 부유한 고객을 위해 만들어지며 주로 유럽에서 사용한다. 무엇보다 우아함이 높이 평가되고 실제적으로 훌륭한 테크닉을 구사한다. 사격 시에도 무게의 분산이 잘 이루어지며 탄피를 빼내거나 배출할 때는 총신을 아래 방향으로 완전히 꺾어야 한다. 두 개의 총신 때문에 기능이 뛰어나며 상하쌍대와 같이 총신을 꺾을 때 총구가 보이므로 안전성이 높은 것이 특징이다.

[수평쌍대의 총구]

> **더 알아보기** 쌍대의 메커니즘
>
> - 쌍대는 일반적인 외관과 내부 메커니즘상으로 박스 락(Box Lock), 사이드 락(Side Lock), 사이드 플레이트(Side Plate)로 나뉜다.
> - 박스 락은 몸통과 방아틀뭉치가 결합된 상태이며 외관상 옆 패널 부분이 반쪽으로 끊어져 있으며 일반적으로 가장 많이 쓰이는 형태의 메커니즘이다.
> - 사이드 락은 방아틀뭉치가 몸통과 분리되어 몸통 개머리판의 나무속을 파내고 방아틀뭉치를 옆에서 결합하는 형태를 말한다. 특히 이 장치는 방아틀뭉치가 2개로 분리되어 각자의 방아쇠와 연결되어 전통적으로 방아쇠가 2개의 형태를 가진다. 고급 엽총에 많이 쓰이며 외관상으로 몸통 패널이 타원형으로 넓게 펼쳐져 있고 각 부품을 결합하는 나사 부품들이 겉으로 돌출되어 보인다.
> - 사이드 플레이트란 박스 락의 기계적 기능을 그대로 사용하고, 외관상 사이드 락의 형태로 보이게 하기 위하여 옆 패널을 타원형으로 넓게 펼쳐서 개머리판 옆에 부착한 상태를 말한다. 외관상 사이드 락과 유사하게 보이나, 옆 패널의 스크류가 2~3개 정도로 패널을 목재에 부착하기 위해 조여져 있으며 대부분의 패널 옆면이 매끈하다.

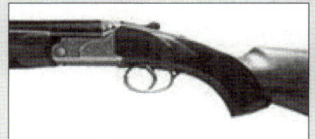  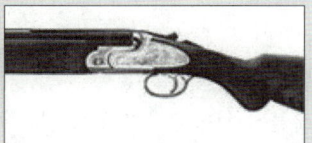

박스 락(Box Lock)　　　　사이드 락(Side Lock)　　　　사이드 플레이트(Side Plate)

(2) 반자동 엽총 11, 03 기출

반자동 엽총은 총열이 하나이고 아래에 여분의 탄창이 있다. 방아쇠를 당길 때, 약실에 있는 탄이 발사되고 탄피가 배출되며 아래 탄창에 있는 엽탄이 위로 올라와 자동으로 장전되어 연속적으로 발사하는 방식으로 편리하므로 오리 사냥 등에 가장 인기를 끌고 있다. 최근에는 초크를 교환할 수 있도록 개발되어 기능도 다양한 편이다. 그러나 **정기적으로 손질하지 않을 경우 고장이 많아 번거로움이 따르며 약실의 개방 상태를 확인하기 어려워 안전사고율이 매우 높은 총이다.**

① 가스식

일반적으로 거의 모든 샷건이 채용하는 방식으로 엽탄이 총구로 빠져나갈 때 총강 안에 가해지는 압력으로 총열 중간쯤에 있는 작은 구멍을 통해서 노리쇠를 재장전하는 방식이다. 연사속도가 빠르고 우수하나 구멍이 막히면 연사가 되지 않는 단점이 있으므로 구멍 청소에 신경을 써야 한다.

② 스프링식

유명한 브라우닝 오토5에서 사용하는 방식으로 스프링의 탄성을 이용해서 재장전하는 방식으로 연발 사격 시 총열이 앞뒤로 움직이면서 재장전을 한다. 가스후퇴식에 비하여 강하고 늦은 반동 때문에 연사속도가 느린 것이 단점이다.

③ 관성작동식

공이치기가 제자리로 돌아가려고 하는 관성을 이용해서 재장전하는 방식이다. 연사속도가 매우 빠르고(쌍대총과 동일) 반동이 부드러우며 우수하다.

(3) 펌프식 엽총

펌프식, 훑치기식, 볼트식이라 불리는 엽총이다. 펌프식은 아래에 있는 탄창 덮개를 앞으로 밀어 엽탄을 장전하고 뒤로 당겨서 탄피를 배출시킨다. 총열은 반자동 엽총과 같이 하나이고 아래에 여분의 엽탄을 저장할 수 있는 탄창이 있다. 볼트식은 옆에 있는 노리쇠를 잡아당겨 탄피를 배출시키고 엽탄을 약실에 공급하기 위해 다시 전방으로 밀어 넣는다. 이런 볼트식은 대부분 단발식일 경우가 많으며 엽탄을 편리하게 삽입할 수 있도록 탄창이 부착되어 있는 것도 있다. 펌프식은 견고하고 성능도 뛰어나며 값도 싼 것이 특징이다. 하지만 손이 많이 가고 발사 후 엽탄을 삽입해야 하기 때문에 손을 움직이는 단점이 있다. 특히 볼트식일 경우 겨냥한 총을 완전히 내려야 하기 때문에 연속사격 시 불편하다.

[펌프식 엽총]

(4) 단발식 엽총

오늘날 사냥에서 단발식 엽총은 그다지 이용되지 않는다. 주로 유럽에서 물 위에 있는 오리를 사냥하거나 원거리에서 움직이지 않는 표적을 맞히는 게임을 할 때 최대구경의 단발총이 보조용으로 이용되는 경우가 있다. 반대로 소구경의 단발총은 새를 쫓거나 작은 조류를 사냥할 때 이용하는 경우가 있다. 단발식 엽총은 가볍고 튼튼하며 가격이 싸다.

[엽총의 동작원리]

종 류	구 분	동작원리	적용총기
쌍 대	상하쌍대	총열이 상하 2조로 붙어 2연발 작동	일반상하쌍대
	수평쌍대	총열이 수평 2조로 붙어 2연발 작동	그루라, 베레타470EL 등
반자동	가스식	엽탄 폭발 시 가스 일부가 노리쇠 작동 엽탄 장탄	레밍턴11-87, 베레타유리카
	스프링식	엽탄 폭발 시 스프링 작동으로 노리쇠 장탄	브라우닝 Auto5, 부레다 Argus
	관성작동식	엽탄 폭발 시 반자동으로 노리쇠 장탄	베넬리
수동식	슬라이드액션	연발의 기능이 격발 후 손으로 이루어짐	레밍턴, 윈체스터 외
단발식	단발 격발	단발이므로 격발 후 탄피제거 장탄삽입	기 타

3. 엽총의 구조

(1) 총열 부분

① 총 열

총열은 화약의 폭발에너지로 탄을 가속시키는 역할을 한다. 엽탄이 약실의 움푹 들어간 탄집에 들어가서 폭발하면 강력한 압력이 발생하게 된다. 총열은 이를 견딜 수 있도록 하며 쉽게 빠져나갈 수 있도록 원추형으로 엽탄을 감싸고 있다. 총열은 폭발압력이 높은 부분이 더 두껍게 되어 있으며 총구 끝으로 갈수록 점점 얇아진다. 초크는 발사효력을 높이기 위하여 산탄이 통과하는 끝부분을 죄었다 풀어 주는 역할을 한다. 수렵용 총열은 주로 26인치와 28인치, 30인치를 많이 사용한다. 짧은 총열은 넓은 패턴(탄막)을 형성하나 사거리가 줄어들고 총열이 길면 그 반대의 현상이 나타난다. 총열 길이란 약실 끝에서 총구 끝까지의 길이를 말한다.

[일반 총열과 슬럭 총열]

일반 총열(Smooth Bore Barrel)	슬럭 총열(Smooth Bore Slug Barrel)
• 총기 제조 메이커에서는 스무스 보어 배럴이라고 함 • 총열 내부에 강선이 새겨지지 않은 총열 • 일반적으로 사냥에 널리 사용되는 총열 • 조류부터 맹수류까지 다양하게 사용할 수 있는 가장 보편적인 총열 • 벤터레이드 립이 부착되어 있는 형상 • 총열 끝부분에 작은 구슬 형태(요즘은 바 형태의 형광체)의 가늠쇠가 부착되어 있음 • 총열 끝부분과 중간 부분에 가늠쇠가 동시에 부착되어 있는 것도 있음(센터 베드형) • 2 3/4인치, 3인치, 3 1/2인치용 총열이 있음	• 총열 내부에 강선(라이플)이 새겨지지 않은 톨(슬럭) 전용 총열 • 총열의 앞, 뒤에 각각 가늠쇠와 가늠자가 붙어 있음 • 조정이 가능한 가늠쇠와 그렇지 않은 형태의 가늠쇠를 가진 총열이 있음 • 길이는 짧으며, 대략 18", 21", 22", 24" 등이 있음 • 립은 솔리드 립(Solid Rib) 형태를 띠고 있음 • 국내에서는 수입 및 사용이 가능한 총열 • 라이플 슬럭 총열(Rifled Slug Barrel)은 수입 및 사용금지

더 알아보기 일반 총열

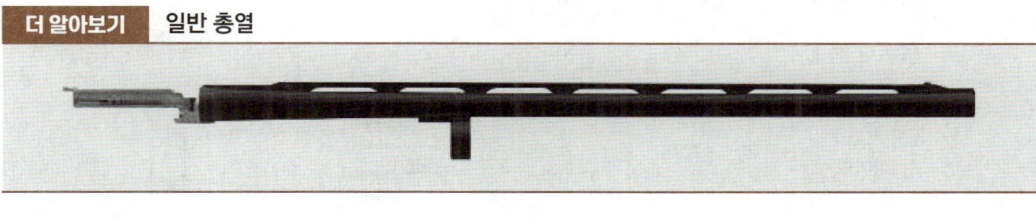

더 알아보기 슬럭 총열

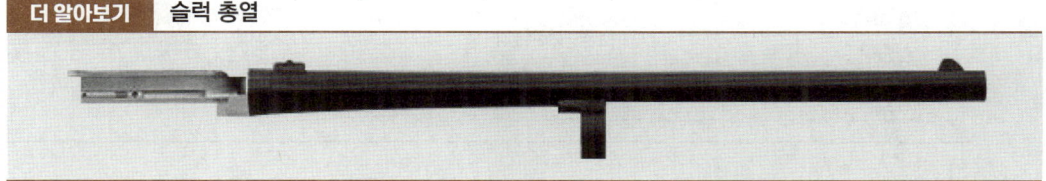

> **더 알아보기** 엽총의 선택 02 기출
>
> 오리류 등을 사냥할 때 29.5~30인치(75~76cm), 그 밖의 조류 사냥에는 26인치(66~67cm), 다양한 환경에서 사냥할 때는 25인치, 깊은 숲속에서 멧토끼, 꿩 등을 사냥할 때는 24인치 총열이 가장 적당하다. 가장 패턴이 좋은 총열의 길이는 30인치(76mm)이다. 더구나 초크가 있는 경우에는 더욱 조밀한 패턴을 보인다. 그러나 숲속 같은 경우에는 총열이 긴 것은 매우 거추장스럽다. 때문에 숲속에서의 사냥은 짧은 총신을 이용하는 것이 좋다. 또한, 정지된 표적물에 사격할 경우라면 패턴이 고른 것이 훨씬 유리하지만 움직이고 있는 표적일 경우 패턴이 고른 것보다 사격을 바르게 하는 것이 더 중요하기 때문에 그다지 넓게 이용되지 않고 있다.

② 초크 25, 23, 02 기출

초크는 파이프 모양의 총구 앞에 끼워 산탄의 산개도(탄막)를 조절하는 장치로서 사용초크에 따라 패턴과 탄도에 큰 변화를 줄 수 있다. 초크는 사거리와 사냥감에 따라 적절히 부착하면 사격의 효율을 높여 준다. 강력한 초크는 사정거리를 증가시키기 때문에 정확한 조준이 요구된다. 일반적으로 초크는 기능상 풀 초크, 모디 초크, 실린더 초크로 나뉜다.

㉠ 풀 초크는 총열구경을 가장 좁게 줄여주어 산탄의 비산폭 또한 상당히 조밀해지고 강력하게 멀리까지 나가서 장거리 사격에 적합하다. 25 기출
㉡ 모디 초크는 일반적인 게임의 사냥에 가장 다양하게 적용되는 초크로 대개 50~60m의 사정거리를 갖는 중거리 사격에 적합하여 보편적인 게임의 사냥에 사용된다.
㉢ 실린더 초크는 총열구경이 넓고 산탄의 비산폭 또한 상당히 넓어 대개 20m 이내의 게임 사냥에 사용된다. 그러나 실렵의 경우 실린더 초크는 슬러그(대구경 외탄) 사용 외에는 거의 쓰이지 않으나 근거리에서 산탄의 비산폭이 넓어 정확한 사격을 가하지 않아도 몇 발의 산탄을 목표물에 맞힐 수 있다. 24 기출

> **더 알아보기** 초크의 종류
>
> | 초크의 종류 | 약자 | 크기(mm) | 용도 |
> |---|---|---|---|
> | 엑스트라 풀 | X-F | -1.25 | 오리류 |
> | 풀 | F | -1 | 수꿩, 오리 |
> | 임프루브드 모디파이드 | I.M | -0.75 | 수꿩 |
> | 모디파이드 | M | -0.5 | 수꿩 |
> | 임프루브드 실린더 | I.C | 0 | 수꿩, 멧비둘기 |
> | 실린더 | C | 1.01~0.05 | 멧돼지, 고라니 |
>
>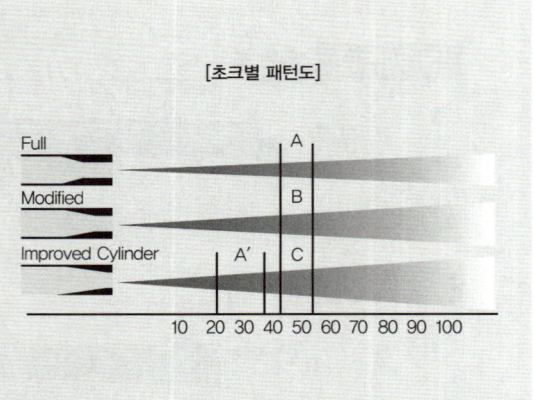
>
> [초크별 패턴도]

③ 리브

리브(Rib)는 총열 상단에 부착된 사다리를 닮은 긴 편자로 수렵용은 약 9mm, 사격용은 12~13mm이다. 리브(사다리)는 총의 조준을 편리하게 하기 위한 것이다. 총열 위에 붙어 있으며 그 위 끝에 작은 구체로 된 가늠쇠가 붙어 있다. 리브의 끝에 붙은 볼록한 가늠쇠를 비드(Bead)라고 한다. 수평쌍대의 리브는 총신 위의 만곡을 따라 중앙에 부착되어 있고 다른 리브보다 조준이 더 정확하도록 도와준다.

총신이 여러 개인 총의 경우, 총열이 서로 잘 밀착하도록 하는 연결 역할도 한다. 또한, 리브는 총열의 뒤틀림 현상을 막아 주기도 하나 연결 틈새에 습기가 스며들어 총기의 수명을 단축시키는 일도 있다.

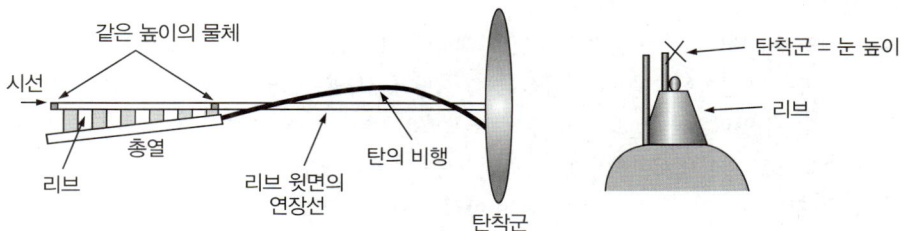

④ 걸 쇠

총신과 개머리판을 연결하기 위하여 총신이 꺾이는 총의 경우에는 한 개나 그 이상의 걸쇠가 필요하다. 제작자들에 따라 걸쇠와 탄피 제거장치 등 다른 기능을 지원하게 하는 일도 있다. 쌍대의 경우 한 두 개의 구멍이 있고 그 구멍에 총신을 연결한다. 어떤 제작자들은 걸쇠(박아 넣거나 덧붙여진 걸쇠)를 총신에 직접 용접하기도 하나 이런 상태는 우수한 제품이라고 할 수 없다. 이 걸쇠는 특별한 기술은 필요로 하지 않으나 열처리 방식과 용접방식에 세심하게 주의를 기울여야 전체가 견고해진다. 약실의 후미부에 걸쇠가 있는 반자동식 총은 기관부 내에 밀어넣게 되어 있으며 총신 아래에 튀어나온 고리가 엽탄의 뒷부분에 닿게 되어 있다.

⑤ 노리쇠 **23 기출**

노리쇠는 격침을 장전해 주는 역할을 해주며 엽탄을 넣고 가스가 밖으로 분출되지 않도록 하는 등 기관부의 중요한 부품이다. 특히 위아래로 움직이는 총신이 달린 총의 노리쇠 부분에는 서로 맞물려 있는 수많은 기계 장치가 있다. 따라서 설계에서부터 제작에 이르기까지 많은 노력이 요구된다. 노리쇠 뭉치는 위치, 접합면의 세밀함, 부품끼리의 정확한 결합과 함께 총의 견고함을 유지시키는 중요한 기관이다.

(2) 엽총의 기관부 **23 기출**

① 방아쇠

자동식, 반자동식, 단발식 총은 방아쇠가 하나다. 수평쌍대는 하나 또는 두 개의 방아쇠를 채용하고 있으며 방아쇠가 한 개로 제작되어 있는 것은 두 개짜리보다 더 복잡하다. 쌍대총에 한 개의 방아쇠를 채용한 경우 두 번째 발사는 첫 번째 발사의 관성으로 이루어진다. 또한, 방아쇠가 하나인 경우에는 버튼을 이용해서 총열을 선택할 수 있다. 그러나 이것이 주는 장점은 그다지 많지 않으며 오히려 방아쇠 두 개짜리가 신뢰성이 높다. 잘 장착된 방아쇠를 구별하는 방법으로는 측면으로나 수직방향으로 움직이지 않는 것이다. 또한, 손가락의 압력에 의해 거의 작동이 되지 않다가 2~2.5kg의 압력을 검지손가락으로 가할 때 단번에 손쉽게 움직이는 것이다. 두 번째 방아쇠를 당길 때에는 손가락을 더 구부려야 하는데 이때, 감각이 전과 같으려면 처음보다 200~300g 정도의 추가 압력이 필요하다. 상하쌍대나 특별한 총은 일반적으로 정밀한 방아쇠를 이용하는 반면 자동식이나 반자동식에는 그다지 쓰이지 않는다.

② 격발(격침)

㉠ **볼트액션** : 노리쇠에 붙은 손잡이를 손을 앞뒤로 밀거나 잡아당김으로써 장전 · 폐쇄 · 격발 · 추출 · 방출의 제동작을 행하는 방식이다. 이러한 총은 제조하기가 쉽고 고장이 적으므로 제2차 세계대전까지 영국 · 소련 · 일본 등 많은 국가의 군용소총으로 사용되었다. 지금도 수렵용 선조총에 널리 채택되고 있으며, 사격 경기용 소총은 모두 이 방식이다.

ⓒ **슬라이드액션** : 총대의 밑에 앞뒤로 운동하는 선대(先臺)가 부착되어 있어, 그것을 한손으로 잡아전후로 운동시킴으로써 발사에 필요한 연속동작을 하게 되는 방식이며, 선조총·산탄총에 널리 응용된다.

ⓒ **레버액션** : 개머리판의 손잡이 부근 아래쪽에 지렛대(레버)가 있어, 그것을 세우거나 제침으로써 장탄·방출의 연속동작을 하는 방식이다. 사냥용 선조총에 많이 사용된다. 자동총은 발사 시에 생기는 가스의 압력 또는 반동을 이용해서 탄피의 추출·방출, 탄환의 장전을 자동적으로 하는 총이며, 연속적으로 자동발사를 할 수 있게 된 것을 기관총이라고 하나, 최근의 군용소총에는 기관총과 같은 기구와 성능을 갖춘 것이 많다. 방아쇠를 당기는 동안 자동적으로 연속발사가 되는 것이 전자동식(Full-automatic)이고, 발사할 때마다 방아쇠를 당기도록 된 것이 반자동식(Semiautomatic)이다.

③ **방아쇠 안전장치**

방아쇠의 측면이나 개머리판의 손잡이 뒤에 위치한 버튼을 당기면 작동되는 안전장치는 크게 믿을 만한 장치는 아니다. 이것은 특별한 경우를 제외하고는 방아쇠만 당겨지지 않도록 되어 있고 격침장치에는 아무런 영향을 주지 못하기 때문이다. 따라서 충격에 의한 발사는 강제적으로 막지 못한다. 총기의 안전을 확보하기 위해서는 기관부를 열거나 꺾어 놓는 것이 더 나은 방법이다. 안전장치가 필요한 경우는 단순하게 주의를 위해서나 유럽 사냥꾼의 경우 보조자를 동반해서 두 개 또는 세 개의 총기를 이용할 때이다. 이는 급하게 총기를 주고받을 경우, 방아쇠를 우발적으로 잡아당길 위험이 있기 때문이다. 그럴 경우에는 안전장치가 스스로 작동하게 되므로 안전에 도움이 된다.

(3) 엽총의 개머리판

① **개머리판의 형태** **11 기출**

㉠ 영국식 개머리판은 수평쌍대에 잘 어울리나 상하쌍대나 자동식 총에는 어울리지 않는다.

㉡ 일명 미끈한 개머리판 또는 백조목형 개머리판이라고 부르는 프랑스식 개머리판은 영국식보다 묵직하다.

㉢ 권총잡이식 개머리판은 총목을 잡기가 편하고 상하쌍대나 반자동총에 적합하다. 또한, 이것은 두 개짜리의 방아쇠보다 하나 짜리의 방아쇠에 더 적합하다.

㉣ 반권총잡이식 혹은 리벌버식이라고 하는 개머리판은 권총잡이식과 영국식의 혼합형이다. 이것은 수평쌍대, 자동식총, 상하쌍대 모두 적당하다.

㉤ 얼굴에 접촉할 수 있는 안면접촉식은 사수의 얼굴에 개머리판을 밀착시킬 수 있도록 돌출부가 있는 것이 특징이다. 이것은 일반 엽총보다 카라빈 등 라이플 엽총에 적합하다.

㉥ 권총잡이식에서 개머리판이 더 높아진 몬테카롤로식은 산탄총보다 조준경이 장착된 라이플에 적합하다.

㉦ 일명 돼지형 개머리판이라고 불리는 바바리안식은 몬테카롤로식과 안면접촉식의 혼합형으로 카라빈이나 복합총기에 많이 사용한다.

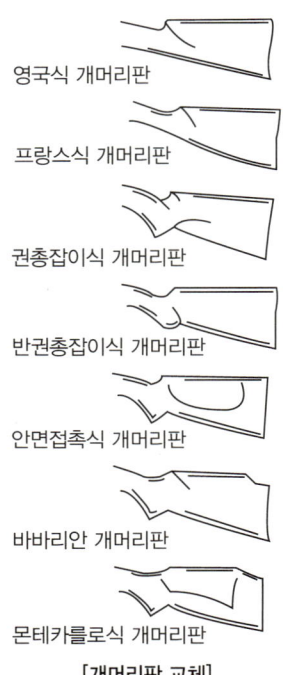

영국식 개머리판

프랑스식 개머리판

권총잡이식 개머리판

반권총잡이식 개머리판

안면접촉식 개머리판

바바리안 개머리판

몬테카롤로식 개머리판

[개머리판 교체]

② 개머리판의 크기

콤은 그림에서 39와 38로 표시되어 있는 부분의 길이이며, 힐은 59와 58로 표시된 부분의 길이고 개머리 길이는 375로 표시된 부분의 길이를 말하는데, 이 부분은 엽총 선택 시 아주 중요한 요소이다. 개머리의 규격은 헌터의 신체적 조건뿐만 아니라 거총방법 등도 고려해서 선택해야 한다. 짧은 개머리는 고무로 된 삽입판을 이용하여 5~8mm를 연장할 수 있고, 최고 35mm까지 연장할 수 있다. 자신의 팔 길이에 맞는 개머리의 길이를 찾는 방법은 개머리(총이 없을 경우 자)를 오른손 위에 올려 놓고 오른손 첫째 마디(오른손 잡이)가 방아쇠에 걸쳐질 정도의 길이면 적당하다고 한다.

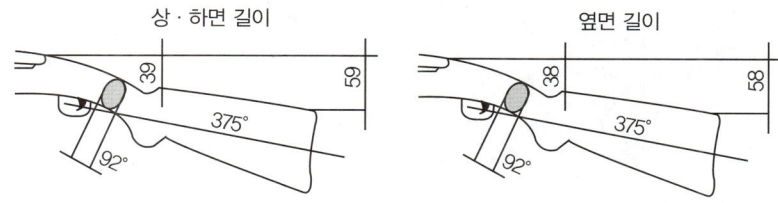

4. 엽 탄

엽탄은 주로 작은 알맹이의 납알을 한꺼번에 방출시키는 산탄용 실탄이며 포획동물에 따라 선택을 쉽게 할 수 있도록 납알의 크기별로 호수(번호)를 지정해 놓은 탄이다. 산탄의 납알은 호수에 따라 최소 1.7~8.6mm까지의 크기를 갖고 있다. 탄피 안은 산탄(Shot), 화약(Gunpowder), 뇌관(Primer) 등으로 구성되어 있다.

(1) 종 류

① 길이(전장) : $2\frac{3}{4}$인치 또는 3인치

② 굵기(번경) : 12게이지, 20게이지, 28게이지, 410게이지

③ 호수(번호) : 000BK, 00BK, 0BK, 2호, 3호, 4호, 5호, $7\frac{1}{2}$호

SHOT SIZES											
No.	9	8½	8	7½	6	5	4	2	1	BB	BBB	T
Shot Sizes	•	•	•	•	•	•	•	•	•	•	•	•
Diameter in inches	.08	.085	.09	.095	.11	.12	.13	.15	.16	.18	.19	.20
No.	4		3		2		1	0		00		000
Buckshot												
Approx	.24		.25		.27		.30	.32		.33		.36

Lead Pellets Per Ounce(Approx)				Steel Pellets Per Ounce(Approx)			
Size	Pellets	Size	Pellets	Size	Pellets	Size	Pellets
BB	50	6	225	BB	72	4	192
2	87	7½	350	1	103	6	315
4	135	8	410	2	125		
5	170	9	585				

더 알아보기 엽탄 호수별 산탄수

구분	$7\frac{1}{2}$호	5호	4호	2호	BB	4BK	0BK	00BK	000BK
$1\frac{7}{8}$(OZ)		318	252	168	93				15
$1\frac{5}{8}$(OZ)		276	219	146	81	41			
$1\frac{1}{2}$(OZ)	525	256	203	135					12
$1\frac{3}{8}$(OZ)			186	124	69		16	12	
$1\frac{1}{4}$(OZ)	438	213	169	113	63	27			
(OZ)			160						
$1\frac{1}{8}$(OZ)	394	191	152	101					
1(OZ)	350	170	135	90			12	9	8
$\frac{7}{8}$(OZ)		149	118						
$\frac{3}{4}$(OZ)	263	128	101						
$\frac{1}{2}$(OZ)	175	85	68						

(2) 사거리

① 유효사거리 : 조수를 포착했을 때 거의 명중시킬 수 있는 거리로 산탄의 경우 대개 50m 전후이다.

23, 03 기출

② 최대도달거리 : 탄환이 가장 멀리 비행하는 거리로 산탄의 경우 최고 560m이다.

[엽탄 호수별 특징] 03, 02 기출

산 탄	산탄개수	유효사거리(m)	최대도달거리(m)	일반적 적용
000BK	8	70	750	멧돼지
00BK	9	60	650	멧돼지
0BK	12	60	580	멧돼지 · 고라니
4BK	27	60	500	고라니
비비(BB)	60	50	360	고라니 · 오리
2호	90	50	300	고라니 · 오리
4호	135	45	250	수꿩 · 오리
5호	170	45	240	수꿩 · 오리
6호	225	40	200	수꿩 · 멧토끼
$7\frac{1}{2}$호	350	40	190	비둘기 · 사격용
8호	410	40	170	비둘기 · 스키트
9호	585	35	160	비둘기 · 스키트

(3) 탄착점

① 패턴(탄막) 25 기출

패턴이란 샷건에 엽탄을 장전한 후 표적을 향하여 발사하였을 때 엽탄의 퍼지는 정도, 즉 산개 정도를 말한다. 엽총은 산탄을 발사하여 둥근 패턴의 탄착점을 형성한다. 일반적으로 고정식 초크와 교체식 초크를 가진 샷건의 경우를 비교해 볼 때 고정식 초크를 가진 샷건이 더 우수한 패턴을 보인다고 한다. 그러나 우수한 패턴은 총기 제조 메이커의 노하우에 따라서 달라질 수 있는 문제가 있다.

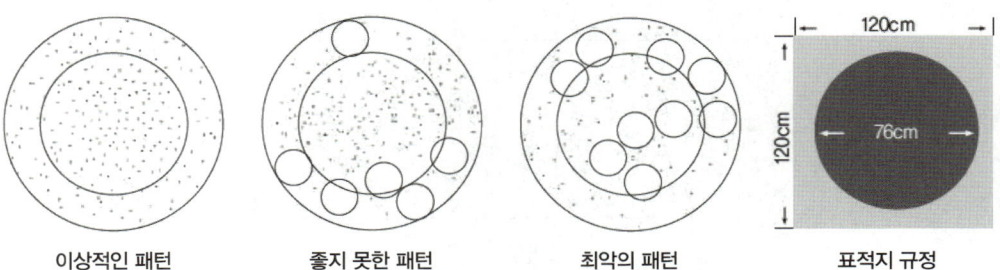

이상적인 패턴 / 좋지 못한 패턴 / 최악의 패턴 / 표적지 규정

더 알아보기 초크와 패턴의 관계

사격거리 (m) 초크종류	27.4m	31.9m	36.6m	41.2m	45.7m	50.3m	54.8m	엽탄 호수	산탄수 (약)	비 고
풀(F)	100%	84%	70%	59%	40%	40%	32%	BB	60개	
임프루브드 모디파이드 (IM)	91%	77%	65%	55%	46%	37%	30%	2호	90개	
모디파이드 (MOD)	83%	71%	60%	50%	41%	33%	27%	4호	135개	
임프루브드 실린더(IC)	72%	60%	50%	41%	33%	27%	22%	5호	170개	
스커트(S)	60%	49%	40%	33%	27%	22%	18%	6호	225개	

② 탄 도

총에서 발사된 탄환은 중력의 영향을 받아 아래로 떨어지는 탄도를 갖는다. 탄도 곡선이란, 탄환이 날아가면서 그리는 궤적이다. 통상 사선을 중심으로 아래서 올라 왔다가 포물선을 그리면서 내려간다. 그 밖의 탄도에 영향을 주는 조건은 공기의 밀도, 온도의 변화, 풍향이며 그중에 풍향이 가장 큰 영향을 미친다.

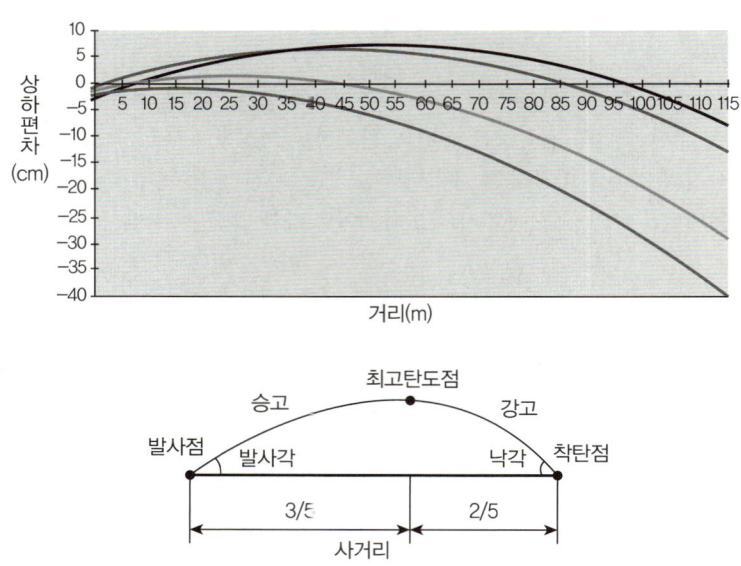

02 공기총

1. 공기총의 이해

(1) 발사원리
총을 격발하면서 노리쇠뭉치가 공기가 압축된 탱크의 밸브를 개폐시키기 위하여 충격을 가하고 그 충격으로 압축공기가 분출하여 탄환을 밀어내는 발사과정으로 이어진다.

(2) 구조
공기총은 크게 총열과 기관부, 개머리로 구성되어 있다. 총열은 탄착점에 영향을 미치며 기관부는 격발장치와 장전을 수행하는 장치를 감싸고 있다. 개머리판은 정확한 사격술을 지원한다. 대부분의 공기총은 실탄이 아닌 발사 에너지를 총기에서 얻으므로 화약총보다 복잡한 구조로 만들어져 있다. 총포·도검·화약류 등의 안전관리에 관한 법률상 공기총의 구조 및 형식은 다음과 같다.

① 공기총의 총신과 압축실 실린더는 이은 자리가 없고 $1cm^2$당 180kg 이상의 압력에 견딜 수 있는 재질로 할 것
② 공기총의 압축실 실린더 전체의 체적은 $500cm^3$를 초과하지 아니할 것
③ 공기총의 전체 길이는 80cm 내지 120cm로 할 것
④ 제작하는 총마다 기관부의 왼쪽에는 제조회사와 총의 종류 및 구경을, 오른쪽에는 제조회사별 영문약어 2자와 제조연도 2자 및 제조순번에 따른 일련번호를 여섯 자리의 숫자로 새겨 표시하고, 방아틀뭉치에는 제조회사 영문약어 2자와 제조연도 2자 및 제조순번에 따른 일련번호를 여섯 자리의 숫자로 새겨서 표시할 것
⑤ 공기총의 구조는 겸용할 수 없는 단일형식의 구조로 할 것

⑥ 방아쇠를 당길 수 있는 힘을 1kg 이상으로 하고, 안전장치를 할 수 있는 구조로 제작할 것
⑦ 노리쇠 · 공이치기 · 방아쇠 · 단발자 · 안전장치의 재료는 한국산업규격(KS)D3752의 SM45C 이상의 재질을 사용할 것

[공기총의 종류]

(3) 특 성 11 기출

공기총은 압축공기나 가스에서 발사 에너지를 얻어 발사하는 총이다. 에어라이플로 불리는 라이플형 단탄공기총은 총열에 강선을 넣어 정확도를 높힌 반면 산탄공기총은 엽총과 같이 파이프형 총열을 사용하고 있으며 경기용과 수렵용이 있다.

① 휴대성

수렵용 공기총은 수렵 활동 시 주로 산이나 들, 숲 등 다양한 장소에서 쓰이기 때문에 가볍고 휴대하기 편리하게 제작되어야 한다.

② 조준의 편리성

수렵용 공기총은 목표물을 발견하면 신속히 조준하여야 하므로 조준하기 편하게 되어 있다. 이러한 목적으로 개발된 수렵용 공기총의 가늠자 가늠쇠장치는 오픈사이트(Open Sight)로 되어 있다. 이 오픈사이트로 물체의 이동이나 거리가 가깝고 먼 곳을 즉시 확인하며, 이에 따라 적절히 조준을 할 수 있는 것이다.

㉠ 베드사이트 : 가늠쇠 끝이 수술모양으로 되어 있는 조준장치로 이동표적에 용이하다.
㉡ 폴사이트 : 기둥모양의 가늠쇠로 그 끝은 각이 져서 쉽게 고저를 알 수 있어 고정목표물에 용이하다. 이것은 비교적 상하편차가 적은 가늠쇠로 정밀하다.
㉢ 삼각가늠쇠 : 가늠쇠 끝을 예리하게 만들어 놓아 마치 뾰족한 산모양으로 되어 있어 좌우편차를 쉽게 알 수 있다.

③ 견고성

수렵용 공기총은 수렵 활동 시 거친 야외환경 속에서 다뤄지기 때문에 무엇보다도 견고하여야 한다.

(4) 구 경

공기총의 구경은 밀리미터(mm)법을 사용하고 있다. 구경의 종류는 4.5mm, 5.0mm, 5.5mm, 6.4mm 등 4종류이며 산탄총은 5.5~6.4mm로 제한되고 연지탄을 사용하는 라이플형 단탄공기총은 4.5mm, 5.0mm, 5.5mm 구경이 있다.

2. 공기총의 종류 09, 08 기출

(1) 스프링식(Spring)

스프링식은 스프링의 팽창력으로 피스톤을 전진시켜 실린더에 압력공기를 생성한 후 분출되어 탄환을 발사하는 총이다. 피스톤 후퇴를 위하여 총기 자체의 아래 또는 옆에 레버를 부착한 레버형과 중절식이 있다. 비교적 명중률이 높으나 장전 시 안전사고가 잦고 불편이 크다는 단점이 있다.

① 중절식(꺾어대)

중절식 공기총은 총열과 몸통이 연결되는 중간 지점, 즉 약실과 몸통이 결합된 지점에서 총열을 쥐고 아래로 밀어 꺾으면 약실이 열리면서 총기 노출되어 위로 향하게 된다. 이러한 작용은 총열하단에 붙여놓은 밀대로 압력피스톤집인 실린더를 뒤로 밀어 후퇴시킨다.

㉠ 왼손으로 총대를 잡고, 오른손으로 총열을 잡는다.
㉡ 오른손의 총열을 아래로 꺾는다.
㉢ 총열 밑에 있는 스프링 밀대가 스프링을 오그려 방아쇠가 스프링 중심대 턱에 걸리도록 한다.
㉣ 탄알을 약실에 장전하고, 총열을 위로 다시 편다. 이때 총열멈치가 작용하여 완전히 결합되었는지 확인한 다음, 자세를 취하여 사격한다

② 언더 레버식

중절식 공기총의 단점인 마모에서 생기는 편차나 불안감 등을 제거하고 새로운 방법으로 스프링총이 요구하는 제반사항을 충족시킬 수 있는 방법으로 고안되었다. 언더 레버식은 피스톤 실린더의 후퇴작용을 총열을 꺾는 대신 실린더 하단에 따로 달려 있는 레버로 작동하게 하고 탄알의 장전은 약실 부근에 설치한 탄알장전기에 의하여 장전한다.

㉠ 오른손으로 총목을 쥐고 왼손 집게손가락으로 레버고리를 연다.
㉡ 레버를 아래로 잡아 당긴다.
㉢ 방아쇠가 스프링 중심대턱에 걸릴 때까지 당긴다.
㉣ 방아쇠가 스프링턱에 걸리면 레버를 논래 위치로 보낸다.
㉤ 약실의 손잡이를 젖히고 탄알을 넣는다.
㉥ 자세를 취하고 사격을 한다. 이때 탄알의 앞머리는 총구방향으로 향하게 한다.

③ 사이드 레버식

사이드 레버식은 꺾어대와 언더 레버에서의 모든 단점을 제거한 방법이다. 실린더를 후퇴시키는 로드를 총목 옆에 붙어 있는 레버에 연결시켜 놓고, 이 로드가 연결된 레버의 일회 작동으로 약실을 열어 탄알도 정확히 약실에 꽂아 장전할 수 있게 하였다.

㉠ 총을 허리나 무릎 위에 안전하게 기대어 놓고 왼손으로 총몸 위를, 오른손으로 레버 손잡이를 쥔다.
㉡ 손잡이를 뒤로 젖혀 안전턱에 걸어 놓으면 프시톤 실린더가 후퇴하면서 약실이 열린다.
㉢ 약실에 총탄을 장전한다.
㉣ 레버를 방아쇠에 걸릴 때까지 후퇴시켰다가 전진시킨다.
㉤ 안전장치가 풀려 완전히 레버가 자물쇠에 걸리면 사격을 한다.

(2) 공기 압축식

공기를 펌프로 압축하여 압축공기실에 연속적으로 넣으면 압축공기실은 밸브스프링의 작용으로 압력이 계속 증가한다. 이 압축공기실에 배기장치를 공이로 연결시켜서 공이치기가 이 공이를 치는 순간 압축

공기는 기도를 통하여 약실로 전진한다. 약실에는 탄알이 장전되어 있고 기도 바로 앞에 탄알의 스커트가 약실변을 완전히 메우고 있다. 이때 압축공기는 탄알 스커트를 힘있게 밀어 탄알이 탄력을 받고 총열의 강내를 통과하게 되는 것이다.

① 볼트를 후퇴시켜 공이치기 해머를 방아쇠턱에 걸어 놓는다.
② 한 손으로 레버 손잡이를 잡고 한 손으로 총등 고무나 플라스틱으로 감싸놓은 곳을 힘껏 잡는다.
③ 양손에 같이 힘을 주어 손잡이와 총목을 벌린다.
④ 완전히 벌려 총열 하단에 위치한 펌프 실린더 끝에 뚫어 놓은 공기 흡입구에서 공기 흡입신호가 들리면 다시 힘 있게 벌렸던 양손을 다시 오므려서 파킹이 부착한 피스톤을 앞으로 전진시킨다.
⑤ 압력저항을 강하게 받으며 다시 튕겨질 때는 레버를 힘있게 끝까지 눌러 레버 손잡이가 총몸에 꼭 닿아질 때까지 누른다.
⑥ 다시 아래 레버 손잡이를 벌려 이 일을 반복한다.
⑦ 이렇게 필요한 횟수의 펌프질을 끝내면 약실에 탄알을 넣되 엄지 손가락의 끝으로 탄알을 꼭 끼워 넣도록 한다.
⑧ 거총하여 사격한다.

(3) 가스식

① CO_2 액체가스를 작은 용기에 주입하여 공기총 하단에 장치하여 공기와 접촉시켜서 생기는 기체 가스 압력을 탄알추진에 이용한 것이다.
② 1회 가스통 장치로 40~50발의 사격을 할 수 있고 그 강내초속도 430F.P.S. 이상이 보장되므로 10m 사격에 편리하여 인기를 모으고 있다.
③ 가스식은 공기 압축식과 같이 반동이 거의 없으므로 초보자가 공포심을 덜 느끼게 되고, 스프링에서나 공기 압축식에서처럼 레버 작용에 필요 이상의 시간과 육체적 노력을 요구하지 않으며 레버 작동에서 오는 안전사고도 없으므로 가장 편리한 공기총으로 간주된다.
④ 경제적인 면에서 볼 때 다른 방식의 공기총과 달리 CO_2 가스통을 장치하여야 하므로 비용이 더 들게 된다. 기화 가스압이 처음과 나중이 서로 다르므로, 최초의 압력에 비하여 40발 이후 탄속은 상당한 차이가 있어, 탄착점이 일정하지 않을 수 있는 단점을 가지고 있다.

3. 공기총탄

(1) 개 요

① 특 성

공기총에 사용하는 탄환, 즉 연지탄은 거의 순수한 납으로 만들어진다. 연지탄은 가운데 부위가 잘록한데 이곳을 허리라 하며 그 앞을 머리, 뒤를 치마란 의미의 스커트라 부른다. 스커트는 압축공기가 새지 않도록 총강을 밀폐하는 역할을 하므로 탄환마다 큰 차이가 없다. 반면, 머리는 공기층을 뚫는 역할을 하므로 그 모양새에 따라 조금씩 다른 탄도의 특질을 갖는다. 탄환은 공기의 저항을 받아 점차 속력을 잃게 되는데, 그 정도는 각 탄의 머리 모양에 따라 다르다. 그 정도를 수치로 측정한 값을 탄도계수라 한다. 탄도계수가 높을수록 탄속은 천천히 잃으며 더 멀리 날아간다.

② 구 경

공기총탄은 단탄공기총에 쓰이는 4.5mm, 5.0mm, 5.5mm 구경 연지탄과 5.5mm, 6.4mm 산탄공기총에 사용할 수 있는 산탄 등이 있다.

③ 구 조

연지탄은 바람의 영향을 최대한 줄이기 위하여 앞머리가 납작한 경기용과 앞머리가 뾰족한 수렵용으로 구분되며 발사 시 추진력을 최대로 얻기 위하여 뒷부분이 치마모양을 하고 있다.

④ 유효거리 09 기출

조수를 포착했을 때 거의 명중시킬 수 있는 거리로 연지탄의 경우 30m 이내이다.

⑤ 최대도달거리

탄환이 가장 멀리 비행하는 거리로 연지탄의 경우 최고 250m 이내이다.

총의 종류	사용실탄	최대유효거리(m) 07 기출	최대도달거리(m) 02 기출
공기총	4.5mm 내지 5.5mm	30	250

(2) 연지탄의 종류 11 기출

머리 모양새에 따라 연지탄은 여러 가지 형태로 분류된다. 머리가 평평한 워드커터(Wadcutter)형, 뾰족한 포인티드(Pointed)형, 둥근 돔(Dome)형, 컵 모양인 할로우 포인티드(Hollow Pointed)형 등이다.

① **워드커터형** : 워드커터형은 본래 사격 경기용으로 설계되었다. 따라서 연지탄 중에서 정확도가 가장 높다. 탄도계수가 0.0125로 낮아서 단거리 사격에 적합하다. 탄환은 상대적으로 낮은 포물선 운동을 한다. 이 형은 관통력이 약해서 표적에 깊게 박히지는 않는다. 그러나 탄흔이 크고 뚜렷한 장점이 있다.

② **포인티드형** : 포인티드형의 뾰족한 머리는 동일한 힘일 때 더 빠르며 힘이 강렬할 것처럼 생각되나 사실은 그렇지 않다. 단, 공기 저항이 적어 탄도계수가 0.0180으로 비교적 높기 때문에 총탄이 멀리 날아갈 뿐이다. 관통력은 크며 표적에 깊숙이 박힌다.

③ **돔형** : 돔형은 워드커터형과 포인티드형의 중간 정도의 특질을 보인다. 관통력이 포인티드형보다 약하지만 워드커터형보다는 15%가량 크다. 탄도계수가 0.0175인데 간혹 0.0250으로 훨씬 높은 경우도 있다. 즉, 보통 포인티드 탄보다는 조금 짧은 거리를 나아가나 더 멀리 날아갈 수도 있다. 탄속고 사정거리, 관통력과 파괴력 등의 여러 가지 면에서 두루 만족할 수 있는 형이다.

④ **할로우 포인티드형** : 할로우 포인티드형은 워드커터형을 수정하거나 돔형을 수정한 모양이다. 이 형은 파괴력이 큰 것이 장점이다. 정확도도 좋은 편이며 강형 압력을 사용하는 공기총에 사용할 때 더욱 효과적이다.

03 사격술 개론

1. 사격술의 기본

(1) 사격순서 09 기출
사격은 크게 자세, 호흡, 조준, 시선, 격발, 추적 순으로 행위가 이루어진다.
① **자세** : 근육이 이완된 상태에서 편하고 안정성을 지닌 자세
② **호흡** : 심호흡을 3분의 2 또는 절반 정도를 내쉰 후 멈춤
③ **조준** : 고정표적과 이동표적에 따라 각기 다른 방법을 선택
④ **시선** : 고정표적의 시선은 가늠쇠에 두나 이동표적(물체)은 실물에 초점을 맞춤(양쪽 눈을 뜨는 것이 원칙)
⑤ **격발** : 부드러운 격발이 요구되기에 사전압력과 최종압력으로 구분·실행하여야 함. 충분한 사전압력은 최종압력을 최소화하여 무리없는 격발을 유도, 정밀사격에 결정적인 역할을 하나 초보자는 이를 무시하여 정조준 상태를 흐트러뜨리는 경우가 많음
⑥ **추적** : 격발로 인한 조준의 흐트러짐을 막고 자신의 사격행위를 분석, 다음 발의 실수를 예방하는 데 매우 중요한 과정

(2) 격발의 요령 24, 09, 08 기출
① 방아쇠의 압력 배분에 유의하여 발사 직전에 이미 충분한 사전압력을 주어야 한다.
② 최종압력은 부드럽게 점진적으로 증가시켜야 한다.
③ 격발 진행 중에 조준을 포기하지 말고 더욱 정확한 조준에 몰입하여야 한다(조준 후 격발이 아닌 격발 후 조준한다는 마음가짐이 필요).
④ 격발 직전에 고조되는 감정을 엄격히 억제함으로써 위축 또는 급작 격발에 의한 총의 흔들림을 최소화하여야 좋은 결과를 가져올 수 있다.

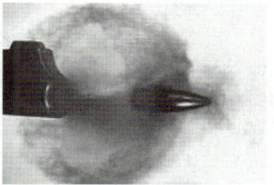
[총의 발사 순간의 모습]

(3) 리브와 비드의 사용법
① 리브(Rib)는 총열 상단에 부착된 사다리를 닮은 가늠을 도와주는 긴 편자로 수렵용은 약 9mm이며, 사격용은 12~13mm이다. 리브의 끝에 붙은 볼록한 가늠쇠를 비드(Bead)라고 한다.
② 비드는 눈과 같은 위치의 평행선을 맞추기 위해 사용하며 목표물을 보고 사격 시 리브와 비드가 눈에 들어와 이를 시각적으로 본인이 느꼈다면 이미 납탄은 물체가 날아간 후방을 때리게 되는 것이다.
③ 사격 시 리브의 위치를 눈과 어느 위치에 놓아야 하는지는 개머리판의 굽은 폭(Drop)에 영향을 많이 받는다. 따라서 엽총의 리브가 길게 또는 짧게 보이는 길이에 따라 탄착점의 상하가 변화한다.
④ 오른쪽 그림에서 FIG.1을 보면 사다리의 위아래 폭이 전혀 없이 평형을 이루고 있을 때는 산탄은 물체의 하부를 때리게 된다. FIG.2의 경우 사다리가 수평보다 상대적으로 많이 올라와 있다. 이때 산탄은 물체의 상부를 때리게 된다.

FIG. 1

FIG. 2

⑤ FIG.3의 경우 사다리의 위치가 적절하다. 이때의 비산폭은 물체의 중심부를 강타하게 된다. 다만 모든 총은 나름대로의 특성이 있으므로 실제 사격연습을 통해 엽총의 특성을 숙지하는 것이 필요하다.

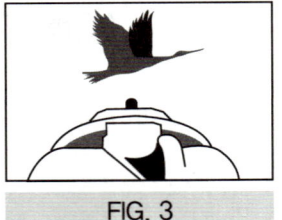

FIG. 3

2. 이동표적의 사격 07 기출

(1) 이동표적의 사격원리
① 실탄의 비행속도를 고려하여 실탄이 목표물까지 도달하는 시간을 계산한다.
② 목표물의 비행속도를 고려하여 실탄이 도달하는 시간 동안 목표물의 이동거리를 예측하여야 한다.
③ ①과 ②를 예측하여야 정확한 조준점을 찾아 리드할 수 있다.

(2) 이동표적 사격 방법
① 인간의 반응시간에 의하여 시각적인 정조준을 믿어서는 안 되며(특히 이동표적), 반드시 목표물과 비슷한 속도의 스윙(이동) 동작이 연속적으로 이루어져야 한다. 왜냐하면 발사 직전 순간적으로 정지된 상태에서 격발할 때에는 반응시간 동안 목표물이 지나간 뒤에 발사되기 때문이다.
② 실탄의 총구에서 목표물까지의 속도와 실탄의 종류에 따라 각각 다르나 엽총의 경우 약 200~407m/sec이므로 목표물의 비행방향 전방에 일정거리를 두고 발사하는 리드사격을 하여야만 한다.
③ 목표물(표적)은 이동거리가 크고 이를 추적하는 총구의 실제 이동거리는 짧다. 따라서 목표물이 아닌 총끝(가늠쇠)을 보는 순간 총은 정지하게 되므로 절대 총 끝을 보고 조준을 해서는 안 된다. 특히 정확한 조준을 확인하려 하는 심리가 가늠쇠에 시선을 빼앗기는 원인이 되며 이때 격발하면 반드시 총이 정지된 채 발사된다.
④ 사람의 감각적 지향성은 상상보다 정확하여 산탄의 패턴으로 이를 충분히 커버할 수 있음에도 불구하고 정확한 조준에 집착한 나머지 가늠쇠에 시선을 빼앗겨 총의 정지에 의한 실패를 경험하게 된다. 따라서 사람의 감각을 믿는 믿음이 이동표적 사격에서 실패를 줄일 수 있는 기본기이다.

(3) 스 윙 25 기출
스윙이란 사격 자세를 취한 다음 이동하는 물체를 향해 시선의 초점을 맞추고 총의 방향을 계속 목표물을 향해 움직이며 따라가 어느 시점에 사격하는 것을 말한다.
① 나는 새의 뒤에 총열을 놓고 스윙을 시작한다. 총열은 유연하면서도 천천히 움직여서 새의 꼬리 부분을 따라잡는다.
② 스윙을 계속하면서 총열이 새의 전방에 오도록 리드한다. 새가 날아가는 각도, 속도, 그리고 거리를 생각하며 전방 위치를 결정한다.
③ 사격하기에 적당한 전방 위치가 결정되면 방아쇠를 당긴다. 방아쇠를 당길 때는 주저하거나 주춤거리지 말고 스윙 속도를 유지한다.
④ 총열은 날아가는 새와의 전방 거리를 유지하면서 스윙을 계속한다. 사격 후에도 곧바로 스윙을 멈추게 되면 목표물 뒷부분을 맞추게 된다. 스윙사격이 실패하는 주원인은 스윙을 하다가도 격발 순간에 일순 멈춤 사격이 되기 때문에 목표물 후방을 쏘게 되는 것이다.

⑤ 전방사격(리드, Lead Shooting)은 조준시간이 충분한 먼 거리의 목표물 사격에 적당하다. 사격거리, 새의 날아가는 속도, 각도에 따라 전방의 위치를 결정하여 발사한다.

⑥ 가까운 거리에서 목표물이 일직선으로 달아나거나 가로지를 때는 직감적으로 새의 위치를 결정하고 빠른 사격(속사, Snap Shooting)을 하여야 한다.

(4) 리드사격 23 기출

① 리드사격이란 이동표적의 최종 격발 시 표적의 앞부분을 향하여 격발하는 것이다. 스윙 동작 후 리드사격을 가했을 경우 총구를 떠난 탄환폭은 마치 유도탄이 옆으로 날아가는 비행체를 따라가 맞추는 것과 같이 곡선을 그리며 나아가 물체를 덮친다.

② FIG.2 전방의 좌에서 우 또는 우에서 좌측으로 비행하는 물체는 스윙 동작을 계속하여 30~50cm 리드하여 사격한다.

③ FIG.3 낮은 곳으로 날아가는 새는 새의 진행방향 위로부터 아래쪽으로 리드하여 사격한다.

④ FIG.4 전면 앞쪽 수직방향으로 날아가는 새는 새의 중심을 향하여 사격한다.

⑤ FIG.5 낮은 곳에서 위로 떠오른 새는 아래로부터 스윙하여 새의 앞부분을 리드하여 사격한다.

⑥ FIG.6 정면으로 날아오르는 새는 머리 쪽을 향해 사격한다.

⑦ FIG.7 상공을 비행하는 새는 스윙하여 새머리를 리드한 후 전면을 향해 사격한다.

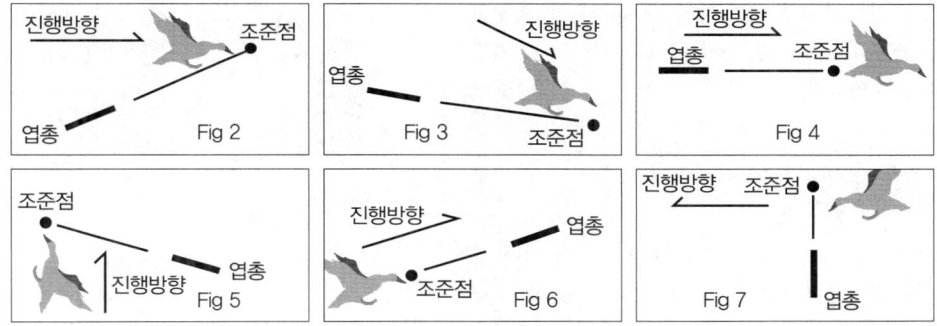

[방향과 거리에 따른 리드거리]

3. 실제 사냥에서의 사격

(1) 실제 사냥에서의 사격 자세 25 기출

① 어떤 경우라도 겨누기 전에 총을 수평으로 취하고 있으면 안 된다. 왼손에 피로가 오고 사람이나 가축으로 하여금 위협을 느끼게 하기 때문이다. 실제 사냥에서는 절대로 왼손을 피곤하게 해서는 안 된다. 좌우의 팔꿈치를 몸에 꼭 붙이는 것도 잊어서는 안 된다. 오른손 인지손가락은 걸쇠(불시에 방아쇠를 당기는 일이 없도록 잠그는 장치) 밑으로 향하게 해서는 안 되며 사격의 순간까지도 방아쇠에 인지손가락을 걸어서는 안 된다. 총의 무게는 오른손에 되도록 많이 가도록 한다. 외발 사격에서는 다리를 너무 벌리는 자세를 취하면 허리가 자유롭지 않게 된다.

② 총을 약간 옆으로 비스듬하게 하고 오른쪽 팔꿈치로 총대 끝을 밑으로 누르듯이 하면 총의 무게는 거의 왼손에 걸리지 않는다. 이것은 어깨에 매고 갈 때 아주 유연하고 신속하게 올릴 수 있다. 코끝에서 왼쪽 다리 안쪽이 일직선이 되도록 신경쓴다.

③ 쏘아야 할 순간이 왔을 때 안쪽을 향해 수건을 짜듯이 두 손을 비틀면서 총을 어깨로 올린다. 이런 마음가짐으로 하면 총은 절대로 흔들리지 않는다. 이 경우에 총의 무게가 오른손에 있으면 유연하게 어깨가 올라가지 않아 총의 무게를 왼손으로 옮긴다. 양 팔꿈치를 벌리면서 총을 어깨로 올리는 것은 총의 안정을 나쁘게 할 뿐만 아니라 매우 조심스럽게 가까이 오는 큰 짐승의 사격에 있어서 불리하다. 두 다리 중 어느 한쪽에 체중의 대부분을 싣는 외발 사격에서는 두 다리를 너무 벌려서는 안 된다.

④ 총을 어깨에 올림과 동시에 쏜다. 이때 코끝에서 왼쪽 다리 안쪽까지 일직선인 자세가 흐트러져서는 안 된다. 어깨에 총이 올라갔을 때는 겨누는 곳이 정해졌을 순간이다. 이러한 총의 조종이 가능할 때까지 연습을 게을리해서는 안 된다. 무거운 총은 왼손을 지나치게 뻗으면 불리한 경우도 있어 어색한 사격자세를 취해서는 안 된다. 그러나 너무 안 뻗는 것도 곤란하다. 자세 연습을 할 때 총대는 약간 짧은 듯하게 느껴지는 정도의 길이를 가진 것으로 연습하면 빠른 숙달에 도움이 된다.

⑤ 머리 위로 짐승이 다가올 경우 총구를 우로 올리면서 왼손을 뻗는다. 쏘아야 할 바로 그 순간에 왼손을 다 뻗도록 타이밍을 맞추는 것이 요령이다. 새의 머리가 가늠쇠에서 총구로 어느 정도 들어오고 나서의 위치를 쏘는데, 날아가는 새의 속도와 거리, 각자가 체험해 온 그동안의 감에 의해 결정한다.

(2) 멧돼지 사격

① 멧돼지는 생각보다 매우 영리한 편이며, 천적이 없어 기하급수로 번식하여 유해조수의 대명사로 불린다. 눈 덮힌 음지를 올라가는 것을 지켜보면 무엇에 추적당하기 전에는 절대로 단숨에 올라가지 않는다. 급히 열 발자국 정도 올라간 후 조용히 살피고 또 올라가기를 반복하며 7~8부 능선에서 멈춘다.

② 이상이 없다고 판단되면 능선을 넘는데 기때 사수가 조금만 움직여도 멧돼지는 엉뚱한 곳으로

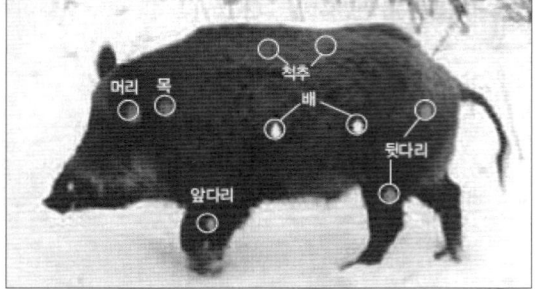

[멧돼지의 주요 급소]

도망치니 움직임에 조심해야 한다. 왜냐하면 능선에 올라선 다음 내리뛰는 개체를 사격하기란 거의 불가능하기 때문이다.

③ 계곡에서 목을 설 경우 내리뛰어 오는 멧돼지에게는 절대 사격을 해서는 안 되는데 만약 내려오는 멧돼지를 확인하고 사격하려고 움직이면 멧돼지는 정상적인 목을 벗어나 옆으로 뛰기 때문에 멧돼지가 뛰어 내려도 꼼짝 말고 대기하다가 산으로 올라서는 개체를 사격해야 한다(멧돼지는 내리뛸 때 매우 빠르나 올라갈 때는 뛰지 못하고 걸어간다).

④ 멧돼지가 뛸 때는 속도에 따라 1~1.5m를 리드하여 사격한다. 만약 전력 질주하는 멧돼지의 대략 1m 앞에 리드사격을 하게 되면 주로 맞는 부위는 배다. 멧돼지의 최고 급소는 눈 뒤 목과 머리가 연결되는 지점이다. 또한, 머리에서부터 꼬리 부분까지 척추를 맞추면 맞은 부위 아래는 신경이 마비되어 움직이지 못한다. 따라서 급소를 쏠 수 없을 때는 배 부위보다는 다리를 쏘는 것이 더 효과적이다. 특히 뒷다리가 부러지면 추진력이 없어서 올라가지 못하고 계속 내려가다가 결국 계곡에서 주저앉는다.

CHAPTER 02 총기 외 수렵도구

01 활

1. 개요

활은 나무 등을 휘어서 양끝에 시위를 걸고 시위를 당겼다 놓을 때의 탄성(彈性)으로 화살을 날려 목표물을 맞추는 무기로 활의 종류는 크게 국궁과 양궁으로 나눌 수 있다.

(1) **국궁(國弓)** 02 기출

국궁은 물소뿔 등을 가공해서 제작하는 우리나라의 전통적인 활이다.

(2) **양궁(Archery)**

① 리커브 보우(Recurve Bow) : 서양에서 사용되던 전통적인 활의 형태를 가진 활을 말하며 일반적으로 양궁으로 알려져 있는 활을 뜻한다. 영국의 전통 활이 진보되고 국제화된 것으로 알려져 있다.

② 컴파운드 보우(Compound Bow) : 서양식 활인 리커브 보우의 상하에 편심 캠을 설치하여 힘의 효율을 극대화시킨 활이다. 활의 양쪽에 원형 또는 타원형의 휠(Wheel)이 부착이 되어 활을 당길 때는 약간 강하나 당기고 나면 휠의 회전축의 중심에 변화가 생기면서 힘이 절반 정도로 약해져 오랫동안 정확한 조준을 할 수 있다. 그리고 발사 시에 휠이 회전하면서 발사되는 힘을 두 배 정도로 증가시켜 화살의 속도가 빠르며 아주 강한 힘을 가지게 되는 장점이 있다. 또한, 활을 당길 때 일반 리커브 보우는 핑거탭(가죽으로 만든 손가락 보호대)을 사용하지만 컴파운드 보우는 손가락으로 당기는 방법과 자동발사기(리리셔)를 이용하여 당기는 방법으로 나뉜다. 리리셔를 사용할 경우에는 리커브 보우와 다르게 시위를 당기기가 매우 쉬워지며 쏠 때는 손가락으로 버튼만 누르면 자동으로 발사된다. 또한, 리리셔를 사용할 경우에 그 정확도가 매우 높아져 어린이와 초보자도 쉽게 활을 배울 수가 있으며 추가로 컴파운드 보우에는 망원렌즈를 부착할 수 있어 정확도를 더욱 높일 수 있다.

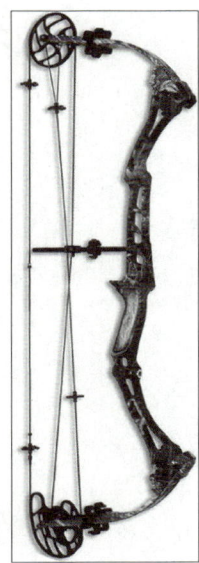

[컴파운드 보우]

(3) 활의 명칭

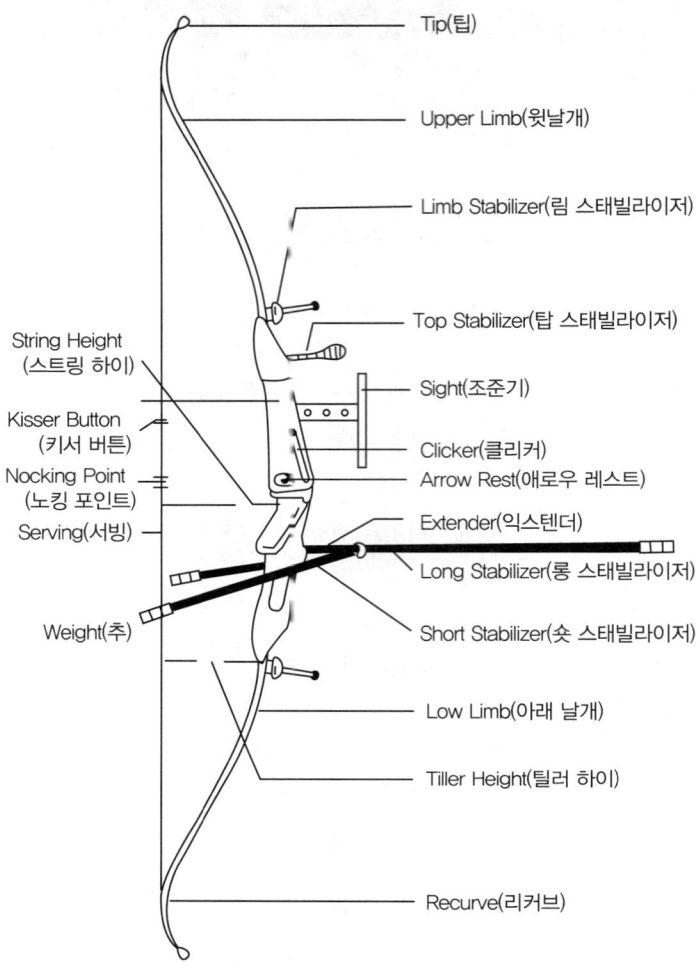

2. 양궁의 기본자세 02 기출

(1) 스탠스(Stance)
스탠스는 양궁 자세에서 가장 기본이 되는 자세이다. 양발의 넓이는 어깨나 어깨보다 약간 넓은 것이 좋다. 특히 오픈 스탠스를 사용할 경우는 약간 넓은 것이 몸의 중심을 유지하는 데 유리하다. 그러나 초보자의 경우에는 스퀘어 스탠스(표준형)를 숙달한 후 자신의 체형과 자세에 알맞은 스탠스를 선택하는 것이 좋다.

(2) 노킹(Nocking)
현에 화살을 끼우는 동작으로 항상 일정한 위치에 노킹을 하여야 한다.

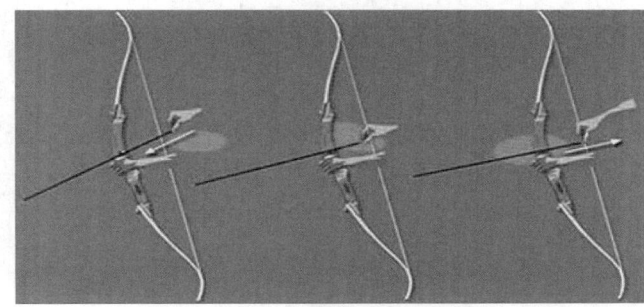

[노킹의 연속동작]

(3) 그립(Grip)
그립은 양궁 자세 중에서 매우 중요하다. 활을 잡고 있는 손은 그립의 중심을 정확히 밀어야 한다. 이때 활을 손으로 움켜지지 말고 밀고만 있어야 하며 발사 시에도 활을 잡으면 안 된다(보우 슬링을 사용하여 활이 떨어지는 것을 방지).

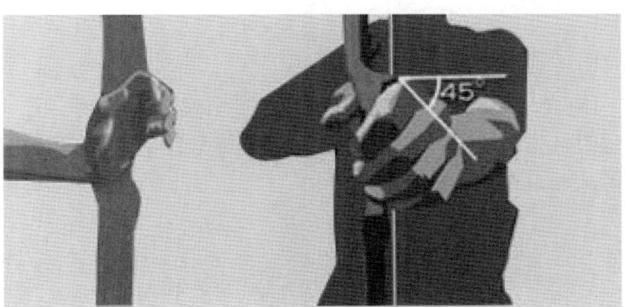

[그립 자세 및 각도]

(4) 후킹(Hooking)
후킹은 현을 당기기 전 손가락에 현을 거는 동작으로 후킹을 할 때 손목과 손가락의 관절에 힘이 들어가면 안 되고 부드럽게 유지하여야 한다. 이때 손가락의 첫 마디 안쪽에 현을 걸어 당겨서 앵커가 될 때 손가락의 첫 마디에 현이 걸려 있으면 가장 효과적이다.

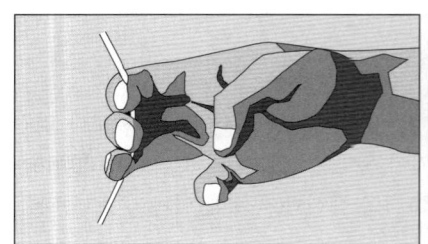 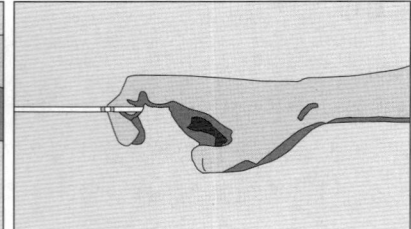

[후킹할 때의 손모양]

(5) 셋업(Set Up)
활을 들어 올리는 동작이다. 셋업 시 미는 팔의 어깨를 아래쪽으로 내리며 이때 몸 자세가 휘어지지 않도록 바르게 하여야 한다.

(6) 활 당기기(Drawing)
활을 당길 때는 느낌을 가지고 서서히 당겨야 한다. 이때 당기는 팔과 미는 팔의 힘은 동일하게 분배하여야 한다. 활을 당기는 팔의 팔꿈치 높이는 눈과 입 사이 정도의 위치가 가장 적합하다.

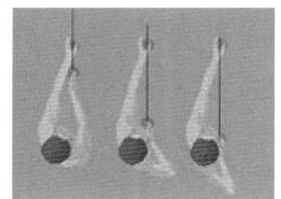

[드로잉 연속동작]

(7) 앵커(Anchor)
앵커 시에는 당기는 손을 일정한 위치인 턱 아래에 고정해야 한다. 이때 현은 턱과 입에 접촉되는 것이 일정성을 가질 수가 있다.

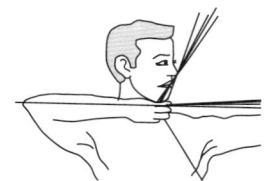

[앵커를 한 모습]

(8) 풀 드로우(Full Draw)
활을 당기고 난 후 풀 드로우의 자세는 매우 중요하다. 정확한 풀 드로우 자세는 슈팅 시 정확한 밸런스를 유지할 수 있으며 중급자는 클리커를 사용할 때 좋은 익스탠딩을 하는 데 유리하다. 이를 위하여서는 화살과 팔의 길이가 정확히 일치를 이루어야 한다.

(9) 릴리즈(Release)
릴리즈는 초보일 때 정확히 숙달하여야 한다. 릴리즈는 아주 부드럽게 이루어져야 하며 턱 아래의 선을 따라 귀 아래까지가 가장 효과적이다. 이때 릴리즈는 팔꿈치로 하여야 하며 앞으로 끌려나가지 않도록 한다.

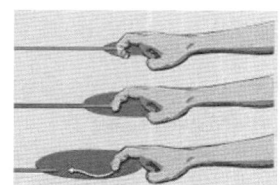

[릴리즈 연속동작]

(10) 팔로우 스로우(Follow Through)
발사를 하고 난 후의 자세이다. 모든 운동에서도 동일하지만 양궁에서의 이 동작은 매우 중요하다. 릴리즈하는 힘의 방향으로 자세와 힘의 방향을 지속적으로 유지하여야 하며 동작이 흐트러지면 안 된다.

사격 관련 용어

001 가변초크 : 초크의 강도를 변화시켜 목적에 따라 적절한 산탄의 패턴을 얻을 수 있도록 한 것으로 구조상 단총신의 산탄총 외에 사용할 수 없다.

002 가스 오토매틱(Gas Automatic) : 발사탄의 가스 압력을 이용해서 자동 연발의 기구를 작동시키는 시스템이다. 총신이 움직이지 않아 연발 사격에 용이하다.

003 감적 스코프(Scope) : 표적의 착탄점을 관측하여 탄착과 대체적인 점수 등을 알기 위해 사용하는 망원경이다. 배율은 사정 거리에 따라 10~30배 정도이다.

004 감적호 : 사격장에서 표적 근처에 파놓은 구덩이로 표적의 이동, 점수, 탄착의 표시 등을 확인하는 감적수가 사격 중에 피하여 있는 장소이다.

005 거총 : 총을 어깨에 대고 좌우의 손으로 유지하는 사격 자세이다. 트랩 사격에서는 이 자세에서 클레이가 방출되지만, 스키트 사격에서는 클레이 방출 후 이 자세를 취한 후 사격하지 않으면 안 된다.

006 게이지(Gauge) : 산탄총의 구경의 호칭 단위이다. 일종의 중량 표시법으로 12번은 12분의 1 파운드 무게의 연구탄이 맞는 내경의 총신이라는 것을 표시한다. 따라서 숫자가 클수록 구경은 작아진다. 클레이 사격에는 12번 이하로 규정되며 보다 작은 게이지, 예를 들면 20번을 사용해도 좋으나 핸디캡은 주어지지 않는다. '번경'이라고도 한다.

007 격발 : 방아쇠를 당겨 탄약이 폭발하고 발사에 이르는 과정. 이것은 순간적이지만 그 사이에 총이 정지하는 것이 중요한 요소가 된다.

008 공포 : 탄약을 재지 않고 방아쇠를 당겨 격발장치를 작동시키는 것. 격침을 손상시킬 우려가 있으므로 지나치게 행하지 않는 것이 좋다.

009 광학 조준기 : 렌즈를 사용한 조준기. 무배율이라도 경기에서의 사용은 금지되어 있다. 단, 러닝 게임 타깃 경기에서는 사용할 수 있다. 수렵용인 경우 배율은 3~10배의 것이 많으며, 가변 배율의 것도 있다. 원칙적으로 저배율의 것은 시야가 넓고 고배율일수록 시야가 좁아진다.

010 구경 : 포(砲) · 소총 등의 총구의 내경(內徑) 또는 탄환의 지름

011 노멀 런(Normal Run) : 러닝 게임 타깃 경기에서 멧돼지 모양의 표적이 출현하는 공간(오프닝)을 표적이 달리는 것을 말한다. 주행 속도는 폭 10m의 공간을 5초로 달리는 노멀 런과 2.5초로 달리는 패스트런이 있다.

수렵면허 읽을거리

012 노 버드(No Bird) : 방출된 클레이를 무효로 하기 위한 선고이다. 파열되어 방출되거나, 정상적인 비행을 못하거나, 다른 하우스에서 방출된 경우가 해당된다.

013 닐링(Kneeling) : '무릎 쏴'라고 하며 사격 3자세의 일종이다.

014 니퍼(Nipper) : 표적의 득점권 밖을 약간 스친 탄흔. 이때 탄흔의 득점은 위쪽 것으로 채점된다.

015 더블(Double)
① 스키트 사격에서 하이·로우 각각의 클레이 하우스에서 동시에 방출되는 피전을 추격 방향에서 차례로 쏘아 맞히는 것
② 2연발총 또는 자동총의 고장으로 2발이 연달아 발사되어 버리는 것

016 더스팅(Dusting) : 클레이 피전에 산탄이 맞았으나 연기만 나고 파편을 확인할 수 없는 경우를 말한다. 룰에서는 득점이 인정되지 않는다.

017 도탄 : 발사된 탄환이 작은 돌 같은 데에 맞고 튀어 오르는 현상을 말한다.

018 동발 : 2연발총 또는 자동총의 고장으로 2발이 연달아 발사되어 버리는 것을 말한다.

019 동탄 : 2발의 탄환이 거의 같은 위치에 착탄하여 같은 탄흔처럼 보이는 것. 그러나 2발의 탄흔은 1발의 것보다 약간 커지므로 탄흔 게이지를 넣으면 판명할 수 있다.

020 동탄 신고 : 선수가 동탄이라는 것을 사장장(射場長)에게 신고하는 것. 심사에서 동탄이라는 것을 못 보고 넘어가지 않도록 하기 위하여 행한다.

021 스로슛(Throw Shoot) : 총구를 날아가는 표적의 전방에 내던지듯이 하여 앞질러 발사하는 사법에서 명명되었다. 비교적 조준 시간이 짧아야 할 경우에 유효한 사법으로서 수렵 등에 적합하다.

022 라지 보어 라이플(Large Bore Rifle) : 대구경 라이플을 말하지만 일반적으로는 센터 파이어의 라이플의 총칭으로 되어있다. '빅 보어 라이플'이라고도 한다.

023 라운드(Round) : 클레이 사격에서의 경기 단위. 올림픽에서는 1라운드는 25발씩 8라운드로 경기를 펼친다.

024 라이플링(Rifling) : 총신 내의 총강면에 새겨진 나선상의 홈. 이 부분에 탄체가 파고들어 탄환에 고속회전이 주어지고 탄도가 안정된다.

025 래피드 파이어 피스톨(Rapid Fire Pistol) : 동 사거리 25m에 표적의 중심에서 다른 표적의 중심까지 75cm의 간격으로 세워진 사람 크기의 표적을 쏘아 맞히는 경기를 말한다.

026 **로 하우스(Low House)** : 스키트 사격장 5번 사대의 오른쪽에 설치하는 구조물로서, 높이 1m에서 피전(Pigeon)을 방출한다. '마크(Mark)'라고도 부른다.

027 **롱 라이플(Long Rifle)** : 22구경의 가장 긴 라이플. 일반적으로 경기용으로 사용된다.

028 **리어 사이트(Rear Sight)** : 후부 조준기. 경기용 라이플에는 마이크로 사이트가 사용되고, 권총용에는 골짜기형의 오픈 사이트가 사용되지만, 그 어느 것이나 상하좌우로 움직일 수 있게 되어 있는 것이 많다.

029 **리드(Lead)** : 표적이 이동하는 전방 즉, 표적의 미래의 위치를 사격하는 클레이 사격의 원칙을 말한다. 표적의 속도, 사격 각도 등의 요소에 의해 리드는 일정하지 않고 또 개인차도 크다.

030 **리코일 오토매틱(Recoil Automatic)** : 발사의 반동(리코일)을 이용해서 자동 장전 기구를 작동시키는 방식. 이 방식의 자동총은 총이 앞뒤로 미끄러지는 것이 특색이며, 주로 수렵용으로 사용된다.

031 **림 파이어(Rim Fire)** : 센터 파이어와 같이 뇌관이 없고, 약협의 밑바닥 주위의 부풀은 곳(림) 안에 발화약을 넣고, 이 부분을 격침으로 때려 발화시키는 방식

032 **마이크로 사이트(Micro Sight)** : 리어 사이트의 일종으로 조준용의 들여다보는 구멍이 있는 부분(디스크)을 마이크로 미터식으로 상하좌우로 미동(微動)시켜 세밀히 탄착점을 수정할 수 있는 조준기 경기용 라이플에는 대개가 이 형식의 것이 사용된다.

033 **만사** : 1시리즈 10발을 전부 10점에 명중시켜 100점을 득점하는 것을 말한다.

034 **명중** : 클레이 피전이 방출되어 사격하였을 때 미세한 파편이 하나라도 확인되면 명중으로 인정되어 득점이 된다.

035 **미스 파이어(Miss Fire)** : 방아쇠를 당겨도 발사되지 않는 것을 말한다. 원인은 탄약을 발화시키는 뇌관 불량이 많으나 총 자체에 기인하는 수도 있다.

036 **방아쇠 게이지** : 총의 방아쇠가 룰에 따라 규정되어 있는 무게(방아쇠가 작용할 때까지 요하는 힘)가 이상 있는지를 측정하는 게이지이다.

037 **번경** : 산탄총 구경의 호칭법으로서, '게이지(Guage)'라고도 한다.

038 **벤드(Bend)** : 총신에 대한 총상의 구부러진 각도. 벤드가 얕은(각도가 적은) 총은 위를 쏘게 되고, 깊은(각도가 큰) 총은 아래를 쏘는 경향이 있다.

수렵면허 읽을거리

039 벤티레이티드 리브(Ventilated Rib) : 총신 위에 부착된 브리지 모양의 방열판. 가열된 총신에서 아지랑이가 피어오르는 것을 방지하기 위해 쓰인다.

040 보어사이팅(Bore Sighting) : 총신 내의 총강을 조정하여 조준하는 것으로 총열조정이라고도 한다.

041 본사 : 득점이 되어 기록되는 사격을 말한다.

042 본사표적 : 본사탄이 맞는 표적. 동일 표적지에 시사표적과 본사표적이 인쇄되어 있는 경우와 동일표적을 별개로 사용상 구분하는 경우가 있다.

043 불발 : 방아쇠를 당겨도 총알이 발사되지 않는 것이다. '미스파이어(Miss Fire)'라고도 한다.

044 빅 보어 라이플(Big Bore Rifle) : '라지 보어 라이플'과 같은 뜻으로 쓰이는 용어이다.

045 사대 : 클레이 사격에서 사격을 하는 장소. 사격장 안이라도 이곳 이외에서 사격은 물론이고 장전하는 것도 허용되지 않는다.

046 사좌 : 선수가 사격하는 장소. 클레이 사격의 사대와 같다.

047 사이팅 숏(Sighting Shoot) : 본사에 앞서 조준기의 조정을 위해 스코어에 관계 없이 쏘는 것이 인정된 사격. 정해진 탄수 이내에서 시사를 한다.

048 사장장 : 경기가 실시되는 사장의 통할자로서 사격의 개시, 중지 등 모두 사장장의 지휘에 따라 행하여 진다.

049 사선 : 사좌의 앞 끝을 가리키는 선. 토적까지의 거리는 여기서부터 측정된다. 총신은 사선을 넘어도 무방하지만 몸은 넘어서는 안 돈다.

050 산탄 : 산탄총으로 발사되는 복수 원형의 연합금 입자. 용도에 따라 여러 가지가 있으며 호수에 따라 구별된다. 호수가 클수록 소립자가 되고, 트랩 사격은 7호(지름 2.41mm), 스키트 사격에는 9호(2.0mm)가 많이 사용된다.

051 3자세 : 서서 쏴(S), 무릎 쏴(K), 엎드려 쏴(P)의 3종류의 사격 자세. 경기는 동일 자세로 행하여지며 3자세 종합과 각 자세로 실시된다. 서서 쏴는 양팔만으로 총을 지지하고 선 자세, 무릎 쏴는 양팔로 총을 지지하여 한쪽 무릎을 세우고 다른 쪽 무릎을 충분히 구부려서 지면에 붙이고, 세운 한쪽 무릎에 한쪽 팔꿈치를 얹은 자세, 엎드려 쏴는 지면에 배를 대고 양 팔꿈치를 바닥 위에 붙여 양팔만으로 총을 지지하는 자세를 말한다.

052 세이프티(Safety) : 총의 안전장치를 작동시키는 걸쇠. 이것으로 방아쇠를 당길 수 없고 탄약이 장전되어 있는 총의 불의의 폭발 등을 방지한다.

053 세트 트리거(Set Trigger) : 아주 가볍게 당길 수 있는 방아쇠. 미리 방아쇠를 가볍게 세트해 두기 위한 별도의 세트용 방아쇠가 있는 것과 방아쇠를 당기면 가볍게 세트되는 싱글식이 있다.

054 센터 파이어(Center Fire) : 탄약의 약협 밑바닥 중심에 뇌관이 있고 이곳을 격침이 때려 발화시키는 방식

055 센터 파이어 피스톨(Center Fire Pistol) : 센터 파이어 피스톨 경기에 사용되는 권총. 구경 7.62~11.5mm 사이로 실용적인 자동 권총 또는 리볼버 권총이 사용된다.

056 셀렉터(Selector) : 2연발 총의 2개의 총신의 발사 순서를 임의로 바꿀 수 있는 장치. 대개는 안전기를 겸한 설계로 되어 있다.

057 쇼트(Short) : 22구경의 총신이 가장 짧은 총으로서 주로 새와 짐승을 잡을 때 사용한다.

058 쇼트 디스턴스 슈팅(Short Distance Shooting) : 단거리 사격을 말한다.

059 샷 칼럼(Shot Column) : 발사된 산탄군의 앞뒤로 퍼진 양상을 말한다. '산개위'라고도 한다.

060 샷 패턴(Shot Pattern) : 발사된 산탄군의 주위로 퍼진 양상. 산개경이라고도 하며 총신의 길이, 초크와 밀접한 관계가 있다. 긴 총신, 강한 초크에서는 패턴의 확산은 늦어지고 원사에 적합하며 반대의 조립으로는 근사에 적합한 총이 된다.

061 스냅 슛(Snap Shoot) : 표적을 발견한 순간, 즉시 거총하고 발사하는 속사 방법. 수렵을 할 때 노획물이 보였다 없어졌다 하여 총을 조준할 수 없는 경우에 이용되는 사법이며, 클레이 사격에서는 별로 이용되지 않는다.

062 스몰 보어 라이플(Small Bore Rifle) : 구경 5.5mm, 인치 표시로는 22의 림 파이어 탄을 사용하는 라이플로서 수구경 라이플이라고도 한다.

063 스윙 슛(Swing Shoot) : 표적을 좇아, 앞질러 쏘는 사격법에서 명명되었다. 표적을 총구로 뒤쫓아 추월하자마자 방아쇠를 당기는 것이 실제의 사격법이며, 표적을 뒤쫓은 양이 겨눔량이 된다. 이 사격법은 표적의 비행 코스가 정해져 있지 않은 경우에 적합하므로 트랩 사격에 적합하다.

064 스코프 사이트(Scope Sight) : 광학 조준기를 말한다.

065 스키트 슈팅(Skeet Shooting) : 클레이 사격의 일종으로 8개의 반원형을 그린 사대 위에서 차례로 이동하면서 높고 낮은 하우스로부터 좌우로 방출되는 클레이를 사격하는 것을 말한다.

수렵면허 읽을거리

066 스탠더드 라이플(Standard Rifle) : 프리 라이플이 명중 정도를 경쟁하는 나머지 액세서리가 많아져 총값이 비싸지므로 표준적인 총으로 경기한다는 취지로 생긴 규격의 라이플 경기. 전용의 액세서리를 되도록 제한하고 형상도 총 본래의 것으로부터 이탈하지 않도록 규격이 정해져 있다.

067 스탠딩(Standing) : '서서 쏴'의 자세를 말한다.

068 스프링 에어 라이플(Spring Air Rifle) : 압축되었던 스프링이 펴지면서 공기를 압축하여 그 팽창력으로 탄환을 발사하는 공기소총이다.

069 슬링(Sling) : '무릎 쏴' 및 '엎드려 쏴'에 사용하는 총 유지를 안전하게 하는 가죽벨트. 좌상박과 총상 앞부분을 연결하여 팔꿈치와 3각형을 만들면, 총의 지지가 극히 안정해진다.

070 시리즈(Series) : 본사 10발을 1시리즈로 한다. 따라서 60발 경기에서는 6시리즈가 된다.

071 시사 : 본사에 앞서 조준기의 조정을 위해 스코어에 관계 없이 쏘는 것이 인정된 사격. 정해진 탄수 이내에서 시사를 한다.

072 시사 표적 : 시사 전용의 표적. 스코어에 관계없이 규정된 탄수 이내의 탄흔만 체크하는 표적이다.

073 시팅 : '앉아 쏴'의 사격 자세를 말한다.

074 실루에트(Silhouette) : 래피드 파이어 피스톨 경기를 말한다.

075 안전기 : 총의 안전장치를 작동시키는 걸쇠. 이것으로 방아쇠를 당길 수 없고 탄약이 장전되어 있는 총의 불의의 폭발 등을 방지한다.

076 앵글 오브 슈팅(Angle of Shooting) : 남자 사격경기의 종목 중 하나로 속사권총경기라고도 한다.

077 양안 조준 : 두 눈을 모두 뜨고 조준하는 것으로 한쪽 눈 조준은 입체감을 감소시켜 평형 감각에 나쁜 영향을 주며, 나아가서는 조준하는 눈의 피로도 촉진시키므로 양 눈을 뜨고 조준하는 것이 좋다.

078 엎드려 쏴 : 엎드려 쏴는 지면에 배를 대고 양 팔꿈치를 바닥 위에 붙여 양팔만으로 총을 지지하는 자세. 또 앉아 쏴와 엎드려 쏴의 우 자세만 슬링의 사용이 허가된다.

079 에어 라이플(Air Rifle) : 압축 공기의 힘으로 탄환을 발사하는 라이플. 스프링의 힘으로 피스톤을 밀고, 실린더 내의 공기를 압축하여 그 힘으로 탄환을 발사하는 스프링식과 기축실에 미리 펌프 에어를 축적해 두는 펌프식이 있다.

080 에어 피스톨(Air Pistol) : 압축 공기의 힘으로 탄환을 발사하는 피스톨. 에어 라이플과 동일하게 스프링식과 펌프식이 있다.

081 엑스 링(X-ring) : 만점권 내에 있는 동심원의 내원. 만점 총수가 같은 경우는 X의 수가 많은 쪽이 승자가 된다.

082 6시 조준(하단 조준) : 막대 모양의 프런트 사이트로서 조준할 경우, 그 프런트 사이트의 꼭대기를 표적 흑점의 아래 가장자리 6시의 곳에 맞추는 조준 방법. 프런트 사이트를 흑점 속에 넣으면 위치가 일정하지 않으므로 이 방법이 취해진다. 또한, 흑점과 프런트 사이트 정상 부분을 약간 떼고 표적의 흰 부분이 1선으로 보이도록 하면 된다. 이것을 '백1선 6시 조준'이라고 한다.

083 오사 : 자기의 것이 아닌 다른 선수의 표적을 사격하는 것. 또는 시사의 표적과 본사의 표적을 잘못 사격한 경우도 오사가 된다. 둘 중 어느 경우나 룰에 따라 벌칙이 가해지고 처리된다.

084 오토매틱 피스톨(Automatic Pistol) : 폭발하는 화약 가스를 이용하여 방아쇠를 자동적으로 작동시키는 권총이다.

085 오픈 사이트(Open Sight) : 후부 조준기. 총의 가늠자 위쪽에 뚫어놓은 작은 구멍으로, 사수가 가늠쇠와 맞춰 그 연장선에 목표물을 놓고 조준하게 되어 있다.

086 윙 슈트(Wing Shoot) : 새와 같이 고속으로 이동하는 표적을 사격하는 사격법 전반을 뜻한다.

087 2연발총 : 2개의 총신이 있는 2연발총을 말한다. 총신이 옆으로 2개 있는 것을 수평 2연발총 또는 가로 2연발총이라고 하고 수직으로 배치된 것은 상하 2연발총, 또는 세로 2연발총이라고 부른다. 클레이 사격용으로서는 후자가 적합하고, 전자는 수렵용이다.

088 제로 인(Zero In) : 시사를 하면서 조준기를 조정해서 탄착점을 표적의 중심으로 가져가는 것을 말한다.

089 지발 : 방아쇠를 당겼거나 발사약, 발화약의 어느 것이나 또는 양쪽의 변질 등으로 정상적으로 발사약이 연소되지 않고 약간의 시간이 경과된 후에 연소가 개시되는 것을 말한다. 방아쇠를 당긴 직후는 불발과의 구별이 어려우므로 수 초간 기다린 후 총을 열어야 한다.

090 초속 : 탄환이 총구를 출발하였을 때의 속도. 통상 초속으로 표시한다.

091 초크(Choke) : 산탄총의 총구 부근의 내경이 약간 좁아진 부분. 산탄의 산개를 조절하는 즉, 패턴을 컨트롤하기 위한 것이다. 트랩 사격에는 풀 초크가, 스키트 사격에는 극히 약한 스키트 초크가 주로 사용된다.

092 총기 검사 : 경기 개시에 앞서 사용하는 총이 룰에 위반된 것이 아닌지를 검사하는 것을 말한다.

093 커트(Cut) : 채점을 위해 탄흔에 게이지를 삽입하여 그 가장자리가 점수를 표시하는 구획선을 덮는 것(상위점으로 채점한다)을 말한다.

수렵면허 읽을거리

094 콜(Call) : 사수가 사격대에 서서 탄약 장전 등 사격 준비가 끝난 후 클레이를 방출시키는 구령이다. 트랩 사격에서는 콜 직후에, 스키트 사격에서는 직후 내지는 3초 이내의 부정시에 방출된다.

095 클레이 방출기 : 클레이 피전을 룰에 따라 적당한 속도와 방향으로 날려 보내는 방출기. 스프링으로 강한 회전을 주어 방출한다. 자동화된 것이 많이 사용되고 있다.

096 클레이 슈팅(Clay Shooting) : 이동하는 표적을 사격하는 것. 트랩 사격과 스키트 사격이 있다.

097 클레이 피전(Clay Pigeon) : 클레이 사격에 사용되는 점토를 구워 만든 접시 모양의 표적. 단순히 클레이라고 불리우는 경우도 많다. 지름 11cm, 높이 25mm, 백색 내지는 황색으로 칠해지며 중량은 105g으로 규정되어 있다.

098 클리닝 샷(Cleaning Shot) : 경기 개시 전에 총신을 따뜻하게 하여 총의 성능을 최고의 컨디션으로 조정하기 위해 10~15발의 탄환을 발사하는 것이다.

099 탄흔게이지 : 탄흔이 표적상의 점수를 구분하는 득점권 선(線)에 닿았는지를 검사하는 게이지. 닿았을 경우 그 득점권 선, 즉 상위점의 득점이 된다.

100 터치(Touch) : 표적상의 탄흔이 권선에 접촉하는 것. 이 경우는 상위점으로 계산한다.

101 트랩 하우스(Trap House) : 트랩 사격장에서 사대의 15m 전방에 지하 내지는 반지하식으로 설치된 클레이 방출기를 수용하는 건조물을 말한다. 지붕의 높이가 사대의 높이와 같게 만들어져 있다.

102 트리거(Trigger) : 방아쇠를 말한다.

103 패스트 런(Fast Run) : 러닝 게임 타깃 경기에서 멧돼지 모양의 표적이 출현하는 공간(오프닝)을 표적이 달리는 것으로서, 폭 10m의 공간을 2.5초에 달린다.

104 페널티(Penalty) : 벌점. 오사나 시사칸의 초과, 기타 룰을 위반했을 때 주어지며 득점에서 감점된다.

105 폴로스로숏(Follow Through Shoot) : '스윙숏(Swing Shoot)'과 같은 의미로 사용되는 용어이다.

106 표적 : 라이플, 피스톨 사격의 표적은 전부 종이로 만든 것이다. 각 종목에 따라 크기에 세밀한 규격이 정해져 있다.

107 풀(Pull) : 스키트 사격장 1번 사대의 좌측 후방에 설치되며, 클레이 피전을 3.05m의 높이에서 방출한다.

108 풀 마크(Full Mark) : 1시리즈 10발을 전부 10점에 명중시켜 100점을 득점하는 것을 말한다.

109 **풍표기** : 사수가 풍향, 풍속을 판단할 수 있도록 사선과 표적 중간에 꽂은 깃발이다.

110 **프런트 사이트(Front Sight)** : 전부 조준기. 경기용 라이플의 그것은 외부 광선의 영향을 잘 받지 않도록 원통형 속에 넣은 덮개를 씌우게 되어 있는 것이 많다.

111 **프리 라이플(Free Rifle)** : 구경 8mm 이하, 중량 8kg 이하라는 최소한의 제한만을 둔 경기용 라이플. 명중 정도만을 추구해서 설계한 라이플이다.

112 **프리 피스톨(Free Pistol)** : 프리 피스톨 경기 전용의 단발 피스톨. 구경 5.5mm로 스몰 보어 라이플과 같은 탄약을 발사한다.

113 **플린칭(Flinching)** : 방아쇠를 당김으로써 생기는 반동·총성 등의 쇼크를 예측하고 몸을 긴장시켜 총을 움직여버리는 것. 상승 작용으로 탄착을 크게 빗나가게 하는 결과를 초래하는 수가 많다.

114 **피프 사이트(Peep Sight)** : 작은 구멍을 들여다보면서 조준하는 방식의 조준기. 광학 조준기 이외에서는 최고의 정밀도가 얻어지므로 경기용의 라이플에는 대개가 이 형식이 사용된다.

115 **하프 피스톨 그립(Half Pistol Grip)** : 방아쇠 뒤의 개머리판이 권총의 손잡이와 같이 튀어나온 것을 말한다.

116 **하이 하우스(High House)** : 스키트 사격장 1번 사대의 좌측에 설치된 구조물로, 클레이 피전을 3.05m의 높이에서 방출된다. '풀(Pull)'이라고도 부른다.

117 **한초 사격** : 어느 일정 시간 내에 규정된 사격을 하는 사격법이다.

118 **핸드 라이플(Hand Rifle)** : 핸드 라이플 경기에 사용되는 에어 라이플로서 한 손으로 사격한다.

119 **행 파이어(Hang Fire)** : 우리말 '지발(遲發)'과 같은 뜻의 용어이다.

120 **헤드 업(Head Up)** : 총상에 볼을 댈 때 머리가 올라가 볼이 밀착되지 않는 것을 말한다. 제1발을 발사한 후 제2발을 발사할 때에 일어나기 쉽다.

수렵면허 읽을거리

" 멧돼지 사냥 용어 "

멧돼지 사냥에는 많은 용어가 사용되고 있는데 지역마다, 사냥꾼마다 다른 용어를 사용한다.

- **001** **갯바닥** : 개울이나 개의 바닥
- **002** **개포, 개 아범** : 개를 부리며 사냥하는 견주로 멧견의 주인인 사냥꾼
- **003** **꽃발치기** : 멧돼지가 잠자리에 들거나 은신하기 전 주변을 빙빙 돌아 냄새를 분산시켜 추적에 혼동을 주는 행동. 빙빙 돌은 발자국이 멀리에서 보거나 공중에서 보면 마치 꽃과 비슷하다 하여 생긴 명칭
- **004** **끝내** : 능선에서 바람이 하발치에서 올라올 때 멧돼지 냄새도 같이 올라오는 경우 견들이 그 냄새를 인지하는 것
- **005** **단 먹이** : 먹이활동을 한 지 얼마 되지 않은 흔적
- **006** **단발** : 새로 생긴 멧 발자국, 시간이 얼마 되지 않았거나 최근의 멧 발자국
- **007** **대동** : 산의 큰 능선, 큰 줄기
- **008** **덧방** : 개포(개를 끄는 사람)가 멧 잠자리에 위에서 아래로 씌우는 것
- **009** **돼지 일어났다** : 멧돼지가 잠자리에서 잠을 자거나 숨어 있다가 도망가기 위해 일어난 상태. 멧돼지 일어났다는 연락이 오면 목 사냥꾼들은 멧돼지 사격을 준비해야 함
- **010** **뒷 개** : 썰 개 뒤를 따라 다니면서 멧돼지 사냥을 배우는 초보견. 멧 투쟁력은 강하나 후각능력이 떨어져 멧돼지와 대적 시 썰 개를 도와주는 보조견
- **011** **들내** : 땅바닥에 코를 대고 냄새를 닫는 것보다 매우 우수한 멧 견의 행동
- **012** **목 사냥** : 멧돼지가 도주할 만한 지점에 포수를 미리 배치하고 개를 동반한 포수가 멧돼지 은신지점을 수색하여 들어가 수색지점에서 멧돼지를 잡기도 하고 도주한 멧돼지는 목 배치된 포수가 일망타진함(가장 많이 사용하는 멧돼지 사냥법이고 가장 효율적임)
- **013** **묵발** : 발자국이 생긴 지 오래 되었거나 며칠 된 발자국
- **014** **밀어치기** : 발을 끊지 않고 또한 목(목 사냥)을 세우지 않은 견과 견주가 멧돼지가 잘 내려오는 산을 훑어보는 방식. 개들이 세워주견 잡고 아니면 놓치기가 십상이여서 목 사냥에 비해서 밀어치기로 멧을 잡는다는 것은 10분의 1 정도의 확률임

| 015 | **발꾼** : 멧돼지의 발자국을 전문적으로 추적하여 멧돼지가 있을 만한 지점을 찾아 주는 역할을 하는 사람

| 016 | **비개 목** : 멧돼지가 몸을 비빈 나무. 몸을 비빈 높이를 보고 멧돼지의 크기를 추정하기도 함

| 017 | **발 끊는다** : 간밤에 멧돼지가 내려온 밭이나 논 등에서 멧돼지가 마지막으로 산을 오르기 시작한 지점에서 산세를 보고 멧돼지가 잠자리로 할만한 곳을 임의로 지정해놓고 그 주위능선을 타면서 멧돼지가 나갔는지 발을 확인함. 나간 발이 없으면 목을 몇 명이서 자리를 잡게 하고 예상 지점으로 개를 투입시켜 멧돼지를 붙든지 아니면 멧돼지가 일어나면 개들이 먼저 알기 때문에 무전이나 전화로 목을 서는 사람에게 연락하여 긴장을 늦추지 않게 하여 잡는 방법

| 018 | **빙애길** : 산 중턱으로 난 작은 길

| 019 | **상목, 중목, 하목** : 산 높이를 상, 중, 하로 삼분한 것으로서 멧의 예상 도주로에 포수를 배치할 때 사용

| 020 | **새끼 등** : 원 대등에서 여러 갈래로 쭉쭉 뻗어나간 등 가운데 속해 있는 것

| 021 | **속 등 끊는 사냥** : 경험 많은 발꾼이 필수며 멧을 동그랗게 100m 안에 가두어 놓는 것으로 고난도 사냥

| 022 | **섶친다** : 썰 견이 멧돼지 냄새를 맡으며 수색하는 것

| 023 | **속등** : 큰 능선에서 뻗어 나온 작은 능선. 속등은 외부에서 얼핏 보아서는 잘 보이지 않고 속등의 마지막 부분(산줄기가 끝나는 부분)에 멧돼지들의 잠자리가 있음

| 024 | **썰 견, 리더 견** : 후각능력이 뛰어나 멧돼지를 찾고 다른 개들을 리드하는 역할을 하는 멧견. 멧견 중 가장 경력이 많고 뛰어남

| 025 | **옆치기** : 새끼 등 중간을 계속해서 여러 등을 넘으면서 치고 들어가는 것

| 026 | **이동 목** : 말 그대로 멧의 움직임과 상황에 따라 이동하면서 그때그때 멧이 올만한 장소에 서는 것

| 027 | **이삭줍기** : 무리 멧이 터지고 멧과 견이 빠져 나간 뒤에 숨어 있는 놈을 잡는 것

수렵면허 읽을거리

- **028** **입뽕** : 초보 멧견이 멧돼지에게 최초로 달려들며 짖거나 물기 시작하는 것(입뽕 터진 멧견 : 멧돼지에게 짖거나 물 수 있게 훈련된 멧견)
- **029** **짤룩이(짤룩메기)** : 산과 산의 낮은 부분
- **030** **치받이** : 멧을 위에 두고 개포가 밑에서 위로 치는 것. 이것은 실패할 확률이 높고 지형상 어쩔 수 없을 때 하는 방법. 덧방이 가장 이상적임
- **031** **턴다(떨어내다)** : 개포가 개를 갖고 멧을 목으로 보내기 위해 산을 뒤지는 것
- **032** **하도리** : 멧돼지에 대한 공포감으로 멧견이 돼지에게 달려들지 못하고 꽁무니를 빼거나 도망가는 것
- **033** **하발치** : 산이 논밭이나 들판과 만나는 부분으로 산의 맨 아래 지역. 그 지역의 멧이 들어왔는지, 아니면 나갔는지를 파악할 때 살펴보는 곳이며 또한 개에게 쫓기는 멧이 잘 빠지는 도주로
- **034** **햇먹이** : 어젯밤 먹이를 섭취한 흔적, 몇 시간 되지 않은 흔적
- **035** **햇발** : 어젯밤 찍힌 멧돼지 발자국. 발자국이 생긴지 몇 시간 되지 않은 새로운 발자국

제3과목 문제 풀어보기

01 총포 소지 허가를 받을 수 있는 사람은?

① 심신상실자
② 20세 미만인 사람
③ 총포·도검·화약류 등의 안전관리에 관한 법률의 규정을 위반하여 벌금형의 선고를 받고 5년이 지나지 아니한 사람
④ 소지 허가 취소처분을 받고 2년이 지난 사람

> **해설**
>
> **결격사유(총포·도검·화약류 등의 안전관리에 관한 법률 제13조 제1항)**
> 다음의 어느 하나에 해당하는 자는 총포·도검·화약류·분사기·전자충격기·석궁의 소지 허가를 받을 수 없다.
> 1. 20세 미만인 자. 다만, 대한체육회장이나 특별시·광역시·특별자치시·도 또는 특별자치도의 체육회장이 추천한 선수 또는 후보자가 사격경기용 총을 소지하려는 경우는 제외한다.
> 2. 심신상실자, 마약·대마·향정신성의약품 또는 알코올 중독자, 정신질환자 또는 뇌전증 환자로서 대통령령으로 정하는 사람
> 3. 금고 이상의 실형을 선고받고 그 집행이 끝나거나 면제된 날부터 5년이 지나지 아니한 자
> 3의2. 금고 이상의 형의 집행유예를 선고받고 그 유예기간 중에 있는 사람
> 3의3. 다음의 어느 하나에 해당하는 죄를 범하여 금고 이상의 실형을 선고받고 그 집행이 끝나거나 면제된 날부터 10년이 지나지 아니한 자
>   가. 형법 제114조의 죄
>   나. 형법 제257조 제1항·제2항, 제260조, 제261조의 죄
>   다. 특정강력범죄의 처벌에 관한 특례법 제2조 제1항 각 호의 죄
>   라. 아동·청소년의 성보호에 관한 법률 제7조 및 제8조의 죄
>   마. 스토킹범죄의 처벌 등에 관한 법률 제18조 제1항 및 제2항의 죄
> 4. 이 법을 위반하여 벌금형을 선고받고 5년이 지나지 아니한 자
> 5. 삭제
> 6. 이 법을 위반하여 금고 이상의 형의 집행유예를 선고받고 그 유예기간이 끝난 날부터 3년이 지나지 아니한 자
> 6의2. 제3호의3 각 목의 어느 하나에 해당하는 죄를 범하여 벌금형을 선고받고 7년이 지나지 아니하거나 금고 이상의 형의 집행유예를 선고받고 그 유예기간이 끝난 날부터 7년이 지나지 아니한 사람
> 6의3. 도로교통법 제148조의2의 죄로 벌금 이상의 형을 선고받은 날부터 5년 이내에 다시 음주운전 등으로 벌금 이상의 형을 선고받고 그 집행이 종료되거나 집행이 면제된 날부터 5년이 지나지 아니한 사람
> 7. 제45조 또는 제46조 제1항에 따라 허가가 취소된 후 1년이 지나지 아니한 자

정답 1 ④

02 수렵용 총기의 가장 이상적인 방아쇠 압력은?

① 약 1kg
② 약 2.5kg
③ 약 3.5kg
④ 약 4.5kg

> **해설**
> 좋은 방아쇠는 손가락의 압력에 의해 작동이 거의 되지 않다가 2.5kg의 압력을 검지손가락으로 가할 때 단번에 손쉽게 움직이는 것이다.

03 엽총의 구조에 대한 설명으로 옳지 않은 것은?

① 엽총은 총열, 기관부, 개머리판으로 구성되어 있다.
② 개머리판의 규격은 헌터의 신체적 조건뿐만 아니라 거총방법 등도 고려해서 선택해야 한다.
③ 노리쇠는 격침을 장전해 주는 역할을 허주며 엽탄을 넣고 가스가 밖으로 분출되지 않도록 하는 등 기관부의 중요한 부분이다.
④ 초크는 총의 조준을 편리하게 하기 위한 것이다.

> **해설**
> 초크는 산탄의 산개도(탄막)를 조절하는 장치로서 사용 초크에 따라 패턴과 탄도에 큰 변화를 줄 수 있다. 총의 조준을 편리하게 하기 위한 것은 리브이다.

04 총열에 대한 설명으로 틀린 것은?

① 화약의 폭발에너지로 탄을 가속시키는 역할을 한다.
② 수렵용으로 사용되는 총열은 주로 26, 28, 30인치이다.
③ 총열이 길수록 넓은 패턴을 형성한다.
④ 총열 길이란 약실 끝에서 총구 끝까지의 길이를 말한다.

> **해설**
> 짧은 총열은 넓은 패턴(탄막)을 형성하나 사거리는 줄어들고 총열이 길면 그 반대의 현상이 나타난다.

05 다음 중 엽탄의 종류를 구분하는 기준이 아닌 것은?

① 길 이 ② 굵 기
③ 호 수 ④ 무 게

> **해설**
> 종 류
> • 길이(전장) : $2\frac{3}{4}$인치 또는 3인치
> • 굵기(번경) : 12게이지, 20게이지, 28게이지, 410게이지
> • 호수(번호) : 000BK, 00BK, 0BK, 2호, 3호, 4호, 5호, $7\frac{1}{2}$호

06 엽총의 기본구조에 해당하지 않는 것은?

① 총 열
② 기관부
③ 개머리판
④ 엽 탄

> **해설**
> 엽총은 크게 총열과 기관부, 개머리판으로 구성되어 있다.

07 다음 중 최대도달사거리가 가장 먼 것은?

① 4BK
② 5호
③ 2호
④ 비비(BB)

> **해설**
> 엽탄의 사거리
>
> | 산 탄 | 산탄개수 | 유효사거리(m) | 최대도달거리(m) |
> |---|---|---|---|
> | 4BK | 27 | 60 | 500 |
> | 비비(BB) | 60 | 50 | 360 |
> | 2호 | 90 | 50 | 300 |
> | 4호 | 135 | 45 | 250 |
> | 5호 | 170 | 45 | 240 |

정답 5 ④ 6 ④ 7 ①

08 2호 산탄의 유효사거리는?

① 40m
② 50m
③ 60m
④ 70m

> **해설**
> 2호 산탄의 유효사거리는 50m이다.

09 사격실패의 원인 중 가장 비중이 높은 것은?

① 거총 불량의 실패
② 조기발사
③ 조준불량
④ 스윙 멈춤

> **해설**
> 스윙 일시 정지 현상으로 목표물의 2~3m 후방을 타격하는 경우가 실패 원인 중 50%를 차지한다.

10 강선이 없는 산탄공기총의 구경으로 맞게 짝지어진 것은?

① 4.5mm − 5.0mm
② 5.0mm − 5.5mm
③ 5.5mm − 6.4mm
④ 6.4mm − 7.2mm

> **해설**
> 구경의 종류는 4.5mm, 5.0mm, 5.5mm, 6.4mm 등 4종류이며 강선이 없는 산탄공기총은 5.5mm와 6.4mm로 제한되어 있다.

11 다음 중 스프링식 공기총에 대한 바른 설명이 아닌 것은?

① 실린더에 압력공기를 생성한 후 분출되어 탄환을 발사하는 방식이다.
② 단점으로는 장전 시 안전사고가 잦고 불편이 크다는 점이다.
③ 스프링식에는 중절식, 언더 레버식, 사이드 레버식이 있다.
④ 가스식보다 편리하다.

> **해설**
> 가스식은 스프링식 및 공기 압축식처럼 레버 작용에 필요 이상의 시간과 육체적 노력을 요구하지 않으며 레버 작동에서 오는 안전사고도 없으므로 가장 편리한 공기총으로 간주된다.

12 다음 중 엽총의 총포 소지 허가 기관으로 옳은 것은?

① 지방경찰청장
② 시 · 도지사
③ 주소지 관할 경찰서장
④ 환경부장관

> **해설**
> 소지 허가(총포 · 도검 · 화약류 등의 안전관리에 관한 법률 제12조 제1항 제2호)
> 총포 중 엽총 · 가스발사총 · 공기총 · 마취총 · 도살총 · 산업용총 · 구난구명총 또는 그 부품을 소지하고자 할 때는 주소지를 관할하는 경찰서장의 허가를 받아야 하며 이 경우 신청인의 정신질환 또는 성격장애 등을 확인할 수 있도록 행정안전부령으로 정하는 서류를 허가관청에 제출하여야 한다.

13 다음 중 총포 운반에 관한 사유 중 불법적인 것은?

① 수렵허가가 있는 사람이 수렵장으로 공기총을 운반하는 경우
② 고장난 총기를 수리하기 위해 총포사로 운반하는 경우
③ 농작물에 피해를 주는 동물을 사냥하기 위해 연중 자동차에 싣고 다니는 경우
④ 사격경기용 총포 소지 허가를 받은 사람이 총기를 운반하는 경우

> **해설**
> 과태료(총포 · 도검 · 화약류 등의 안전관리에 관한 법률 제74조 제1항 제2호)
> 허가받은 용도 외에 사용하기 위한 운반 시 300만 원의 과태료가 부과된다.

정답 11 ④ 12 ③ 13 ③

14 다음 중 공기총탄의 특성 중 옳지 않은 것은?

① 공기총에 사용하는 탄환, 즉 연지탄은 거의 순수한 납으로 만들어진다.
② 연지탄은 머리와 스커트로 구분한다.
③ 연지탄의 스커트는 탄환마다 큰 차이를 보인다.
④ 탄의 머리모양에 따라 공기의 저항도가 다르다.

> **해설**
> 스커트는 압축공기가 새지 않도록 총강을 밀폐하는 역할을 하는 반면, 머리는 공기층을 뚫는 핵심적인 역할을 하므로 그 모양새에 따라 조금씩 다른 특질이 있다.

15 활사냥의 안전수칙으로 적절하지 않은 것은?

① 하늘을 향해 사격해서는 안 된다.
② 화살을 올리지 않은 활이라도 사람을 향해 조준해서는 안 된다.
③ 운반이나 이동 중 절대로 화살을 시위에 올려놓아서는 안 된다.
④ 정지 또는 지상을 움직이는 동물만 수렵한다.

> **해설**
> 움직이는 동물을 수렵하는 행위는 금지된다.

16 엽총에 대한 설명으로 틀린 것은?

① 단발총은 한 발씩 장전할 수 있다.
② 단발엽총은 가볍고 튼튼하며 가격이 싸다.
③ 쌍대총에는 2발 연속사격이 가능한 총기다.
④ 반자동 엽총은 안전사고율이 낮다.

> **해설**
> 반자동 엽총은 정기적으로 손질하지 않을 경우 그장률이 많아 번거로움이 따르며 약실의 개방 상태를 확인하기 어려워 안전사고율이 매우 높은 총이다.

17 엽총사격에 관한 설명 중 옳지 않은 것은?

① 스윙이란 사격 자세를 취한 다음 이동하는 물체를 향해 시선의 초점을 맞추고 총의 방향을 계속 목표물을 향해 움직이며 따라가 어느 시점에 사격하는 것을 말한다.
② 전방사격은 가까운 거리의 목표물 사격에 적당하다.
③ 스윙을 하다가 격발순간에 일순 멈춘 사격이 되었다면 목표물 후방을 쏘게 된다.
④ 가까운 거리에서는 목표물의 위치를 직감적으로 결정하고 빠른 사격(속사)을 하여야 한다.

> **해설**
> 전방사격은 조준시간이 충분한 먼 거리의 목표물 사격에 적당하다.

18 사격에 대한 설명으로 틀린 것은?

① 리브(Rib)는 총열 상단에 부착된 사다리를 닮은 가늠을 도와주는 긴 편자이다.
② 리브의 끝에 붙은 볼록한 가늠쇠를 비드(Bead)라고 한다.
③ 수렵용 리브는 약 9mm이며, 사격용은 12~13mm이다.
④ 사격 시 리브의 위치를 눈과 어느 위치에 놓아야 하는지는 총열의 길이와 상관이 있다.

> **해설**
> 사격 시 리브의 위치를 눈과 어느 위치에 놓아야 하는지는 개머리판의 굽은 폭(Drop)에 영향을 많이 받는다.

19 구경에 대한 설명이 아닌 것은?

① 게이지는 영국에서부터 사용된 일종의 중량표시법이다.
② 1파운드는 영국의 중량표시법으로 453.6g이다.
③ 1파운드의 납을 둥글게 만들어 그 지름을 1게이지라 한다.
④ 공기총의 구경은 파운드로 표시하고 있다.

> **해설**
> 공기총의 구경은 밀리미터(mm)로 표시하고 있다.

정답 17 ② 18 ④ 19 ④

20 그물의 사용법에 대한 설명으로 <u>틀린</u> 것은?

① 참새가 아닌 동물이 그물에 걸리면 즉시 방사한다.
② 그물 설치 후 매시간 점검한다.
③ 그물을 오랫동안 방치하며 포획된 모든 동물을 잡는다.
④ 비, 눈, 강한 바람 등과 같은 기상변화가 있을 때는 즉시 그물을 걷어야 한다.

> **해설**
> 그물은 일출 후 설치하고 설치한 그물은 일몰 전에 반드시 거두어야 한다. 오래도록 방치된 그물로 인하여 많은 동물들이 죽기 때문이다.

21 총포 소지 허가를 받은 사람이 구매할 수 있는 실탄의 1일 개수는?

① 100발
② 90발
③ 80발
④ 50발

> **해설**
> 총포 소지 허가를 받은 사람이 수렵용으로 구매 가능한 실탄의 1일 개수는 100발이며 수렵자가 허가 없이 소지할 수 있는 실탄 수량은 200발이다.

22 2종 면허자가 사용이 불가능한 수렵도구는 어느 것인가?

① 엽 총
② 그 물
③ 활
④ 각 궁

> **해설**
> 총기를 사용하기 위해서는 1종 면허를 취득하여야 한다.

23 조준경 부착이 가능한 총기는 어느 것인가?

① 공기총
② 엽 총
③ 산탄총
④ 반자동 엽총

> **해설**
> 조준경은 공기총에 사용이 가능하다.

24 다음은 연지탄의 종류에서 어떤 형태를 설명하고 있는가?

> • 본래 사격 경기용으로 개발되었다.
> • 관통력은 약해서 표적에 깊이 박히지 않는다.
> • 탄흔이 크고 뚜렷한 장점이 있다.

① 워드커터형
② 포인티드형
③ 돔 형
④ 할로우 포인티드형

> **해설**
> 보기는 워드커터형에 대한 설명이다.

25 다음 중 수렵이 가능한 것으로 짝지어진 것은?

① 엽총과 마취총
② 엽총과 라이플 엽총
③ 공기총과 엽총
④ 마취총과 공기총

> **해설**
> 엽총과 공기총만이 수렵이 가능한 총기이다.

정답 23 ① 24 ① 25 ③

26 총기의 분류 중 화약을 사용하지 <u>않는</u> 총은 어느 것인가?

① 라이플(선조총)
② 산탄총
③ 기관총
④ 공기총

> **해설**
> 총기의 속성에 따라 화약을 사용하는 라이플과 산탄총, 화약을 사용하지 않는 공기총으로 분류한다.

27 게이지란 무엇을 뜻하는가?

① 산탄총의 구경
② 총열 개머리판 상단부에 이루는 각
③ 권총의 방아쇠
④ 퍼져나간 산탄의 탄착

> **해설**
> 총열 개머리판 상단부에 이루는 각은 캐스트이며, 권총의 방아쇠는 트리거이다. 퍼져나간 산탄의 탄착은 패턴이라 한다.

28 엽총사격에서 정확한 사격술을 지원하며, 총기반동을 완충시키는 작용을 하는 것은?

① 총 열
② 기관부
③ 개머리판
④ 가늠좌

> **해설**
> 엽총은 크게 총열과 기관부, 개머리판으로 구성되어 있다. 총열은 패턴에 영향을 미치며 기관부는 격발장치와 장전을 수행하는 장치를 감싸고 있다. 개머리판은 정확한 사격술을 지원하며 총기반동을 완화시키는 역할을 한다.

29 다음 중 산탄의 유효사거리는 얼마인가?

① 30m
② 40m
③ 50m
④ 60m

> **해설**
> 조수를 포착했을 때 거의 명중시킬 수 있는 거리로 산탄의 경우 대개 50m 전후이다.

30 엽탄 중 4BK호는 어떤 동물의 수렵에 적합한가?

① 고라니
② 오 리
③ 비둘기
④ 멧돼지

> **해설**
> 엽탄 중 4BK호는 고라니 사냥에 적합하다.

31 멧돼지 사냥에 적합한 엽탄의 호수는 어느 것인가?

① 4호
② 5호
③ BB호
④ 00BK호

> **해설**
> 00BK호는 멧돼지나 고라니 등 큰 동물을 사냥할 때 적합하다.

정답 29 ③ 30 ① 31 ④

32 엽총의 종류에서 상하쌍대에 대한 설명으로 옳은 것은?

① 수평쌍대보다 총기반동이 크다.
② 가볍고 휴대가 용이하다.
③ 수평쌍대보다 정교한 기술을 요하므로 제작이 어렵다.
④ 조준이 잘 되고 착용감도 좋다.

> **해설**
> 상하쌍대는 총기반동이 작지만 다소 무거워서 휴대가 불편하다. 수평쌍대는 외형적으로 간단해 보이지만 정교한 기술을 요하므로 제작이 어렵다.

33 다음 중 반자동 엽총의 종류가 <u>아닌</u> 것은?

① 가스식
② 스프링식
③ 관성작동식
④ 단발식

> **해설**
> 반자동 엽총은 가스식, 스프링식, 관성작동식이 있다.

34 엽총의 특성이 잘못 연결된 것은?

① 단발식 엽총 : 가볍고 튼튼하지만 값이 비싼 것이 단점이다.
② 펌프식 엽총 : 견고하며 가격도 싸지만 괄사 후 엽탄을 삽입해야 하므로 번거롭다.
③ 반자동 엽총 : 약실의 개방 상태를 확인하기 어려워 안전사고율이 높다.
④ 쌍대 : 2발 연속사격이 가능하다.

> **해설**
> 단발식 엽총은 현재 거의 사용되지 않지만 가볍고 튼튼하며 가격이 싸다.

정답 32 ④ 33 ④ 34 ①

35 초크의 종류와 용도가 잘못 연결된 것은?

① 풀 : 수꿩 · 오리
② 모디파이드 : 수꿩
③ 풀 : 참새 · 두루미
④ 실린더 : 고라니 · 오리

> **해설**
> 실린더 초크는 총열구경이 넓어 멧돼지 · 고라니를 수렵하는 데 적합하다.

36 초크의 종류 중 장거리 사격에 적합한 것은 어느 것인가?

① 풀 초크
② 모디파이드 초크
③ 실린더 초크
④ 임프루브 실린더 초크

> **해설**
> 풀 초크는 총열구경을 가장 좁혀 산탄의 비산폭 또한 상당히 조밀해지고 강력하게 멀리까지 나가서 장거리 사격에 적합하다.

37 엽탄의 굵기(번경)에 따른 분류가 아닌 것은?

① 12게이지
② 20게이지
③ 30게이지
④ 410게이지

> **해설**
> 엽탄은 주로 작은 알맹이의 납알을 한꺼번에 방출시키는 산탄용 실탄이며 포획동물에 따라 선택을 쉽게 할 수 있도록 납알의 크기별로 번호를 지정해 놓은 탄이다. 번경에 따라 12게이지, 20게이지, 28게이지, 410게이지로 나뉜다.

정답 35 ④ 36 ① 37 ③

38 엽탄의 최대도달거리는 몇 m인가?

① 530m
② 540m
③ 550m
④ 560m

> **해설**
> 탄환이 가장 멀리 비행하는 거리로 엽탄의 경우 560m이다.

39 공기총에서 스프링식의 종류가 <u>아닌</u> 것은 어느 것인가?

① 중절식
② 언더레버식
③ 사이드레버식
④ 관성작동식

> **해설**
> 관성작동식은 반자동 엽총의 종류이다.

40 다음 중 공기총탄을 부르는 용어는?

① 연지탄
② 산 탄
③ 충격탄
④ 흔적탄

> **해설**
> 엽총의 탄을 엽탄(산탄)이라 부르며, 공기총의 탄은 연지탄(납알)이라고 한다(총포·도검·화약류 등의 안전관리에 관한 법률 시행규칙 별표 2). 다만 산탄 중에도 공기총용 산탄도 있다.

41 연지탄의 최대도달거리는 몇 m인가?

① 250m
② 260m
③ 270m
④ 280m

> **해설**
> 탄환이 가장 멀리 비행하는 거리로 연지탄의 경우 최고 250m 이내이다.

42 연지탄의 최대유효거리는 몇 m인가?

① 20m
② 30m
③ 40m
④ 50m

> **해설**
> 조수를 포착했을 때 거의 명중시킬 수 있는 거리로 연지탄의 경우 30m 이내이다.

43 연지탄의 머리 부분이 컵 모양으로 생긴 형태를 무엇이라 하는가?

① 워드커터형
② 돔 형
③ 포인티드형
④ 할로우 포인티드형

> **해설**
> 연지탄은 머리 모양에 따라 여러 가지 형태로 분류된다. 머리가 평평한 워드커터형, 뾰족한 포인티드형, 둥근 돔형, 컵 모양인 할로우 포인티드형 등으로 분류한다.

정답 41 ① 42 ② 43 ④

44 다음이 설명하는 연지탄의 형태는 어느 것인가?

> 탄속과 사정거리, 관통력과 파괴력 등의 여러 가지 면에서 두루 만족할 수 있는 형이다.

① 워드커터형
② 포인티드형
③ 돔 형
④ 할로우 포인티드형

해설
보기의 내용은 돔형으로 돔형은 워드커터형과 포인티드형의 중간 정도의 특질을 보인다. 탄속과 사정거리, 관통력과 파괴력 등의 여러 가지 면에서 두루 만족할 수 있는 형이다.

45 사격의 순서로 올바른 것은?

① 자세 → 호흡 → 조준 → 격발 → 추적
② 자세 → 조준 → 호흡 → 추적 → 격발
③ 조준 → 자세 → 호흡 → 격발 → 추적
④ 조준 → 호흡 → 자세 → 격발 → 추적

해설
사격은 자세 → 호흡 → 조준 → 격발 → 추적의 순으로 이루어진다.

46 격발의 요령이 아닌 것은?

① 방아쇠의 압력 배분에 유의하여 발사 직전에 충분한 사전압력을 주어야 한다.
② 최종압력은 부드럽게 점진적으로 감소시켜야 한다.
③ 격발 진행 중에 조준을 포기하지 말고 더욱 정확한 조준에 몰입하여야 한다.
④ 격발 직전에 고조되는 감정을 억제하여 총의 흔들림을 최소화하여야 한다.

해설
최종압력은 부드럽게 점진적으로 증가시켜야 한다.

47 다음 사격술 중 호흡 및 사격 자세가 <u>잘못된</u> 것은?

① 근육이 수축된 상태에서 자세를 취한다.
② 편하고 안정성 있는 자세를 취한다.
③ 호흡은 3분의 2를 내쉰다.
④ 내쉰 후 숨을 멈춘다.

> **해설**
> 근육이 이완된 상태에서 자세를 취해야 한다.

48 다음은 무엇에 대한 설명인가?

> 사격 자세를 취한 다음 이동하는 물체를 향해 시선의 초점을 맞추고 총의 방향을 계속 목표물을 향해 움직이며 따라가 어느 시점에 사격하는 것을 말한다.

① 스 윙
② 리 드
③ 패 턴
④ 피치다운

> **해설**
> ② 이동표적의 최종 격발 시 표적의 앞부분을 향하여 격발하는 것이다.
> ③ 퍼져나간 산탄의 탄착을 말한다.
> ④ 개머리판을 세웠을 때 지면에서 90°의 수직선과 리브선단의 각도를 말한다.

49 그물의 사용에 대한 내용 중 <u>틀린</u> 것은?

① 참새만이 포획할 수 있는 조류이다.
② 설치한 후에는 매시간 그물을 점검해야 한다.
③ 2인 1조로 한 사람은 그물을 잡고 다른 사람은 그물을 서서히 풀어 나간다.
④ 새그물은 상층식생이 없는 지역을 선택하여 설치한다.

> **해설**
> 새그물은 참새들의 행동권을 관찰한 후 하층식생이 없는 지역을 선택하여 설치한다.

정답 47 ① 48 ① 49 ④

50 활사냥을 할 때의 주의사항으로 **틀린** 것은?

① 화살을 올리지 않은 활이라도 사람을 향해 조준해서는 안 된다.
② 하늘을 향해서 사격해서는 안 된다.
③ 움직이는 동물을 수렵하는 행위는 허용된다.
④ 이동 중 화살을 시위에 올려놓아서는 안 된다.

> **해설**
> 움직이는 동물을 수렵하는 행위는 금지된다.

51 다음 연지탄에 기술 중 할로우 포인티드형에 대한 설명으로 옳은 것은?

① 본래 사격 경기용으로 설계되어서 연지탄 중 정확도가 가장 높다.
② 워드커터형이나 돔형을 수정한 모양으로 파괴력이 큰 것이 장점이다.
③ 탄속과 사정거리, 관통력과 파괴력 등의 여러 가지 면에서 두루 만족할 수 있는 형이다.
④ 탄두의 모양이 뾰족한 형태이다.

> **해설**
> ① 워드커터형, ③ 돔형, ④ 포인티드형

52 다음 반자동 엽총에 대한 기술 중 가스식에 대한 설명으로 옳은 것은?

① 스프링의 탄성을 이용해서 재장전하는 방식이다.
② 연발 사격 시 총열이 앞뒤로 움직이면서 재장전을 한다.
③ 공이치기가 제자리로 돌아가려고 하는 관성을 이용해서 재장전하는 방식이다.
④ 연사속도가 빠르고 우수하나 구멍이 막히면 연사가 되지 않는 단점이 있다.

> **해설**
> ① · ② 스프링식, ③ 관성자동식

53 다음 중 공기총의 설명으로 틀린 것은?

① 발사 원리는 압축공기가 분출하여 탄환을 밀어내는 것이다.
② 대부분의 공기총은 화약총보다 단순한 구조로 만들어져 있다.
③ 종류로는 스프링식, 공기 압축식(펌프식), 가스식이 있다.
④ 휴대성과 조준의 편리성, 견고성을 요구한다.

> **해설**
> 실탄이 아닌 발사 에너지를 총기에서 얻으므로 화약총보다 복잡한 구조로 되어 있다.

54 총포 소지자의 준수사항에 해당하지 않는 것은?

① 관할 지방자치단체장의 지시를 따라야 한다.
② 수렵장에서 총기의 성능을 검사하기 위한 사격연습은 할 수 없다.
③ 유효사거리를 벗어난 물체에 대해서는 사격을 중지하여야 한다.
④ 수렵용 총기를 유해조수구제용으로 사용해서는 안 된다.

> **해설**
> 총포 소지자의 준수사항(총포 · 도검 · 화약류 등의 안전관리에 관한 법률 시행규칙 제54조의3)
> 1. 개인이 보관하는 총포는 캐비넷 등 자물쇠 장치가 된 장소에 보관할 것
> 2. 수렵을 위한 총포 운반 전에 주소지 관할 경찰서에 수렵지 · 수렵기간 등의 사항을 신고할 것
> 3. 수렵기간 중 총포 야간 운반금지를 위하여 관할 경찰서장이 지정하는 경찰관서에 일몰 이후부터 일출 이전까지의 시간 동안 총포를 보관할 것을 지시하는 경우 이에 따를 것
> 4. 수렵장에서는 총포 소지자임을 쉽게 구분할 수 있도록 별표 17의2에 따른 수렵용 조끼를 착용할 것
> 5. 화약류소지자 또는 사용자는 화약류관리보안책임자 또는 화약류취급보조원에게만 화약류를 취급하도록 통제할 것
> 6. 기타 공공의 안전유지를 위하여 경찰서장이 발하는 지시 · 명령에 따를 것

55 5.5mm 공기총과 6.4mm 공기총에 대한 올바른 설명은?

① 4조 우선으로 최초에는 이동표적용으로 제조되었다.
② 공기저장 탱크의 우수성은 유효거리를 연장시킬 수 있어 연지탄 사용에 유리하다.
③ 산탄을 사용할 수 있어 작은 새의 포획에 유리하다.
④ 강선이 있고 명중률이 높아 사격 경기용으로 사용할 수 있다.

> **해설**
> 5.5mm 공기총은 단탄용과 산탄용으로 모두 규정되어 있다. 강선이 있는 경우 단탄, 강선이 없는 경우 산탄으로 사용한다. 산탄용은 빠르게 움직이는 짐승이나 작은 새의 포획에 유리하다.

정답 53 ② 54 ① 55 ③

56 초크에 대한 올바른 설명이 <u>아닌</u> 것은?

① 목표물에 따라 교환할 수 있다.
② 총구에 부착한다.
③ 탄착군에 영향을 준다.
④ 조준을 편리하게 한다.

> **해설**
> ④ 리브에 대한 설명이다.

57 엽총 총열에 관한 설명 중 타당하지 <u>않은</u> 것은?

① 총열 위의 리브(Rib)는 조준을 돕기 위한 것이다.
② 총열이 길수록 사거리가 짧다.
③ 화약의 폭발 때문에 총열 하부는 두껍게 제작된다.
④ 산탄엽총(Shotgun)은 가늠쇠만 있는 것이 일반적이다.

> **해설**
> 총열이 길수록 사거리가 길어진다.

58 우리나라 수렵용 총기에 대한 설명 중 <u>틀린</u> 것은?

① 엽총과 공기총이 있다.
② 공기총에 6.4mm 연지탄은 사용할 수 없다.
③ 모든 공기총은 강선이 있다.
④ 공기총의 구경은 밀리미터(mm)법을 사용하고 있다.

> **해설**
> 공기총은 강선이 있는 단탄, 강선이 없는 산탄이 있다.

56 ④ 57 ② 58 ③ **정답**

59 엽총의 탄착점(패턴)에 대한 설명 중 **틀린** 것은?

① 엽총의 패턴은 초크(조리개)에 따라 달라질 수 있다.
② 엽총의 패턴은 구경과 총열길이에 따라 달라질 수 있다.
③ 엽총의 패턴은 바람의 영향을 많이 받는다.
④ 엽총의 패턴은 온도변화에 많은 영향을 받는다.

> **해설**
> 총열은 패턴에 절대적 영향을 미친다. 총열이 길면 패턴은 짧다. 바람에 의한 영향은 받지만 온도에 의한 변화는 크지 않다.

60 다음 중 엽총을 발사했을 때, 탄착군의 크기를 조절해 주는 것은?

① 조준경
② 소음기
③ 초크(조리개)
④ 약 실

> **해설**
> 초크는 산탄의 산개도, 탄착군의 크기, 산탄의 패턴에 영향을 미친다. 목표물 유형에 따라 장착하는데 종류에는 풀 초크, 모디 초크, 실린더 초크가 있다.

정답 59 ④ 60 ③

제4과목

안전사고의 예방 및 응급조치에 관한 사항

CHAPTER 01	안전사고의 예방
CHAPTER 02	응급조치에 관한 사항
읽을거리	동물의 질병
문제 풀어보기	

교육은 우리 자신의 무지를 점차 발견해 가는 과정이다.

– 윌 듀란트 –

CHAPTER 01 안전사고의 예방

1. 수렵장 총기 안전수칙 ★

① 사격 직전에만 방아쇠에 손을 대는 습관을 길러야 한다(총기 사고의 대부분을 차지하는 무의식 상태 오발 방지).
② 수렵 도중 휴식할 때에는 총에 장전된 실탄을 제거하여야 한다(총을 떨어뜨리거나 사냥 견이 방아쇠를 밟아 발사되는 사고 방지).
③ 사격을 하는 순간 외에는 항상 안전장치를 하여야 한다(순간적 방심에 의한 오발 방지). 11 기출
④ 울창한 숲속을 통과할 때에는 실탄을 제거하거나 방아쇠 전체를 손으로 감싸서 방아쇠가 나뭇가지에 걸리지 않도록 한다. 11 기출
⑤ 조수류를 발견하여 총을 쏘기 전에 먼저 등산객, 주민 등 전방에 위험성이 없는가 확인하여야 한다. 23 기출
⑥ 총구는 항상 사람을 향하지 않도록 습관을 길러야 한다(어떠한 오발 사고에서도 인명을 보호).
⑦ 총기는 전방의 안전을 확인 후 발사하여야 한다(유탄 또는 낙하탄에 의한 피해 방지).
⑧ **2연발 방아쇠는 반드시 한 손가락으로 두 번 격발하여야 한다.**
⑨ 사격 전에는 총구 안에 잡물(화약마개, 흙 등)이 없는가 확인하여야 한다(흙이나 눈에 의한 총열 파열 사고 방지).
⑩ 강이나 바다에서는 먼저 조류를 공중으로 날아오르게 한 후 발사하여야 하며, 물 위에 직접 발사해서는 안 된다(물에 튀는 유탄사고 방지). 03 기출
⑪ 운행 중인 자동차 또는 항진 중인 모터보트 및 배 위에서는 총기를 사용해서는 안 된다(외부의 유탄 및 실내의 안전사고의 방지). 11 기출
⑫ 일출 전과 일몰 후(야간)에는 수렵이 금지되어 있다(시야확보가 어려운 일몰 후와 일출 전에 발생할 수 있는 각종 안전사고의 방지).
⑬ 수렵안내원, 수렵지역을 출입하는 주민 등은 식별이 용이한 붉은 색의 모자와 의복을 착용하여야 한다(오인 사격으로 인한 피해 예방). 07, 03 기출
⑭ **동료와 함께 사냥할 때는 사격의 안전지역을 설정한다.**
⑮ 전기, 전화선 위에 앉아 있는 조류에 사격을 금한다(실탄에 의한 전기·통신시설의 피해 예방).
⑯ 몰이 사냥할 때는 화살표로 표시된 지역 내에서만 사격해야 한다. 08 기출
⑰ 수렵이 종료되면 총기는 해당 관할 경찰서장이 지정하는 총기보관소에 보관하여야 한다.
  ㉠ 총기사용은 일출 후부터 일몰 전까지 관할 경찰서의 조치사항에 따라야 한다.

[몰이 사냥 시의 행동반경]

ⓒ 총기 입·출고 시 장전여부 등 안전 확인을 반드시 하여야 하며, 음주상태로 총기휴대 및 운반해서는 안 된다.

2. 수렵총기 안전관리 준수사항 11, 10, 09, 08, 07, 03 기출

① 수렵 또는 유해조수구제용으로 허가받지 아니한 총기는 사용할 수 없다.
② 출발예정일 및 수렵총포 귀환시간을 지켜야 한다.
③ 수렵허용지역 이외 엽장지 내 수렵 금지구역에서는 수렵을 할 수 없다.
④ 총기 출고 시에는 행선지(수렵할 지역, 귀가 등)를 신고하여야 한다.
⑤ 엽장지를 변경하여 수렵하고자 하는 때에는 해당 경찰관서에서 보관총기 해제증명서를 다시 받아야 한다.
⑥ 총기의 자가보관, 차량에 적재하여 장시간 방치, 엽장지 이외의 지역에서 정당한 사유없이 소지·운반을 할 수 없다.
⑦ 부득이한 사정으로 출렵일시·장소를 변경하거나 해당 엽지에 가지 못할 때에는 총기를 경찰관서에 재보관해야 한다.
⑧ 수렵 중 일시 귀가 시에는 현지 경찰관서에 총기를 보관하거나, 신고 후 주소지 경찰관서에서 총기를 보관하여야 한다.
⑨ 경찰관서에서 보관명령이 있을 때에는 수렵을 즉시 중지하고 경찰관서에 총기를 보관하여야 한다.
⑩ 총기 도난·분실·오발 등 안전사고 방지를 위하여 안전관리수칙을 준수하고 사고 발생 시에는 신속히 경찰관서에 신고하여야 한다.
⑪ 단탄형 엽총(맹수용 라이플) 및 마취총은 사용이 금지되어 있으며, 엽장지 이외 지역과 수렵제한 장소(도로로부터 600m 이내 지역, 지정된 보호구역인 공원 및 문화유산 및 자연유산으로부터 1km 이내, 인가 부근 등)에서는 수렵을 할 수 없다.

3. 표적에 대한 규칙 25 기출

① 표적을 찾을 때에는 그것이 위험 등을 초래하지는 않는지 정확히 확인한다.
② 표적 뒤에는 무엇이 있는지 확인하고 표적을 벗어나면 어떻게 되는지, 발사된 탄환은 표적을 맞고 멈출 것인지, 표적을 맞추어 관통하면 다음에 맞을 표적은 무엇인지, 발사된 탄환은 안전하게 멈출 것인지, 다시 한번 확인한다.
③ 절대로 딱딱한 표면이나 물을 향하여 발사하지 않는다. 또한, 비스듬히 맞추어 누군가 다치는 일이 없도록 한다.
④ 유리병, 살아있는 나무 등 부적당한 물체를 표적으로 삼아 사람을 다치게 하거나 환경을 파괴하여서는 안 된다.
⑤ 수렵시기가 아닌 경우에는 절대로 동물을 표적으로 하지 않으며, 먹지 않을 목적으로 수렵을 하지 않는다.
⑥ 사선에서 표적이 도로나 길가를 지나 있는 경우는 절대로 도로나 길가를 가로질러 발사하여서는 안 된다.
⑦ 교통 표지판, 광고 표지판 등 사용되고 있는 표지를 향하여 발사하여서는 안 된다.

4. 총기안전관리수칙

> **더 알아보기** Universal Gun Safety Rules(Golden Rules)
>
> - Learn the characteristic of your firearm.
>   - 소지하는 총기의 특성을 제대로 파악하고 작동방법을 숙지한다.
> - Treat every firearm as if it is loaded.
>   - 모든 총기는 장전된 것처럼 다룬다.
> - Always point the muzzle in a safe direction.
>   - 총구는 항상 안전한 방향으로 향한다.
> - Keep your finger off the trigger.
>   - 발사하지 않을 때에는 방아쇠에 손가락을 두지 않는다.
> - Never rely on a mechanical safety.
>   - 총기안전장치를 맹신하지 않는다.
> - Keep gun unloaded and action open until ready to shoot.
>   - 발사하기 전에는 절대로 장전하지 아니하고, 약실을 열어둔다.
> - Know your target and what's beyond it.
>   - 목표물(표적) 주위에 무엇이 있는지 확인한다.
> - Use only the correct ammunition for your firearm.
>   - 총기에 맞는 실탄을 사용한다.
> - Know what to do in the event of a misfire.
>   - 불발 시 해야 할 행동을 숙지한다.
> - Wear protective ears and eyes equipment.
>   - 눈과 귀에 보호장치를 착용한다.
> - Keep firearm free from obstructions and well maintained.
>   - 총기는 잘 작동되는지, 총열에 방해물은 없는지 확인한다.
> - Do not modify your firearm.
>   - 총기를 개조하지 않는다.
> - Do not handle guns with alcohol, drug, or fatigue.
>   - 음주 후, 약물 복용 후, 피곤할 때에는 총기를 다루지 않는다.

(1) 소지하는 총기의 특성을 제대로 파악하고 작동방법을 숙지한다.
① 소지하고 있는 총기의 특성을 정확하게 알고 있는 것은 매우 중요하다. 모든 총포류는 다 같은 형태·형식이 아니기 때문이다. 안전하게 장전 해제하고 운반하는 방법뿐만 아니라 기본적인 기계적 특성까지도 알아야 한다.
② 예를 들면, 총기의 안전장치를 위로 올리면 안전장치가 걸리는 총이 있는가 하면 내려져 있는 상태가 안전장치가 작동하는 형태가 있음을 상기해야 한다. 구입 시 받은 매뉴얼은 꼼꼼히 읽어보고 반드시 숙지해야 한다. 비슷한 종류의 총기류를 가지고 있거나, 다룰 줄 안다고 해서 이전의 총기와 모든 것이 똑같이 적용된다고 생각하는 것은 지극히 위험한 것이다.
③ 매뉴얼을 읽다가 이해가 되지 않거나 부족하다는 생각이 들면 제조회사에 알려 궁금증이 풀리지 않는 내용에 대하여 매뉴얼에 기입하여 줄 것을 요구하여, 또 다른 사용자가 자신처럼 궁금증을 가지지 않고 구입한 총기에 대하여 정확히 알 수 있게 하는 것도 잊지 말아야 한다.

(2) **모든 총기는 장전된 것처럼 다룬다.**
   ① 총기를 소지하고 있거나 취급한다면 그것이 장전되어 있지 않더라도 장전된 총기를 다룰 때와 동일한 수준으로 취급해야 한다. 장전되지 않았다는 사실을 알고 함부로 다루게 되면 나중에 장전된 총기도 함부로 다루는 나쁜 습관이 생기게 되는 것이다.
   ② 장전되지 않았다고 생각하더라도 "내 생각이 틀릴 수도 있어(장전되어 있을 수도 있어)"라고 다시 생각하는 습관을 길러야 한다. 총기에 탄창이 들어 있지 않다고 장전되어 있지 않다는 가정을 해서는 안 된다. 탄창이 없더라도 약실이나 기관부에 한 발이 장전되어 있을 가능성이 있기 때문이다. 작동부분(슬라이드, 레버, 볼트)을 끝까지 당겨 확인하지 않아 약실에 있는 실탄을 보지 못할 수도 있으니 유의해야 한다.
   ③ 많은 총기를 다루다보면 약실을 열어 확인하는 작업이 잦아 확인한 것인지 까맣게 잊을 수가 있다. 총기를 다룰 때에는 항상 약실을 열어 눈으로 직접 확인하여야 한다.
   ④ 장전된 것처럼 취급하는 것은 미연에 사고를 방지하는 좋은 방법이다. 언제나 "장전되어 있지는 않은가? 안전장치는 안전한 방향으로 되어 있는가?"를 수시로 확인하고, 안전장치를 걸어 제대로 작동하는지 확인하는 습관을 길러야 한다.

(3) **총구는 항상 안전한 방향으로 향한다.**
   ① 안전한 방향이라는 것은 약간의 판단력을 필요로 한다. 안전한 방향은 실탄이 발사되더라도 상해나 손해를 입지 않거나, 상해나 손해를 최소화하는 방위를 말한다.
   ② 탄환이 발사되어 관통되는 것까지 생각해야 하고, 실제로 발사할 때와 같이 총구가 가리키는 방향에 사람이나 위험한 물건이 없는지를 고려해야 한다.
   ③ 일반적으로 가장 안전한 방향은 총구의 끝이 하늘을 향하는 것을 말한다. 총구가 사람을 향하는 것은 위험한 일이며, 범죄의 위협으로 해석될 수 있다. 11 기출

(4) **발사하지 않을 때에는 방아쇠에 손가락을 두지 않는다.**
   ① 발사 직전까지 방아쇠나 방아쇠울 근처에 손가락을 두어서는 안 된다.
   ② 총기를 다루거나 운반할 때 방아쇠에 손가락을 두는 습관은 피해야 하고, 방아쇠는 당겨서 발사하는 것 이외의 다른 용도는 없는 것을 유념한다.
   ③ 만일 방아쇠에 손가락을 두고 다니다가 비틀거리거나, 넘어졌거나, 누구에게 다가가다 우연히 격발될 수 있고, 도중에 놀라거나, 갑자기 큰 소음으로 인해 무서움을 느낄 때 근육이 자신의 의지와 관계없이 자동으로 움직여 방아쇠를 당기게 될지도 모르기 때문이다.

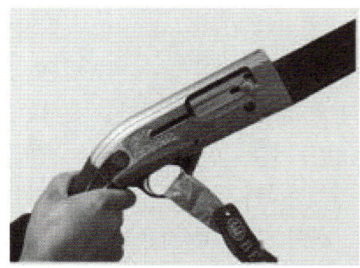 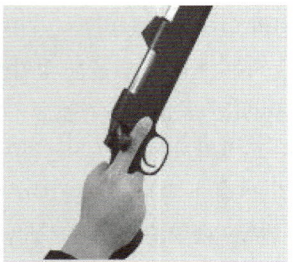

[평상시 방아쇠 주변의 손가락 위치]

(5) 총기안전장치를 맹신하지 않는다. 03 기출

① 안전장치는 총기가 발사되는 것을 방지하기 위한 기계적인 메커니즘이다. 보통 총기를 바닥에 떨어뜨렸을 때를 대비하여 고안된 것으로 대부분은 바닥에 떨어뜨리거나 충격을 주었을 때 격발되지 않지만, 종종 해머나 공이가 움직이는 때도 있다.
② 자신에게 더 좋고 편리하게 한다고 해서 안전장치를 개조하거나 안전장치를 대용할 수 있는 것으로 대체해서는 안 된다. 대용물은 검증되지 않았고 총기와 완벽하게 호환된다고 할 수 없을 뿐 아니라, 안전장치의 대용물은 부러지거나 결함이 발생할 수 있기 때문이다.
③ 2가지의 보편적인 안전은 장전해제와 방아쇠와 손가락을 멀리하는 방법이다. 손가락이 방아쇠에서 떨어져 방아쇠울 부분에 튼튼히 고정하고 있더라도 장전해제를 확인·재확인하더라도 "총기는 장전되어 있다."라고 생각해야 한다. 또한, 안전장치를 걸어놓았다고 하더라도 "발사할 준비가 되어 있다."라고 머릿속에 생각하고 행동해야 한다.

(6) 발사하기 전에는 절대로 장전하지 않고, 약실을 열어둔다.

① 총기의 작동은 격발, 발사, 탄피를 추출하는 과정을 말한다. 리볼버에서는 회전탄창을 열고 인젝터를 이용하여 탄피를 제거하는 것이고, 반자동 권총에서는 탄창을 제거하고 슬라이드를 후퇴하여 잠근 후 약실을 육안으로 검사하는 것이다. 라이플과 엽총은 거의 같다고 할 수 있다.
② 중절식(Hinged or Break-action) 장총은 상하쌍대(Over-and-under), 수평쌍대(Side-by-side)의 엽총과 같이 총열과 기관부를 꺾어 약실을 노출하여 확인할 수 있다.
③ 반자동식(Semi-automatic Action)이나 슬라이드식(Slide Action or Pump Action) 엽총의 경우 슬라이드를 끝까지 당기면 약실이 노출된다.
④ 볼트액션식(Bolt Action)이나 레버식(Lever Action) 엽총의 경우는 볼트나 레버를 끝까지 끌어당기면 약실이 확연히 보이게 된다.
⑤ 수렵이나 사격이 시작될 때까지는 항상 장전해제 상태이어야 한다.
⑥ 수렵 중이더라도 수렵에 임하지 않을 때나 장전이 필요 없을 것 같은 경우에도 장전해제 상태로 있어야 하고, 수렵이 끝나면 즉시 장전을 해제한다.

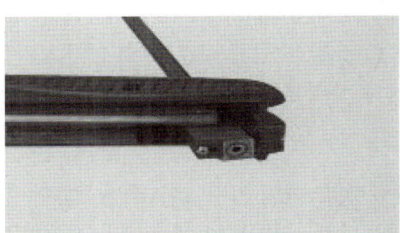
[스프링식 공기소총(Diana Panther 21)]

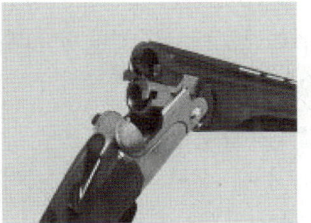
[중절식 엽총(Beretta DT10)]

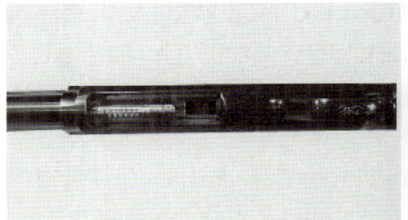
[슬라이드식 엽총(Browning BPS)]

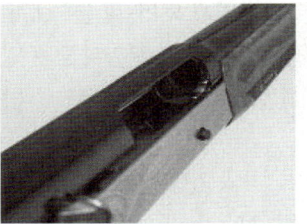
[반자동식 엽총(Benelli M4 S90)]

[소총별 약실 확인 방법]

(7) 목표물(표적) 주위에 무엇이 있는지 확인한다.
① 사정거리 안에서 또는 필드 안에서 생명을 위협하는 경우에 표적이 확실한지 확인하고, 표적 주위에 무엇이 있는지 항상 확인하여야 한다. 탄환이 어디를 타격할지 예상하지 못하는 경우는 절대로 발사하지 않는다.
② 탄환의 비행이나 탄도에 대하여도 정확히 알아야 한다. 소구경인 0.22인치 라이플을 발사하였을 때도 탄환은 1.5마일을 날아가며, 30-06탄을 라이플에서 발사하였을 경우는 약 3마일을 날아간다. 엽총 슬러그탄의 경우는 0.5마일의 거리를 날아가고, 엽총 산탄의 경우도 약 5000야드를 날아간다.
③ 탄환의 궤도가 건물이나 사람이 붐비는 곳을 지나게 될 경우 인명이나 재산에 피해가 갈 수 있으므로 발사하여서는 안 된다. 심지어 잔잔한 들을 향해 발사하는 것도 위험한 것이다. 잔잔한 물이나 돌바닥, 길거리, 콘크리트 벽 등의 딱딱한 표면은 탄환을 불규칙한 방향으로 튕겨내어 상당한 거리를 날아가게 할 수 있다.
④ 수렵 시에는 목표물에 대한 정확한 확인 없이 소리나 움직임만으로는 발사하여서는 안 된다. 그 소리나 움직임이 사슴일 수도 있겠지만, 다른 엽사나 등산자일 수 있기 때문이다.

(8) 총기에 맞는 실탄을 사용한다.
① 다른 구경의 탄환을 사용하거나 극도로 화약이 많이 들어간 탄약을 사용해서는 안 된다.
② 모든 총기에는 탄약 제조회사에서 검증된(Proof Tested) 기준에 따라 사용할 수 있는 탄이 정해져 있다. 손수 화약을 충전(Loaded)한 탄이나 강력한 실탄은 특수한 총에만 사용할 수 있다. 예를 들면, 38구경의 실탄의 경우 "+P"나 "+P+"로 표시되어 있고 그것이 구경이 맞다 하더라도 총기가 매그넘탄을 견딜 수 있게 디자인되어 있지 않으면 발사하는 순간 눈앞에서 총기가 폭발할 수 있는 것이다.
③ 또 다른 시나리오는 총기에 정해진 구경보다 작은 탄을 장전하여 사용하는 것이다. 더 작은 탄환은 약실에서 총열까지 미끄러질 수도 있음은 물론이고, 총열의 장애 원인이 될 수도 있다. 이러한 사실을 모르고 다른 실탄을 장전하여 발사하면 총기는 폭발하게 되는 것이다.
④ 사용하는 탄은 항상 자신의 총기에 맞는 제품인지 확인하고 물에 젖은 탄은 폐기한다.
⑤ 오인하여 다른 탄을 사용할 가능성이 없는 경우를 제외하고, 한 가지 이상의 탄을 함께 운반하거나 보관하지 말아야 한다. 예를 들면 22구경(5.5mm)탄과 12게이지(18.5mm)탄은 함께 운반하여도 확연히 구분할 수 있는 반면에 38구경(9.6mm)탄과 9mm탄은 쉽게 구분할 수 없다. 12게이지(18.5mm)탄과 16게이지(16.8mm)탄도 마찬가지로 구분이 힘들다.

(9) 불발 시 해야 할 행동을 숙지한다.
① 방아쇠를 당겼는데 아무런 일이 일어나지 않았다면, 여러 가지 변수를 생각해야 한다. '총기에 장전이 되어있지 않은 것인가?, 실탄 뇌관 부분이 잘못되었는가?, 공이에 문제가 있는가?' 등을 고려할 수 있다. 어떤 원인이든 사격을 하기 전에 불발을 어떻게 처리할 것인지를 생각하고 있어야 한다.
② 반자동식 총의 불발 시 처리방법은 "랙과 탭(Rack and Tap)" 방법이 있다. 랙은 작동부분(볼트, 슬라이드 등)을 강하게 잡고 뒤로 끝까지 당겨 약실에서 실탄을 제거한 다음 새로운 실탄을 장전하는 방식이고, 탭은 방아쇠를 당기지 않은 손바닥으로 탄창 아랫부분을 쳐서 실탄이 약실에 제대로 장전되게 하는 방법이다.
③ 다른 가능성은 '불발'이나, 카트리지가 늦게 발화하는 '발사지연(Hangfire)'이 있을 수 있다. 총기의 종류와 관계없이 30초 동안 총구를 안전한 방향으로 향하게 한다. 발사지연이 되는 동안 총열을 보거나 총구를 손으로 덮는 행동은 아주 위험하다. 30초가 지난 후 총기를 신중하게 점검해야 한다.

④ 만약 방아쇠를 당기고 약한 소음이 들리면, 이것은 대개 실탄에 결함이 있거나 화약의 충진상태가 잘 못된 것으로 이것을 '스큅(Squib)'이라고 한다. 스큅이 발생하면 신중해야 하는데 탄환은 이미 약하게 발사되어 카트리지에서 벗어나 약실과 총열 사이에 있을지도 모른다. 만약 탄환이 총열에 있다면 위험하므로 사고를 야기할 수 있는 탄환은 모두 제거해야 한다.

⑤ 카트리지가 발화하지 않았을 때는 어떤 경우든지 총구를 안전한 방향으로 향하고, 개머리판을 얼굴 가까이에 두지 않아야 한다는 것을 잊어서는 안 된다. 신중하게 약실을 열고, 장전을 해제한 다음 안전한 방법으로 카트리지를 제거한다.

(10) 눈과 귀에 보호장치를 착용한다.

① 뒤로 튀는 금속조각(공이가 카트리지를 가격하는 순간에 발생하는 미세한 금속조각)과 격발 시 불꽃과 같이 발화되지 않은 화약이 눈에 들어갈 수 있다.

② 돌이 많은 곳이나 나무가 많은 곳에서 돌가루나 나무 파편이 날려 눈에 들어갈 수 있기 때문이다. 총을 발사하고 다시 장전할 때나 반자동식 총기를 가지고 있는 다른 사람의 탄피가 방출되면서 눈을 향해 날아올 수 있다.

③ 탄피는 무겁기 때문에 총기로부터 방출될 때 상당한 운동에너지를 가지며 뜨겁다. 날아가는 탄피로부터 눈을 보호하기 위하여 사방에 갓이 달린 큰 모자를 쓰는 것도 좋은 방법이다.

④ 안전에 관한 보고에 의하면 실탄 발화 시 발생하는 소음은 청력에 심각한 손상을 줄 수 있다고 한다. 귀 보호장비를 착용하지 않고 계속하여 총소리를 듣는 것은 누적형 신경손상을 야기하여 청력에 손상을 입을 수 있다.

⑤ 귀 보호장비는 귀속에 넣어 사용하는 귀마개(Earplug)와 방한용 귀집(Ear Muff)이 있고, 특히 귀마개는 더욱 효과적이다. 귀마개를 하고 그 위에 귀덮개를 사용하는 것도 좋은 방법이다.

(11) 총기는 잘 작동되는지, 총열에 방해물은 없는지 확인한다.

① 일반적인 총의 청소나 보관 시 안전한 작동의 확인이 필수이다. 정상적으로 작동하지 않는 총기는 안전사고를 야기하고, 소지자와 주위 사람들까지 위험에 노출시키는 것이다.

② 항상 활동부분(슬라이드, 볼트, 레버, 약실)을 열고, 약실이나 탄창에 실탄이 들어 있는지 확인하고, 총열에는 이물이나 방해물질이 들어 있지는 않은지 확인한다.

③ 아무렇지도 않은 것 같지만 소량의 그리스(윤활기름), 진흙, 이물질, 눈(Snow) 등이 있어도 심각하고 위험한 압력을 만들어 자신과 동료에게 상해를 입힐 수 있다.

④ 가장 좋은 습관은 발사하기 전에 불필요한 물질은 없는지 꼬질대(Cleaning Rod)와 천조각으로 총열을 확인하는 것이다. 총기는 기계적인 기구이며 사용 시 마모되는 것이기 때문에 항상 정상적인 작동을 하는 것이 아님을 명심하고, 총기수리업자나 전문가에게 모든 부위가 정상적으로 잘 작동되는지 점검을 받는 것도 좋은 방법이다.

(12) 총기를 개조하지 않는다. 09 기출

총기를 만지작거리거나 빈 총을 쏘는 것은 총기 고장의 원인이 될 수 있고, 불필요하게 작동시키는 것은 제조회사로부터 무상 A/S를 받을 수 없는 상황이 발생될 수 있다. 총기의 성능을 변경하기 위하여 그 총포를 임의로 개조할 경우 총포·도검·화약류 등의 안전관리에 관한 법률에 의해 처벌받을 수 있다.

더 알아보기 성능개조 여부 검사 기준(총포·도검·화약류 등의 안전관리에 관한 법률 시행규칙 별표 16)

총 종	검사구분	검사항목	검사 및 합격기준
총 및 포	구조형식	구조형식의 원형유지상태 검사	구조형식의 변형이나 개조·손괴·부식 등의 결함이 없을 것
		기관부 및 총신의 원형유지상태 검사	기관부 및 총신의 대체 등의 변경이 없을 것
		제조번호의 타각(打角) 유지상태 검사	총포 제조번호 타각에 변경 등의 결함이 없을 것

(13) 음주 후, 약물 복용 후, 피곤할 때에는 총기를 다루지 않는다.

① 음주 후, 약물을 복용한 후 총기를 사용하지 않는다.
② 피곤할 때는 총기를 사용하지 않는다. 알코올, 약, 피로는 사람의 판단과 정상적인 거동을 할 수 없게 하고 사고의 확률을 높일 수 있다.

더 알아보기 총포·도검·화약류 등의 안전관리에 관한 법률상 처벌되는 위반사항

벌칙 및 과태료	위반사항
3년 이상 15년 이하의 징역 또는 3천만 원 이상 1억 원 이하의 벌금	수출하기 위한 목적으로 제3조 제4항에 따라 해당 종류별 제조허가에 관한 구조 및 성능기준을 적용하지 아니하고 제조된 총포(권총·소총·기관총·포·엽총·공기총만 해당)를 국내에 판매하거나 유출시킨 자
10년 이하의 징역 또는 5천만 원 이하의 벌금	수출하기 위한 목적으로 제3조 제4항에 따라 구조 및 성능기준을 적용하지 아니하고 제조된 총포(권총·소총·기관총·포·엽총·공기총 제외)·도검·화약류·분사기·전자충격기 또는 석궁을 국내에 판매하거나 유출시킨 자
5년 이하의 징역 또는 1천만 원 이하의 벌금	• 총포와 그 실탄 또는 공포탄을 지정하는 곳에 보관하지 아니한 자 • 총포·도검·화약류·분사기·전자충격기·석궁의 소지 허가 및 운반의 제한 명령을 위반한 자 • 화약류제조보안책임자 및 화약류관리보안책임자의 의무 등 안전상의 감독업무를 게을리한 자 • 총포의 제조업자가 식별표지가 유지될 수 있도록 총포를 제작하지 아니하거나 식별표지에 관한 정보를 경찰청장에게 제공하지 아니한 자 • 총포의 식별표지를 조작하거나 불법적으로 삭제, 제거 또는 변경한 자
3년 이하의 징역 또는 700만 원 이하의 벌금	• 총포·도검·화약류·분사기·전자충격기·석궁 등의 인터넷 광고의 금지를 위반한 자 • 화약류의 발파 및 운반에 따른 기술상의 기준이나 지시에 따르지 아니한 자 • 허가관청이 총포 도난·분실자에게 법령에 따라 도난·분실 총포 이외에 다른 총포의 사용을 제한하기 위하여 다른 총포를 허가관청이 지정하는 곳에 보관하도록 하는 보관 명령을 위반한 자 • 총포·분사기·전자충격기·석궁의 소지 허가를 받은 자가 행정안전부령으로 정하는 바에 따라 시·도 경찰청장 또는 경찰서장이 실시하는 검사를 받지 아니한 자 • 거짓이나 그 밖의 옳지 못한 방법으로 이 법에 따른 허가 또는 면허를 받은 자

2년 이하의 징역 또는 500만 원 이하의 벌금	• 총포와 비슷하게 보이는 모의총포를 제조 · 판매 또는 소지하는 자 • 총포의 소지 허가를 받은 자가 총포의 성능을 변경하기 위하여 총포를 임의로 개조한 자 • 총포 · 화약류의 폐기 시 폐기 신청을 하지 아니하고 총포를 폐기한 자 • 유실, 매몰 등 정당하게 관리되고 있지 아니하는 총포 · 도검 · 화약류 · 분사기 · 전자충격기 · 석궁을 발견하여 24시간 이내에 가까운 경찰관서에 신고하지 않거나 경찰공무원의 지시 없이 이를 만지거나, 옮기거나, 해체한 자
300만 원 이하의 과태료	• 총포 · 도검 · 화약류 · 분사기 · 전자충격기 · 석궁을 도난당하거나 잃어버렸을 때 경찰관서에 신고하지 아니한 소유자 및 관리자 • 지방경찰청장의 자체안전교육계획 수립 명령을 위반한 자

※ 벌칙 규정에 따라 처벌할 때에는 징역과 벌금형을 함께 과할 수 있다.

CHAPTER 02 응급조치에 관한 사항

01 기본인명구조술

1. 심폐소생술 25, 24, 09, 08 기출

호흡이 정지되거나 심장이 멈추었을 때 4~6분 이내에 심폐소생술이 시행되지 않으면 환자의 생존 가능성은 낮아진다. 따라서 구급차가 환자에게 도착하기까지 적어도 4~5분 이상 소요되므로 일반인들도 심폐소생술을 시행할 수 있어야 한다. 환자의 연령이 9세 이상이거나 체중이 30kg 이상인 경우에는 아래의 심폐소생술의 단계에 따라 시행한다.
※ 8세 이하 어린이의 경우에는 성인의 심폐소생술 시행방법과 차이가 있다.

(1) 반응의 확인
현장의 안전을 확인한 뒤에 쓰러져 있는 사람에게 다가가 가볍게 어깨를 두드리며, 큰 목소리로 "여보세요, 괜찮으시요?"라고 말한 다음 반응을 살핀다. 환자를 지나치게 자극하면 목뼈를 다칠 수 있어 주의해야 한다.

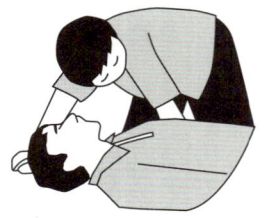

(2) 119 신고
환자의 반응이 없으면 즉시 큰 소리로 주변 사람에게 119 신고를 요청한다. 만약 주변에 아무도 없는 경우에는 직접 119구급대에 신고한다. 주위에 심장충격기(자동제세동기)가 비치되어 있다면 즉시 가져와 사용해야 한다.

(3) 호흡 확인
쓰러진 환자의 얼굴과 가슴을 10초 이내로 관찰하여 호흡이 있는지를 확인한다. 환자의 호흡이 없거나 비정상적이라면 심정지가 발생한 것으로 판단한다. 일반인은 비정상적인 호흡 상태를 정확히 평가하기 어렵기 때문에 응급 의료 전화상담원의 도움을 받는 것이 바람직하다.

(4) 가슴(흉부)압박 30회 시행
환자를 바닥이 단단하고 평평한 곳에 등을 대고 눕힌 뒤에 가슴뼈(흉골)의 아래쪽 절반 부위에 깍지를 낀 두 손의 손바닥 뒤꿈치를 댄다. 가슴을 압박하는 동안에 손가락이 가슴에 닿으면 늑골(갈비뼈)이 골절되어 합병증이 발생할 수 있으니 닿지 않도록 주의하면서 양팔을 쭉 편 상태로 체중을 실어서 환자의 몸과 수직이 되도록 가슴을 압박하고, 압박된 가슴은 완전히 이완되도록 한다.

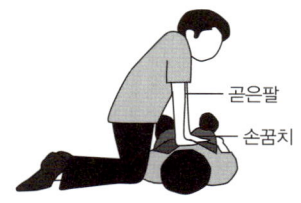

가슴압박은 성인의 경우에는 분당 100~120회 정도 약 5cm(소아 4~5cm) 깊이로 강하고 빠르게 시행한다. 또한, '하나', '둘', '셋' 하고 세어가면서 규칙적으로 시행하며, 압박된 가슴은 완전히 이완되도록 한다.

심정지 초기에는 가슴압박만을 시행하는 가슴압박 소생술과 인공호흡을 함께 실시하는 심폐소생술의 효과가 비슷하기 때문에 일반인 목격자는 가슴압박 소생술을 시행해야 한다.

※ 가슴압박 위치 찾기
쉽게는 흉골의 가운데를 압박하면 되지만 좌우의 갈비뼈가 만나는 곳(검상돌기)에서 두 손가락 넓이만큼의 위쪽이 정확한 위치이다(일반인은 양쪽 젖꼭지선의 가운데를 압박해도 된다).

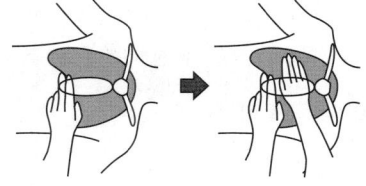

(5) 기도개방 및 인공호흡 2회 시행

환자가 숨을 쉬지 않으면 인공호흡을 해야 한다. 환자의 머리를 젖히고, 턱을 들어 올려 환자의 기도를 개방시킨다. 머리를 젖혔던 손의 엄지와 검지로 환자의 코를 잡아서 막고, 입을 크게 벌려 환자의 입을 완전히 막은 후 가슴이 올라올 정도로 1초에 걸쳐서 숨을 불어넣는다. 숨을 불어넣을 때에는 환자의 가슴이 부풀어 오르는지 눈으로 확인한다. 숨을 불어넣은 후에는 입을 떼고 코도 놓아주어서 공기가 배출되도록 한다. 인공호흡 방법을 모르거나, 꺼려지는 경우에는 인공호흡을 제외하고 지속적으로 가슴압박(가슴압박 소생술)만을 시행한다.

(6) 가슴압박과 인공호흡의 반복

이후에는 30회의 가슴압박과 2회의 인공호흡을 119 구급대원이 현장에 도착할 때까지 반복해서 시행한다. 다른 구조자가 있는 경우에는 한 구조자는 가슴압박을 시행하고 다른 구조자는 인공호흡을 맡아서 시행하며, 심폐소생술 5주기(30:2 가슴압박과 인공호흡 5회)를 시행한 뒤에 서로 역할을 교대한다.

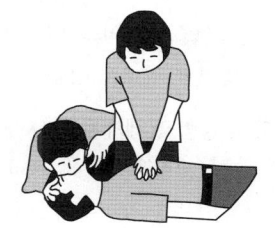

(7) 회복자세

가슴압박 소생술을 시행하던 중에 환자가 소리를 내거나 움직이면, 호흡도 회복되었는지 확인한다. 호흡이 회복되었다면, 환자를 옆으로 돌려 눕혀 기도(숨길)가 막히는 것을 예방하고 그 후 환자의 반응과 호흡을 관찰해야 한다. 환자의 반응과 정상적인 호흡이 없어진다면 심정지가 재발한 것이므로 신속히 가슴압박과 인공호흡을 다시 시작한다.

(8) 심정지의 확인

심정지를 확인하기 위해서는 숨쉬거나 기침을 하는지, 또는 조금이라도 움직이는지를 확인하는데 10초 이내에 해야 한다. 즉, 호흡 확인과 같은 요령으로 하면서 눈으로 움직임을 살피는 것이다. 심장이 뛰는 것이 확인되면 인공호흡만 계속 시행하면서 심정지를 확인하며, 심장이 뛰지 않거나 확신이 서지 않는다면 가슴압박을 시작한다.

※ 주의 : 심정지를 확인하기 위해 10초 이상 허비해서는 안 된다.

2. 자동심장충격기(AED) 사용방법

자동심장충격기(Automated External Defibrillator)는 심정지 상태의 환자가 발생했을 경우 강한 전기충격을 줘서 심장이 정상적으로 박동하도록 해주는 응급도구로 지하철역, 공항의 대합실, 터미널 등 공공장소에 설치되어 있다.

(1) 전원 켜기
자동심장충격기는 반응 및 정상적인 호흡이 없는 심정지 환자에게 사용해야 하며 자동심장충격기가 도착하기 전까지 심폐소생술을 계속 시행하고 도착하면 심폐소생술에 방해가 되지 않는 위치에 자동심장충격기를 놓은 뒤 전원 버튼을 눌러 전원을 켠다.

(2) 패드 부착
자동심장충격기에 있는 패드가 본체와 연결되어 있는지 확인한 다음 분리되어 있는 경우에는 본체와 패드를 연결한다. 패드를 부착하기 전 부착 부위에 이물질이 있는지 확인하고 패드에 있는 그림을 보고 그림에 맞는 위치인 오른쪽 빗장뼈(쇄골) 바로 아래, 왼쪽 젖꼭지 아래의 중간 겨드랑이에 각각 패드를 부착한다.

(3) 심장리듬 분석
패드 부착 후 자동심장충격기에서 "분석 중"이라는 음성 지시가 나오면 시행 중이던 심폐소생술을 멈추고 환자에게서 손을 뗀다. 자동심장충격기가 환자의 상태를 스캔 후 심장충격(제세동)이 필요한 경우 "제세동이 필요합니다"라는 음성 지시와 함께 심장충격기 스스로 에너지 충전을 시작한다. 이때 에너지 충전에는 수 초 이상의 시간이 소요되므로 그동안 다시 가슴압박을 시행한다. 만약 자동심장충격기에서 스캔 후 심장충격(제세동)이 필요없는 경우 "제세동이 필요하지 않습니다"라는 음성 지시가 나오는데 이 경우에는 환자에게 다시 가슴압박을 시행한다.

(4) 심장충격(제세동) 실시
자동심장충격기에 에너지 충전이 끝났을 경우 본체에 심장충격(제세동) 버튼이 깜박이면서 충전이 완료되었음을 알려준다. 이때 버튼을 누르기 전에 반드시 환자 근처에 사람이 떨어져 있는지 확인하고 깜박이는 제세동 버튼을 눌러 제세동을 시행한다.

(5) 심폐소생술 시행
심장충격을 실시한 후 다시 가슴압박과 인공호흡을 30:2 비율로 다시 시작하고 환자가 의식을 회복하였거나 119 구급대가 도착할 때까지 2분을 주기로 자동심장충격기를 통해 심장리듬 분석과 제세동을 반복해서 시행하여야 한다.

3. 기도 관련

(1) 기도유지
사람이 의식이 없을 때 기도폐쇄의 가장 흔한 원인은 혀가 뒤로 말려서 기도를 막는 경우이다. 막힌 기도를 열기 위해서는 기도를 유지시켜야 한다.
① 환자의 머리 쪽에 있는 구조자는 환자의 이마에 손바닥을 얹고 머리를 뒤로 젖혀준다.
② 다른 손의 손가락을 환자의 아래턱뼈 밑에 대고 끌어 올린다.
③ 턱선과 바닥이 수직이 되도록 한다.
④ 턱 밑에 손가락을 댈 때 연한 조직을 누르면 기도가 막힐 수도 있으므로 주의한다.

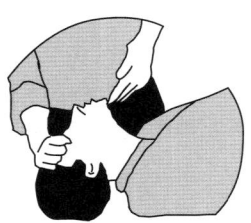

(2) 완전기도폐쇄
　① 증 상
　　기도가 완전히 막히면 말을 하지 못하면서 양쪽 손으로 목을 쥐는 '초킹-싸인(Chocking-sign)'이 나타나면서 얼굴과 입술이 파랗게 변하는 청색증이 관찰된다.
　② 의식이 있을 때의 처치
　　㉠ 기도폐쇄에 대한 처치 중 의식이 있고 기침을 할 수 없는 경우에는 하임리히법을 시행한다. 환자의 뒤에 서서 환자의 허리를 팔로 감싸고 한쪽 다리를 환자의 다리 사이에 지지한다.
　　㉡ 구조자는 한 손을 주먹 쥔다. 주먹 쥔 손의 엄지를 배꼽과 검상돌기 중간에 위치한다.
　　㉢ 다른 한 손으로 주먹 쥔 손을 감싸고 빠르게 위로 밀쳐 올린다.
　　㉣ 이물질이 밖으로 나오거나 환자가 의식을 잃을 때까지 계속한다.
　③ 의식이 없을 때의 처치
　　의식이 없는 완전기도폐쇄 환자는 심폐소생술을 실시한다.

(3) 부분기도폐쇄
　① 증 상
　　환자는 기침과 말을 하며 안절부절못하는 행동을 나타낸다. 청색증은 나타나는 경우와 나타나지 않는 경우도 있다.
　② 처 치
　　숨이 통하는 경우에는 계속 기침을 하도록 격려하며, 지속적으로 기침을 해도 이물질이 배출되지 않을 때에는 즉시 응급의료체계(전화 119)로 연락을 취한다.

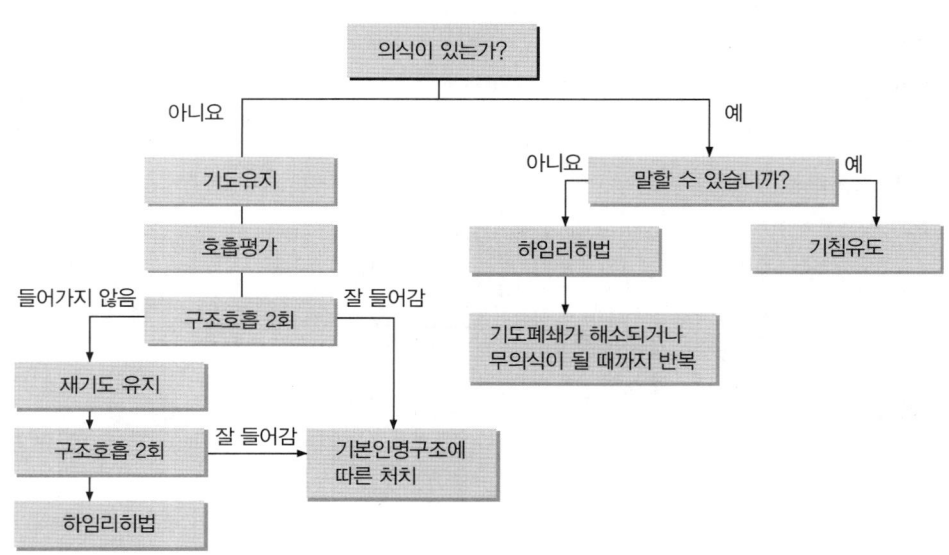

4. 수지 절단

(1) 절단 부위의 처치
환자를 안정시키고 절단부 상태를 살펴본다.
① 절단 부위를 직접 압박하고 올려준다. 불완전 절단 시에는 절단 부위와 연결 부위를 같이 드레싱하고 올려준다.
② 압박 드레싱을 시행한다.
③ 출혈의 정도를 확인하고 지혈이 안 되면 지혈점을 찾아 압박한다.
④ 출혈이 계속되면 마지막 방법으로 절단 부위 5cm 이내에서 고무줄 등을 묶어 압박을 시행하며 이때 압박을 시작한 시각을 기록한다.

(2) 절단된 신체 부위의 처리
① 절단된 부위를 생리식염수로 깨끗이 씻은 후에 젖은 멸균 거즈로 싸서 물이 새지 않는 비닐봉지나 플라스틱 용기에 넣는다.
② 이를 다시 다른 비닐봉지에 넣고 주위에 물을 채운 후 얼음을 몇 조각 넣는다.

(3) 주의사항
① 얼음이 직접 절단 신체에 닿지 않도록 유의한다.
② 드라이아이스는 사용하지 않는다.
③ 절단 부위를 물속에 직접 넣지 않는다.

5. 환자의 이동

(1) 이동 시 고려사항
① 구조자가 하고자 하는 일을 환자에게 설명하여 환자가 협조하도록 한다.
② 도움이 가능하면 환자를 혼자 옮기지 않으며 돕는 사람들에게 할 일을 미리 설명하여 서로 간에 충분히 협조하도록 해야 한다.
③ 여러 사람들이 환자를 움직일 때는 한 사람만이 말로 지시해야 한다.
④ 환자를 들어서 움직이는 경우 척추 손상으로부터 보호하기 위해 항상 정확한 이송 방법을 사용해야 한다.

(2) 한 명의 환자이송

(3) 두 명의 환자이송

※ 뒤에서 안아 들기 : 팔이나 어깨 손상 시에는 이 방법을 사용하지 않는다.

(4) 들것에 태우기
① 담요의 반을 길게 말아서 평행하게 놓는다.
② 환자를 담요가 있는 반대쪽으로 굴린 후 환자의 등에 담요말이를 놓는다.
③ 환자를 담요 위 반대쪽으로 굴린다.
④ 담요말이를 펴고 환자를 편안히 다시 눕힌다.
⑤ 펴진 담요자락을 환자 쪽으로 단단히 다시 감는다.
⑥ 이것은 운반자가 손잡이로 사용한다.
⑦ 환자의 몸통과 다리 쪽에 한편에 2명씩 운반자가 앉아 담요말이를 단단히 잡는다.
⑧ 신호에 맞춰 4명의 운반자가 등을 기울인 채 무릎을 피는 동작으로 환자를 들어 올린다.

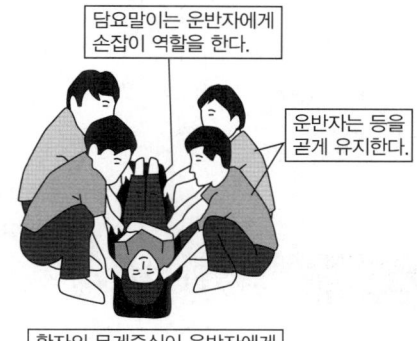

(5) 들것 옮기기
① 들것의 네 손잡이마다 1명씩 운반자가 선다. 운반자가 3명뿐일 경우 2명이 머리 쪽에 선다.
② 운반자들이 앉아 손잡이를 잡는다. 신호에 따라 같이 일어나 들것의 평행을 맞춘다.
③ 신호에 따라 보폭을 짧게하여 들것 쪽의 발부터 걷기 시작한다.
④ 환자를 내려놓을 때는 신호에 의하여 정지한다. 신호에 따라 앉고 들것을 따라 조심스럽게 내려놓는다.

6. 뼈가 손상된 경우

(1) 부 목

부목은 통증을 감소시켜 줄 뿐만 아니라 부러진 뼈끝이 움직이지 않도록 하여 근육, 신경, 혈관이 더 이상 손상되지 않도록 방지한다. 따라서 폐쇄골절이 개방골절로 되는 것을 예방할 수 있다.
① 다친 부위가 보일 수 있도록 해야 한다.
② 부목을 대기 전에 다친 곳 아래를 만져보아 감각이 있는지, 맥박을 만져 피가 잘 통하는지, 사지를 움직이게 하여 운동 능력이 있는지 확인한다.
③ 개방된 상처는 부목을 대기 전에 깨끗하게 드레싱해주고 부목은 개방 상처의 반대편에 대어준다.
④ 부목의 사용 시 손상된 곳의 위, 아래의 관절을 함께 고정하여 움직이지 않도록 한다.
⑤ 골절이나 탈구가 의심되는 곳은 가능한 한 부목을 대준다.

(2) 탈 구
① 탈구는 관절에서 원래 있던 뼈가 빠져 나가는 것으로 어깨, 팔꿈치, 손가락, 턱 등에 자주 발생한다.
② 탈구와 골절을 구별하기 힘들 때는 골절과 같은 치료를 한다.
③ 베개나 쿠션을 사용하여 부상자를 가장 편한 자세로 유지해 준다. 가능하면 붕대나 삼각붕대로 고정시켜 준다.

(3) 염 좌
① 관절 주위의 인대나 조직이 갑자기 뒤틀렸을 경우 발생하는 손상으로 예를 들어 걷거나 뛸 동안 발이 예기치 않은 방향으로 뒤틀렸을 경우 발목에서 발생한다. 흔히 삐었다고 이야기하는 것이 이에 해당된다.
② 부상자가 가장 편한 자세로 관절을 지탱해주고 손상된 부분을 높게 해준다. 찬 얼음으로 부은 것과 통증을 감소시켜 주면 효과적이다.
③ 골절과 같은 처치로 부목을 대준다.

02 외상의 처치

1. 상처의 처치

(1) 붕대감기
① 피가 멈추고 드레싱을 고정시킬 수 있도록 단단히 감아야 하나 혈액순환에 지장이 없도록 한다.
② 다친 부위를 받쳐준다.
③ 가능하면 손가락이나 발가락이 붕대 끝으로 나오게 하여 혈액순환상태를 점검할 수 있게 한다.

> **더 알아보기**   **혈액순환상태 식별법**
>
> 다음과 같은 경우에는 혈액순환상태가 좋지 않을 가능성이 있다. 물론 신경, 근육 등이 같이 손상되었을 수도 있다.
> - 손발의 피부가 차고 창백하다.
> - 나중에는 피부가 거무스레한 회색이나 푸른색을 띤다.
> - 저리거나 따끔거린다.
> - 그 부위를 움직일 수 없다.

(2) 롤붕대 감는 방법
① 붕대 꼬리를 부상 부위 아래에 대고 안쪽에서 바깥쪽으로 두 번 머리를 똑바로 돌려 감는다.
② 사지를 나선형으로 감아 나간다. 전층의 1/2~2/3를 덮는다.
③ 끝날 때는 한 번 똑바로 감고 끝을 고정한다.
④ 팔다리의 순환을 점검한다.

(3) 팔꿈치, 무릎에 붕대감기
① 다친 팔을 약간 구부린 자세로 유지한다.
② 붕대 꼬리를 팔꿈치 안쪽에 댄 뒤 관절주위를 한 번 반쯤 감아 돌려 팔꿈치를 덮는다.
③ 붕대 머리를 팔꿈치 뒤에서 상박쪽으로 가져가 한 번 돌리되 그 전층의 절반을 덮도록 감는다.
④ 붕대 머리를 팔꿈치 관절 바로 아래로 가져와 아래쪽 팔을 한 번 돌려감되 처음에 똑바로 돌려 감은 것의 절반을 덮도록 한다.
⑤ 이런 식으로 양쪽을 계속 감아 나가는데 항상 전층의 1/2 내지 2/3를 덮으면서 감는다.
⑥ 붕대감기를 끝내려면 두 번 똑바로 감은 뒤 끝을 고정한다.
⑦ 혈액순환상태를 점검하고 붕대가 너무 꽉 조이면 손의 혈액순환이 회복될 때까지 붕대를 풀었다가 느슨하게 다시 감는다.

(4) 폐쇄성 손상
넘어지거나 무딘 물체로 맞았을 때 생기며 타박상 또는 반상출혈(즉, 멍을 유발)
① 폐쇄성 손상이 심하면 혈압이 저하되어 의식을 잃을 수도 있다.
② 손상 직후에 얼음찜질이나 상처 부위를 압박하여 조직 안의 출혈을 조절하고 부목으로 고정하여 심장보다 위쪽으로 상처를 올려준다.

(5) 개방성 손상
베이거나 찢어지는 등 상처로부터 피가 나오는 경우
① 상처에 소독 거즈를 덮고 손으로 압박하여 지혈시킨다.
② 누르고 있던 상처를 들어 올리고 압박붕대로 감는다.
③ 출혈이 계속되면 압박붕대 위에 다시 소독 거즈로 덧대어 압박한다.
④ 상처 부위를 부목으로 고정한다.

2. 골절

(1) 골절의 종류
① 폐쇄골절 : 손상된 뼈의 주위 피부가 찢어지지 않은 골절이다.
② 개방골절 : 골절로 피부 표면이 상처가 나거나 깨진 뼈가 피부를 뚫은 경우의 골절로 심한 외부 출혈뿐 아니라 세균이 살과 부러진 뼈로 들어갈 수 있기 때문에 감염의 위험이 심각하다.

(2) 골절이 의심되는 경우 23 기출
① 변형 : 본래의 상태에 위치하지 않고 짧아지거나, 각이 지거나 사지가 회전하게 되는 것을 말한다. 변형 상태를 검진할 때에는 반드시 손상받은 사지와 반대편의 정상적인 사지를 비교해야 한다.
② 압통 : 그 부위를 부드럽게 압박하면 골절 부위에 통증이 있다.
③ 운동 제한 : 손상 부위를 움직이면 통증을 느끼므로 움직이려 하지 않고 움직임이 어렵거나 제한된다.
④ 부종 및 반상출혈 : 골절 부위에서 부어오르거나 피부 밑으로 출혈된 것이 피부색 변화로 보인다.
⑤ 마찰음 : 골절 부위에서 골절된 양측 뼈의 면이 맞부딪힐 때 마찰을 감지할 수 있다.
⑥ 가성 운동 : 관절이 아닌 부위에서 관절처럼 골격의 움직임이 관찰되기도 한다.

(3) 골절 환자의 처치 원칙 11, 10 기출
① 골절 환자를 함부로 옮기거나 다친 곳을 건드려 부러진 뼈끝이 신경, 혈관 또는 근육을 손상시키거나 피부를 뚫어 복합골절이 되는 일이 없도록 조심한다.
② 골절 부위에 출혈이 있으면 직접압박으로 출혈을 방지하고 부목을 대기 전에 먼저 드레싱을 시행한다.
③ 뼈가 외부로 노출된 경우 억지로 뼈를 안으로 밀어 넣으려 하지 말고, 만약 뼈가 안으로 다시 들어간 경우에는 반드시 의료진에게 알려주어야 한다.
④ 골절 환자를 가능한 한 움직이지 말아야 한다. 환자를 편안하게 해주고 손으로 지지하여 더 이상의 외상과 통증을 유발시키지 말아야 한다.

(4) 부위별 골절 처치 09 기출
① 척추골절 : 환자를 움직이지 말고 손으로 머리를 고정하고 감은 옷을 따로 대어 환자를 지지한다. 모포로 환자를 덮고 의료 지원을 기다린다.
② 팔골절 : 상처입은 쪽의 팔을 가슴에 대고 가슴과 팔을 지지해준다. 가슴과 팔 사이에 부드러운 헝겊 조각 같은 것을 끼워 준다.
③ 골반골절 : 다리를 펴준 채로 환자를 눕히거나 무릎을 구부리는 것이 더 편안하다고 하면 무릎 밑에 담요를 말아서 대준다. 골반 골절 시에는 과다의 출혈로 쇼크에 빠질 수 있으므로 주의해야 한다.
④ 발골절 : 환자를 눕히고 구두와 양말을 조심스럽게 벗긴다. 아픈 쪽의 발을 들고 발바닥에 헝겊을 대고 부목을 받쳐준 후 고정한다.
⑤ 쇄골골절 : 환자를 앉히고, 손상된 쪽 팔을 가슴을 지나 반대쪽으로 가게 한다. 넓은 천으로 다친 쪽 팔을 가슴에 고정시키고 병원으로 이송한다(삼각건으로 고정).
⑥ 골반골절 : 자동차 사고나 추락 사고로 흔히 발생한다. 다리를 펴고 등으로 눕도록 돕는다. 환자가 더 편하다면 무릎은 약간 굽혀도 되며 그대로 고정한다. 묶어서 다리를 고정하는데 관절 사이에는 패드를 넣는다.

3. 출혈

(1) 외부 출혈의 조절 11, 09 기출

출혈이 심하면 즉시 상처 부위를 지혈하고 출혈 부위를 심장 높이보다 높게 해야 한다. 상처가 크거나 출혈이 심한 경우에는 병원에서 수술을 받게 될 수도 있기 때문에 부상자에게 물을 주어서는 안 된다. 지혈방법은 직접압박, 간접압박, 지혈대 사용 등이 있다.

① 직접압박

압박붕대나 손으로 출혈 부위를 직접 압박한다.

② 간접압박(선택적 동맥 압박)

국소 압박으로도 지혈되지 않을 때 출혈 부위에서 몸통 쪽으로 가까이 위치한 동맥 부위를 압박한다.

[직접압박]

③ 지혈대(지혈의 마지막 수단)

㉠ 출혈 부위 가까운 곳에 7~10cm 넓이의 띠를 2번 감는다.
㉡ 띠를 묶어서 매듭을 짓고, 그 위에 막대를 놓는다.
㉢ 막대를 매듭하고 출혈이 멈출 때까지 막대를 감는다.
㉣ 출혈이 멈추면 막대 감는 것을 멈추고, 막대를 다시 고정한다.

[간접압박]

(2) 코의 출혈

① 윗입술과 잇몸 사이에 둥글게 말은 거즈를 넣고 코를 손가락으로 눌러 압박을 가하고 환자는 윗입술에 넣은 거즈를 눌러서 지혈에 도움을 주도록 한다.
② 코피가 폐로 유입되지 않도록 가능한 한 환자를 앉은 상태에서 머리를 앞으로 숙이도록 한다.
③ 10분 후에 압박을 풀어주고 피가 멈추지 않으면 10분을 더 압박한다.
④ 코 위에 얼음물 주머니를 올려주면 지혈에 도움이 된다.

(3) 귀의 출혈

① 피나 액체가 흘러나오도록 다친 쪽으로 귀를 기울인다.
② 소독 거즈로 귀를 덮고 접착성 테이프로 살짝 붙인다. 이때 귀를 마개로 막거나 혈액이 흐르는 것을 방해하지 말아야 한다.

(4) 내부 출혈의 지혈

내부 출혈은 겉에서는 보이지 않지만 신체 내부에서 출혈이 있는 것을 말한다. 출혈 시에는 직접적으로 시행할 수 있는 지혈법이 전혀 없으므로 빨리 병원으로 이송하여야 한다.

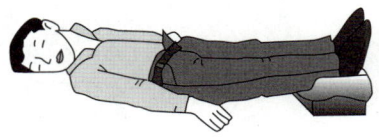

① 이송 시 다리를 들어준다.
② 목이나 가슴을 조이는 의복은 느슨하게 풀어주고 환자를 안심시킨다.
③ 다른 손상이 없는지 확인하고 필요하면 처치를 한다.
④ 부상자에게 어떤 것도 먹이지 않도록 한다.

03 기타 응급처치

1. 화상

화상으로 인한 사망에는 현장사망과 지연사망이 있다. 현장사망은 대부분 기도손상과 호흡장애로 일어나며 현장에서의 응급처치가 중요하다. 지연사망은 체액 손실로 인한 쇼크와 감염으로 인해 일어난다. 따라서 구급대원의 신속한 평가와 응급처치 그리고 이송이 필요하다.

(1) 화상의 분류

화상환자를 설명하는 데는 메커니즘, 화상 깊이, 화상 범위가 필요하다.

① 메커니즘과 원인 인자

메커니즘	원인 인자
열	불, 뜨거운 액체, 뜨거운 물체, 증기, 방사선 등
화 학	산, 염기, 부식제 등
전 기	교류, 직류, 낙뢰 등
방 사	핵물질, 자외선 등

② 화상 깊이 : 피부조직의 손상 정도를 보다 더 잘 알 수 있도록 1도(표피) 화상, 2도(부분층) 화상, 3도(전신층) 화상으로 표현한다.

구 분	내 용
1도(표피) 화상	• 피부의 표피층만 손상된 경우로 60.0℃ 정도의 열에 의해 생긴다. • 홍반, 부종, 심한 통증이 있으나, 일주일이 지나면 흉터 없이 자연 치유된다. • 범위가 넓은 경우 심한 통증을 호소할 수 있으므로 처치가 필요한 경우가 있다. 　예 해수욕장에서 피부가 햇볕에 타서 화끈거리고 껍질이 벗겨지는 정도
2도(부분층) 화상	• 상피 세포층과 진피 세포층의 일부까지 손상된 경우에 생긴다. • 혈장(Plasma)과 비슷한 내용물로 크고 작은 수포가 형성된다. • 손상 부위는 체액이 나와 축축한 형태를 띠며 진피에 많은 신경섬유가 지나가 심한 통증을 호소하며, 부종이 뚜렷하다. • 화상 입은 면적이 체표면적의 약 15~30% 이상에 이르는 경우는 특히 주의를 요한다. • 얕은 2도와 깊은 2도 화상으로 구분된다. 　예 뜨거운 물 등에 의한 화상
3도(전신층) 화상	• 피부전층(진피와 피하지방)까지 손상된 경우에 생긴다. • 피부가 건조하고 피부색이 하얗게 되거나 화염에 그을려서 검게 되거나 가죽 같은 형상을 띤다. • 말초신경과 혈관이 파괴되고 감각이 마비되어 통증을 느낄 수 없다. • 1도와 2도 화상을 동반하면 화상 부위에서 심한 통증을 느낄 수 있다. • 시간이 경과됨에 따라 체액 손실이 발생한다. 　예 화염에 의한 화상

(2) 화상의 일반적 응급처치

① 손상이 진행되는 것을 차단한다 : 옷에서 불이나 연기가 난다면 물로 끄고 기름, 왁스, 타르와 같은 반고체 물질은 물로 식혀 줘야 하며 제거하려고 시도해서는 안 된다.

② 기도가 개방된 상태인지 계속 주의를 기울여야 한다 : 기도화상, 호흡곤란, 밀폐공간에서의 화상환자는 고농축산소를 주어야 한다.

③ 화상 중증도를 분류한다 : 중증이라면 즉각적으로 이송해야 하며 그렇지 않다면 다음 단계의 처치를 실시하도록 한다.
④ 손상 부위의 오염을 방지하기 위해서 건조하고 멸균된 거즈로 드레싱한다 : 손과 발의 화상은 거즈로 분리시켜 드레싱해야 하며 수포를 터트리거나 연고, 로션 등을 바르면 안 된다.

(3) 가벼운 경우(1도와 가벼운 2도 화상)의 응급처치
① 불에 그을렸거나 뜨거운 물질에 젖어 있는 옷이나 양말을 신속히 제거한다.
  ㉠ 의복이나 양말을 벗기는 경우는 함부로 벗기면 피부의 일부가 의복과 함께 벗겨져서 오히려 상태가 나빠지므로 열탕에 의한 경우는 찬물을 부어 충분히 냉각시키고 나서 서서히 벗긴다.
  ㉡ 달라붙은 경우는 그 부분을 남기고 잘라내며 무리하게 벗기지 않는다.
② 화상 부위를 심장 높이보다 높게 해주면 부종이나 통증이 감소할 수 있다.
③ 화상 부위 근처에 착용하고 있는 시계나 반지, 목걸이, 귀걸이 등은 풀어준다.
④ 통증이 가라앉을 때까지 흐르는 물에 화끈거리는 부위의 열기를 제거한다.
  ㉠ 흐르는 물에서 열을 식힐 경우엔 수압이 너무 강하지 않도록 주의해야 하며 수돗물을 틀어둔 채로 가능한 한 오랫동안 식히도록 하는 것이 좋다. 너무 오랫동안이 아닐까라는 생각이 들 정도로 20~30분 동안 상처 부위를 흐르는 물에 식힌다(단, 약품에 의한 화상 시 강산은 30분, 알칼리는 1시간, 안구는 8시간 세척한다).
  ㉡ 수돗물이 너무 차면 동상에 걸릴 수도 있으므로 받아 놓은 찬물에 담그고 있는 게 좋다. 이때, 물에 소금을 1% 정도 넣으면 더 좋다. 물 1L에 티스푼으로 2숟가락의 소금을 넣어 주면 된다. 화끈거리는 것이 멎을 때까지 한 시간 정도 기다려도 좋다.
  ㉢ 화기를 제거하기 위한 경우를 제외하고 신체 표면의 20%(어린아이는 10%) 이상을 차갑게 하지 않도록 한다.
  ㉣ 얼음물에 상처 부위를 넣거나 차가운 물수건 또는 얼음주머니를 만들어 냉찜질하는 방법도 좋다.
  ㉤ 얼굴이나 머리 등 냉수를 직접 끼얹을 수 없는 곳의 화상은 얼음주머니를 환부에 살짝 대서 열기를 식힌다. 얼음주머니는 쉽게 구할 수 있는 비닐봉지에 얼음과 약간의 물을 넣어 만든다. 계속 새 얼음으로 교체해 주는 것이 좋다.
⑤ 열기를 식힌 후, 희미하게 붉은 기가 남고 아프지만 물집이 생기지는 않는 정도라면 집에서 치료해도 좋다.
⑥ 2차 감염 방지
  ㉠ 물집은 터트리지 말고 소독가제를 대고 붕대를 감아 준다. 단, 연고같이 바르는 약은 바른 뒤에 불결해지기 쉬우므로 피하는 것이 좋다. 청결한 거즈를 대고 밴드를 붙여서 경과를 지켜보는 것이 최상의 방법이다.
  ㉡ 멸균 드레싱이나 깨끗한 천으로 상처를 감싼다. 신경의 말단에 공기가 닿는 것을 막아 통증을 덜어 준다. 화상에 드레싱을 하는 이유는 상처를 깨끗이 하고, 수분 증발을 막고, 통증을 줄이기 위해서이다.
  ㉢ 청결하게 하여 화상 부위에 균이 들어가지 않도록 방지한다. 환부에 청결한 가제나 천을 가볍게 대어 물집이 눌러져 터지지 않게 하면서 붕대를 감는다. 환부 주위를 가제를 이용해 도넛형으로 높여 붕대를 감는 것도 좋다.
⑦ 1도 화상 처치 : 대개 드레싱이 필요 없으므로 드레싱은 하지 않아도 된다.

㉠ 화상 부위에 젖은 드레싱은 사용하지 않도록 한다. 젖은 드레싱은 쉽게 말라버리고, 부위가 넓을 경우 저체온증을 유발시킬 수 있다. 처음에 화상 부위를 식히려고 찬 물수건 등을 사용할 수는 있지만 드레싱 용도로 사용해서는 안 된다.
㉡ 드레싱용으로 비닐을 사용하지 않는다. 비닐은 피부에 붙지는 않지만 공기가 통하지 않아 감염의 우려가 있다.
⑧ 화상 부위의 열기가 다 식기 전에는 연고, 기름, 버터, 크림, 분무기, 민간약제 등을 바르지 않는다. 이러한 것들은 살균되어 있지 않아서 감염의 위험이 있고 열기를 내보내지 못해 상처를 악화시킨다. 또한, 중증의 화상일 경우 상처 위에 바른 것을 긁어내야 하기 때문에 환자에게 상당한 고통을 주게 된다.

(4) 중증 2도 또는 3도 화상의 응급처치
① 3도 화상의 경우 대부분은 고통을 느끼지 못하기 때문에 차게 할 필요가 없다. 3도 화상인 데도 불구하고 환자가 고통을 호소하면 1도·2도 화상을 동반한 경우이므로 이 부위는 차갑게 하는 것이 좋다.
② 마르고 붙지 않는 살균 드레싱이나 깨끗한 천으로 상처를 감싼다.
③ 쇼크를 막기 위해 다리를 높여주고, 깨끗한 천이나 담요로 환자를 따뜻하게 한다.
④ 3도 이상의 화상과 넓은 범위의 중한 화상에는 의복을 느슨하게 하되 상처 부위는 억지로 벗기려 들지 말고 몸을 따뜻하게 해주며 소다수(물 1L에 중조 5숟가락)에 담근 헝겊을 대준다.

2. 쇼크

심한 외상, 화상, 수술, 대출혈 등 물리적 손상과 정신적 손상 또는 과민반응(알레르기) 등으로 인한 신체의 혈관·신경 조절기능이 저하되고 탈진한 상태 등을 총칭하며, 적절히 치료받지 못하면 심장과 뇌 등의 중요 기관이 기능을 잃게 되어 사망할 수 있다. 쇼크라는 용어는 사용되는 환경이나 기준에 따라 매우 다양한 의미를 가지고 있다.

(1) 증상
① 눈앞이 깜깜해진다.
② 맥박이 빠르다.
③ 피부 색깔이 창백하고, 입술은 파래진다.
④ 식은땀이 나며, 피부는 차갑고 끈적이게 된다.
⑤ 기운이 없고 어지럽다.
⑥ 속이 메스껍거나 토한다.
⑦ 하품을 하거나 헐떡이기도 한다.
⑧ 의식이 저하된다.
⑨ 심장이 정지된다.

(2) 응급처치
① 기도를 유지하고 필요에 따라 지원요청 또는 심폐소생술을 시행한다.
② 출혈 부위를 직접압박 방법으로 지혈한다.
③ 다리 부분을 15~25cm 정도 높여 혈액이 심장이나 뇌로 가도록 한다(흉부나 뇌손상 환자 제외).
④ 골절 부위를 부목으로 고정시켜서 출혈유발과 쇼크의 악화를 방지한다.

⑤ 환자를 조심스럽게 다루며 담요 등을 덮어서 체온을 유지한다.
⑥ 가급적 환자를 눕힌 상태로 유지한다. 그러나 심한 심장발작이나 폐질환 후에 쇼크에 빠진 환자들은 앉거나 약간 뒤로 젖혀 앉은 상태에서 호흡이 잘되는 경우가 있다.
⑦ 구토가 심한 경우에는 환자의 자세를 옆으로 유지시켜 토하는 음식물이 기도를 막지 않도록 한다.
⑧ 목, 가슴, 허리에 압박을 주는 꽉 조이는 옷이나 가죽 벨트 등을 느슨하게 한다.
⑨ 환자가 병원에 도착할 때까지 계속 호흡과 맥박상태를 관찰한다.

(3) 주의사항
① 불필요하게 움직이거나, 먹거나, 마시거나, 담배를 피우게 해서는 안 된다.
② 환자를 혼자 내버려 두지 않는다.

3. 과민반응성 쇼크

특정 약물을 주사하거나 특정 벌레에게 물렸을 때 또는 땅콩 등의 특정 음식을 먹었을 때, 어떤 사람들은 체내에서 강력한 알레르기 반응이 발생하여 혈압이 떨어지고 호흡이 힘들어지며, 얼굴과 목이 부어 질식할 수 있다.

(1) 증 상
① 불그스름하고 반점이 섞인 피부발진이 넓게 퍼진다.
② 얼굴과 목이 붓는다.
③ 눈 주위가 붓는다.
④ 숨쉬기 힘들어한다. 가슴이 답답한 정도에서부터 심한 경우 쌕쌕거리면서 숨을 헐떡일 수도 있다.
⑤ 불안해한다.
⑥ 맥박이 빠르다.

(2) 응급처치
① 일부 환자들은 본인이 심한 알레르기가 있다는 것을 알고 치료 주사제(에피네프린)를 휴대하고 있을 수 있다. 이런 경우 직접 주사하도록 도와준다.
② 119에 구급차를 요청한다.
③ 의식이 있는 환자는 앉혀서 호흡곤란을 최대한 감소시킬 수 있도록 한다.
④ 환자의 의식이 없으면 기도를 열고 호흡을 점검한 뒤 필요하면 심폐소생술을 실시한다.

(3) 주의사항
환자를 혼자 내버려 두지 않는다.

4. 저체온증

(1) 의 의
체온이 일정한 범위 이하로 저하된 경우를 저체온증이라고 한다. 때때로 발, 손, 귀, 코와 같은 신체의 일부분이 추위에 노출되어 손상을 받는 경우가 있는데, 가장 흔한 것이 동창이다. 열은 항상 높은 온도에서 낮은 곳으로 이동하므로 신체는 주위환경보다 따뜻한 경우에는 열을 잃기 쉽다.

(2) 응급처치
    ① 환자의 체온이 계속 내려가지 않도록 응급처치를 시행한다. 즉, 추운 외부 환경으로부터 체온을 보호하기 위하여 환자를 현장에서 따뜻한 장소로 옮겨야 한다.
    ② 저체온증 환자는 심근(심장근육)이 매우 불안정한 상태이므로 환자의 움직임을 최소화해야 한다. 즉, 환자가 처음으로 발견된 당시의 체위를 그대로 유지하면서 이동해야 한다.
    ③ 환자의 젖은 의복을 벗긴 뒤 건조하고 따뜻한 담요로 덮은 다음 환자를 신속히 병원으로 이송하여야 한다.

5. 실신

뇌로 가는 혈류가 일시적으로 저하되어 잠시 의식을 잃는 경우로 쇼크와는 달리 맥박이 느려지지만 금방 정상으로 회복된다. 통증, 정서적인 충격, 피로, 영양 결핍 등으로 인해 올 수 있고, 더운 날 밖에서 오래 서 있으면 하지로 혈액이 몰려 발생할 수 있다. 그러나 미주신경성 실신, 부정맥 등의 심장질환이나 간질 등의 신경계 질환에 의해서도 유발될 수 있으므로 전문의와의 상담이 필요하다.

(1) 증상
    ① 의식이 없다.
    ② 환자가 바닥에 쓰러지기도 한다.
    ③ 맥박이 느리다.
    ④ 피부가 창백해지고, 땀을 흘리기도 한다.

(2) 응급처치
    ① 환자를 눕히고, 다리를 들어올려 받쳐준다.
    ② 신선한 공기를 흡입하게 해준다.
    ③ 목, 가슴, 허리에 압박을 주는 꽉 조이는 옷이나 가죽 벨트 등을 느슨하게 한다.
    ④ 실신으로 인해 생긴 상처가 있는지 살피고 치료한다.
    ⑤ 회복되면 안심시키고, 서서히 앉도록 한다.

(3) 주의사항
    의식을 잃고 쓰러질 때 머리를 부딪치는 등의 외상이 발생하지 않도록 주의한다.

6. 발열

세균이나 바이러스 감염에 의한 경우가 흔하다. 중등도의 발열은 대개 큰 문제가 되지 않으나, 열이 심하거나 지속되는 경우와 어린이들에서는 고열과 동반되어 경련을 일으킬 수 있으므로 의사의 진료가 필요하다.

(1) 증상
    ① 춥고 떨린다.
    ② 피부가 뜨겁고 붉어지며, 땀이 난다.
    ③ 머리가 아프다.
    ④ 온몸이 아프다.

(2) 응급처치
① 환자를 차가운 환경에서 편안하게 쉬도록 한다.
② 열이 나면 몸속의 수분이 증발하기 때문에, 부족해진 수분을 보충할 수 있도록 찬 음료를 섭취하도록 한다.
③ 해열제(아세트아미노펜)를 정해진 양만큼 복용할 수 있다.

(3) 주의사항
의식이 몽롱하거나 맥박이 약하고 빠른 경우, 호흡이 불규칙하고 빠르거나, 팔다리가 차고 축축한 경우 등은 심각한 원인이 있을 가능성이 있으므로 즉시 병원에 가도록 한다.

7. 식중독

음식에 포함된 세균이나 세균이 발생시킨 독소에 의해 발생한다. 세균에 의한 식중독은 대개 음식을 섭취한 후 빠르면 1~2시간 이내에, 늦은 경우에는 그 다음 날 증상이 발생한다. 독소에 의한 식중독은 증상이 빠르게 나타나며, 섭취 후 2~6시간 후 보통 발생한다.

(1) 증 상
① 구역질이 나고 토하기도 한다.
② 배가 뒤틀리듯이 아프다.
③ 설사를 하며 간혹 피가 섞여 있을 수 있다.
④ 열이 나거나 머리가 아프다.
⑤ 쇼크 증상이 생길 수도 있다.

(2) 응급처치
① 환자가 누워 쉴 수 있도록 도와준다.
② 의사의 진료를 받는다.
③ 환자에게 끓인 물, 묽은 과즙, 연한 차와 같은 음료를 많이 먹이고, 토할 때 사용할 그릇을 준다.

(3) 주의사항
식중독은 예방이 중요하다. 요리하기 전에는 손을 씻고, 음식을 미지근한 상태로 장기간 보존하지 않도록 한다.

8. 객혈·토혈

(1) 객 혈
① 의의 : 호흡기계에서 출혈되는 것을 말한다. 호흡기계 감염, 염증 또는 종양 등에 의해 발생할 수 있다.
② 증 상
  ㉠ 입에서 피가 나온다.
  ㉡ 기침을 하면서 피가 나오는 경우가 많다.
  ㉢ 대개는 선홍색이며, 거품과 가래가 섞여 있다.
  ㉣ 가슴에 통증이 있는 경우가 있다.

③ 응급처치
　　㉠ 환자를 안심시킨다.
　　㉡ 객혈이 되풀이되는 경우에는 반쯤 옆으로 눕힌 채, 머리는 낮게 하반신은 높게 해 준다.
　　㉢ 객혈의 양이 많으면 119 구급대에 연락한다.
④ 주의사항
　　㉠ 출혈이 멎었다고 하더라도 원인을 밝히고 근본적으로 치료하기 위해 의사의 진료를 받아야 한다.
　　㉡ 출혈이 지속되는 동안에는 음식을 섭취하지 않도록 한다.

(2) 토 혈
① 의의 : 소화기계에서 출혈되는 것을 말한다.
② 증 상
　　㉠ 입에서 피가 나온다.
　　㉡ 커피색과 같은 암적색의 피가 음식물과 함께 배출되는 경우가 많다.
　　㉢ 토하기 전에 메스껍거나 배가 아플 수 있다.
③ 응급처치
　　㉠ 숨쉬기 편하게 옷을 느슨하게 하고 눕힌다.
　　㉡ 머리를 낮게 해주고 보온해 준다.
　　㉢ 토혈이 지속되면 얼굴을 옆으로 보게 하여 토한 것이 기관지로 들어가지 않도록 한다.
④ 주의사항 : 출혈량이 많은 경우 쇼크에 빠질 수 있으므로 즉각적인 진료가 필요하다.

9. 짐승에게 물렸거나 곤충에 쏘였을 때

(1) 개나 짐승에게 물렸을 때의 응급처치
① 상처 부위의 이물을 없애주고 비누나 식염수로 깨끗하게 소독한다.
② 가능하면 물었던 짐승을 잡아서 적어도 10일간 발작 증세가 있는지를 관찰하여야 한다. 만약, 발작 증세가 생긴다면 물린 사람은 광견병에 걸릴 가능성이 높으므로 빨리 병원에 가야 한다.
③ 그 외에 상처가 깊고 파상풍 예방주사를 맞은 지가 10년이 지났거나, 열이 심하게 날 경우, 속이 메스껍거나 토할 경우, 상처 부위가 부어오르고 빨갛게 될 경우에는 빨리 병원에 간다.

(2) 뱀에 물렸을 때의 응급처치 25 기출
뱀에 물렸을 때는 상처 부위를 심장보다 낮게 유지하고 움직임을 최소화한 다음 병원에 빠르게 방문해야 한다. 또한, 상처 부위를 강하게 압박하는 행위, 독을 빨아내는 행위, 칼로 째는 행위, 얼음찜질을 하는 행위는 독의 확산 위험 및 조직 괴사를 유발할 수 있으니 자제해야 한다.

(3) 벌이나 작은 곤충에 쏘였을 때의 응급처치 2조 기출
① 일단 상처 부위를 깨끗이 소독하고 물에 탄 암모니아수나 증류수를 상처 부위에 바르며 얼음찜질을 한다.
② 알레르기 반응이 생기면 몸에 발진이 생기면서 심하게 가려운데 이때는 병원에 간다.
③ 극단적인 알레르기 반응으로 몸 전체에 발진이 생기면서 심하게 가렵고, 숨쉬기가 힘들며, 어지러워 쓰러지는 경우가 있을 수 있는데 이러한 경우에는 옷을 헐렁하게 풀어 주고 다리를 45° 정도 높이면서 빨리 가까운 병원에 가도록 한다. 11 기출

10. 중독

인체를 둘러싼 외부 환경은 잠재적으로 독이 될 수 있는 많은 물질들로 구성되어 있으며, 인체는 다음과 같은 경로를 통해 물질들에 노출되어 있다.

경로	내용
구강 복용	일반적인 노출 경로로 아이들의 경우 호기심으로 흔히 일어나고 성인의 경우 자살을 시도하기 위해 과다 복용하는 경우가 많다.
흡입	일산화탄소 중독이 가장 흔하다.
주입	주사기를 이용해 혈관에 약물을 주입하거나 곤충이나 뱀에 물렸을 때를 말한다.
흡수	유기인산화합물과 용매와 같은 화학물질의 단순 피부접촉으로도 중독된다.

(1) 평가 및 처치

구분	증상 및 징후	처치
구강 복용 환자	독성 물질 복용에 대한 병력, 오심·구토, 복통, 의식장애, 입 주변과 입안의 화학 화상, 호흡에서의 이상한 냄새	• 기도가 개방되었는지 확인한다. • 의식장애나 호흡곤란 징후가 보이면 산소를 공급한다. • 그라목손(Gramoxone) 성분의 농약제를 마신 환자의 경우는 산소를 공급해서는 안 된다. • 장갑을 낀 손으로 환자 입에 남아 있는 약물을 제거한다. • 복용한 약물과 같이 환자를 병원으로 이송한다. • 재평가 및 처치를 실시한다. • 기도와 호흡을 평가하고 흡인 및 산소공급을 한다.
흡입에 의한 중독 환자	독성 물질을 흡입한 병력, 호흡곤란, 흉통, 기침, 쉰 목소리, 어지러움, 두통, 의식장애, 발작	• 독성 물질을 흡입할 수 있는 현장이라면 현장에서 환자를 이동시킨다. • 병원 이송 시 독성 물질을 확인할 수 있는 병이나 라벨을 같이 갖고 간다. • 재평가 및 처치를 실시한다. • 기도와 호흡을 평가하고 흡인 및 산소공급을 한다.
주입에 의한 중독 환자	약물을 주입했다는 병력, 허약감, 어지러움, 오한, 열, 오심·구토, 축동, 의식장애, 호흡곤란, 주사바늘 및 환자의 폭력에 주의	• 기도를 개방·유지한다. • 산소를 공급한다. • 중독된 약물과 같이 환자를 병원으로 이송한다. • 재평가를 실시한다. 특히 기도유지, 호흡 평가, 흡인을 실시한다.

흡수로 인한 중독 환자	독성 물질을 흡수한 병력, 환자 피부에 남아 있는 액체나 가루, 과도한 침분비, 과도한 눈물, 설사, 화상, 가려움증, 피부 자극, 발작	• 기도를 개방·유지한다.
		• 산소를 공급한다.
		• 독성 물질을 제거한다.
		  – 오염된 의복을 제거한다.
		  – 가루인 경우 솔을 이용해 제거한다. 이때 주위에 퍼지거나 날리지 않도록 주의한다. 현장을 20분 이상 물로 씻어낸다.
		  – 액체인 경우 현장에서 20분 이상 깨끗한 물로 씻어낸다.
		  – 눈은 20분 이상 흐르는 물에 씻어내고 씻어낸 물이 다시 들어가거나 반대편 눈에 들어가지 않도록 주의한다.
		• 이송 중 위험이 없다면 독성 물질과 같이 병원으로 이송한다.
		• 재평가 및 처치를 실시한다.
		• 기도와 호흡을 평가하고 흡인 및 산소공급을 한다.

11. 환경응급

(1) 체온조절과 신체

인체는 체온조절기전을 통해 중심체온 36.5~37℃를 유지하려고 한다. 체온조절기전은 열 생산과 열 손실 조절을 통해 하루 동안 약 1℃ 내외의 온도 차로 균형을 유지한다. 체온은 내부 화학반응(음식 섭취와 활동을 포함한 열 생산반응)에 의해 생성된다. 열 생산과 유지가 열 손실에 비해 많을 때를 고체온증이라고 한다. 그와 반대로 열 손실이 많은 경우는 저체온증이라고 한다. 열 손실 기전은 각각 또는 함께 작용한다.

구 분	내 용
복 사	인체로부터 파장과 복사선 형태로 에너지를 방사하는 것이다. 이는 옷을 입지 않거나 단열되지 않은 신체 부분이 추운 환경에 노출되었을 때 일어난다. 주로 아무것도 걸치지 않은 머리에서 많이 일어난다.
전 도	차가운 물체에 직접 접촉됨으로써 일어나며 환자가 차가운 바닥에 누워있을 때 종종 일어난다. 또한, 차가운 물에서는 열 손실이 대기보다 약 25배 빠르게 진행된다.
대 류	차가운 공기흐름으로 발생하며 주로 바람이 많이 부는 환경에서 일어난다. 바람이 인체 주위에 따뜻하게 형성된 공기층을 밀어내면서 생기며 주로 야외 활동이 많은 사람에게서 일어난다.
기 화	액체가 기체가 되면서 일어나며 따뜻하고 축축한 호흡을 내쉬면서 일어나는 현상이다. 또한 땀이 증발하면서 일어나는데 단, 공기 중 습도가 75% 이상에서는 증발이 이루어지지 않는다. 환자는 종종 위에 언급한 기전들이 복합적으로 작용하여 열이 손실되며 열 손실은 주위 환경, 노출 시간, 환자가 옷을 입고 있는 정도에 따라 달라진다.

(2) 한랭손상

다양한 인자(건강, 나이, 노출 시간 등)에 의해 영향을 받으며 크게 전신에 영향을 주는 저체온증과 부분 한랭손상으로 나뉜다.

① 일반적인 저체온증

㉠ 체온이 35℃ 이하인 경우를 말하며 단계별로 경증에서 중증으로 나뉜다.

중심체온	증상 및 징후
35.0~37.0℃	오한
32.0~35.0℃	오한, 의식은 있으나 언어 장애가 나타남
30.0~32.0℃	오한, 강한 근육 경직, 협력장애로 기계적인 움직임, 생각이 명료하지 못하고 이해력도 늦으며 기억력 장애 증상
27.0~30.0℃	이성을 잃고 환경에 대한 반응 상실(바보같은 모습), 근육 경직, 맥박과 호흡이 느려짐, 심부정맥
26.0~27.0℃	의식 손실, 언어지시에 무반응, 모든 반사반응 상실, 심장기능 장애

㉡ 저체온증을 유발하는 인자

인 자	내 용
추위 또는 추운 환경	반드시 극심한 추위로 저체온증이 유발되는 것이 아니며 일반 추위에도 장시간 노출되면 일어날 수 있다.
나 이	아동의 경우 몸의 크기에 비해서 넓은 체표면적(특히, 머리)을 갖고 있어 성인에 비해 열 손실이 빠르고 지방과 근육량이 적어 보온 및 몸 떨림으로 열을 생산하는 능력이 떨어진다. 노인의 경우 복용하는 약의 작용으로 체온조절능력이 떨어지거나 경제력 상실로 영양부족(열 생산 저하) 및 난방유지가 안 되는 경우가 많다.

질병	당뇨환자가 저혈당인 경우에 저체온증 위험이 높으며 패혈증인 경우 초기엔 열이 오르다가 심한 열 손실이 나타날 수 있다.	
약물과 중독	고혈압 약, 정신과 약과 같은 몇몇 약물은 체온조절기전을 방해한다. 게다가 알코올 함유 음료는 추위에 수축되는 혈관을 오히려 이완시켜 열 손실을 촉진시킨다.	
손상	화상	피부 손실은 체액손실을 유발하고 다시 기화로 인해 열 손실을 촉진시킨다. 또한 단열작용을 하지 못하고 추위에 반응하여 피부에 위치한 혈관을 수축시키는 작용도 하지 못한다.
	두부 손상	체온조절을 담당하는 뇌 손상은 저체온증을 악화시킬 수 있다.
	척추 손상	혈관 수축과 오한과 같은 활동을 관장하는 신경이 손상된다.
	쇼크	저혈류량으로 인한 쇼크는 정상체온의 환자보다 저체온증 위험이 크다.
익수	물에서의 열전도는 공기보다 약 25배 이상 빠르므로 저체온증이 빠르게 진행된다.	

ⓒ 응급처치의 목적 : 대부분의 저체온증 환자는 추위에 오래 노출되어 있었기 때문에 현장에서 완전하게 정상으로 회복되기는 힘들며 병원 전 처치의 목적은 다음과 같다.
- 추운 환경에서부터 환자를 이동하기 위해
- 더 이상의 열 손실을 막기 위해
- 기도 개방을 유지하기 위해
- 환자의 호흡과 순환을 지지하기 위해

ⓔ 응급처치의 실시 : 심장이 쉽게 과민반응을 보여 심장마비나 심실세동과 같은 부정맥이 나타나기 때문에 모든 처치과정에서 환자를 조심스럽게 다루어야 한다. 만약 심장마비를 보이는 저체온증 환자인 경우에는 현장도착 즉시 CPR을 실시해야 한다. 또한, 환자가 경직된 상태로 맥박이 촉진되지 않는다면 CPR을 실시하고 신속하게 병원으로 이송해야 한다. 일반적으로 저체온 상태에서 뇌를 보호하기 위한 인체반응이 나타나므로 심정지 상태의 환자라도 순환과 호흡이 돌아와 회복될 수 있다. 따라서 정상체온으로 회복된 후에야 사망을 결정할 수 있다. 저체온증 환자의 일반적인 응급처치로는 다음과 같다.
- 현장 확인 : 위험물질 확인, 추가 지원 요청
- 개인 보호 장비 착용
- 추운 곳에서 더운 곳으로 환자 이동
- 가능한 한 환자를 조심스럽게 이동
- 추가 열 손실 방지
- 보온 및 열 공급
- 인체 외부, 특히 주요 동맥이 표면에 흐르는 곳에 따뜻한 것을 대주기
- 기도 개방 유지 : 필요시 흡인
- 호흡과 순환지지 : 호흡과 맥박이 느려지기 때문에 CPR을 실시하기 전에 적어도 30~45초간 평가해야 함
- 많은 양의 산소 공급 : 가능하다면 가온·가습한 산소
- 환자가 힘을 쓰거나 걷지 않게 하기
- 자극제(카페인, 알코올 음료 등)를 먹거나 마시지 않게 하기
- 팔·다리 마사지 금지, 신속한 병원 이송
- 재평가 실시

② 국소 한랭손상
　㉠ 의 의
- 일반적인 저체온증으로 발전하지 않고도 추위 노출로 인해 고통받을 수 있다.
- 추위에 부적절하게 보온하는 것은 종종 국소 한랭손상을 유발시킨다.
- 몸의 중심에서 먼 부위는 이러한 손상에 노출될 위험이 더욱 크며 귀·코 그리고 얼굴 일부분에서 많이 나타난다(팔·다리에서나 손가락·발가락에서 많이 발생).
- 저체온증 환자는 국소 한랭손상 위험이 크며 당뇨 또는 알코올중독 환자 역시 추위에 대한 감각이 떨어지기 때문에 국소 한랭손상 위험이 증가한다.
- 소아와 노인의 경우는 적절한 자기 보온을 하지 못하기 때문에 위험에 노출되어 있다.

　㉡ 증 상
- 국소 한랭손상은 특징적인 연부조직손상이 나타나며 화상과 같이 조직손상 깊이는 얼마나 노출되었는가에 달려 있다.
- 초기 또는 표면 국소 한랭손상은 일명 동창(Chilblain)이라고도 하며 피부가 하얗게 되거나 창백하게 변색된다.
- 손상 부위를 촉진하면 피부는 계속 창백하게 남아 있고 대부분 모세혈관 재충혈이 되지 않는다. 변색되었음에도 불구하고 만졌을 때 피부가 부드러운 경우에는 감각 이상이나 손실을 호소하는 경우가 많다.
- 초기에 적절한 처치를 받는다면 조직의 영구적인 손상 없이 완전히 회복할 수 있다.
- 정상체온으로 회복되는 동안 환자는 종종 저린 증상을 호소하는데 이는 손상 부위에 정상적으로 혈액이 순환되어 회복이 되는 것이라는 설명을 해주어야 한다.
- 후기 또는 깊은 국소 한랭손상은 일명 동상(Frostbite)이라고 불리며 하얀 피부색을 띤다.
- 피부는 나무와 같이 딱딱하고 물집이나 부분부종이 나타나기도 한다.
- 대부분 산악인에게 많이 발생하며 근육과 뼈까지 손상되는 경우도 있다.
- 손상 부위가 녹으면서 자주빛, 파란색 그리고 얼룩덜룩한 피부색을 보인다.

　㉢ 응급처치
- 국소 한랭손상에 대한 처치 목적은 추가손상 방지 또는 조직결빙 예방에 있다. 이런 이유로 조직을 따뜻하게 회복시키는 처치법은 현장이 아닌 병원에서 실시된다. 현장에서는 손상 부위를 녹이고 다시 추위로 인해 손상을 받을 경우 상태가 더욱 악화되기 때문이다.
- 야외에서 손상 부위를 녹이기 위해 불을 지피는 것은 금지해야 하는데 이는 손상 부위 감각 손실로 화상을 입게 되면 더 많이 손상되기 때문이다.

초기 또는 표면 손상인 경우의 처치	• 손상 부위를 부목으로 고정한다. • 소독 거즈로 드레싱한다. • 손상 부위의 반지나 액세서리를 제거한다. • 손상 부위를 문지르거나 마사지하지 않는다. • 다시 추위에 노출되지 않도록 주의한다.

후기 또는 깊은 손상인 경우의 처치	• 손상 부위를 부목으로 고정하고 다리 부분이 손상된 경우에는 걷지 않도록 한다. • 마른 옷이나 드레싱으로 손상 부위를 덮는다. • 손상 부위의 반지나 액세서리를 제거한다. • 손상 부위를 문지르거나 마사지하지 않는다. • 물집을 터트리지 않는다. • 손상 부위에 직접적인 열이나 따뜻하게 회복시키는 처치법을 실시하지 않는다. • 다시 추위에 노출되지 않도록 주의한다.

12. 고온에 의한 손상

화학반응을 일으키는 열손상은 신체가 견딜 수 있는 한계보다 더 많은 열에너지에 노출되었을 때 발생하는 것으로 종류에는 열경련, 열피로(일사병), 열사병 등이 있다.

(1) 열경련
① 개요 : 더운 기후나 심한 운동 후에 주로 나타나며 땀을 많이 흘리게 되면 신체의 전해질에 변화를 일으켜 손과 발, 복부에 경련이 일어난다고 생각되고 때로는 어지러워 쓰러지는 경우도 있다.
② 처치 : 환자를 그늘지고 시원한 장소로 옮겨서 편안한 자세를 해주고 의식이 있는 경우 입으로 이온음료를 마시게 한다. 만약 이온음료가 없다면 물을 먹여도 좋다. 경련이 있는 부위는 압력을 주어 마사지하거나 찬 수건을 대주는 것이 좋다. 마사지를 하였는데도 경련이 계속된다면 병원으로 이송한다.

(2) 열피로(일사병)
① 개요 : 열손상 중 가장 흔히 발생하는 것으로 더운 곳에서 열심히 운동을 하였거나 장시간 햇볕을 쬐면 일어난다. 토할 것 같은 느낌과 어지러움, 두통, 경련이 있고 일시적으로 쓰러질 수도 있다.
② 처치 : 시원한 장소로 옮긴 후 편안한 자세가 되도록 옷을 벗겨준다. 부채질을 해주거나 이온음료 또는 물을 준다. 단, 의식이 없으면 입으로 아무것도 주지 않는다.
③ 주의사항 : 일사병은 보통 시원한 곳에서 안정시키면 좋아지는 경우가 많으나 주위가 덥고 의식이 없어졌다고 하여 모두 일사병은 아니다. 따라서 의식이 없는 환자는 의료기관에서 확인하는 것이 중요하다.

(3) 열사병
① 개요 : 흔히 일어나지는 않지만 치료하지 않으면 매우 위험한 병이다. 격렬한 신체활동 중의 밀폐된 공간에서 자주 발생하고 때로는 잠겨진 차량 안에 홀로 있는 어린이에게서도 발생한다. 또한 우리나라보다는 열대지방, 사막지역에서 더 흔히 발생할 수 있다. 이런 환자들은 피부가 뜨겁고 건조하며 붉은색을 띠고 땀을 흘리지 않을 수 있는 것이 특징이다.
② 처치 : 시원한 장소로 환자를 옮긴 후 옷을 벗기고 젖은 수건이나 담요를 덮어주고 부채질을 해준다. 가장 중요한 것은 체온을 내려주는 것이다. 그리고 병원으로 이송하여 신속히 치료를 받게 한다.
③ 주의사항 : 열사병 환자는 몸의 표면보다 중심체온이 상승한 것이 근본적인 문제이다. 따라서 겉의 피부만 시원하게 해서는 근본적 처치가 되지 않는다. 즉, 얼음물로 환자를 식혀 체온을 낮추려고 하였다가는 몸 표면의 혈관이 수축되어 몸 안의 열이 잘 발산되지 않는다. 따라서 혈관이 수축되지 않을 정도의 너무 차지 않은 물로 자꾸 닦아주고 바람을 일으켜 열이 증발할 수 있도록 도와주어야 한다. 열사병은 앞에서 언급한 일사병과 달리 사망에 이를 수 있는 응급 상황이므로 신속한 이송도 중요하다.

수렵면허 읽을거리

" 동물의 질병 "

❶ 일사병과 열사병

개는 사람보다 체온이 높기 때문에 여름기면 더위를 더 탄다. 따라서 햇빛 아래, 더운 차량 안, 더운 밀실 안 등에 개를 오랫동안 방치할 경우에는 일사병의 우려가 있다. 여름철에는 언제나 시원한 물을 가지고 다니면서 수시로 먹이고, 차 안에는 혼자 두지 않는 등 세심한 관리가 필요하다. 수건을 준비해서 틈이 날 때마다 물에 적셔 개의 몸에 얹어주는 것도 체온을 내리는 데 도움이 된다. 심하게 갈증을 호소할 때는 이온음료를 먹이는 것도 효과적이다.

❷ 약물중독

핥기 좋아하는 개가 살충제를 핥거나, 유독성 스프레이를 많이 흡입했을 때 혹은 납 성분이 많은 페인트를 먹었을 때 네 다리가 맘대로 움직이지 않아 걸을 수 없게 되며 그 자리에 쓰러져서 전신 경련을 일으키게 된다.

❸ 간질의 발작

걸어가다가 갑자기 서서 머리를 약간 흔들다가 전신에 경련을 일으키거나, 앉아 있다가 갑자기 네 다리를 쭉 뻗으면서 옆으로 쓰러져서 전신을 흔드는 선천성 진성간질과 머리의 타박상이나 외상, 뇌의 종양 등이 원인이 되는 후천성 간질이 있다. 강아지나 어린 개 중에는 신경형 디스템퍼에 걸린 후 시간이 지나면 중추 신경이 침해되어 간질 같은 경련 발작을 일으키는 수가 있다. 전신경련이 심할 때는 의식이 없으며, 다른 사람과 주인을 구별하지 못한다.

❹ 자간발작

갑자기 호흡이 빨라지고 전신이 빳빳해지는 경련을 일으키며 혀의 색깔이 자색으로 변한다. 이것은 주로 출산 후의 어미개가 걸리는 병으로 혈액 중에 무기물이 부족해서 생기는 대사병이므로 급히 동물병원에 가서 치료를 받으면 된다.

❺ 당뇨병

당뇨병은 물을 많이 먹게 되고 배뇨의 횟수가 늘고 식욕은 왕성하나 몸이 마르며, 특히 단 음식을 더 먹으려 하는 증상이 나타난다. 차차 몸에 가려움을 느끼고 음식을 잘 먹지 못하고 상처가 생기면 아물지 않고 염증이 생긴다. 증상이 진행되면 신경마비가 오므로 몸을 움직이지 못하게 된다. 이런 증상을 보일 때는 설탕 등 단 것을 탄 물을 먹이고 병원으로 가야 한다.

❻ 파상풍

파상풍은 파상균이 묻은 흙이나 헌 옷, 나무조각 등에 의한 감염(외상, 교통사고)으로 생기는데 전신적인 경련과 몸이 딱딱하게 굳어버리는 것이 특징이다.

❼ 요독증

요독증은 신장이 나빠져서 오줌량이 줄고 오줌 성분이 혈액 중에 고이므로 몹시 목말라 한다. 혀가 마르며 식욕이 줄고 시력이 약해지며, 두통이 있고 입속에 염증이 생기고 피부발진이 생기며 끝내는 혼수상태에 빠지게 되는 질병이다.

❽ 기관지염이나 폐렴

강아지나 늙은 개에게 많은 급성기관지염, 폐렴으로 폐의 호흡면적이 좁아졌을 때 가래가 기도에 쌓여 기관지 천식의 발작, 중독, 이물이 목젖에 걸리게 된다. 비슷한 증상을 보이는 질병은 급성심부전, 자연기흉 등이 있으며, 너무 마른 사료나 말린 고기, 탈지분유 등을 많이 먹었거나 위나 장내의 이상 발효 등이 있을 때도 이런 증상이 나타난다.

수렵면허 읽을거리

❾ 피를 토할 때

금속, 유리, 동전, 딱딱한 플라스틱 등의 파편을 먹었을 때 식도나 위로부터 출혈이 일어나는 경우일 수 있다. 또한 독물에 중독되어 급성위염, 위궤양이 일어난 것이거나, 성견이나 늙은 개에 많은 사상충 기생에 의한 폐로부터의 출혈, 가래와 같이 피를 토하는 폐의 종양 등에 의한 객혈, 교통사고나 기타 흉부의 타박으로 인한 출혈 등 다양한 원인일 수 있다. 작은 돌, 단추, 바둑알이나 어린이 장난감, 기타 이물질을 먹었을 때는 가능하다면 빨리 이물질을 제거하거나 기도를 확보해 숨을 쉴 수 있도록 한 다음 병원으로 데려가야 한다.

❿ 심장사상충

감염 증상은 다음과 같이 진행된다.

> 식욕감퇴, 체중감소 → 피로감, 걷기를 싫어 함 → 운동을 하거나 흥분을 하면 기침을 함 → 털이 거칠고 빈혈상태 → 항상 가래가 있고 기침을 함 → 붉은 포도주색의 오줌, 황달로 입이나 눈 등 점막이 황색을 띰 → 간기능 저하 → 폐사

이런 증상을 미연에 방지하기 위하여 대부분 5월부터 매월 심장사상충 검사 및 예방약을 투여하는 것이다. 심장사상충은 특히 야외에서 모기로 인하여 걸리기 쉽기 때문에 조심해야 하며 전신적 증상 사례를 동물 가족들이 꼭 알고 이상을 느낄 때 치료를 받도록 한다.

제4과목 문제 풀어보기

01 불발 시 해야 할 행동수칙으로 <u>틀린</u> 것은?

① 사격 전에 불발을 염두에 두고 처리방법을 생각해야 한다.
② 실탄에 결함이 있어 화약 충진상태가 잘못되었을 경우 약한 소음이 들린다.
③ 반자동방식의 불발 시 처리방법 중 탭방식은 작동부분을 강하게 잡고 뒤로 끝까지 당겨 약실에서 실탄을 제거시키고, 새로운 실탄을 장전하는 방식이다.
④ 불발 시 총구를 안전한 방향으로 향하고, 개머리판을 얼굴 가까이 두지 않는다.

> **해설**
> 불발 시 처리방법으로 랙방식과 탭방식이 있으며 ③은 랙방식에 대한 설명이다.

02 수렵장에서 지켜야 할 안전수칙으로 바른 설명은?

① 목표물의 구분이 어려운 경우 소리로 구분하여 발사할 수 있다.
② 실탄을 제거하지 않아도 안전장치만으로도 충분한 안전을 확보할 수 있다.
③ 알맞은 보안경 혹은 귀마개로 눈과 귀를 보호해야 한다.
④ 사냥 틈틈이 피로를 풀기 위해 낮잠을 자도록 한다.

> **해설**
> ① 식별이 곤란한 경우에는 사격을 하여서는 안 된다.
> ② 실탄을 제거하는 것이 가장 안전한 방법이다.
> ④ 수렵장에서 약속되지 않은 휴식행위는 매우 위험한 행동이다.

정답 1 ③ 2 ③

03 다음 중 총기안전관리수칙으로 적절하지 <u>않은</u> 것은?

① 물에 젖은 탄은 잘 말려서 사용하여야 한다.
② 항상 활동 부분을 열고, 약실이나 탄창에 실탄이 들어있는지 확인한다.
③ 불필요한 물질은 없는지 꼬질대(Cleaning Rod)와 천조각으로 총열을 확인한다.
④ 총기를 만지작거리거나 빈 총을 쏘는 것은 총기 고장의 원인이 될 수 있다.

> **해설**
> 사용하는 탄은 항상 자신의 총기에 맞는 제품인지 확인하고 물에 젖은 탄은 폐기한다.

04 총기안전관리수칙으로 적절하지 <u>않은</u> 것은?

① 불발 시 탄환이 총열에 있다면 사고를 야기할 수 있는 탄환은 모두 제거해야 한다.
② 수렵 시에는 소리나 움직임으로 목표가 확인되면 발사하여야 한다.
③ 랙은 작동부분을 강하게 잡고 뒤로 끝까지 당겨 약실에서 실탄을 제거시키고, 새로운 실탄을 장전하는 방식이다.
④ 탭은 방아쇠를 당기지 않은 손바닥으로 탄창 아랫부분을 쳐서 실탄이 약실에 제대로 장전되게 하는 방법이다.

> **해설**
> 수렵 시에는 목표물에 대한 정확한 확인 없이 소리나 움직임만으로는 발사하여서는 안 된다. 그 소리나 움직임이 동물일 수도 있겠지만, 다른 엽사나 등산자일 수 있기 때문이다.

05 총기의 안전사고와 거리가 <u>먼</u> 것은?

① 안전사고의 발생에 대한 책임은 수렵인 본인의 책임이 가장 크다.
② 실수가 발생하지 않도록 충분한 사격연습을 한다.
③ 동료 수렵인과 가능한 한 뭉쳐 다니면서 사냥한다.
④ 동료의 실수가 있을 시 즉각적으로 잘못을 알려준다.

> **해설**
> 동료와 함께 사냥할 때는 사냥의 안전지역을 설정해야 한다.

06 야간에 사냥을 했을 때 사람을 오인사격했다면 가장 큰 잘못은?

① 목표물을 정확히 식별하지 않고 사격한 점
② 야간에 금지된 수렵을 행한 점
③ 격발 전 안전장치를 불이행한 점
④ 사격을 조급하게 서두른 점

> **해설**
> 일몰 후부터 일출 전까지의 야간에는 수렵이 금지되어 있다.

07 가슴압박과 인공호흡의 적정비율은?

① 가슴압박 : 인공호흡 = 10 : 2
② 가슴압박 : 인공호흡 = 20 : 2
③ 가슴압박 : 인공호흡 = 30 : 2
④ 가슴압박 : 인공호흡 = 20 : 3

> **해설**
> 가슴압박을 30회 계속한 후에 인공호흡을 2회 시행하는 30 : 2의 비율로 시행하여, 2분 동안에 10번 호흡과 150번의 가슴압박이 이루어지게 한다.

08 신체 일부의 절단 시 대처요령으로 옳지 않은 것은?

① 불완전 절단 시에는 절단 부위와 연결 부위를 같이 드레싱하고 올려준다.
② 지혈이 안 되면 지혈점을 찾아 압박한다.
③ 절단된 신체를 보관할 때 드라이아이스를 사용한다.
④ 절단 부위를 물속에 직접 넣지 않는다.

> **해설**
> 절단 부위를 소독한 후 물이 새지 않는 비닐봉지나 플라스틱 용기에 넣은 후 다시 비닐봉지에 넣어 주위에 물을 채운 후 얼음 몇 조각을 넣는다. 이때 절단 부위가 직접 얼음에 닿게 해서는 안 되며, 얼음 대신 드라이아이스를 넣는 것도 안 된다.

정답 6 ② 7 ③ 8 ③

09 절단된 신체 부위의 처리로 적절하지 않은 것은?

① 절단된 신체에 얼음이 바로 닿지 않도록 유의한다.
② 드라이아이스는 사용하지 않는다.
③ 절단 부위를 깨끗한 물속에 넣는다.
④ 절단 부위를 생리식염수로 씻은 후에 젖은 멸균 거즈로 싸서 비닐봉지에 넣는다.

> **해설**
> 절단 부위를 직접 물속에 넣지 않는다.

10 다음 중 수렵장에서의 수칙으로 틀린 것은?

① 수렵을 종료하거나 수렵장을 벗어날 때에는 5일 이내에 포획신고를 해야 한다.
② 수렵 시에는 2인 이상 조를 편성하여 수렵하여야 한다.
③ 수렵 시에는 항상 등산객을 염두에 두어야 한다.
④ 엽견 수는 대부분 1인 2마리로 제한된다.

> **해설**
> 수렵을 종료하거나 수렵장을 벗어날 때에는 당일 신고하여야 한다.

11 엽사가 준수해야 할 사항으로서 옳지 않은 것은?

① 수렵기간 중 총포를 일출 전, 일몰 후 경찰관서에 보관한다.
② 수렵을 위한 총포 운반 시는 운반 전에 주소지 경찰관서에 신고한다.
③ 총포는 캐비닛 등 자물쇠 장치가 된 장소에 보관한다.
④ 엽사는 위장이 잘 되는 복장을 하여야 한다.

> **해설**
> 수렵안내원, 몰이꾼, 수렵지역 출입주민 등은 다른 사람이 빨리 알아볼 수 있도록 빨간색의 모자나 옷을 착용하여야 하며 엽사(수렵용 총포 소지자)는 법령에 따라 등에 검정색으로 '수렵'이라 기재된 주황색 수렵용 조끼를 착용해야 한다.

12 다음 중 혈액순환 상태가 좋지 <u>않은</u> 징후에 해당하는 것이 <u>아닌</u> 것은?

① 손발의 피부가 따뜻하다.
② 나중에는 피부가 거무스레한 회색이나 푸른색을 띤다.
③ 저리거나 따끔거린다.
④ 그 부위를 움직일 수 없다.

> **해설**
> 혈액순환상태 식별법
> • 손발의 피부가 차고 창백하다.
> • 나중에 피부가 거무스레한 회색이나 푸른색을 띤다.
> • 저리거나 따끔거린다.
> • 그 부위를 움직일 수 없다.

13 멍을 유발하는 상처는?

① 탈 구
② 염 좌
③ 폐쇄성 손상
④ 개방성 손상

> **해설**
> ③ 폐쇄성 손상은 넘어지거나 무딘 물체로 맞았을 때 생기며 타박상 또는 반상출혈로 나타난다.
> ① 탈구는 관절에서 원래 있던 뼈가 빠져나가는 것으로 어깨, 팔꿈치, 손가락, 턱 등에서 자주 발생한다.
> ② 염좌는 관절 주위의 인대나 조직이 갑자기 뒤틀렸을 경우 발생하는 손상으로, 예를 들어 걷거나 뛸 동안 발이 예기치 않은 방향으로 뒤틀렸을 경우 발목에서 발생한다.
> ④ 개방성 손상은 베이거나 찢어지는 등 상처로부터 피가 나오는 경우이다.

14 다음 중 수렵장 안전수칙으로 보기 <u>어려운</u> 것은?

① 자신의 사격술에 대해 자만하지 않는다.
② 실제로 사격할 때 이외에는 방아쇠에 손가락을 걸지 않는다.
③ 수렵동물에 쉽게 눈에 띄지 않는 어두운 복장을 한다.
④ 일몰 후~일출 전까지는 수렵이 금지되어 있으므로 야간에는 사냥하지 않는다.

> **해설**
> 숲에서 동료에게 식별이 용이할 수 있도록 눈에 띄는 색깔의 옷(수렵용 조끼)을 입는다.

15 골절 환자의 처치 원칙으로 적절하지 <u>않은</u> 것은?

① 골절 환자를 함부로 옮기거나 다친 곳을 건드리지 않는다.
② 골절 부위에 출혈이 있으면 직접압박으로 출혈을 방지하고 부목을 대기 전에 드레싱을 먼저 시행한다.
③ 뼈가 외부로 노출된 경우 뼈를 안으로 끌어 넣는다.
④ 골절 환자를 가능한 한 움직이지 말아야 한다.

> **해설**
> 뼈가 외부로 노출된 경우 뼈를 억지로 안으로 밀어 넣으려 하지 말고, 만약 뼈가 안으로 다시 들어간 경우에는 반드시 의료진에게 알려주어야 한다.

16 출혈 시 조치로 적절하지 <u>않은</u> 것은?

① 출혈이 심하면 즉시 상처 부위를 지혈하고 출혈 부위를 심장보다 높게 해야 한다.
② 상처가 크거나 출혈이 심한 경우에는 부상자에게 충분한 수분을 공급한다.
③ 코피의 경우 폐로 유입되지 않도록 가능한 한 환자를 앉은 상태에서 머리를 앞으로 숙이도록 한다.
④ 귀부분 출혈의 경우 피나 액체가 흘러나오도록 손상된 쪽으로 귀를 기울인다.

> **해설**
> 상처가 크거나 출혈이 심한 경우에는 병원에서 수술을 받게 될 수도 있기 때문에 부상자에게 물을 주어서는 안 된다.

17 총기의 안전관리 준수사항에 해당하지 <u>않는</u> 것은?

① 야간에는 지시받은 시간 내에 경찰관서에 총기를 보관하여야 한다.
② 총기 출고 시에는 행선지를 신고하여야 한다.
③ 맹수용 라이플은 사용이 금지되어 있으나, 마취총은 사용 가능하다.
④ 휴식할 때는 총에 장전된 실탄을 제거해야 한다.

> **해설**
> 단탄형 엽총(맹수용)과 마취총은 사용이 금지되어 있다.

18 화상 시 처치방법으로 적절하지 <u>않은</u> 것은?

① 물집은 세균에 감염을 일으키므로 벗기거나 터트리지 않는다.
② 어린아이들은 화상 부위를 찬물에 30분 정도 담근다.
③ 로션, 된장, 간장, 소주 등은 감염을 일으킬 수 있으므로 바르지 않는다.
④ 먼저 그을린 옷을 제거한 다음 찬물이나 얼음물을 이용하여 식혀준다.

> **해설**
> 어린아이들은 체온손실로 인한 저체온증에 빠질 수 있으므로 화상 부위를 찬물에 10분 이상 담그지 않는다.

19 위험물 중독 시 처치방법으로 적절하지 <u>않은</u> 것은?

① 독성가스 유출이 심한 곳에는 환자가 있더라도 함부로 접근하지 않도록 한다.
② 복용에 의한 중독으로 의식이 없는 경우 몸을 뒤집은 후 토하도록 한다.
③ 피부를 통한 중독의 경우 흐르는 물에 씻어 준다.
④ 눈 오염 시 20분 정도 세척하여 준다.

> **해설**
> 환자가 의식이 없을 때는 먹이거나 토하게 하지 않는다. 오히려 기도를 막아 호흡을 방해할 수 있기 때문이다.

20 다음 중 지혈에 대한 설명 중 <u>잘못된</u> 것은?

① 출혈이 된 부위는 심장보다 낮게 한다.
② 출혈이 심한 경우는 물을 주어서는 안 된다.
③ 출혈이 심하지 않은 경우, 오물이 묻은 경우 깨끗한 물로 씻어 준다.
④ 소독된 거즈로 드레싱을 한다.

> **해설**
> 출혈이 심하면 즉시 상처 부위를 지혈하고 출혈 부위를 심장보다 높게 해야 한다. 상처가 크거나 출혈이 심한 경우에는 병원에서 수술을 받게 될 수 있기 때문에 부상자에게 물을 주어서는 안 된다.

21 다음 중 가장 위험한 행위는 어느 것인가?

① 안전장치가 된 상태에서 무의식적으로 방아쇠를 당겼을 때
② 실수로 총기를 높은 곳에서 떨어뜨렸을 때
③ 총구를 하늘 방향으로 향하여 이동할 때
④ 울창한 숲에서 방아쇠를 감싸면서 이동할 때

> **해설**
> 높은 곳에서 총기를 떨어뜨렸을 경우에는 총의 격발 등 오발사고 가능성이 높으므로 항상 주의해야 한다.

22 수렵장 내에서의 안전수칙으로 잘못된 것은?

① 동료와 동행하는 경우에는 반드시 2~3미터 앞에서 이동한다.
② 인기척이 있는 경우에는 격발해서는 안 된다.
③ 수렵 도중 휴식을 취할 때에는 장전된 실탄을 제거해야 한다.
④ 안전상태를 확인한 후 통과한다.

> **해설**
> 동료와 함께 사냥할 때에는 사격의 안전지역을 설정하여 이동하도록 한다.

23 수렵안전수칙에 대한 내용 중 틀린 것은?

① 2연발 방아쇠는 반드시 한 손가락으로 두 번 격발하여야 한다.
② 격발 전 총구 안에 이물질이 있는가를 확인한다.
③ 운행 중인 자동차에서는 총기를 사용해서는 안 된다.
④ 엽사, 수렵안내원, 몰이꾼 등은 숲속의 색깔과 비슷한 의복을 착용한다.

> **해설**
> 수렵안내원, 몰이꾼 등은 빨리 알아볼 수 있는 빨간색의 모자와 빨간색 색깔의 옷을 착용하여야 하며, 엽사는 등 뒤에 검은색으로 '수렵'이라 기재된 주황색 수렵용 조끼를 착용해야 한다.

24 수렵총기의 안전사항에 대한 설명 중 <u>틀린</u> 것은?

① 야간과 주행 중인 차량에서의 수렵은 금지된다.
② 야간에는 지시받은 경찰관서에 총기를 보관한다.
③ 총기는 항상 장전된 것처럼 다룬다.
④ 깊은 산 속에서는 함부로 사격해도 무방하다.

> **해설**
> 깊은 산 속이라고 해서 모두 안전한 것이 아니기 때문에 항상 안전에 유의하여야 한다.

25 총기안전수칙으로 <u>틀린</u> 것은?

① 총기 안전장치를 맹신하지 않는다.
② 발사하지 않을 때에는 방아쇠에 손가락을 두지 않는다.
③ 불발 시 약실을 바로 확인한다.
④ 눈과 귀의 보호장치를 한다.

> **해설**
> 불발이 있는 경우 모든 총기는 30초 동안 총구를 안전한 방향으로 향하게 한다. 발사지연이 되는 동안 총열을 열어보거나 총구를 손으로 덮는 행동은 위험하다.

26 자동심장충격기(AED)의 사용방법으로 <u>틀린</u> 것은?

① 패드는 각각 오른쪽 쇄골 아래, 왼쪽 젖꼭지 아래의 중간 겨드랑이에 부착한다.
② 심장충격을 실시한 후에도 30:2 비율로 가슴압박과 인공호흡을 시행한다.
③ "분석 중"이라는 음성 지시가 나올 경우 시행 중이던 심폐소생술을 멈춘다.
④ 환자의 상태를 스캔 후 "제세동이 필요합니다"라는 음성 지시와 함께 자동심장충격기가 에너지 충전 중일 경우 환자와 거리를 둔다.

> **해설**
> 자동심장충격기가 환자의 상태를 스캔 후 심장충격(제세동)이 필요한 경우 "제세동이 필요합니다"라는 음성 지시와 함께 심장충격기 스스로 에너지 충전을 시작한다. 이때 에너지 충전에는 수 초 이상의 시간이 소요되므로 그동안 다시 가슴압박을 시행한다.

정답 24 ④ 25 ③ 26 ④

27 절단 부위를 처치하는 방법으로 틀린 것은?

① 환자를 안정시키고 절단부를 살펴본다.
② 절단된 부위를 알코올로 깨끗이 씻은 후 비닐봉투에 넣는다.
③ 환자에게 압박 드레싱을 시행한다.
④ 얼음이 직접 절단된 부위에 닿지 않도록 한다.

> **해설**
> 절단된 신체는 생리식염수로 깨끗이 씻은 후에 젖은 멸균 거즈로 싸서 물이 새지 않는 비닐봉지나 플라스틱 용기에 넣는다.

28 환자의 이동 시 고려사항이 아닌 것은?

① 구조자가 하고자 하는 일을 환자에게 설명하여 환자가 협조하도록 한다.
② 돕는 사람들이 충분히 협조하도록 하여야 한다.
③ 여러 사람이 환자를 움직일 때 여럿이서 상의하면서 이동하도록 한다.
④ 환자를 들어서 움직이는 경우 척추 손상으로부터 보호하기 위해 정확한 이송 방법을 사용하여야 한다.

> **해설**
> 여러 사람이 환자를 움직일 때에는 한 사람만이 지시해야 한다.

29 들것으로 옮기는 방법으로 틀린 것은?

① 들것의 네 손잡이마다 1명씩 운반자가 서고, 운반자가 3명뿐인 경우 2명이 다리 쪽에 선다.
② 운반자들이 앉아 손잡이를 잡는다.
③ 신호에 따라 같이 일어나 평행을 맞춘다.
④ 환자를 내려 놓을 때는 신호에 의하여 정지한다.

> **해설**
> 들것의 네 손잡이마다 1명씩 운반자가 서고, 운반자가 3명뿐인 경우 2명이 머리 쪽에 선다.

30 조난 사고 시 필수 휴대품이 아닌 것은?

① 나침반
② 구급약
③ 비상식량
④ 로 프

> **해설**
> 조난 시 로프는 나침반, 구급약, 비상식량과 비교했을 때 반드시 필요하지는 않다.

31 염좌 시 응급처치법인 RICE기법에 대한 설명 중 옳지 못한 것은?

① 안정을 취하고(Rest)
② 얼음찜질을 하며(Ice)
③ 상처를 압박하여 지혈을 하고(Compression)
④ 환자를 눕혀 심장보다 낮게 상처를 들어올려서 출혈과 부종을 감소시키는(Elevation) 것을 말한다.

> **해설**
> 수렵 중 발목 등이 삐었을 때의 올바른 응급처치법은 '라이스(RICE)'기법이다. 우선 안정을 취하고(Rest), 얼음찜질을 하며(Ice), 상처를 압박하여 지혈을 하고(Compression), 환자를 눕혀 심장보다 높게 상처를 들어올려서 출혈과 부종을 감소시키는(Elevation) 것이다.

32 다음 중 응급처치 방법이 틀린 것은?

① 출혈이 심할 경우에는 지혈을 실시한다.
② 몸을 차갑게 한다.
③ 의식이 없는 경우 질식을 방지하도록 기도를 확보한다.
④ 부상을 확인하고 신속하게 처치하여야 한다.

> **해설**
> 부상자를 편안하게 해주며 체온이 식지 않도록 주의해야 한다.

정답 30 ④ 31 ④ 32 ②

33 골절 환자의 처치 중 옳지 못한 것은?

① 척추골절 시 움직이지 말고 손으로 머리를 고정하고 의료지원을 기다린다.
② 팔골절 시 상처입은 쪽의 팔을 가슴에 대고 가슴과 팔을 지지해 준다.
③ 쇄골골절 시 환자를 앉히고 손상된 쪽 팔을 가슴을 지나 반대쪽으로 가게 한다.
④ 골반골절 시 환자를 눕히고 구두와 양말을 조심스럽게 벗긴다.

> **해설**
> 발의 골절 시 환자를 눕히고 구두와 양말을 조심스럽게 벗긴다. 골반 골절 시 다리를 펴준 채로 환자를 눕히거나 무릎을 구부리는 것이 더 편안하다고 하면 무릎 밑에 담요를 말아서 대준다.

34 지혈의 마지막 수단으로 이용되는 것은?

① 지혈대
② 간접압박
③ 직접압박
④ 국소지압

> **해설**
> 지혈대는 직접압박, 간접압박 등 다른 압박수단으로도 출혈이 멈추지 않을 때 사용하는 방법으로 출혈을 막는 가장 효과적이고 빠른 방법이다. 다만 장시간 사용할 경우 말단 부위의 괴사가 발생할 수 있으니 지혈대를 사용한 시간을 기록하여야 한다.

35 다음 중 질식한 듯한 모습을 보이며 화상을 동반하고 쇼크 증상을 보일 수 있는 것은?

① 감 전
② 골 절
③ 창 상
④ 탈 구

> **해설**
> 전기제품의 사용 부주의로 전기가 들어가고 나간 양쪽 모두에 심한 화상, 부종, 그을림이 있다. 또 고압 전류에 의한 화상은 피부에 갈색 흔적이 남는다.

36 다음 보기는 어떤 화상의 정도를 설명하고 있는가?

> • 상피 세포층과 진피 세포층의 일부까지 손상을 받은 경우이다.
> • 수포를 동반한 화상이다.

① 1도 화상
② 2도 화상
③ 3도 화상
④ 4도 화상

> **해설**
> 2도 화상은 수포를 동반하는 것이 특징이다. 손상 부위는 체액이 나와 축축한 형태를 띠며, 진피에 많은 신경섬유가 지나가 심한 통증을 호소하며 부종이 뚜렷하다.

37 안전사고 예방을 위한 복장으로 옳은 것은?

① 사람들이 잘 볼 수 있는 색깔을 착용한다.
② 근처 풀숲 등과 비슷한 계열로 착용한다.
③ 활동이 용이한 반바지 등의 차림도 무방하다.
④ 어떤 것이든 상관없다.

> **해설**
> 수렵안내원, 몰이꾼, 수렵지역 출입주민 등은 다른 사람이 빨리 알아볼 수 있도록 빨간색의 모자나 옷을 착용하여야 하며 엽사(수렵용 총포 소지자)는 법령에 따라 등에 검정색으로 '수렵'이라 기재된 주황색 수렵용 조끼를 착용해야 한다.

38 총기안전수칙 중 틀린 것은?

① 총기는 함부로 개조하지 않는다.
② 장거리 이동 시 휴대 케이스에 넣고 이동한다.
③ 총기와 실탄을 분리하여 보관한다.
④ 실탄을 장전한 채로 안전장치를 하고 동료와 휴식을 취한다.

> **해설**
> 수렵 도중 휴식을 할 때는 총에 장전된 실탄을 제거하여야 한다.

정답 36 ② 37 ① 38 ④

39 조난을 당한 경우 필요한 것은 총 몇 개인가?

㉠ 지도 ㉡ 비상식량
㉢ 방한복 ㉣ 선글라스
㉤ 사냥용 나이프 ㉥ 카메라
㉦ MP3

① 2개
② 3개
③ 4개
④ 5개

> **해설**
> 조난 시 필요한 품목은 ㉠, ㉡, ㉢이다.

40 다음 중 안전한 사냥 방법이 아닌 것은?

① 민가 근처에서는 사격을 하지 않도록 한다.
② 강에 있는 조류는 공중으로 날아오르기 전에 사격한다.
③ 물 위에 직접 발사하지 않도록 한다.
④ 돌이나 암석에 직접 발사하지 않도록 한다.

> **해설**
> 물이나 돌 등의 표면은 탄환을 불규칙한 방향으로 튕겨내어 상당한 거리를 날아가므로 안전하지 않다.

41 다음 중 안전한 수렵방법은 어느 것인가?

① 시야가 확보되지 않았을 때는 격발하지 않는다.
② 총기를 동료에게 빌려준다.
③ 총기를 지팡이처럼 의탁하며 이동한다.
④ 어두워질 때를 기다렸다가 노을이 지면 수렵을 한다.

> **해설**
> 전방에 시야가 확보되지 않고 무엇이 있는지 식별이 되지 않을 때는 격발하여서는 안 된다.

42 다음 중 총기안전수칙으로 옳지 않은 것은?

① 총기에 맞는 실탄을 사용한다.
② 모든 총기는 장전이 된 것처럼 다룬다.
③ 목표물이 발견되면 바로 사격한다.
④ 불발 시 해야 할 행동을 숙지한다.

> **해설**
> 사정거리 안에서 표적이 확실한지 확인하고, 표적 주위에 무엇이 있는지 항상 확인하여야 한다. 탄환이 어디로 타격할지 예상하지 못하는 경우에는 절대로 발사하지 않는다.

43 유해야생동물 포획 시 지켜야 할 규칙으로 틀린 것은?

① 총구는 땅을 향한다.
② 포획허가를 받은 사람은 식별하기 쉬운 피복류를 착용하여야 한다.
③ 포획허가 지역의 지형·지물 등에 주민들이 있는지 알아본다.
④ 인가·축사와 100미터 이내의 장소에서는 총기를 사용하지 않는다.

> **해설**
> 총구는 하늘을 향해야 한다.

44 수렵장에서의 안전한 이동방법이 아닌 것은?

① 방아쇠가 나뭇가지에 걸려 격발되지 않도록 방아쇠를 감싸고 이동한다.
② 총기를 휴대하고 이동할 때는 약실을 개방하지 않는다.
③ 총기를 지팡이처럼 의지해서는 안 된다.
④ 이동 중에는 총기를 발사해서는 안 된다.

> **해설**
> 총기를 휴대하고 이동할 경우에는 다른 사람이 확인하기 쉽도록 안전예방차원에서 약실을 개방하고 이동한다.

정답 42 ③ 43 ① 44 ②

45 활사냥 시 주의사항으로 틀린 것은?

① 활은 관통력이 강하므로 안전사고에 만전을 기한다.
② 화살은 보통 200~300m 이상 날아간다.
③ 대상동물이 큰 멧돼지라면 즉시 사격한다.
④ 사람이 있는 방향으로 화살을 겨누어서는 안 된다.

> **해설**
> 수렵동물의 크기가 매우 큰 동물인 경우 가능하면 피하는 것이 좋다.

46 수렵장에서의 안전수칙으로 옳지 못한 것은?

① 음주 후에는 절대로 총을 잡지 않는다.
② 이동 중 앞사람은 총구를 전방으로 향하고 뒷사람은 앞사람 쪽으로 총구를 향한다.
③ 수렵 종료 후 반드시 총에서 엽탄을 제거한다.
④ 총은 어린이들 손이 닿지 않는 곳에 엽탄과 분리하여 보관한다.

> **해설**
> 이동 중 앞사람은 총구를 전방으로 향하고 뒷사람은 앞사람 쪽으로 총구를 향하지 않게 한다.

47 다음 중 식중독 증상인 것은 모두 몇 개인가?

| ㉠ 구역질이 나고 토한다. | ㉡ 설사를 하는데 피가 섞여 있을 수 있다. |
| ㉢ 배가 뒤틀리듯이 아프다. | ㉣ 쇼크증상이 나타날 수 있다. |

① 1개
② 2개
③ 3개
④ 4개

> **해설**
> 식중독은 세균이나 세균이 발생시킨 독소에 의하여 발생한다. 식중독은 예방이 중요하므로 손을 씻고, 음식을 청결한 곳에 보관하도록 한다.

48 짐승에게 물렸거나 곤충에게 쏘였을 경우 응급조치 방법이 <u>아닌</u> 것은?

① 상처 부위의 이물질을 없애주고 깨끗이 소독한다.
② 물었던 짐승을 잡아서 확인하지 않고 바로 사살한다.
③ 곤충에게 쏘인 경우 암모니아수를 바르며 냉찜질을 한다.
④ 알레르기 반응이 심할 경우에는 병원으로 후송한다.

> **해설**
> 개나 짐승에게 물린 경우 물었던 짐승을 잡아서 적어도 10일 이상 발작 증세가 있는지를 관찰하여야 한다. 만약, 발작 증세가 생긴다면 광견병에 걸릴 가능성이 높으므로 빨리 병원으로 가야 한다.

49 일사병과 열사병에 대한 내용으로 <u>틀린</u> 것은?

① 일사병은 더운 곳에서 운동하거나 장시간 햇볕을 쬐면 일어난다.
② 일사병은 환자 몸의 표면 온도보다 중심체온이 올라가는 것이다.
③ 일사병과 열사병 모두 환자의 체온을 내리는 것이 중요하다.
④ 열사병은 일사병과 달리 사망에 이를 수 있다.

> **해설**
> 열사병은 환자 몸의 표면보다 중심체온이 상승하는 것이 근본적인 문제이다. 따라서 겉의 피부만 시원하게 하는 것은 근본적 처치가 아니다. 즉 얼음물로 환자를 식혀 체온을 낮추려 하였다가는 몸 표면의 혈관이 수축되어 몸 안의 열이 잘 발산하지 못한다. 따라서 혈관이 수축되지 않을 정도의 차가운 물로 자주 닦아주고, 바람을 일으켜 열의 발산을 도와 주어야 한다.

50 무의식 상태에 있는 심정지 환자에 있어서 가슴압박법을 실시할 경우 적절한 손의 위치는?

① 흉골의 하부 1/2
② 흉골의 상부 1/2
③ 검상돌기 아래
④ 검상돌기와 배꼽사이

> **해설**
> 가슴압박을 하는 방법은 가슴의 중앙인 흉골의 아래쪽 절반을 빠르게(분당 최저 100회, 최고 120회) 힘껏(5cm) 압박한다.

정답 48 ② 49 ② 50 ①

51 가슴압박법을 시행할 때 적절한 순환을 위해 취해야 하는 방법은?

① 머리는 심장의 위치보다 높게 하는 것이 좋다.
② 심장의 위치는 몸의 약간 왼쪽으로 치으쳐 있으므로 왼쪽 가슴을 누른다.
③ 환자를 바닥이 단단하고 평평한 곳에 눕히는 것이 좋다.
④ 힘을 골고루 줄 수 있도록 손바닥 전체를 가슴에 대고 누르는 것이 좋다.

> **해설**
> 환자의 머리가 심장보다 높으면 뇌혈류량이 감소하므로 수평을 유지하고, 평평한 곳에 눕힌다.

52 수렵총기를 허가받은 용도에 사용하지 않았을 때의 벌칙은?

① 2년 이하의 징역 또는 300만 원 이하의 벌금
② 2,000만 원 이하의 벌금
③ 2년 이하의 징역 또는 500만 원 이하의 벌금
④ 1년 이하의 징역 또는 금고

> **해설**
> 2년 이하의 징역 또는 500만 원 이하의 벌금(총포 · 도검 · 화약류 등의 안전관리에 관한 법률 제73조)
> - 제조업자의 지위를 승계한 자가 행정안전부령으로 정하는 바에 따라 그 지위를 승계한 날부터 1개월 이내에 승계 사실을 경찰청장 또는 시 · 도경찰청장에게 신고하지 아니한 자
> - 총포와 아주 비슷하게 보이는 것으로서 대통령령으로 정하는 것[이하 "모의총포(模擬銃砲)"라 한다]을 제조 · 판매 또는 소지한 자
> - 고무줄 또는 스프링 등의 탄성을 이용하여 금속 또는 금속 외의 재질로 된 물체를 발사하여 인명 · 신체 · 재산상 위해를 가할 우려가 있는 발사장치로서 대통령령으로 정하는 것을 제조 · 판매 또는 소지한 자
> - 총포 · 도검 · 분사기 · 전자충격기 · 석궁을 허가받은 용도나 그 밖에 정당한 사유가 있는 경우 외에 사용한 자
> - 총포의 소지 허가를 받은 자가 총포의 성능을 변경하기 위하여 그 총포를 임의로 개조한 자
> - 화약류를 취급하는 사람이 화약류제조보안책임자 및 화약류관리보안책임자의 안전상의 지시 감독에 따르지 아니한 자
> - 화약류의 제조소 · 판매소 · 저장소 그 밖의 취급소에서 지정된 장소가 아닌 곳에서 불씨를 다루거나 담배를 피운 자
> - 화약류의 제조소 · 판매소 · 저장소 그 밖의 취급소에 관리자의 승낙 없이 불이 일어나기 쉬운 물건을 지니고 들어가는 자
> - 총포의 소지 허가를 받은 자가 허가관청에 해당 총포와 소지 허가증 제출 및 총포의 폐기 신청을 하지 아니하고 총포를 폐기한 자
> - 기술상의 기준을 위반하여 화약류를 폐기한 자
> - 유실 · 매몰 또는 정당하게 관리되고 있지 아니하는 총포 · 도검 · 화약류 · 분사기 · 전자충격기 · 석궁이라고 인정되는 물건을 발견하거나 습득하여 24시간 이내에 가까운 경찰관서에 신고하지 아니하거나 경찰공무원의 지시 없이 이를 만지거나 옮기거나 두들기거나 해체하는 등의 행위를 한 자
> - 화약류의 운반신고 및 총포를 도난 · 분실하여 그에 따른 신고를 하지 아니하거나 거짓으로 신고를 한 자

53 총기를 양도받을 경우 사전에 취해야 할 절차에 관한 올바른 설명은?

① 경찰 지구대에 먼저 신고한다.
② 주소지 경찰서에서 소지 허가를 먼저 받는다.
③ 총기를 먼저 인수한 후 소지 허가를 신청한다.
④ 수렵지 구청에 사전 연락한다.

> **해설**
>
> 화약류 양도·양수의 허가신청(총포·도검·화약류 등의 안전관리에 관한 법률 시행규칙 제31조 제1항)
> 화약류를 양도 또는 양수하고자 하는 사람은 사용지가 특정된 경우에는 사용지를 관할하는 경찰서장의, 사용지가 특정되지 아니한 경우에는 양수하고자 하는 사람의 주소지(법인인 경우에는 주된 사무소의 소재지)를 관할하는 경찰서장의 허가를 받아야 한다.

54 "총기를 빌리거나 빌려주어서도 안 된다"라는 총기 관련 법률 규정을 위반할 경우 처벌은?

① 1천만 원 이하의 벌금
② 5년 이하의 징역 또는 1천만 원 이하의 벌금
③ 3년 이하의 징역 또는 2천만 원 이하의 벌금
④ 5년 이하의 금고 또는 1천만 원 이하의 벌금

> **해설**
>
> 벌칙(총포·도검·화약류 등의 안전관리에 관한 법률 제71조 제3호)
> 총포·도검·화약류 등의 안전관리에 관한 법률 제21조(양도·양수 등의 제한)를 위반한 자는 5년 이하의 징역 또는 1천만 원 이하의 벌금에 처한다.

55 수렵을 하기 전에 시·도경찰청장 또는 경찰서장으로부터 받아야 하는 교육의 유효 기간은?

① 1년
② 2년
③ 3년
④ 5년

> **해설**
>
> 안전교육 실시(총포·도검·화약류 등의 안전관리에 관한 법률 시행령 제26조의2)
> 총포 또는 석궁의 소지 허가를 받은 자가 수렵을 하려는 경우에는 수렵을 하기 전에 시·도경찰청장 또는 경찰서장이 실시하는 안전교육을 받아야 한다. 안전교육은 교육을 받은 날부터 1년간 유효하다.

정답 53 ② 54 ② 55 ①

56 수렵용 총포 또는 석궁의 소지 허가를 신청할 때 첨부서류가 아닌 것은?

① 신체검사서
② 수렵면허시험 응시원서
③ 수렵면허증
④ 출처증명서

> **해설**
> 총포·도검·화약류·분사기·전자충격기·석궁의 소지 허가신청(총포·도검·화약류 등의 안전관리에 관한 법률 시행규칙 제21조 제4항)
> 허가신청서에는 신체검사서, 총포의 출처를 증명할 수 있는 서류, 총포의 용도를 소명할 수 있는 서류(총포 소지의 경우만 해당), 사진, 정신건강의학과 전문의 의견이 기재된 진단서 또는 소견서, 병력신고 및 개인정보이용동의서(수렵용 또는 유해조수구제용 총포를 제외한 총포를 소지하려는 경우에만 해당)를 첨부하여야 한다.

57 수렵총기 안전관리에 대한 설명으로 틀린 것은?

① 수렵 전 총기의 구경에 알맞은 실탄인지 여부를 확인해야 한다.
② 총기의 구조와 성능을 이해하고 수렵장에 입장한다.
③ 수렵 중에는 총기의 안전장치를 반드시 확인하여야 한다.
④ 수렵 총기는 22:00까지 해양경찰서에 보관할 수도 있다.

> **해설**
> 수렵기간 중 총포 야간 운반금지를 위하여 관할 경찰서장이 지정하는 경찰관서에 일몰 이후부터 일출 이전까지의 시간 동안 총포를 보관할 것을 지시하는 경우 이에 따르야 한다.

부록

CHAPTER 01	모의고사 1~3회
CHAPTER 02	정답 및 해설
읽을거리	수렵 관련 상식
	수렵, 이것이 궁금하다 Q&A

교육은 우리 자신의 무지를 점차 발견해 가는 과정이다.

– 윌 듀란트 –

제1회 모의고사

1과목 수렵에 관한 법령 및 수렵의 절차

01 다음 중 환경부장관이 고시한 멸종위기에 처한 야생생물이 <u>아닌</u> 것은?

① 늑 대 ② 사향노루
③ 여 우 ④ 멧돼지

02 야생생물 보호 및 관리에 관한 법률에 따라 수렵장의 설정권자가 될 수 <u>없는</u> 자는?

① 산림청장 ② 시 장
③ 군 수 ④ 구청장

03 수렵면허를 받은 사람은 몇 년마다 갱신하여야 하는가?

① 1년 ② 3년
③ 5년 ④ 7년

04 수렵면허를 받을 수 없는 결격사유에 해당되지 <u>않는</u> 것은?

① 미성년자
② 심신상실자
③ 수렵면허가 취소된 날부터 2년이 경과하지 아니한 자
④ 마약류중독자

05 수렵의 제한사항이 아닌 것은?

① 해가 진 후부터 해뜨기 전
② 운행 중인 차량·선박 및 항공기
③ 시가지·인가부근 그 밖에 여러 사람이 다니거나 모이는 장소
④ 도로 반대쪽을 향하여 수렵하는 경우 도로로부터 600m 이내의 장소

06 수렵승인과 수렵절차에 관하여 잘못된 설명은?

① 수렵장 설정자로부터 수렵승인을 받는다.
② 수렵장 사용료를 납부한다.
③ 수렵동물의 종류 및 수량 등을 환경부장관에게 신고한다.
④ 수렵장 설정자는 수렵장 운영실적을 환경부장관에게 보고한다.

07 야생생물 보호원의 직무범위와 관련이 없는 것은?

① 특별보호구역 및 보호구역의 관리
② 수렵인 지도 및 수렵장 관리의 보조
③ 수렵총기 사고의 직접적인 사고원인 조사 및 처리
④ 멸종위기 야생생물의 보호 및 증식·복원에 관한 주민의 지도·계몽

08 수렵 시 휴대해야 할 증명서가 아닌 것은?

① 총포 소지 허가증　　　　② 수렵면허증
③ 수렵강습 이수증　　　　　④ 조수포획 승인증

09 수렵면허의 취소 또는 정지사유가 아닌 것은?

① 규정을 위반하여 수렵면허를 갱신하지 아니한 경우
② 거짓이나 그 밖의 부정한 방법으로 수렵면허를 받은 경우
③ 수렵보험에 들지 않고 수렵한 경우
④ 수렵도구를 이용하여 범죄행위를 한 경우

10 수렵동물 확인표지의 의무 사항에 대한 설명 중 가장 옳은 내용은?

① 포획된 수렵동물의 사체는 확인표지의 의무가 없다.
② 포획된 동물의 박제품은 확인표지의 의무가 없다.
③ 포획된 수렵동물을 기증할 경우에는 확인표지의 의무가 없다.
④ 포획된 동물의 사체나 박제품은 최종수요자에게 인계될 때까지 표지를 유지한다.

11 멸종위기에 처한 야생생물 중 멸종위기 야생생물 1급에 해당하는 동물은?

① 삵
② 하늘다람쥐
③ 산 양
④ 담 비

12 수렵장 사용료의 징수권자는?

① 수렵장 설정자
② 특별시장·광역시장·도지사
③ 환경부장관
④ 관할 경찰서장

13 야생동물의 번식기에 신고 없이 보호구역 안에 들어갈 수 <u>없는</u> 경우는?

① 영농을 위해 개간을 하는 경우
② 산불의 진화를 위한 경우
③ 학술 연구 또는 조사를 하는 경우
④ 군의 업무수행을 위한 경우

14 수렵면허의 갱신 및 재교부에 대한 설명으로 <u>틀린</u> 것은?

① 수렵면허의 유효기간은 5년이다.
② 유효기간이 끝나는 날로부터 3개월 이내에 갱신하여야 한다.
③ 수렵면허의 유효기간이 끝나기 3개월 이전에 알려야 한다.
④ 갱신을 하지 않을 경우 면허가 정지 또는 취소될 수 있다.

15 수렵 가능한 동물의 종류로 옳지 <u>않은</u> 것은?

① 멧돼지, 참새
② 고라니, 멧비둘기
③ 까치, 까마귀
④ 사향노루, 고니

16 유해야생동물 구제허가 대상이 <u>아닌</u> 것은?

① 인명피해가 우려되는 맹수류
② 장기간에 걸쳐 무리를 지어 농작물에 피해를 주는 염소
③ 분묘에 피해를 주는 멧돼지
④ 과수원 및 전신주에 피해를 주는 까치

17 다음 중 먹는 것이 금지되는 야생동물로만 묶인 것은?

㉠ 멧돼지	㉡ 너구리
㉢ 청둥오리	㉣ 구렁이
㉤ 청설모	

① ㉠, ㉡, ㉢
② ㉡, ㉢, ㉣
③ ㉢, ㉣, ㉤
④ ㉠, ㉡, ㉢, ㉣

18 다음 중 수렵의 제한사유로 <u>틀린</u> 것은?

① 문화유산이 있는 장소 및 보호구역으로부터 2km 이내의 장소
② 울타리가 설치되어 있거나 농작물이 있는 다른 사람의 토지
③ 해가 진 후부터 해뜨기 전까지
④ 운행 중인 차량, 선박 및 항공기

19 포획한 수렵동물에 대한 확인표지 부착방법으로 틀린 것은?

① 포유류는 귀에 부착한다.
② 조류는 발목에 부착한다.
③ 장끼(수꿩)는 발목에 부착한다.
④ 참새나 까치는 확인표지의 부착 대상이 아니다.

20 다음 중 수렵 제한사항을 지키지 아니한 사람에 대한 처벌은?

① 3년 이하의 징역 또는 300만 원 이상 3천만 원 이하의 벌금
② 2년 이하의 징역 또는 2천만 원 이하의 벌금
③ 1년 이하의 징역 또는 1천만 원 이하의 벌금
④ 100만 원 이하의 과태료

2과목 야생동물의 보호·관리에 관한 사항

21 다음 중 우리나라에서 번식하는 오리는?

① 흰뺨오리
② 홍머리오리
③ 고방오리
④ 흰뺨검둥오리

22 밀렵의 발생요인으로 보기 어려운 것은?

① 야생동물 효과에 대한 맹신
② 수요에 대한 공급의 균형
③ 밀렵에 대한 적발 및 처벌 미비
④ 야생동물에 대한 주인의식의 결여

23 다음 중 청설모에 관한 설명으로 옳은 것은?

① 행동습성이 다람쥐와 비슷하지만 다람쥐보다 작다.
② 털색은 주로 진한 갈색이며 배 쪽은 회색이다.
③ 분만횟수는 1년에 1회이다.
④ 임목의 종자와 열매를 주로 먹으며 나무구멍이나 나무 위에 까치집 모양의 둥지를 지어 새끼를 낳는다.

24 잠수성 오리의 특징이 <u>아닌</u> 것은?

① 물속에 깊이 들어가 물고기를 먹기 때문에 농작물에 피해를 덜 준다.
② 수렵조수에 해당하지 않는다.
③ 대표적인 잠수성 오리는 청둥오리이다.
④ 물고기 이외 낟알들도 먹는다.

25 고라니에 대한 설명으로 옳지 <u>않은</u> 것은?

① 몸길이는 80~100cm, 몸무게는 9~15kg이다.
② 산림지대 또는 숲의 가장자리에 산다.
③ 암수 모두 송곳니가 있다.
④ 털이 거칠고 초식성이다.

26 멧돼지의 주요 서식지는?

① 소나무가 우거진 곳
② 활엽수가 우거진 곳
③ 나무가 적은 평야지대
④ 먹이가 많은 인가 근처

27 까마귀류에 대한 설명 중 **틀린** 것은?

① 수렵할 수 있는 까마귀는 3종이다.
② 큰부리까마귀는 수렵할 수 없다.
③ 붉은부리까마귀는 한국의 전역에 걸쳐 번식하는 흔한 텃새이다.
④ 떼까마귀는 암수 구분이 어렵다.

28 다음 중 천연기념물이 <u>아닌</u> 것은?

① 크낙새   ② 황 새
③ 고방오리   ④ 황조롱이

29 까치에 대한 설명으로 **틀린** 것은?

① 한국의 전역에서 번식하는 흔한 텃새이다.
② 농촌 부락 또는 시가의 교목 위에 둥지를 짓는다.
③ 인적이 드문 농촌이나 오지에 주로 서식한다.
④ 번식 후에는 무리를 지어 서식한다.

30 다음 중 야생동물의 서식을 제한하는 직접요인에 해당하지 <u>않는</u> 것은?

① 포식자   ② 먹 이
③ 밀 렵   ④ 질 병

31 다음 중 수렵이 가능한 조류가 <u>아닌</u> 것은?

① 어 치
② 멧비둘기
③ 큰기러기
④ 검둥오리

32 고라니에 대한 설명 중 <u>틀린</u> 것은?

① 엉덩이에 흰색 반점이 없다.
② 암컷은 뿔이 있다.
③ 털이 거칠다.
④ 암수 모두 송곳니가 있다.

33 다음 중 우리나라 텃새에 속하는 종류는?

① 멧비둘기
② 넓적부리오리
③ 검둥오리
④ 쇠오리

34 꿩에 대한 설명으로 <u>틀린</u> 것은?

① 수컷은 눈가에 붉은색의 벼슬이 있다.
② 수컷은 까투리, 암컷은 장끼라 부르기도 한다.
③ 수컷은 높은 소리를 내며, 암컷은 낮은 소리를 낸다.
④ 꿩은 수컷만 수렵 가능하다.

35 참새에 대한 설명으로 <u>틀린</u> 것은?

① 식성은 완전 식물성이며, 농작물인 낟알, 풀씨, 열매 등을 먹는다.
② 참새는 계절에 따라 해충을 잡아먹는다
③ 우리나라 텃새로 수렵동물 중에서 가장 작다.
④ 참새는 일 년에 2~3번의 번식이 가능하다.

36 노루에 대한 설명으로 <u>잘못된</u> 것은?

① 고라니에 비해 대개 몸이 작다.
② 털은 부드럽고, 엉덩이에 백색의 큰 반적이 있다.
③ 한 번에 1~3마리의 새끼를 낳는다.
④ 새끼를 낳을 때는 심산으로 이동하여 서식한다.

37 고방오리에 대한 설명으로 <u>틀린</u> 것은?

① 꼬리와 목이 짧은 편이다.
② 수컷의 머리는 갈색이다.
③ 옆 목에 흰색의 선이 있고 앞 목은 흰색이다.
④ 옆구리는 회색 바탕에 가로줄이 있고, 꼬리가 길고 뾰족하다.

38 멧돼지에 대한 설명으로 <u>틀린</u> 것은?

① 털은 회백색이나 갈색, 검은색이다.
② 송곳니가 날카로워 싸움할 때는 큰 무기가 된다.
③ 멧돼지의 식성은 육식성이다.
④ 어린 개체는 담황색의 세로무늬가 있다.

39 어치에 대한 설명으로 <u>틀린</u> 것은?

① 평지 및 산지의 침엽수림에 영소한다.
② 한국의 전역에서 번식하는 흔한 텃새이다.
③ 식성은 잡식성이나 식물성을 많이 먹는다.
④ 날개덮깃에 검은 줄무늬가 있는 흰색무늬가 뚜렷하다.

40 야생동물의 서식을 제한하는 요인 중 간접요인은?

① 은신처
② 포식자
③ 기 후
④ 질 병

3과목 수렵도구의 사용방법(1종)

41 다음 중 수렵용 총기가 아닌 것은?

① 상하쌍대
② 강선엽총
③ 반자동 5연발
④ 반자동 3연발

42 다음 중 제1종 수렵면허로 사용할 수 없는 총기는?

① 엽 총
② 공기총
③ 상하쌍대 엽총
④ 사격용 엽총

43 다음 중 상하쌍대 엽총에 대한 설명으로 틀린 것은?

① 서로 다른 두 개의 총열 때문에 기능이 다양하다.
② 조준이 잘되고 착용감도 좋다.
③ 첫발의 반동에 의한 총의 반동이 작고 두 번째 발사를 위한 조준이 빠르다.
④ 가볍고 고장이 적다.

44 총의 성능기준에서 산탄엽총의 법정 최대도달거리는?

① 560m
② 1,000m
③ 1,600m
④ 2,000m

45 공기총의 구조 및 형식으로 잘못된 설명은?

① 공기총의 총신과 압축실 실린더는 1cm^{2}당 100kg 이상의 압력에 견딜 수 있는 재질로 할 것
② 공기총의 압축실 실린더 전체의 체적은 500cm^{3}를 초과하지 아니할 것
③ 공기총의 전체 길이는 80cm 내지 120cm로 할 것
④ 공기총의 구조는 겸용할 수 없는 단일형식의 구조로 할 것

46 다음 중 공기총의 사용을 잘못 설명한 것은?

① 공기총은 라이플형과 산탄형이 있다.
② 공기총은 압축공기 또는 가스를 이용하여 발사한다.
③ 겨울철 공기총에 이산화탄소를 사용하는 것이 유리하다.
④ 공기총은 스프링식, 공기 압축(펌프)식, 가스식으로 분류한다.

47 다음 중 공기총에 허가된 연지탄이 아닌 것은?

① 6.4mm 연지탄
② 5.5mm 연지탄
③ 5.0mm 연지탄
④ 4.5mm 연지탄

48 발사와 관련한 설명으로 틀린 것은?

① 격발을 하면 뇌관에 기계적 충격을 가한다.
② 뇌관이 충격을 받으면 즉시 추진제로 발화된다.
③ 뇌관과 추진제 화약은 그 성질이 다르다.
④ 추진제가 점화되면 고압의 가스가 발생한다.

49 사격술에 대한 설명이 아닌 것은?

① 사격연습을 많이 하면 안전사고 방지에 도움이 된다.
② 정신집중이 차지하는 비중이 매우 크다.
③ 이동표적과 고정표적 사격술은 비슷하다.
④ 목표물을 향해 총을 발사하는 행위이다.

50 총기 관리수칙에 대한 설명 중 틀린 것은?

① 자동차 안에서는 실탄을 장전해서는 안 된다.
② 총포 운반 시 주소지 경찰서에 신고해야 한다.
③ 수렵을 종료하면 총기 보관부터 한 후 다른 일을 본다.
④ 총기는 실탄과 함께 잠금장치가 있는 두기고에 보관한다.

51 수렵용 총기만을 나열한 것은?

① 단발엽총, 쌍대엽총, 공기총
② 마취총, 쌍대엽총, 공기총
③ 마취총, 자동엽총, 단탄형 엽총
④ 복합식총, 마취총, 공기총

52 조수를 포착하였을 때 맞출 수 있는 산탄총의 유효사거리는?

① 30m 이내
② 50m 전후
③ 70m 이상
④ 100m 이하

53 다음 중 4.5mm 공기총으로 포획할 수 있는 동물은?

① 참 새
② 수 꿩
③ 노 루
④ 멧돼지

54 아래는 엽총에 대한 설명이다. 무엇에 관한 설명인가?

> 연사속도가 빠르고 우수하나 구멍이 막히면 연사가 되지 않는 단점이 있다.

① 가스식 엽총
② 스프링식 엽총
③ 관성자동식 엽총
④ 단발식 엽총

55 엽총의 구조에 대한 설명으로 **틀린** 것은?

① 초크는 발사효력을 높이기 위하여 산탄이 통과하는 끝부분을 죄었다 풀어 주는 역할을 한다.
② 총열 길이란 약실 끝에서 총구 끝까지의 길이를 말한다.
③ 풀 초크는 총열구경이 넓고 산탄의 비산폭 또한 상당히 넓어 대개 20m 이내의 게임 사냥에 사용된다.
④ 리브는 총의 조준을 편리하게 하기 위한 것이다.

56 수렵을 할 때에 사용이 가능한 총기로 맞게 짝지어진 것은?

① 공기총 : 엽총
② 엽총 : 마취총
③ 단탄형 엽총 : 공기총
④ 라이플 엽총 : 마취총

57 다음 중 총포·도검·화약류 등의 안전관리에 관한 법률에서 정한 공기총의 발사 에너지는?

① 50J 이하
② 60J 이하
③ 70J 이하
④ 90J 이하

58 초크에 대한 설명으로 틀린 것은?

① 풀 초크는 근거리 사격에 적합하다.
② 풀 초크는 유효사거리를 증가시킨다.
③ 모디 초크는 50~60m의 사정거리를 갖는 중거리 사격에 적합하다.
④ 실린더 초크는 총열구경이 넓어 산탄의 비산폭 또한 상당히 넓다.

59 다음 중 올바른 사격 자세와 거리가 먼 것은?

① 총기를 겨냥할 때 뺨에 밀착시키는 동작이 중요하다.
② 총기를 겨냥할 때 발의 넓이는 어깨넓이가 적당하다.
③ 총의 무게는 오른손에 되도록 많이 가도록 한다.
④ 총기는 목에 힘을 주어 튼튼하게 잡고 방아쇠를 당겨야 한다.

60 총기 손질에 대한 설명 중 틀린 것은?

① 지저분한 곳이 아닌 깨끗한 곳에서 총기를 분해한다.
② 적당량의 기름으로 닦는다.
③ 약실을 확인한 후에 노리쇠를 당기고 손질을 시작한다.
④ 총열 안에 있는 이물질은 꼬질대로 깨끗이 닦아야 한다.

4과목 안전사고의 예방 및 응급조치에 관한 사항

61 수렵인이 지켜야 할 안전수칙으로 틀린 것은?

① 운행 중인 자동차에서는 더 많은 주의를 가지고 총기를 사용해야 한다.
② 안전사고 예방을 위해 식별이 용이한 주황색 수렵용 조끼를 입어야 한다.
③ 반드시 후방과 주변을 확인한 후 사격을 하여야 한다.
④ 울창한 숲을 통과할 때에는 실탄을 제거하는 것이 가장 안전하다.

62 총기안전사고에 대한 설명으로 잘못된 것은?

① 주변 동료와의 일정거리를 유지하여야 한다.
② 한 번 장전된 실탄은 절대 제거해서는 안 된다.
③ 일반인에 비해 수렵인이 피해를 당할 경우가 더 많다.
④ 타인의 실수가 발견되면 지적해 주어야 한다.

63 총기안전관리수칙으로 적절하지 않은 것은?

① 취급 시 총구는 반드시 하늘을 향하도록 하여야 한다.
② 탄환이 어디를 타격할지 예상하지 못하는 경우는 발사하지 않는다.
③ 내 총을 동료 엽사에게 잠시 맡겨 운반을 부탁할 수 있다.
④ 인기척이 들리면 총구를 돌리고 방아쇠에서 손을 떼어야 한다.

64 아래는 환자의 응급처치에 관한 설명이다. 어떤 환자에 해당하는가?

> 환자를 움직이지 말고 손으로 머리를 고정하고 감은 옷을 따로 대어 환자를 지지한다. 모포로 환자를 덮고 의료 지원을 기다린다.

① 척추골절
② 팔골절
③ 발골절
④ 쇄골골절

65 다음 심폐소생술에 대한 설명 중 옳지 않은 것은?

① 5~10분 이내에 심폐소생술이 시행되야 한다.
② 성인의 경우 가슴이 약 5cm 정도 함몰되도록 압박한다.
③ 압박하는 속도는 1분에 100~120회 정도이다.
④ 압박과 이완의 비율은 50 : 50 정도가 바람직하다.

66 동반자가 있는 수렵장 안전수칙으로 <u>틀린</u> 것은?

① 안전구역을 설정해 사냥해야 한다.
② 동반자의 총기 취급 습관을 관찰한다.
③ 초보자일수록 사고율이 낮다는 것을 인지한다.
④ 문제점이 보이면 즉시 지적해 준다.

67 성인의 심폐소생술에 대한 설명 중 <u>틀린</u> 것은?

① 약 2분 동안 가슴압박 : 인공호흡 = 30 : 2의 비율로 5회 반복한다.
② 인공호흡이 되지 않을 때는 가슴압박만 실시한다.
③ 자동제세동기가 도착하면 제세동기를 부착하고 필요한 경우 제세동을 시행한다.
④ 산소가 공급되지 않으면 가슴압박은 의미가 없다.

68 구강 대 구강 인공호흡법에 대한 설명으로 <u>틀린</u> 것은?

① 이마를 누르면서 턱을 들어 기도를 유지한 다음 환자의 입을 벌린다.
② 환자의 코를 막고 자신의 입을 환자의 입에 밀착시킨다.
③ 공기를 서서히 불어 넣는다.
④ 코로는 공기가 들어가지 않도록 조심한다.

69 가슴압박에 대한 설명으로 <u>틀린</u> 것은?

① 손가락이 가슴에 닿을 정도로 압박한다.
② 성인의 경우에 가슴이 압박되는 깊이는 약 5cm 정도이다.
③ 압박하는 속도는 1분에 100~120회 정도이다.
④ 압박과 이완의 비율은 50 : 50 정도가 바람직하다.

70 대퇴골 골절에 대한 설명으로 <u>틀린</u> 것은?

① 확인이 곤란할 때가 많다.
② 누운 상태에서 발뒤꿈치를 들지 못한다.
③ 뼈를 연결하는 인대가 파손된 상태이다.
④ 극심한 동통과 압통 및 부종이 동반된다.

71 총기안전관리수칙에 대한 설명으로 옳지 <u>않은</u> 것은?

① 수렵장 안에서 차량으로 이동할 때에는 총을 총집에 넣어야 한다.
② 발사 직전에 안전장치를 해제하는 습관을 기른다.
③ 총기와 실탄은 분리하여 보관하는 것이 좋다.
④ 울창한 숲속에서는 실탄 제거보다 방아쇠울을 감싸면 편하다.

72 수렵장에서 지켜야 할 안전수칙으로 <u>틀린</u> 것은?

① 수렵 후에는 총기를 청결하게 한 후 보관하는 것이 좋다.
② 휴식할 때에는 반드시 약실을 개방하여야 한다.
③ 사냥용 보안경은 유탄으로부터 눈을 보호해 줄 수 있다.
④ 식별이 곤란할 경우에는 소리로 판단하여 발사한다.

73 사격 시 사고 예방에 대해 바르게 설명한 것은?

① 필요에 의해 안전장치를 개조할 수 있다.
② 목표물에 대한 즉각적인 사격을 위해 방아쇠에 손가락을 가까이 둔다.
③ 수렵이나 사격이 시작될 때까지는 항상 장전해제 상태이어야 한다.
④ 물 위에 있는 조수를 향해 바로 사격해야 한다.

74 다음 중 사냥용 복장으로 올바른 것은?

① 나무색과 구별이 안 되는 얼룩무늬 복장
② 수렵동물 등이 쉽게 발견할 수 없는 어두운 복장
③ 은폐에 유리한 녹색계통의 옷과 모자를 착용한다.
④ 안전사고 예방을 위해 수렵용 조끼를 착용한다.

75 총기에서 실탄을 빼는 이유로 옳지 않은 것은?

① 안전장치만으로는 절대적인 안전을 확보할 수 없기 때문에
② 이동 중 총기를 떨어뜨렸을 때 충격에 의한 발사를 막기 위해서
③ 남은 실탄을 경찰관서에 신고하여야 하기 때문에
④ 이동 중 나뭇가지와 같은 물체에 의한 폭사를 막기 위하여

76 들것의 진행방향에 대한 설명 중 틀린 것은?

① 평지에서는 환자의 다리를 진행방향으로 향하게 하고 뒤쪽을 든 사람이 환자의 용태를 살피도록 한다.
② 언덕에서 내려올 때는 머리 방향으로 진행한다.
③ 구급차에 탑승시킬 때는 머리 방향으로 진행한다.
④ 계단을 오를 땐 머리 방향으로 진행한다.

77 심정지 의심환자를 발견하였을 때 가장 먼저 해야 하는 것은?

① 반응확인
② 119 신고 및 호흡 확인
③ 가슴압박
④ 인공호흡

78 심정지를 확인해야 하는 시간은?

① 3초 이내
② 5초 이내
③ 10초 이내
④ 20초 이내

79 골절에 대한 일반적인 증상이 아닌 것은?

① 운동불능
② 통증, 부종
③ 복합골절의 경우 심한 출혈
④ 관절의 심한 변형

80 다음은 외부 출혈 시 지혈 요령에 대한 설명이다. 틀린 것은?

① 손가락으로 출혈 부위를 직접 압박한다.
② 출혈 부위를 심장보다 낮게 한다.
③ 심장 가까운 쪽의 동맥을 눌러 준다.
④ 거즈가 없으면 손수건 등으로 출혈 부위를 감싸 압박한다.

제2회 모의고사

1과목 수렵에 관한 법령 및 수렵의 절차

01 우리나라의 야생동물 중에서 천연기념물로 지정되어 관리되는 동물은?
① 노루
② 수달
③ 까마귀
④ 삵

02 제1종 수렵면허의 종류에 해당되지 않는 것은?
① 공기총
② 엽총
③ 공기총과 엽총
④ 활과 그물

03 수렵면허 신청 시 첨부서류로 틀린 것은?
① 수렵면허시험 합격증
② 총포 소지 허가증
③ 증명사진 1장
④ 신분증

04 수렵면허시험의 과목이 아닌 것은?
① 수렵에 관한 법령 및 수렵의 절차
② 야생동물의 보호·관리에 관한 사항
③ 안전사고의 예방 및 응급조치에 관한 사항
④ 총포 및 화약류에 관한 사항

05 수렵강습에 대한 설명으로 틀린 것은?

① 면허시험 합격 전이라도 받을 수 있다.
② 수렵의 역사·문화 등에 관한 강습을 받아야 한다.
③ 수렵 시 지켜야 할 안전수칙 등에 관한 강습을 받아야 한다.
④ 수렵강습기관의 장은 강습을 받은 사람에게 강습 이수증을 발급하여야 한다.

06 수렵면허의 취소 처분을 받았을 때 며칠 이내에 수렵면허증을 반납해야 하는가?

① 면허취소 처분을 받은 날부터 3일 이내
② 면허취소 처분을 받은 날부터 5일 이내
③ 면허취소 처분을 받은 날부터 7일 이내
④ 면허취소 처분을 받은 날부터 15일 이내

07 수렵장의 설정 제한지역에 해당하지 않은 것은?

① 습지보호지역
② 특별보호구역 및 보호구역
③ 개발제한구역
④ 사찰, 교회의 경내

08 다음 중 국가로부터 재정지원을 받을 수 없는 것은?

① 야생생물의 서식분포 조사
② 야생생물의 번식·증식·복원 등에 관한 연구
③ 야생동물에 의한 피해의 예방 및 보상
④ 수렵기술의 개발

09 위험한 방법에 의한 포획금지에 해당되지 않는 것은?

① 덫
② 석궁
③ 그물
④ 올무

10 포획금지 야생동물의 불법 포획으로 적발된 자에 대한 벌칙은?

① 3년 이하의 징역 또는 300만 원 이상 3천만 원 이하의 벌금
② 2년 이하의 징역 또는 2천만 원 이하의 벌금
③ 1년 이하의 징역 또는 1천만 원 이하의 벌금
④ 1년 이하의 징역 또는 5백만 원 이하의 벌금

11 「야생생물 보호 및 관리에 관한 법률」에 따라 수렵장의 설정권자가 될 수 없는 자는?

① 산림청장
② 시장
③ 도지사
④ 군수

12 수렵활동 중 수렵자가 지켜야 할 준수사항으로 틀린 것은?

① 일출 전에도 오리사냥을 할 수 있다.
② 수렵 중에는 수렵면허증을 휴대한다.
③ 수렵 중에는 포획승인서를 휴대한다.
④ 포획제한 규정을 반드시 지켜야 한다.

13 야생생물 보호원의 자격요건을 알맞게 설명한 것은?

① 전문대학 이상에서 야생생물 관련 학과에 재학 중인 자
② 야생생물의 실태조사와 관련된 업무에 1개월 이상 종사한 경력이 있는 자
③ 야생생물의 실태조사와 관련된 업무에 6개월 이상 종사한 경력이 있는 자
④ 야생생물의 실태조사와 관련된 업무에 1년 이상 종사한 경력이 있는 자

14 수렵면허의 종류에 대한 설명으로 <u>틀린</u> 것은?

① 엽총은 제1종 면허에 해당한다.
② 공기총은 제1종 면허에 해당한다.
③ 활은 제1종 면허에 해당한다.
④ 그물은 제2종 면허에 해당한다.

15 수렵강습은 언제 받는가?

① 수렵면허시험을 보기 전
② 시장·군수·구청장이 통지한 때
③ 수렵면허시험에 합격한 후
④ 수렵면허를 갱신할 때

16 수렵장의 설정 제한지역으로 가장 거리가 <u>먼</u> 것은?

① 야생생물 특별보호구역
② 습지보전법 규정에 의하여 지정된 습지보호구역
③ 산림보호를 위한 산림지역
④ 수목원·정원의 조성 및 진흥에 관한 법률 규정에 의한 수목원

17 다음 멸종위기 야생생물 중 멸종위기 야생생물 1급에 해당하는 동물은?

① 삵   ② 하늘다람쥐
③ 사향노루   ④ 큰말똥가리

18 야생동물을 먹는 자의 처벌에 대한 설명 중 거리가 <u>먼</u> 것은?

① 밀렵된 것을 알고 먹으면 처벌된다.
② 현행법상 먹는 것이 금지된 야생동물은 총 28종이다.
③ 밀렵된 야생동물의 가공품을 먹으면 처벌된다.
④ 먹는 것이 금지된 야생동물은 환경부장관이 정한다.

19 제2종 수렵면허로 사용할 수 없는 수렵도구에 해당하는 것은?

① 그 물
② 엽 총
③ 활
④ 석 궁

20 「야생생물 보호 및 관리에 관한 법률」 제44조에 따른 수렵면허의 법적 성질은?

① 특 허
② 허 가
③ 인 가
④ 면 제

2과목 야생동물의 보호·관리에 관한 사항

21 다음 중 철새에 해당하는 것은?

① 꿩
② 참 새
③ 뻐꾸기
④ 까 치

22 밀렵을 목격했을 때 신고할 수 있는 곳으로 가장 적절하지 않은 것은?

① 환경신문고(128)
② 인근 경찰서
③ 인근 소방서
④ 지방자치단체 담당부서

23 다음 중 멧돼지에 대한 설명으로 틀린 것은?

① 주둥이는 현저하게 길며 원통형이다.
② 성숙한 수컷은 여러 마리의 암컷과 함께 무리를 지어 살아간다.
③ 임신기간은 115~120일 정도이다.
④ 4~6월에 5~8마리의 새끼를 낳는다.

24 다음 까마귀 중 수렵동물로 지정되어 있지 <u>않은</u> 종은?

① 까마귀   ② 큰부리까마귀
③ 갈까마귀   ④ 떼까마귀

25 고라니에 대한 설명으로 <u>틀린</u> 것은?

① 갈대밭이나 관목이 우거진 곳에서 서식한다.
② 몸길이는 80~100cm, 몸무게는 9~15kg이다.
③ 견치(송곳니)는 수컷에게만 있다.
④ 암컷의 송곳니는 수컷보다 좀 더 작다.

26 오리류에 대한 설명으로 <u>틀린</u> 것은?

① 잠수성 오리와 수면성 오리로 구분한다.
② 수렵조류로 지정된 것은 모두 수면성 오리이다.
③ 우리나라 오리류는 모두 겨울철새이다.
④ 청둥오리는 겨울철새에 해당한다.

27 멧비둘기의 특성이 <u>아닌</u> 것은?

① 몸 빛깔은 잿빛이 도는 보라색이 바탕을 이루며 목 양쪽에 파란색의 굵은 세로무늬가 있다.
② 1년에 단 한 번 번식한다.
③ 둥지는 나무 위에 접시모양으로 만들고 2개의 알을 낳는다.
④ 번식이 끝나면 작은 무리를 지어 생활한다.

28 떼까마귀에 대한 설명으로 <u>틀린</u> 것은?

① 한국의 전역에 걸쳐 번식하는 흔한 텃새이다.
② 군집성이 강하고 교목 위에서 집단으로 번식하기도 한다.
③ 식성은 주로 식물성이다.
④ 암수 구분이 어렵다.

29 청설모에 대한 설명으로 <u>틀린</u> 것은?

① 견과류를 주 먹이로 하기 때문에 농가의 피해가 크다.
② 번식기는 6월 상순으로, 연 1회 한 배에 약 3마리의 새끼를 낳는다.
③ 털의 색은 회색을 띤 갈색이며, 배는 흰색이다.
④ 먹이는 나무 열매 · 곤충 · 새순 · 새알 등이다.

30 서식지의 구성요소에 대한 설명으로 <u>틀린</u> 것은?

① 서식환경 내에서 날씨나 포식자와 같은 위협요인으로부터 동물을 지켜주는 다양한 환경요소를 은신처라고 한다.
② 공간의 크기는 개체군을 이루고 있는 종의 크기, 먹이 종류, 번식력, 서식지의 다양성 등에 의해 좌우된다.
③ 물은 야생동물에게 직접적인 영향을 ㅁ 친다.
④ 기후는 생물군집의 분포를 제한하는 요인이다.

31 다음 중 수렵이 가능한 조류가 <u>아닌</u> 것은?

① 때까치
② 청둥오리
③ 까마귀
④ 꿩

32 다음 중 본래 제주도에서 서식하지 않았으나 행사의 일환으로 방생된 후 급속히 번식하여 생태계를 교란한 종은?

① 까 치
② 노 루
③ 아 비
④ 말똥가리

33 다음 중 포식종과 피식종에 대한 설명으로 <u>틀린</u> 것은?

① 포식종의 밀도는 피식종의 밀도보다 낮다.
② 일반적으로 포식종은 피식종보다 크기가 크다.
③ 포식종은 다양한 종을 포식하는 것보다는 특정 먹이를 선호한다.
④ 포식종의 증식률은 피식종보다 낮다.

34 청설모에 대한 설명으로 옳지 <u>않은</u> 것은?

① 견과류를 주 먹이로 하기 때문에 농가의 피해가 크다.
② 몸크기는 다람쥐보다 크다.
③ 털의 색은 짙은 회색이며, 특히 배가 검다.
④ 겨울철에 이용하기 위해 밤, 잣, 등의 열매를 저장하는 습성이 있다.

35 다음 중 야생생물 보호구역에서 제한되지 <u>않는</u> 행위는?

① 군사 목적을 위하여 필요하다고 인정되는 사항
② 하천, 호소의 구조 변경 및 수위 변경
③ 불을 놓는 행위
④ 토석의 채취 및 가축의 방목

36 다음 중 번식기에 영양가가 풍부한 우유 비슷한 액체로 새끼를 키우는 조류는?

① 흰뺨검둥오리
② 까 치
③ 멧비둘기
④ 원 앙

37 고라니와 노루에 대한 설명 중 틀린 것은?

① 고라니는 견치가 있다.
② 노루는 엉덩이에 흰색 반점이 있다.
③ 노루 수컷에는 뿔이 있다.
④ 노루는 주로 야산 및 구릉지에 서식한다.

38 다음 중 멸종위기 1급 포유류가 아닌 것은?

① 사향노루　　　　　② 청설모
③ 늑 대　　　　　　④ 반달가슴곰

39 우리나라에서 서식 중이거나 서식하였던 동물이 아닌 것은?

① 표 범
② 호랑이
③ 코요테
④ 늑 대

40 다음 중 수렵동물로 지정되어 있지 않은 동물은?

① 독수리
② 수 꿩
③ 멧비둘기
④ 고방오리

3과목 수렵도구의 사용방법(1종)

41 엽총 실탄의 산개도(탄막)를 조절하는 장치는?

① 초 크
② 총 열
③ 리 브
④ 노리쇠

42 엽총의 산탄 패턴을 조절해 주는 기구는 무엇인가?

① 트리거
② 해 머
③ 게이지
④ 조리개(초크)

43 수렵총기에 대한 설명으로 옳지 않은 것은?

① 마취총은 수렵총기가 아니다.
② 단발엽총, 쌍대엽총은 수렵총기이다.
③ 산탄총에는 강선이 있다.
④ 공기총의 구경은 밀리미터(mm)법을 사용하고 있다.

44 엽탄에 대한 설명으로 맞지 않는 것은?

① 유효사거리는 산탄의 경우 대개 50m 전후이다.
② 납알은 호수에 따라 1.7~8.6mm까지의 크기를 갖고 있다.
③ 엽탄은 호수가 낮을수록 탄알이 작다.
④ 엽탄 00BK는 멧돼지 사냥에 적당하다.

45 다음 중 산탄의 갯수가 가장 적은 것은?

① 2호 산탄
② 4BK 엽탄
③ $7\frac{1}{2}$호
④ 000BK 엽탄

46 엽탄의 최대 사거리로 올바르지 <u>않은</u> 것은?

① 2호탄의 최대 사거리는 300m이다.
② 4호탄의 최대 사거리는 250m이다.
③ 5호탄의 최대 사거리는 240m이다.
④ BB탄의 최대 사거리는 300m이다.

47 다음 중 엽총 총열에 대한 설명 중 <u>틀린</u> 것은?

① 총열은 화약의 폭발에너지로 탄을 가속시키는 역할을 한다.
② 총열이 길면 유효사거리가 길어진다.
③ 총열에 강선이 있다.
④ 많은 사람들이 28인치 총열을 사용하고 있다.

48 다음 중 공기총에 대한 설명으로 <u>틀린</u> 것은?

① 공기총은 압축가스를 주입한다.
② 공기총은 단탄과 산탄이 있다.
③ 공기총은 스프링식, 공기 압축식, 가스식이 있다.
④ 공기총은 산소를 주입한다.

49 다음 중 엽총사격에 대한 설명으로 틀린 것은?

① 눈의 초점은 가늠쇠보다 이동 중인 물체에 두어야 한다.
② 이동표적과 고정표적의 사격술은 다르다.
③ 엽총사격은 몸에 힘을 빼고 자연스럽게 스윙하여야 한다.
④ 공기총과 엽총의 조준방법은 동일하다.

50 총기관리의 일반수칙으로 틀린 것은?

① 총은 충격을 가해서는 아니 된다.
② 사용한 총기는 총구를 닦고 청소해야 한다.
③ 총기 분실을 예방하기 위해 가급적 자동차에 두지 않는다.
④ 총기는 실탄과 함께 무기고에 보관한다.

51 다음 중 엽탄의 비행에 관한 설명으로 타당하지 않은 것은?

① 산탄알은 예상치 못한 곳으로 날아가는 경우가 있다.
② 산탄알은 화약의 폭발압력에 격렬하게 마찰을 일으키며 총강을 빠져 나간다.
③ 발사된 엽탄은 직경 1.5~3m가량의 산탄군을 형성하며 날아간다.
④ 산탄군은 동시에 표적에 맞는다.

52 수렵 중 수렵총기의 출고 및 보관시간은?

① 출고 06:00 – 보관 18:00
② 출고 07:00 – 보관 19:00
③ 출고 08:00 – 보관 20:00
④ 출고 09:00 – 보관 21:00

53 다음 중 엽총(Shotgun)의 사격술로 보기 어려운 것은?

① 산탄이기 때문에 날아가는 조류에 정조준하여 쏴야 한다.
② 물 위 또는 전깃줄에 앉아 있는 조류는 날려 놓고 쏴야 한다.
③ 이동표적을 쏠 때에는 리드사격을 하여야 한다.
④ 엽총은 가까이 있는 것보다 어느 정도 날아간 뒤에 쏴야 한다.

54 다음 중 사격술과 거리가 먼 것은?

① 정신 집중이 중요하다.
② 격발은 잡아채듯이 급하게 당겨야 한다
③ 이동표적은 속도를 감안하여 일정거리 앞에 쏴야 한다.
④ 몸에 힘을 빼고 조준을 하는 것이 중요하다.

55 다음 중 엽탄의 안전관리를 바르게 설명한 것은?

① 엽탄을 주머니에 넣고 사용한다.
② 엽탄을 자동차 또는 가정의 장식용으로 전시해 놓는다.
③ 엽총의 약실과 맞지 않는 엽탄을 자주 사용한다.
④ 엽탄은 화기와 습기가 없는 곳에 보관한다.

56 다음 중 4.5mm 공기총으로 포획하기에 가장 적당한 동물은?

① 참 새
② 청둥오리
③ 노 루
④ 멧돼지

57 총기 관리수칙에 대한 설명 중 <u>틀린</u> 것은?

① 총열 안에 있는 이물질은 실탄을 발사하면 청소된다.
② 총기에서 실탄을 축출할 때 실탄이 바닥에 떨어지는 등의 충격을 주어서는 아니 된다.
③ 총열 안에 있는 이물질은 꼬질대로 깨끗이 닦아야 한다.
④ 총기와 실탄은 반드시 분리하여 보관해야 한다.

58 공기총 특성에 대한 설명 중 <u>틀린</u> 것은?

① 발사 에너지는 총에서 얻어야 한다.
② 압축공기나 가스로 발사하는 총이다.
③ 엽총보다 구조가 복잡하다.
④ 발사 시 엽총보다 반동이 크다.

59 수렵활동 중 지켜야 할 사항으로 알맞지 <u>않은</u> 것은?

① 날고 있는 조류는 2발 이상 사격하지 않는다.
② 치명상을 입고 도망간 동물은 추적하여 사살한다.
③ 수렵동물 외에는 수렵하여서는 아니 된다.
④ 새끼가 있는 동물은 어미만 잡는다.

60 다음 중 엽총에 대한 설명 중 가장 타당한 것은?

① 조류를 날려놓고 사격할 수 있다.
② 사격용은 5연발을 사용한다.
③ 자동소총이다.
④ 5연발보다 3연발이 명중률이 더 좋다.

4과목 안전사고의 예방 및 응급조치에 관한 사항

61 총기안전사고의 예방으로 적절하지 않은 것은?

① 모든 총기는 장전된 것처럼 다룬다.
② 본인 총기는 항상 몸에 지니고 다녀야 한다.
③ 무의식적으로 방아쇠를 만지작거리지 않는다.
④ 인적이 드문 곳에서 사격연습을 한다.

62 총기사고에 대한 설명 중 틀린 것은?

① 생명을 잃을 수 있는 사고가 많다.
② 사고방지를 위해 충분한 사격연습을 해야 한다.
③ 사격을 잘한다고 자만해서는 안 된다.
④ 피해 상대방도 안전의 의무를 다하지 못한 책임이 따른다.

63 총기안전관리수칙으로 적절하지 않은 것은?

① 충격에 약하기 때문에 항상 조심스럽게 다룬다.
② 오발사고를 방지하기 위해 방아쇠에 항상 손가락을 넣어둔다.
③ 항상 약실을 열어 눈으로 직접 확인하여야 한다.
④ 수렵이나 사격이 시작될 때까지는 항상 장전해제 상태로 해놓는다.

64 환자의 들것 수송방법에 대한 설명 중 옳지 않은 것은?

① 운반자가 3명뿐일 경우 2명이 다리 쪽에 선다.
② 환자의 무게 중심이 운반자에게 가까이 오도록 한다.
③ 운반자는 등을 곧게 유지한다.
④ 담요말이는 운반자에게 손잡이 역할을 한다.

65 수렵장에서 이동 중 장애물 통과의 안전수칙이 <u>아닌</u> 것은?

① 장애물에 걸려 발사되지 않도록 실탄을 제거한 후 통과한다.
② 총기를 적절히 지렛대로 활용하여 통과한다.
③ 장애물에 방아쇠가 걸리지 않도록 손으로 감싸고 통과한다.
④ 안전장치의 이상 유무를 확인하고 통과한다.

66 뱀에 물렸을 때 응급처치법이 <u>아닌</u> 것은?

① 입으로 독을 빨아낸다.
② 물린 사람이 움직이지 않게 눕히고 안정시킨다.
③ 상처를 심장보다 낮게 한다.
④ 물린 뱀에 대한 정보를 확인한다.

67 탈구에 대한 응급처치법으로 <u>잘못된</u> 설명은?

① 부상당한 부위에 부목을 대준다.
② 전문의료인이 아니더라도 누구나 처치할 수 있다.
③ 충격에 대비한 응급처치를 한다.
④ 얼음찜질을 하여 고통을 경감시켜 준다.

68 개정된 심폐소생술에 대한 설명으로 <u>틀린</u> 것은?

① 심정지 환자의 치료에서 중요한 첫 단계는 즉시 환자의 반응을 확인하는 것이다.
② 쓰러진 사람이 심정지 상태라고 판단하고 즉시 119에 신고한다.
③ 기도유지 – 인공호흡 – 가슴압박으로 권장된다.
④ 최소 5cm 이상의 깊이로 최소 분당 100회 이상의 가슴압박을 하도록 권장한다.

69 환자이송 시 주의사항이 아닌 것은?

① 손상 부위를 고정하지 않은 경우 환자를 옮기지 않는다.
② 구급차가 올 때까지 운반할 수 없다.
③ 환자 운반 시 2차 부상과 고통을 주어서는 안 된다.
④ 화재, 폭발, 위험물 등으로부터 안전한 곳으로 옮겨야 한다.

70 부목을 하는 요령으로 적절하지 않은 것은?

① 다친 부위가 노출되지 않도록 잘 압박한다.
② 부목은 고통 경감의 목적으로 사용한다.
③ 부목은 개방 상처의 반대편에 대어준다.
④ 골절이나 탈구가 의심되는 곳은 가능한 한 부목을 대준다.

71 총기안전사고방지를 위한 여러 안전수칙 중이 가장 중요한 것은?

① 정조준 후에만 방아쇠를 당겨야 한다.
② 휴식을 취할 때에는 언제나 실탄을 제거한다.
③ 어떠한 경우에도 총구가 사람을 향하지 않도록 한다.
④ 총기는 안전하게 본인이 관리한다.

72 총기안전사고 발생에 대한 설명 중 옳지 않은 것은?

① 생명과 재산에 치명적인 피해를 입게 된다
② 본인과 상대방 양측 다 피해자가 된다.
③ 방심하다가 발생하는 경우가 대부분이다.
④ 수렵인은 언제나 가해자가 된다.

73 들것 대용으로 만들기 방법 중 적당하지 않은 것은?

① 담요와 막대기로 들것 만들기
② 상의와 막대기로 들것 만들기
③ 담요로 들것 만들기
④ 신문지와 막대기로 들것 만들기

74 수렵장에서 지켜야 할 안전수칙이다. 틀린 것은?

① 울창한 숲을 통과할 때에는 실탄을 제거하는 것이 가장 안전하다.
② 지면과 수평 방향으로 총을 메고 다니면 피로가 감소된다.
③ 운행 중인 선박에서 수렵을 제한하는 규정이 있다.
④ 울창한 숲을 통과할 때에는 방아쇠 부분을 손으로 감싸 쥔다.

75 총기 또는 석궁 관련 안전사고 예방과 거리가 먼 행위는?

① 동료 엽사의 경험담이나 충고를 귀담아 듣는다.
② 평소에 자주 사격장을 찾아 연습을 한다.
③ 야생동물이 보이는 즉시 발사하여야 한다.
④ 자신과 동료를 과신하지 않고 항상 주의한다.

76 수렵장 안전사고 예방에 관한 설명으로 타당하지 않은 것은?

① 발사 전까지 안전장치를 걸어 두어야 한다.
② 일몰 후라도 식별이 가능하다면 수렵이 가능하다.
③ 수렵화는 사냥에 매우 유용한 장비이다.
④ 깊은 산 속에서 사냥을 할 때에는 나침반을 지참한다.

77 환자이송 시 주의사항이 아닌 것은?

① 적당한 처치를 위하여 필요한 경우에 환자를 운반한다.
② 들것이나 구급차가 없으면 운반할 수 없다.
③ 환자 운반 시 2차 부상과 고통을 주어서는 안 된다.
④ 산불, 폭발위험 등 급박한 위험에서 환자이송을 신중하게 판단한다.

78 뱀에 물렸을 때 가장 먼저 해야 할 조치는?

① 상처절개
② 상처를 심장보다 낮게 위치함
③ 냉찜질
④ 지혈대 사용

79 불법 제조한 실탄의 사용 결과가 아닌 것은?

① 불발의 원인이 될 수 있다.
② 탄착점이 좋아진다.
③ 총열이 파열될 수 있다.
④ 인명사고가 발생할 수 있다.

80 인공호흡에서 가장 먼저 취해야 할 순서는?

① 깨끗한 손수건으로 입안의 이물질 제거
② 입을 막은 후 콧속으로 호흡을 불어넣기
③ 환자를 거꾸로 매달아 이물질 제거
④ 엎드리게 하여 등을 힘차게 눌러 이물질 제거

제3회 모의고사

1과목 수렵에 관한 법령 및 수렵의 절차

01 다음 중 유해야생동물의 범위에 포함되지 않는 것은?

① 분묘에 앉아 있는 까마귀
② 국부적으로 서식밀도가 과밀하여 농·림·수산업에 피해를 주는 꿩
③ 전주 등 전력시설에 피해를 주는 까치
④ 인가 주변에 출현하여 인명·가축에 위해를 주는 맹수류

02 수렵강습기관을 지정하는 기관으로 맞는 것은?

① 환경부장관
② 산림청장
③ 시·도지사
④ 시장·군수·구청장

03 수렵 중에 다른 사람을 사망하게 한 경우 보험을 통해 보상할 수 있는 금액은?

① 1억 5천만 원 이상
② 2억 원 이상
③ 3천만 원 이상
④ 5천만 원 이상

04 수렵장 시설 등의 설치기준에 해당하지 않는 것은?

① 수렵장 관리소
② 사격연습시설
③ 응급의료시설
④ 수렵인을 위한 주차장 및 숙박시설

05 수렵면허증에 대한 설명이 아닌 것은?

① 수렵면허의 종류는 제1종과 제2종으로 구분한다.
② 관할 경찰서장으로부터 수렵면허를 받아야 한다.
③ 수렵 중에는 지니고 다녀야 한다.
④ 5년마다 수렵면허를 갱신하여야 한다.

06 수렵조수인 꿩(장끼)을 포획할 경우 표지물을 부착하는 위치는?

① 발 목
② 발 톱
③ 날 개
④ 목 부위

07 수렵면허 재발급 시 첨부해야 하는 서류는?

① 수렵면허증
② 총포 소지 허가증
③ 신체검사서
④ 수렵보험가입증서

08 유해야생동물의 포획허가 승인권이 없는 사람은?

① 시 장
② 구청장
③ 군 수
④ 경찰청장

09 수렵동물의 신고요령 중 옳은 내용은?

① 수렵기간이 끝난 후 13일 이내에 종류, 수량, 포획장소 등을 수렵장 설정자에게 신고
② 수렵기간이 끝난 후 15일 이내에 종류, 수량, 포획장소 등을 수렵장 설정자에게 신고
③ 수렵기간이 끝난 후 17일 이내에 종류, 수량, 포획장소 등을 수렵장 설정자에게 신고
④ 수렵기간이 끝난 후 20일 이내에 종류, 수량, 포획장소 등을 수렵장 설정자에게 신고

10 멸종위기 야생생물 Ⅰ급을 포획·채취·훼손하거나 죽인 자의 처벌은?

① 5년 이하의 징역 또는 500만 원 이상 5천만 원 이하의 벌금
② 1년 이하의 징역 또는 1천만 원 이하의 벌금
③ 2년 이하의 징역 또는 2천만 원 이하의 벌금
④ 3년 이하의 징역 또는 1천만 원 이하의 벌금

11 우리나라 야생동물 중 수렵가능한 야생동물이 아닌 것은?

① 멧돼지
② 청설모
③ 멧토끼
④ 까마귀

12 수렵활동 중 수렵자가 지켜야 할 준수사항으로 틀린 것은?

① 해뜨기 전에는 사냥을 할 수 있다.
② 수렵 중에는 수렵면허증을 휴대한다.
③ 수렵 중에는 포획승인증을 휴대한다.
④ 포획제한 규정을 반드시 지켜야 한다.

13 수렵장의 설정 제한지역으로 지정된 장소가 아닌 것은?

① 자연휴양림
② 군사시설 보호구역
③ 해안선으로부터 300m 이내의 지역
④ 특별보호구역 및 보호구역

14 야간에 수렵총기를 보관할 수 있는 곳은?

① 시 · 군 · 구청
② 산림청
③ 경찰관서
④ 국립공원 사무실

15 야생생물 특별보호구역에 관한 설명 중 틀린 것은?

① 환경부장관은 야생생물 특별보호구역을 지정할 수 있다.
② 야생생물 특별보호구역에서는 토석의 채취를 해서는 아니 된다.
③ 야생생물 특별보호구역에서는 토지의 형질변환을 해서는 아니 된다.
④ 재해가 발생하여 긴급한 조치가 필요한 경우에도 출입이 제한될 수 있다.

16 수렵면허가 취소된 사람은 취소된 날부터 얼마의 기간이 지나야 수렵면허를 받을 수 있는가?

① 6개월
② 1년
③ 1년 6개월
④ 2년

17 야생생물 보호원에 관한 설명 중 <u>틀린</u> 것은?

① 유해야생동물 등의 보호 · 관리 및 수렵에 관한 업무를 담당한다.
② 파산선고를 받은 자로서 복권되지 아니한 자는 자격이 없다.
③ 야생생물 보호원의 신분은 법률상 공무원이 아니다.
④ 야생생물의 실태조사와 관련된 업무에 3년 이상 종사한 경력이 있는 사람이어야 한다.

18 야생생물 보호 및 이용의 기본원칙에 적합하지 <u>않은</u> 것은?

① 야생생물은 현세대와 미래세대의 공동자산임을 인식하여야 한다.
② 현세대는 야생생물과 그 서식환경을 적극 보호하여야 한다.
③ 현세대는 최대한 야생생물을 이용하여야 한다.
④ 야생생물이 멸종되지 아니하고 생태계의 균형이 유지되도록 하여야 한다.

19 다음 중 과태료 부과대상이 다른 사람은?

① 멸종위기 야생생물의 포획 · 채취 등의 결과를 신고하지 아니한 자
② 멸종위기 야생생물 보관 사실을 신고하지 아니한 자
③ 출입 제한 또는 금지 규정을 위반한 자
④ 야생생물의 포획 결과를 신고하지 아니한 자

20 다음 중 가장 엄한 벌칙을 받는 자는?

① 멸종위기 야생생물 Ⅱ급을 포획 · 채취 · 훼손하거나 죽인 자
② 멸종위기 야생생물 Ⅱ급을 가공 · 유통 · 보관 · 수출 · 수입 · 반출 또는 반입한 자
③ 멸종위기 야생생물을 방사하거나 이식한 자
④ 수렵장 설정자로부터 수렵승인을 받지 아니하고 수렵한 사람

2과목 야생동물의 보호·관리에 관한 사항

21 다음 중 수렵 가능한 동물로만 구성된 것은?

① 고라니 – 갈까마귀
② 멧토끼 – 떼까마귀
③ 멧돼지 – 암꿩
④ 청설모 – 꼬까참새

22 꿩에 대한 설명으로 <u>틀린</u> 것은?

① 대표적인 텃새이다.
② 꿩은 일부다처제이다.
③ 꿩은 암수가 쉽게 구분되지 않는다.
④ 꿩은 수컷만 수렵 가능하다.

23 다음 중 수면성 오리가 <u>아닌</u> 것은?

① 비오리
② 청둥오리
③ 고방오리
④ 흰뺨검둥오리

24 멧돼지에 대한 설명 중 <u>잘못된</u> 것은?

① 야행성 동물로 날카로운 견치(犬齒)를 가지고 있다.
② 수컷은 겨울에 1~3마리의 암컷과 교미하며, 양육도 책임진다.
③ 은폐된 관목림에 나뭇가지 등으로 보금자리를 만들어 새끼를 낳는다.
④ 새끼는 황갈색 바탕에 흰색 줄무늬가 있으며, 성장하며 점차 사라진다.

25 멧비둘기에 대한 설명으로 <u>틀린</u> 것은?

① 회색바탕에 갈색을 띠고 가슴과 배는 엷은 갈색을 띤 잿빛이다.
② 농경지의 소나무에서 주로 번식한다.
③ 1~2월에 2개의 알을 낳는다.
④ 겨울철에는 작은 떼를 지어 생활한다.

26 다음 중 겨울철새에 속하는 새는?

① 뻐꾸기
② 파랑새
③ 수리부엉이
④ 큰고니

27 야생생물 보호 및 관리에 관한 법률 시행규칙 제8조에서 정한 먹는 것이 금지된 야생동물이 <u>아닌</u> 것은?

① 멧돼지
② 고라니
③ 뉴트리아
④ 오소리

28 포식종과 피식종에 관한 설명 중 <u>틀린</u> 것은?

① 피식종이 포식종보다 클 경우 대개 새끼를 포식한다.
② 포식종은 다양한 종을 포식한다.
③ 포식종의 증식률은 피식종의 증식률보다 높다.
④ 포식종의 밀도는 피식종의 밀도보다 낮다.

29 고라니와 노루에 대한 설명 중 <u>틀린</u> 것은?

① 고라니는 견치가 있고 노루 수컷은 뿔이 있다.
② 고라니의 털은 등쪽은 노란빛을 띤 갈색, 배쪽은 연한 노란색이다.
③ 고라니의 수컷에는 작은 뿔이 있다.
④ 고라니는 주로 야산이나 구릉지에서 산다.

30 다음 중 산불재해로 인하여 야생동물에게 미치는 요인이 <u>아닌</u> 것은?

① 이동성이 느린 동물들은 대피하기 전에 질식 사망한다.
② 대기온도가 63℃ 이상일 경우 사망한다.
③ 화재발생 2년 후에는 대지가 피복되므로 생태계가 회복된다.
④ 은신처의 상실로 인해 기후변동에 대한 대처 미비 등 많은 요인들로 인해 사망률이 증가한다.

31 다음 중 여름철새에 속하지 <u>않는</u> 새는?

① 솔부엉이   ② 직박구리
③ 제 비   ④ 팔색조

32 흰뺨검둥오리에 관한 설명으로 옳은 것은?

① 오리류 중 대표적인 겨울철새이다.
② 연중 서식하는 개체군과 9~10월부터 도래하여 3~4월에 북상하는 월동개체군이 있다.
③ 나무 위의 둥지에서 번식을 한다.
④ 알은 2개만 낳고 포란기는 30일이다.

33 다음 중 외국에서 유입되어 생태계를 교란하는 종이 <u>아닌</u> 것은?

① 황소개구리
② 후투티
③ 뉴트리아
④ 큰입배스

34 참새에 대한 다음 설명 중 <u>틀린</u> 것은?

① 암·수 구별이 분명하다.
② 우리나라의 텃새로 참새와 섬참새 2종이 서식하고 있다.
③ 참새는 수렵 대상 조수이다.
④ 곤충과 식물성 종자 등을 먹는 잡식성이다.

35 유해야생동물로 지정될 수 없는 오리류는?

① 흰뺨검둥오리
② 청둥오리
③ 황오리
④ 홍머리오리

36 황조롱이에 대한 설명으로 적절하지 않은 것은?

① 몸길이 30~33cm이다.
② 적응력이 약하고 먹이가 없어 도시지역에서는 번식하지 못한다.
③ 천연기념물에 해당하므로 수렵 조수가 아니다.
④ 다 자란 수컷의 머리는 청회색을 띠어 암컷과 구별된다.

37 다음 중 쇠오리에 대한 설명으로 맞지 않는 것은?

① 낮에는 호수·바다·간척지·강변 등 안전한 곳에서 무리를 지어 쉰다.
② 밤이 되면 논밭이나 습지·갈대밭·냇가 등지에서 먹이를 찾는다.
③ 외견상 암수의 차이가 뚜렷하다.
④ 우리나라에서 흔히 볼 수 있는 텃새이다.

38 다음 중 멸종위기 야생생물 I급으로 지정된 조류가 아닌 것은?

① 검독수리
② 수리부엉이
③ 두루미
④ 저어새

39 다음 중 노루의 특징으로 옳은 것은?

① 수컷에서 견치가 특징적이다.
② 엉덩이에 흰색 반점이 있다.
③ 노루는 주로 야산 및 구릉지에 서식한다.
④ 암수 모두 뿔을 가지고 있지 않다.

40 다음 중 야생동물의 보호를 위한 행동이 <u>아닌</u> 것은?

① 야생동물의 먹이가 되는 도토리 등의 종자를 채집하지 않는다.
② 밀렵행위는 발견 즉시 해당기관에 신고한다.
③ 야생조류의 번식을 위해 인공새집을 설치해 준다.
④ 야생조류의 알을 발견하면 가져와 인공부화시켜 준다.

3과목 수렵도구의 사용방법(1종)

41 2호 산탄의 최대도달거리는?

① 190m
② 240m
③ 300m
④ 360m

42 고라니 수렵에 사용하는 산탄으로 적절하지 <u>않은</u> 것은?

① 4BK
② 2호
③ 5호
④ 비비(BB)

43 연지탄 중 정확도가 가장 높은 것은?

① 워드커트형
② 포인티드형
③ 둥근 돔형
④ 할로우 포인티드형

44 반자동 엽총에 대한 설명으로 <u>틀린</u> 것은?

① 약실의 개방상태를 확인하기 어려워 안전사고율이 높다.
② 가스식은 연사속도가 빠르고 우수하나 구멍이 막히면 연사가 되지 않는 단점이 있다.
③ 스프링식은 가스후퇴식에 비하여 연사속도가 빠르다.
④ 관성작동식은 연사속도가 매우 빠르고 반동이 부드러우며 우수하다.

45 리브(Rib)에 대한 설명으로 바른 것은?

① 패턴과 탄도에 변화를 줄 수 있다.
② 총열 위에 붙어 있으며 그 위 끝에 작은 구체로 된 가늠쇠가 있다.
③ 총신과 개머리판을 연결하기 위한 장치이다.
④ 엽탄을 넣고 가스가 밖으로 분출되지 않도록 하는 등 기관부의 중요한 부품이다.

46 다음 중 엽탄에 대한 설명으로 <u>틀린</u> 것은?

① 엽탄은 주로 작은 알맹이의 납알을 한꺼번에 방출시키는 산탄용 실탄이다.
② 엽탄은 뇌관, 화약, 와드, 산탄 등으로 구성된다.
③ 3인치 엽탄과 2인치 엽탄의 화약량은 동일하다.
④ 호수는 000BK, 00BK, 0BK, 2호, 3호, 4호, 5호, 7호 등으로 구분한다.

47 엽총의 구조에 대한 설명으로 <u>틀린</u> 것은?

① 기관부는 노리쇠뭉치와 방아틀뭉치로 구성되어 있다.
② 자동식, 반자동식, 단발식 총은 방아쇠가 하나이다.
③ 리브(Rib)는 총열 상단에 부착된 사다리를 닮은 긴 편자이며 수렵용은 약 9mm이다.
④ 총열은 엽탄의 방향성에 영향을 미치나 패턴과는 무관하다.

48 다음 중 공기총의 부착물에 대한 설명으로 틀린 것은?

① 공기총에 멜빵을 부착할 수 있다.
② 공기총은 조준경을 부착할 수 없다.
③ 공기총은 오픈사이트 가늠자와 가늠쇠 형이다.
④ 공기총은 소음기를 부착할 수 없다.

49 공기총 사격술에 대한 설명으로 틀린 것은?

① 공기총 사격은 표적과의 거리를 예측하는 능력이 중요하다.
② 공기총 사격은 시선을 가늠쇠에 둔다.
③ 공기총 사격은 방아쇠를 1단, 2단 당겨야 한다.
④ 공기총 사격은 산탄엽총과 같이 리드사격이 중요하다.

50 다음 중 총기사용수칙으로 틀린 것은?

① 총포는 캐비닛 등 잠금장치가 있는 격납고에 보관하여야 한다.
② 실탄도 보관 대상에 속하므로 총기 안에 실탄을 넣은 채로 보관한다.
③ 총기는 공중을 향하여 격발하고 보관한다.
④ 총포의 운반·보관 등 안전관리는 경찰서장의 지시에 따른다.

51 5호 산탄의 유효사거리와 최대도달거리는?

① 45m, 250m   ② 45m, 240m
③ 50m, 250m   ④ 50m, 240m

52 다음 중 수꿩 사냥에 적합한 엽탄은?

① 4BK 엽탄   ② 4호, 5호 엽탄
③ BB 엽탄   ④ 2호 엽탄

53 다음 중 매그넘탄 사용에 대한 설명으로 <u>잘못된</u> 것은?

① 매그넘탄은 모든 엽총에 사용이 가능하다.
② 강력한 반동으로 총기 고장의 원인이 된다.
③ 수평쌍대 엽총에 매그넘탄을 사용하지 않는다.
④ 오래된 엽총엔 매그넘탄을 사용하지 않는다.

54 연지탄의 유형별 설명으로 <u>잘못된</u> 것은?

① 워드커터(Wad Cutter)형은 연지탄 중 정확도가 가장 높다.
② 포인티드(Pointed)형은 관통력이 작다.
③ 탄두가 둥근 돔(Dome)형은 워드커터형과 포인티드형의 중간 정도의 특질을 보인다.
④ 탄두의 중앙이 오목하게 들어간 탄은 할로우 포인티드(Hollow Pointed)형이다.

55 다음 중 산탄엽총(Shotgun)에 포함되지 <u>않는</u> 것은?

① 상하쌍대 엽총
② 라이플 소총
③ 반자동 엽총
④ 단발식 엽총

56 다음 중 엽총(Shotgun)과 관련이 <u>없는</u> 것은?

① 노리쇠
② 개머리판
③ 방아틀뭉치
④ 조준경(스코프)

57 다음 중 초크(조리개)에 대한 설명으로 <u>틀린</u> 것은?

① 조리개는 조준 시 정렬을 돕는 것으로 가늠자와 가늠쇠를 말한다.
② 형태에 따라 내부삽입식과 외부삽입식으로 구분한다.
③ 엽총의 초크는 총구의 앞부분에 부착하도록 설계되어 있다.
④ 초크에 따라 엽탄의 패턴이 달라진다.

58 공기총에 대한 설명 중 <u>틀린</u> 것은?

① 위력은 중절식이 가장 강하다.
② 압축공기나 가스로 발사하는 총이다.
③ 공기압축실린더가 있다.
④ 엽총보다 구조가 복잡하다.

59 다음 중 공기총의 사격요령이 <u>아닌</u> 것은?

① 눈과 조준경 사이는 약 5cm를 유지하여야 한다.
② 방아쇠는 조준과 동시에 단번에 당겨야 한다.
③ 호흡을 2/3가량 불어낸 후 멈추는 방식이 올바른 자세이다.
④ 공기총의 압력을 일정하게 유지한다.

60 총기 취급의 일반수칙으로 <u>틀린</u> 것은?

① 이동할 때는 실탄을 분리해야 한다.
② 빈 총도 총구는 사람이 있는 방향으로 두어서는 아니 된다.
③ 성능을 높이기 위해 총기를 개조하는 것은 어느 정도 허용된다.
④ 총기의 안전장치는 신뢰하지 않는다.

4과목   안전사고의 예방 및 응급조치에 관한 사항

61 다음 중 안전사고 방지를 위해 수렵용 총기를 점검할 때 착안사항으로 적절하지 <u>않은</u> 경우는?

① 기관부의 원활한 작동 상태
② 실탄의 이상 유무
③ 총구 안에 있는 이물질 청소
④ 격발 장치의 이상 유무

62 총기안전사고 방지를 위한 예방수칙으로 적절하지 <u>않은</u> 것은?

① 어떠한 경우에도 총구가 사람을 향하지 않도록 한다.
② 사격연습을 많이 하면 오히려 위험하다.
③ 눈과 귀에 보호장치를 착용한다.
④ 극도의 피곤한 상태에서는 수렵을 중단한다.

63 수렵장에서 발생되는 오인사고로 보기 <u>힘든</u> 경우는?

① 붉은색 모자를 보고 꿩으로 착각하여 발사하였다.
② 희미하게 움직이는 그림자를 보고 쐈다.
③ 숲속에서 주변 색과 유사한 복장을 입은 사람을 착각해 발사하였다.
④ 숲속에서 부스럭거리는 소리만 듣고 쐈다.

64 수렵인의 준수사항으로 적절치 <u>못한</u> 것은?

① 오발사고에 대비하여 늘 긴장하며 총을 다뤄야 한다.
② 위급한 상황에서도 총을 포기하거나 던지지 말아야 한다.
③ 안전장치가 실탄을 제거하는 것보다 더욱 안전한 장치이다.
④ 규격 실탄을 사용하는 것이 안전에 도움이 된다.

65 수렵장에서 지켜야 할 안전수칙으로 <u>틀린</u> 것은?

① 마을을 지나갈 때에는 약실이 보이도록 개방하여야 한다.
② 도로를 향하여 발사하지 않는다.
③ 수렵 중 간단한 음주와 흡연은 긴장해소에 많은 도움이 된다.
④ 실탄의 사정거리를 감안하여 동료와의 안전거리를 유지하여야 한다.

66 독극물 중독에 대한 응급처치로 <u>틀린</u> 설명은?

① 농약 등 독극물을 삼켰을 경우 구토를 유발시킨다.
② 독극물을 계란, 물, 우유 등으로 중화시킨다.
③ 독극물을 흡입하는 경우 환자가 호흡을 하고 있으면 신선한 공기를 마시게 한다.
④ 의식이 없으면 입으로는 아무것도 주지 않는다.

67 골절 환자의 응급처치 방법으로 <u>틀린</u> 것은?

① 환자가 편하게 느끼는 자세가 되도록 한다.
② 골절 의심이 있는 손상 부위를 건드리면 안 된다.
③ 온찜질을 하면 효과적이다.
④ 부목 처치 후 병원으로 후송한다.

68 겨울철 동상 환자의 처치법 중 <u>틀린</u> 것은?

① 따뜻한 물을 마시게 한다.
② 동상 부위를 얼음주머니로 마사지한다.
③ 체온을 따뜻하게 해 준다.
④ 물집이 생기면 터뜨려서는 안 된다.

69 상처 부위를 통한 파상풍의 감염증상과 관련이 없는 것은?

① 발 열
② 근육 수축
③ 안면 마비
④ 설사 증상

70 응급환자의 의식여부 확인방법으로 잘못된 설명은?

① 손발을 가볍게 꼬집어 자극에 대한 반응을 파악할 수 있다.
② 환자의 이름을 불러 대답 유무로 소리반응을 확인할 수 있다.
③ 눈꺼풀을 올려 동공의 크기로 동공의 정상 유무를 확인할 수 있다.
④ 환자의 입에 귀를 가까이 대고 숨소리가 들리는지 확인한다.

71 총기안전사고 예방조치와 거리가 먼 것은?

① 사격 직후 약실에 남아 있는 실탄을 제거한다.
② 총기는 실탄을 제거한 후 총집에 넣어 운반한다.
③ 수렵장에서는 항상 장전상태를 유지하여야 한다.
④ 수렵장의 지형지물을 사전에 숙지하는 것이 유익할 수 있다.

72 총기안전사고 예방조치로 옳지 않은 것은?

① 총구는 어떠한 경우에도 사람을 향해서는 안 된다.
② 넘어질 경우 총기를 멀리 던져 오발에 대비한다.
③ 수평사격은 절대 금물이다.
④ 물 위에 앉은 것은 쏘지 않는다.

73 수렵인의 준수사항으로 <u>틀린</u> 것은?

① 수렵견은 많을수록 좋다.
② 달아나는 조류에게 두 발 이상 총을 쏘지 말아야 한다.
③ 새끼 또는 새끼를 거느린 어미는 포획하지 않는다.
④ 부상을 당한 동물은 끝까지 쫓아가 고통을 덜어주어야 한다.

74 수렵장에서 지켜야 할 안전수칙으로 옳은 것은?

① 귀 보호장비는 착용하지 않아도 좋다.
② 추격전에 대비하여 운동화를 신는 것이 유리하다.
③ 장애물 통과 시 실탄을 추출한 뒤 동료에게 건넨다.
④ 일몰 후라도 식별이 가능하다면 수렵이 가능하다.

75 사고현장의 안전관리요령으로 <u>틀린</u> 것은?

① 가급적 빨리 119로 구조요청을 한다.
② 응급환자를 위험지역으로부터 피신시킨다.
③ 사고가 발생한 원인을 파악하여야 한다.
④ 구조자나 신고자의 위험도 살펴야 한다.

76 다음 중 쇼크의 증상이 <u>아닌</u> 것은?

① 피부가 창백해진다.
② 식은땀이 나며 현기증을 일으킨다.
③ 오심과 구토를 일으킨다.
④ 보통 장기의 손상도 가져온다.

77 다음 중 절상에 대한 특징이 <u>아닌</u> 것은?

① 날카로운 칼에 의한 상처이다.
② 응급처치는 감염예방과 압박에 의한 지혈이다.
③ 피부 아래 조직이 손상된 경우이다.
④ 상대적으로 출혈이 심하다.

78 응급신고 시 응급의료상담원에게 알려주어야 할 내용이 아닌 것은?

① 응급상황이 발생한 위치
② 응급상황의 내용
③ 친인척 등 가족사항
④ 환자의 상태

79 압박지혈(직접압박)에 대한 설명 중 틀린 것은?

① 거즈나 깨끗한 헝겊을 두껍게 접어 상처 부위를 직접 누른다.
② 출혈이 심하면 압박지혈(직접압박)을 하고 심장보다 높게 한다.
③ 상처 부위와 심장 사이의 가까운 동맥을 눌러준다.
④ 가장 쉽고 효과적인 방법이다.

80 인공호흡의 요령으로 틀린 것은?

① 호흡이 없으면 이마를 뒤로 젖히고 기도를 유지시킨다.
② 호흡을 깊고 강하게 불어넣는다.
③ 가슴압박과 인공호흡의 주기는 30 : 2이다.
④ 환자의 코에 구조자의 귀를 대고 가슴의 오르내림을 지켜본다.

제1회 정답 및 해설

01	02	03	04	05	06	07	08	09	10	11	12	13	14	15	16	17	18	19	20
④	①	③	③	④	③	③	③	③	④	③	①	①	③	④	②	④	①	④	③
21	22	23	24	25	26	27	28	29	30	31	32	33	34	35	36	37	38	39	40
④	②	④	③	②	②	③	③	③	②	③	②	①	②	①	①	①	③	④	①
41	42	43	44	45	46	47	48	49	50	51	52	53	54	55	56	57	58	59	60
②	④	④	①	①	③	①	②	③	④	①	②	①	①	③	①	②	①	④	③
61	62	63	64	65	66	67	68	69	70	71	72	73	74	75	76	77	78	79	80
①	②	③	①	①	③	④	④	①	③	④	④	③	④	③	②	①	③	④	②

1과목 수렵에 관한 법령 및 수렵의 절차

01
④ 멧돼지는 수렵동물에 해당한다.

02
수렵장 설정(야생생물 보호 및 관리에 관한 법률 제42조 제1항)
시장·군수·구청장은 야생동물의 보호와 국민의 건전한 수렵활동을 위하여 대통령령으로 정하는 바에 따라 일정 지역에 수렵을 할 수 있는 장소("수렵장"이라한다)를 설정할 수 있다.

03
수렵면허(야생생물 보호 및 관리에 관한 법률 제44조 제3항)
수렵면허를 받은 사람은 환경부령으로 정하는 바에 따라 5년마다 수렵면허를 갱신하여야 한다.

04
결격사유(야생생물 보호 및 관리에 관한 법률 제46조 제7호)
수렵면허가 취소된 날부터 1년이 지나지 아니한 사람은 수렵면허를 받을 수 없다.

05
수렵 제한(야생생물 보호 및 관리에 관한 법률 제55조)
수렵장에서도 다음에 해당하는 장소 또는 시간에는 수렵을 하여서는 아니 된다.
- 시가지, 인가 부근 또는 그 밖에 여러 사람이 다니거나 모이는 장소
- 해가 진 후부터 해뜨기 전까지
- 운행 중인 차량, 선박 및 항공기
- 도로부터 100m 이내의 장소(도로 쪽을 향하여 수렵을 하는 경우 도로로부터 600m 이내의 장소)
- 문화유산·자연유산이 있는 장소 및 보호구역으로부터 1km 이내의 장소
- 울타리가 설치되어 있거나 농작물이 있는 다른 사람의 토지
- 인명, 가축, 문화재, 건축물, 차량, 철도차량, 선박 또는 항공기에 피해를 줄 우려가 있는 장소 및 시간

06
수렵승인신청(야생생물 보호 및 관리에 관한 법률 시행규칙 제63조 제2항 제3호 및 제4호)
수렵장 설정자의 승인을 받아 동물을 수렵한 사람은 수렵기간이 끝난 후 15일 이내에 수렵동물 포획승인서(포획한 야생동물의 종류·수량 및 포획장소 기재)와 미사용 수렵동물 확인표지를 수렵장 설정자에게 반납해야 한다.

07
야생생물 보호원의 직무 범위(야생생물 보호 및 관리에 관한 법률 시행규칙 제74조)
- 멸종위기 야생생물의 보호 및 증식·복원에 관한 주민의 지도·계몽
- 수렵인 지도 및 수렵장 관리의 보조
- 특별보호구역 및 보호구역의 관리
- 야생생물의 서식실태조사 및 서식환경 개선
- 생태계교란 생물, 유해야생동물, 야생화된 동물 등의 관리
- 야생동물의 불법 포획 및 불법 거래행위 감시업무의 보조

08
③ 수렵강습 이수증은 수렵면허 발급 시 필요하다.

09
수렵면허의 취소·정지(야생생물 보호 및 관리에 관한 법률 제49조 제1항)
시장·군수·구청장은 수렵면허를 받은 사람이 다음 각 호의 어느 하나에 해당하는 경우에는 수렵면허를 취소하거나 1년 이내의 범위에서 기간을 정하여 그 수렵면허의 효력을 정지할 수 있다. 다만, 제1호와 제2호에 해당하는 경우에는 그 수렵면허를 취소하여야 한다.
1. 거짓이나 그 밖의 부정한 방법으로 수렵면허를 받은 경우
2. 수렵면허를 받은 사람이 결격사유의 제7호를 제외한 어느 하나에 해당하는 경우
3. 수렵 또는 유해야생동물 포획 중 고의 또는 과실로 다른 사람의 생명·신체 또는 재산에 피해를 준 경우
4. 수렵도구를 이용하여 범죄행위를 한 경우
5. 규정을 위반하여 멸종위기 야생동물을 포획한 경우
6. 규정을 위반하여 야생동물을 포획한 경우
7. 규정을 위반하여 유해야생동물을 포획한 경우
8. 규정을 위반하여 수렵면허를 갱신하지 아니한 경우
9. 규정을 위반하여 수렵승인을 받지않고 수렵을 한 경우
10. 수렵제한의 어느 하나에 해당하는 장소 또는 시간에 수렵을 한 경우

10
확인표지 및 포획 야생동물의 신고 등(23년 순창군 수렵장 설정고시 참조)
- 수렵장에서 야생동물을 포획한 후에는 지체 없이 확인표지에 포획일시·장소 등 게재사항을 기록하여 포획동물의 다리에 부착하여야 한다.
- 수렵기간이 끝난 후 15일 이내에 수렵동물 포획승인서, 미사용 수렵동물 확인표지를 수렵장 설정자에게 반납하여야 한다.
- 포획동물에 붙인 확인표지는 그 야생동물 또는 박제품이 최종 수요자에게 인계될 때까지 유지하도록 하여야 한다.

11
①·②·④ 모두 멸종위기 야생생물 2급에 해당한다.

12
수렵승인(야생생물 보호 및 관리에 관한 법률 제50조 제1항)
수렵장에서 수렵동물을 수렵하려는 사람은 수렵장을 설정한 자(수렵장 설정자)에게 환경부령으로 정하는 바에 따라 수렵장 사용료를 납부하고, 수렵승인을 받아야 한다.

13
야생생물 보호구역의 지정(야생생물 보호 및 관리에 관한 법률 제33조 제5항)
환경부장관이 정하여 고시하는 야생동물의 번식기에 보호구역에 들어가려는 자는 환경부령으로 정하는 바에 따라 시·도지사나 시장·군수·구청장에게 신고하여야 한다. 다만, 다음의 어느 하나에 해당하는 경우에는 그러하지 아니하다.
- 산불의 진화 및 자연재해대책법에 따른 재해의 예방·복구 등을 위한 경우
- 군의 업무수행을 위한 경우
- 그 밖에 자연환경조사 등 환경부령으로 정하는 경우

- 환경부장관 또는 시·도지사가 지정하는 기관 또는 단체가 학술 연구 또는 조사를 하는 경우
- 보호시설의 설치 등 야생생물의 보호 및 복원을 위하여 필요한 조치를 하는 경우
- 실태조사를 하는 경우
- 「자연환경보전법」에 따른 자연환경조사를 하는 경우
- 「자연공원법」에 따른 자연공원의 보호·관리를 위하여 필요한 경우
- 통신시설 또는 전기시설 등 공익 목적으로 설치된 시설물의 유지·보수를 위하여 필요한 경우
- 보호구역에서 보호구역 지정 전에 실시하던 영농행위 또는 영어(營漁)행위를 지속하기 위하여 필요한 경우

14
③ 시장·군수·구청장은 수렵면허의 유효기간이 끝나기 6개월 이전에 수렵면허 갱신대상자에게 갱신신청 절차와 해당 기간 내에 갱신신청을 하지 아니하면 수렵면허가 정지 또는 취소될 수 있다는 사실을 미리 알려야 한다(야생생물 보호 및 관리에 관한 법률 시행규칙 제52조 제3항).

15
①·②·③은 모두 유해야생동물이고, ④는 멸종위기 야생생물이다.

16
② 장기간에 걸쳐 무리를 지어 농작물 또는 과수에 피해를 주는 참새, 까치, 어치, 직박구리, 까마귀, 갈까마귀 떼까마귀, 큰부리까마귀 등이 대상이다.

17
㉤ 청설모는 먹는 것이 금지되는 야생동물에 포함되지 않는다.

18
① 문화유산이 있는 장소 및 보호구역으로부터 1km 이내의 장소에서는 수렵장이라 하더라도 수렵을 할 수 없다(야생생물 보호 및 관리에 관한 법률 제55조 제5호).

② 동법 제55조 제6호
③ 동법 제55조 제2호
④ 동법 제55조 제3호

19
④ 참새와 까치는 수렵동물 확인표지 부착 대상에 해당하는 기타조수류이다.

20
벌칙(야생생물 보호 및 관리에 관한 법률 제70조 제15호)
수렵 제한사항을 지키지 아니한 사람은 1년 이하의 징역 또는 1천만 원 이하의 벌금에 처한다.

2과목 야생동물의 보호·관리에 관한 사항

21
④ 흰뺨검둥오리는 우리나라에서 흔히 번식하는 텃새로 강과 하천, 저수지 등의 물이 있는 곳에서는 어디서나 관찰이 가능하다.

22
② 야생동물의 거래가 원천적으로 금지되어 밀거래가 이루어지며, 수요에 비하여 공급의 절대 부족으로 인해 비싸게 거래되고 있어 밀렵의 유혹을 뿌리치기 어렵다.

23
① 몸의 크기는 다람쥐보다 훨씬 크다.
② 털색은 전체적으로 어두운 회색이며 배 쪽은 흰색이다.
③ 분만횟수는 1년에 2회이다.

24
③ 청둥오리는 수렵조수에 해당하는 수면성 오리이다.

25
② 고라니의 주요 서식지는 관목이 우거진 야산이나 구릉지대이다.

26
② 멧돼지는 깊은 산, 특히 활엽수가 우거진 곳에 서식하기를 좋아하며 야산에서는 찾아볼 수 없다. 그러나 강설이 심할 때에는 야산으로 내려오며 심지어 동네까지 들어올 때도 있다.

27
③ 붉은부리까마귀는 우리나라의 텃새가 아니며, 아이슬란드, 에티오피아와 유라시아에 분포한다.

28
③ 고방오리는 수렵대상 동물이다.

29
③ 까치는 주로 평지 촌락 주변, 시가지 공원, 주택가에서 서식한다. 도시 정원과 농촌 등 주로 평지에서 생활하며, 고산의 오지에서는 잘 서식하지 않는다.

30
② 모든 동물에게 서식환경의 가장 중요한 요소는 먹이다. 먹이는 야생동물의 서식을 제한하는 간접요인에 해당한다.

31
③ 어치, 멧비둘기, 검둥오리는 모두 유해야생동물 및 수렵 가능한 야생동물에 속하고, 큰기러기는 멸종위기 야생생물에 속한다.

32
고라니의 특징
- 암수 모두 뿔이 없다.
- 암수 모두 송곳니가 있다.
- 털의 등쪽은 노란빛을 띤 갈색, 배쪽은 연한 노란색이다.
- 엉덩이에 흰색 반점이 없다.
- 몸이 작고 털이 거칠다.

33
① 멧비둘기는 한국 전역에서 번식하는 매우 흔한 텃새로 암수가 비슷하며 머리, 가슴, 배는 포도색을 띤 회갈색이 특징이다.

34
② 수컷은 장끼, 암컷은 까투리라 부르기도 한다.

35
① 참새의 식성은 주로 식물성이지만, 여름철에는 곤충류인 딱정벌레목, 나비목, 메뚜기목 등을 많이 먹는다.

36
① 고라니에 비해 대개 몸이 크다.

37
① 고방오리는 꼬리와 목이 긴 것이 특징이다.

38
③ 본래 초식동물이지만 토끼, 들쥐 같은 작은 짐승부터 시내의 물고기, 곤충에 이르기까지 아무거나 먹으므로 잡식성이다.

39
④ 날개덮깃에 검은 줄무늬가 있는 청색무늬가 뚜렷하다.

40
야생동물의 서식을 제한하는 요인
- 간접요인 : 먹이, 은신처, 물, 종 특유의 요구물 등
- 직접요인 : 포식자, 질병, 기후, 사고 등
- 환경요인 : 직접요인과 간접요인에 영향을 미치는 요인 등

3과목 수렵도구의 사용방법(1종)

41
① 강선엽총은 화약의 힘으로 실탄이 발사되며, 총열 내에 강선(腔線)이 있는 강선(腔線)총이다. 기능별 분류에 따르면 소총에 해당되며, 국내에서는 수렵용으로 사용할 수 없다.

42
④ 사격용 엽총, 단탄형 엽총, 마취총은 수렵용 엽총으로 사용이 금지 되어 있다.

수렵면허의 종류
- 제1종 : 총기(엽총, 공기총)
- 제2종 : 활, 석궁(도르래 석궁 제외), 그물

43
④ 상하쌍대는 견고하고 총기반동이 적지만 다소 무겁다.

44
엽총의 성능기준

총의 종류	탄 알	유효사거리 (m 이내)	최대 도달거리 (m 이하)
산탄총	18.3mm 이하	60	560
강선총	22호	100	1,600
	30호	300	2,000
	38호	300	4,000

45
① 공기총의 총신과 압축실 실린더는 이은 자리가 없고 1cm^{2}당 180kg 이상의 압력에 견딜 수 있는 재질로 한다.

46
③ 이산화탄소는 추운 겨울철 사격 발수가 떨어진다.

47
공기총 연지탄(납알)의 규격
- 연지탄 1호(5.5mm) : 중량 1.7g 이하
- 연지탄 2호(5.0mm) : 중량 1.5g 이하
- 연지탄 3호(4.5mm) : 중량 1.3g 이하

48
② 총을 격발하면 노리쇠 안에 있는 공이치기가 뇌관을 향해 기계적 충격을 가한다. 이 충격으로 폭발화약인 뇌관의 점화제가 발화되고 발화된 점화제는 주 화약인 추진제를 일시에 연소시켜 소위 폭발구름(Explosion Cloud)이라고 불리는 가스에너지로 전환시켜 약실에 있는 탄환을 밀어내는 과정을 거치게 된다.

49
③ 이동표적을 사격할 때는 인간의 반응시간에 의하여 시각적인 정조준을 믿어서는 안 되며, 반드시 목표물과 비슷한 속도의 스윙(이동) 동작이 연속적으로 이루어져야 한다. 왜냐하면 발사 직전 순간적이나마 정지된 상태에서 격발할 때에는 반응시간 동안 목표물이 지나간 뒤에 발사되기 때문이다.

50
④ 수렵 종료 후에는 반드시 총에서 엽탄을 제거해야 하며, 총기 입·출고 시 다시 한번 장전여부 및 안전장치 여부를 확인해야 한다.

51
① 단탄형 엽총(맹수용 라이플) 및 마취총은 사용이 금지되어 있다.

52
② 유효사거리는 조수를 포착했을 때 거의 명중시킬 수 있는 거리로 산탄의 경우 대개 50~60m이다.

53
① 4.5mm 공기총은 연지탄을 사용하여 멧돼지나 노루사냥에는 부적합하나 참새와 같은 작은 조류 수렵에는 적당하다.

54
② 가스후퇴식에 비하여 강하고 늦은 반동 때문에 연사속도가 느린 것이 단점이다.
③ 연사속도가 매우 빠르고 반동이 부드러우며 우수하다.
④ 단발식 엽총은 가볍고 튼튼하며 가격이 싸다.

55
③ 풀 초크는 총열구경을 가장 좁게 줄여주어 산탄의 비산폭 또한 상당히 조밀해지고 강력하게 멀리까지 나가서 장거리 사격에 적합하다.

56
① 단탄형 엽총(맹수용 엽총) 및 마취총은 사용이 금지되어 있으며, 엽장지 이외 지역과 수렵제한 장소(도로로부터 600m 이내 지역, 공원, 문화유산·자연유산, 보호구역, 사찰경내, 인가 부근 등)에서는 수렵을 할 수 없다.

57
공기총

총의 종류	구 경	연지탄의 에너지
단탄총	4.5mm	60J 이하
	5.0mm	
	5.5mm	
산탄총	5.5~6.4mm	

58
① 풀 초크는 총열구경을 가장 좁게 줄여주어 산탄의 비산폭 또한 상당히 조밀해지고 강력하게 멀리까지 나가서 장거리 사격에 적합하다.

59
④ 얼굴은 목 근육이 지나치게 긴장하지 않도록 하며 표적을 향하여 최대한 돌린다.

60
③ 약실을 확인하려면 우선 노리쇠를 뒤로 당겨 확인해야 한다.

4과목 안전사고의 예방 및 응급조치에 관한 사항

61
① 운행 중인 자동차 또는 배 위에서는 총기를 사용해서는 안 된다.

62
② 수렵 도중 휴식할 때에는 총에 장전된 실탄을 제거하여야 한다.

63
③ 내 총을 동료 엽사에게 맡겨 운반을 부탁해서는 안 된다.

65
호흡이 정지되거나 심장이 멈추었을 때 4~6분 이내에 심폐소생술이 시행되지 않으면 환자는 생존의 가능성이 낮다.

66
③ 초보자일수록 사고율이 높다는 것을 인지한다.

67
④ 심장이 멈춘 후 초기에는 체내에 어느 정도의 산소가 남아있기 때문에 인공호흡 없이 가슴을 압박하는 것만으로 심폐소생 생존율을 높일 수 있다. 가슴압박은 분당 100회의 속도로, 약 5cm 깊이로 압박한다.

68

④ 입으로 인공호흡을 할 수 없을 때는 입을 막고 코로 인공호흡을 할 수 있다.

69

① 먼저 환자의 양쪽 젖꼭지를 연결한 선의 중앙에 한 손바닥을 올려놓고 그 위에 다른 손을 겹친다. 이때 손가락이 가슴에 닿지 않도록 주의한다.

70

③ 대퇴골 골절은 대퇴골에서 일어나는 골절이다. 대퇴골은 허벅지 속에 있는 1개의 뼈로, 상체 쪽으로는 골반의 바깥쪽으로 움푹 들어간 곳과 연결되고 종아리 쪽으로는 무릎관절과 이어지는 긴 원통형의 뼈이다.

71

④ 울창한 숲을 통과할 때에는 실탄을 제거하는 것이 가장 안전하다.

72

④ 식별이 곤란할 경우에는 절대로 발사해서는 안 된다.

73

① 안전장치를 개조하거나 대용할 수 있는 것으로 대체해서는 안 된다.
② 방아쇠에서 손가락을 멀리 두어야 한다.
④ 딱딱한 표면뿐만 아니라 물 또한 탄환의 방향을 불규칙하게 만들 수 있으므로 새를 날려 보낸 후 사격해야 한다.

74

④ 수렵안내원, 몰이꾼 등은 안전사고 예방을 위해 빨리 알아볼 수 있는 붉은색 계통의 모자와 색깔의 옷을 착용하여야 한다. 엽사(수렵용 총포 소지자)는 법령에 따라 등에 검정색으로 '수렵'이라 기재된 주황색 수렵용 조끼를 착용해야 한다.

75

①·②·④ 수렵장에서 어떤 상황이 발생할지 모르기 때문에 총기 안전사고의 방지를 위해 안전장치를 하였더라도 수렵이나 사격을 하기 전까지는 총기에서 실탄을 분리한다.

76

② 언덕 및 계단을 내려올 때는 환자의 다리 방향으로 진행한다.

77

심폐소생술 시행방법

반응의 확인 → 119 신고 → 호흡 확인 → 가슴압박 → 인공호흡의 순서이다.

78

③ 심정지를 확인하기 위해서는 숨 쉬거나 기침을 하는지 또는 조금이라도 움직이는지를 확인하는데 10초 이내에 확인해야 한다.

79

④ 관절의 심한 변형은 탈구에 의한 증상이다.

골절 시 나타나는 증상
- 변형 : 외형상 정상적인 상태가 아닌 경우
- 압통 : 손상 부위를 누르면 심한 통증 호소
- 운동 제한 : 손상 부위를 움직일 수 없음
- 부종/반상출혈 : 손상 부위가 상당히 부어있으며 피하출혈도 동반
- 노출된 골편 : 손상된 피부에서 골격이 관찰됨(개방성)

80

② 출혈 부위를 심장보다 높게 한다. 즉 손이나 팔, 다리 등에서 출혈이 있는 경우 상처 부위를 심장보다 높게 해주면 출혈을 지연할 수 있다.

제2회 정답 및 해설

01	02	03	04	05	06	07	08	09	10	11	12	13	14	15	16	17	18	19	20
②	④	④	④	①	③	③	④	②	②	①	①	④	③	③	③	③	②	②	②
21	22	23	24	25	26	27	28	29	30	31	32	33	34	35	36	37	38	39	40
③	③	②	②	③	③	②	①	②	③	①	①	③	③	①	③	④	②	③	①
41	42	43	44	45	46	47	48	49	50	51	52	53	54	55	56	57	58	59	60
①	④	③	③	④	④	④	③	④	④	④	②	②	④	①	①	①	④	④	①
61	62	63	64	65	66	67	68	69	70	71	72	73	74	75	76	77	78	79	80
④	④	②	①	②	①	④	②	④	②	③	④	③	②	③	②	②	②	②	①

1과목 수렵에 관한 법령 및 수렵의 절차

01
② 수달은 천연기념물 제330호이면서 멸종위기 야생생물 1급이다.

02
수렵면허의 종류(야생생물 보호 및 관리에 관한 법률 제44조 제2항)
- 제1종 수렵면허 : 총기(엽총, 공기총)
- 제2종 수렵면허 : 활, 석궁(도르래 석궁 제외), 그물

03
수렵면허의 신청 시 첨부서류(야생생물 보호 및 관리에 관한 법률 시행규칙 제52조 제1항)
- 수렵면허시험 합격증
- 수렵 강습 이수증(최근 1년 이내)
- 최근 1년 이내에 발급된 다음의 서류(총포 소지 허가증 사본으로 갈음)
  - 신체검사서(운전면허증 사본으로 갈음)
  - 총기 소지의 적정 여부에 대한 정신건강의학과 전문의 의견이 기재된 진단서 또는 소견서(제1종 수렵면허를 받으려는 경우만 해당)
- 증명사진 1장

04
수렵면허시험대상(야생생물 보호 및 관리에 관한 법률 시행규칙 제54조)
- 수렵에 관한 법령 및 수렵의 절차
- 야생동물의 보호·관리에 관한 사항
- 수렵도구의 사용방법
- 안전사고의 예방 및 응급조치에 관한 사항

05
수렵강습(야생생물 보호 및 관리에 관한 법률 제47조 제1항)
수렵면허를 받으려는 사람은 수렵면허시험에 합격한 후 환경부령으로 정하는 바에 따라 환경부장관이 지정하는 전문기관(이하 "수렵강습기관"이라 한다)에서 수렵의 역사·문화, 수렵 시 지켜야 할 안전수칙 등에 관한 강습을 받아야 한다.

06
수렵면허의 취소·정지(야생생물 보호 및 관리에 관한 법률 제49조 제2항)
수렵면허의 취소 또는 정지 처분을 받은 사람은 취소 또는 정지 처분을 받은 날부터 7일 이내에 수렵면허증을 시장·군수·구청장에게 반납하여야 한다.

07
수렵장의 설정 제한지역(야생생물 보호 및 관리에 관한 법률 제54조)
- 특별보호구역 및 보호구역
- 생태·경관보전지역 및 시·도 생태·경관보전지역
- 습지보호지역
- 자연공원 및 도시공원
- 군사기지 및 군사시설 보호구역
- 도시지역
- 문화유산이 있는 장소 및 보호구역
- 자연유산이 있는 장소 및 보호구역
- 관광지 등
- 자연휴양림, 채종림 및 산림유전자원보호구역의 산지
- 수목원
- 능묘(陵墓), 사찰, 교회의 경내
- 그 밖에 야생동물의 보호 등을 위하여 환경부령으로 정하는 장소

08
재정지원(야생생물 보호 및 관리에 관한 법률 제58조)
국가는 이 법의 목적을 달성하기 위하여 필요하면 예산의 범위에서 다음의 어느 하나에 해당하는 사업에 드는 비용의 전부 또는 일부를 지방자치단체나 야생생물 보호·관리하는 기관, 환경부령으로 정하는 야생생물 보호단체에 보조할 수 있다.
- 야생생물의 서식분포 조사
- 야생생물의 번식·증식·복원 등에 관한 연구 및 생물자원의 효율적 보전을 위한 야생생물의 전시·교육
- 야생생물의 불법적 포획·채취 등의 방지 및 수렵 관리
- 유기되거나 몰수된 야생동물의 보호 및 관리
- 야생동물에 의한 피해의 예방 및 보상
- 야생동물의 질병연구 및 구조·치료
- 역학조사, 예방접종, 살처분 및 사체의 소각·매몰
- 서식지 등에 대한 출입통제, 소독 등 야생동물 질병의 확산을 방지하기 위한 조치
- 보호구역의 관리
- 그 밖에 야생생물 보호를 위하여 필요한 사업

09
멸종위기 야생생물 포획·채취 등의 금지(야생생물 보호 및 관리에 관한 법률 제14조 제2항)
누구든지 멸종위기 야생생물을 포획·채취 등을 위하여 다음의 어느 하나에 해당하는 행위를 하여서는 아니 된다.
- 폭발물·덫·창애·올무·함정·전류 및 그물의 설치 또는 사용
- 유독물·농약 및 이와 유사한 물질의 살포 또는 주입

10
벌칙(야생생물 보호 및 관리에 관한 법률 제69조 제6호)
규정을 위반하여 야생동물을 포획한 자는 2년 이하의 징역 또는 2천만 원 이하의 벌금에 처한다.

11
수렵장 설정(야생생물 보호 및 관리에 관한 법률 제42조 제1항)
시장·군수·구청장은 야생동물의 보호와 국민의 건전한 수렵활동을 위하여 대통령령으로 정하는 바에 따라 일정 지역에 수렵을 할 수 있는 장소(이하 "수렵장"이라 한다)를 설정할 수 있다. 다만, 둘 이상의 시·군·구의 관할구역에 걸쳐 수렵장 설정이 필요한 경우에는 대통령령으로 정하는 바에 따라 시·도지사가 설정한다.

12
① 해가 진 후부터 해뜨기 전까지는 수렵이 금지된다(야생생물 보호 및 관리에 관한 법률 제55조 제2호).
② 동법 제52조 참조
③ 동법 시행규칙 서식66 준수사항 참조
④ 동법 제19조 참조

13
야생생물 보호원의 자격(야생생물 보호 및 관리에 관한 법률 시행규칙 제73조)
야생생물 보호원으로 임명될 수 있는 사람의 자격요건은 다음의 어느 하나로 한다.
- 전문대학 이상에서 야생생물 관련 학과를 졸업하거나 이와 같은 수준 이상의 학력이 있다고 인정되는 사람
- 야생생물의 실태조사와 관련된 업무에 1년 이상 종사한 경력이 있는 사람

14
③ 활은 제2종 면허에 해당한다.

15
수렵강습(야생생물 보호 및 관리에 관한 법률 제47조 제1항)
수렵면허를 받으려는 사람은 수렵면허시험에 합격한 후 환경부령으로 정하는 바에 따라 환경부장관이 지정하는 전문기관(이하 "수렵강습기관"이라 한다)에서 수렵의 역사·문화, 수렵 시 지켜야 할 안전수칙 등에 관한 강습을 받아야 한다.

16
수렵장의 설정 제한지역(야생생물 보호 및 관리에 관한 법률 제54조)
다음의 어느 하나에 해당하는 지역은 수렵장으로 설정할 수 없다.
- 특별보호구역 및 보호구역
- 「자연환경보전법」에 따라 지정된 생태·경관보전지역 및 같은 법에 따라 지정된 시·도 생태·경관보전지역
- 「습지보전법」에 따라 지정된 습지보호지역
- 「자연공원법」에 따른 자연공원 및 「도시공원 및 녹지 등에 관한 법률」에 따른 도시공원
- 「군사기지 및 군사시설 보호법」에 따른 군사기지 및 군사시설 보호구역
- 「국토의 계획 및 이용에 관한 법률」에 따른 도시지역
- 「문화유산의 보존 및 활용에 관한 법률」에 따른 문화유산이 있는 장소 및 같은 법에 지정된 보호구역
- 「자연유산의 보존 및 활용에 관한 법률」에 따른 자연유산이 있는 장소 및 지정된 보호구역
- 「관광진흥법」에 따라 지정된 관광지 등
- 「산림문화·휴양에 관한 법률」에 따른 자연휴양림, 「산림자원의 조성 및 관리에 관한 법률」에 따른 채종림 및 「산림보호법」에 따른 산림유전자원보호구역의 산지
- 「수목원·정원의 조성 및 진흥에 관한 법률」에 따른 수목원
- 능묘(陵墓), 사찰, 교회의 경내
- 그 밖에 야생동물의 보호 등을 위하여 환경부령으로 정하는 장소

17
③ 삵, 하늘다람쥐, 큰말똥가리는 멸종위기 야생생물 2급에 속한다.

18
② 현행법(야생생물 보호 및 관리에 관한 법률 시행규칙 별표 4)상 먹는 것이 금지된 야생동물은 총 31종이다.

19
② 엽총은 제1종 수렵면허로 사용할 수 있는 수렵도구에 속한다.

20
② 수렵면허의 법적 성질은 예방적 금지의 해제인 허가에 해당한다.

2과목 야생동물의 보호·관리에 관한 사항

21
텃새와 철새

구분	습성	종명
겨울철새 [冬鳥]	가을에 왔다가 겨울을 나고 봄에 번식지로 되돌아감	청둥오리, 두루미, 고니 등
여름철새 [夏鳥]	봄에 왔다가 번식을 한 후 가을에 월동지로 되돌아감	뻐꾸기, 꾀꼬리, 파랑새, 제비 등
텃새 [留鳥]	연중 우리나라에서 서식 및 번식	꿩, 멧비둘기, 참새, 까치 등
나그네새 [通過鳥]	봄, 가을에 우리나라를 통과함	도요·물떼새, 꼬까참새, 촉새 등
길 잃은 새 [迷鳥]	이동 중 태풍 등으로 인하여 우연히 우리나라에 도래함	군함조, 사막꿩, 큰 바람까마귀 등

22
밀렵을 목격했을 때 즉시 가까운 경찰서나 지방환경청, 지방자치단체(시·도, 시·군·구), 환경신문고(국번 없이 128)로 신고한다.

23
② 멧돼지는 암컷 한 마리가 수컷 여러 마리를 거느리고 있다.

24
② 수렵할 수 있는 까마귀는 갈까마귀, 까마귀, 떼까마귀 등 3종이다.

25
③ 견치(송곳니)는 암수 모두에게 있으며, 송곳 모양으로 특별히 길게 자라서 끝이 구부러져 있다.

26
③ 북반구의 북부에서 번식하는 오리는 겨울을 나기 위해 남쪽으로 이동하지만 온대와 열대의 오리는 텃새로 한 지역에서 살면서 번식한다.

27
② 1년에 4~5회 정도 나뭇가지 사이에 마른 나뭇가지로 엉성하게 둥지를 틀고 2개의 알을 낳는다.

28
① 떼까마귀는 겨울철새로 매우 큰 무리를 지어 농경지에 서식하는 까마귀류이다.

29
② 청설모의 번식기는 2월 상순으로 임신기간은 약 35일 정도 되며, 연 2회 약 5마리의 새끼를 낳는다.

30
③ 물은 서식지 환경을 변화시키는 것을 통해 야생동물에게 간접적인 영향을 미친다.

31
수렵대상 동물 중 조류로는 꿩(수꿩), 멧비둘기, 까마귀, 갈까마귀, 떼까마귀, 쇠오리, 청둥오리, 홍머리오리, 고방오리, 흰뺨검둥오리, 까치, 어치, 참새가 있다.

32
① 1989년 국내 한 언론사 창간 20주년 기념 이벤트성 행사로 까치 53마리를 풀어놓은 것이 현재 제주도 까치 번식의 시초가 됐다. 그 뒤 급격한 개체 수 증가로 참새 등 제주 토박이 조류가 생존경쟁에서 밀리면서 생태계 교란까지 이루어졌다.

33
③ 포식종은 특정 먹이를 선호하기보다 다양한 종의 먹이를 선호한다.

34
③ 털은 전체적으로 회색이나 배쪽은 흰색이다.

35
특별보호구역에서의 행위 제한(야생생물 보호 및 관리에 관한 법률 제28조 제2항)
다음에 해당하는 경우 특별보호구역에서 제한 행위를 할 수 있다.
- 군사 목적을 위하여 필요한 경우
- 천재지변 또는 이에 준하는 대통령령으로 정하는 재해가 발생하여 긴급한 조치가 필요한 경우
- 특별보호구역에서 기존에 하던 영농행위를 지속하기 위하여 필요한 행위 등 대통령령으로 정하는 행위를 하는 경우
- 그 밖에 환경부장관이 야생생물의 보호에 지장이 없다고 인정하여 고시하는 행위를 하는 경우

36
③ 멧비둘기는 번식기에 영양가가 풍부한 우유 비슷한 액체로 새끼를 키우는데, 우유 비슷한 성분을 흔히 피존 밀크(Pigeon Milk)라 부른다.

37
④ 노루의 서식지는 주로 산림지대 또는 숲의 가장자리이고, 고라니의 경우는 주로 야산 및 구릉지이다.

38
멸종위기 야생생물 I 급 중 포유류는 늑대, 대륙사슴, 무산쇠족제비, 물범, 반달가슴곰, 붉은박쥐, 사향노루, 산양, 수달, 스라소니, 여우, 작은관코박쥐, 표범, 호랑이 총 14가지 종류가 있다.

39
③ 코요테는 알래스카와 중앙아메리카에서 서식하는 동물이다.

40
수렵대상 동물 중 조류로는 꿩(수꿩), 멧비둘기, 까마귀, 갈까마귀, 떼까마귀, 쇠오리, 청둥오리, 홍머리오리, 고방오리, 흰뺨검둥오리, 까치, 어치, 참새가 있다.

3과목 수렵도구의 사용방법(1종)

41
① 초크는 산탄의 산개도(탄막)를 조절하는 장치로서 사용 초크에 따라 패턴과 탄도에 큰 변화를 줄 수 있다.

42
④ 초크는 파이프 모양의 총구 앞에 끼워 산탄의 패턴을 조절하는 장치이다.
① 총의 방아쇠
② 실탄의 뇌관을 때려주는 공이
③ 산탄총의 구경

43
③ 산탄공기총은 강선이 없다. 공기총의 구경은 밀리미터(mm)법을 사용하고 있다. 구경의 종류는 4.5mm, 5.0mm, 5.5mm, 6.4mm 등 4종류이며 강선이 없는 산탄공기총은 6.4mm와 5.5mm로 제한되고 연지탄을 사용하는 라이플형 단탄공기총은 4.5mm, 5.0mm, 5.5mm 구경이 있다.

44
③ 엽탄은 호수가 낮을수록 탄알이 크다.

45
엽탄의 산탄개수
000BK(8개), 4BK(27개), 2호 산탄(90개), $7\frac{1}{2}$호(350개)

46
④ BB탄의 최대 사거리는 360m이다.

47
③ 일반적으로 사냥에 널리 사용되는 일반 총열에는 총열 내부에 강선이 새겨져 있지 않다.

48
④ 공기총은 압축공기 또는 가스를 이용하여 발사한다.

49
④ 엽총은 산탄이기 때문에 영점조준이 필요 없지만, 단탄인 공기총은 영점을 잡아야 사냥할 수 있다.

50
④ 총기와 실탄은 항상 분리 보관한다.

51
④ 산탄총의 경우 산탄은 산개해 공중에서 흩어지기 때문에 동시에 표적에 맞지 않는다.

52
② 수렵총기는 오전 7시부터 출고가 가능하며 오후 7시까지 관할 경찰서장이 지정하는 경찰관서(지구대)에 입고해야 한다(각 지자체별로 총기 입·출고 시간이 다를 수 있으므로 해당 지자체 공고 확인).

53
① 산탄총의 산탄은 산개해 공중에서 흩어지기 때문에 목표물을 정조준하지 않더라도 목표물의 포획이 가능하다.

54
② 격발은 진행 중에 조준을 포기하지 말고 끝까지 더욱 정확한 조준에 몰입하여야 한다.

55
①·②·③은 엽탄의 안전관리 방법으로 적절하지 않다.

56
① 공기총의 공기총탄은 4.5mm, 5.0mm, 5.5mm 구경이 있는데, 4.5mm는 가장 작은 공기총탄이므로 보기 중 가장 작은 개체인 참새포획에 적당하다.

57
① 총열 안에 있는 이물질은 실탄 발사할 때, 실탄 발사와 함께 폭발하여 총열 폭발을 초래할 수 있다. 따라서 '총열 안에 있는 이물질은 실탄을 발사하면 청소된다.'라는 지문은 총기관리 원칙과 상반되는 내용이다.

58
④ 공기총은 발사 시 엽총보다 반동이 작다.

59
④ 새끼가 있는 동물은 수렵 대상으로 삼지 않아야 한다.

60
① 산탄이 산개해 발사하는 엽총의 특성으로 미뤄볼 때, 조류의 경우 비행 중에 포획할 수 있다.

4과목 안전사고의 예방 및 응급조치에 관한 사항

61
④ 인적이 드문 곳이라도 사격연습은 제한된다.

62
④ 오인발사 사고의 경우 전적으로 사격하는 측에서 책임을 져야 한다.

63
② 격발 직전까지 방아쇠나 방아쇠울 근처에 손가락을 두어서는 안 된다.

64
① 들것의 네 손잡이마다 1명씩 운반자가 선다. 다만, 운반자가 3명일 경우 2명이 머리 쪽에 선다.

65
② 총기를 지렛대 또는 의탁도구로 사용해서는 안 된다.

66
① 입으로 독을 빨아내는 행위는 입안의 작은 상처로 독이 전이될 위험이 있으므로 해서는 안 된다.

67
② 탈구는 인대 자체의 완전 파열로 인해 관절 두개가 분리되는 증상을 말한다. 즉, 탈구는 염좌의 가장 심한 형태를 말하는 것으로, 전문의료인이 아닌 일반인이 탈구를 치료하는 것은 대단히 위험하다.

68

③ 심폐소생술의 순서에서 인공호흡 이전에 가슴압박을 먼저 하도록 권장한다. 따라서 가슴압박 – 기도유지 – 인공호흡의 순서로 진행한다.

69

② 부상의 정도, 사고의 종류, 신속한 이송 필요성, 구할 수 있는 운반기구 등의 조건에 따라 운반방법을 정해야 한다.

70

① 다친 부위가 보일 수 있도록 해야 한다.

71

③ 총기안전사고방지의 안전수칙 중 인명사고 예방이 가장 중요한 수칙이므로 총구는 사람을 향하여 겨누지 않는다.

72

④ 수렵인 자신 역시 총기안전사고의 피해자가 될 수 있다.

73

④ 신문지와 막대기로 들것을 만들면 들것의 체중을 감당할 수 없으므로 들것 만드는 방법으로 적당하지 않다.

74

② 총구는 항상 안전한 방향을 향하여야 하므로 수평 방향으로 총을 메고 다니면 안전사고의 위험이 있다.

75

③ 야생동물이 보이는 즉시 발사하면 주위의 위험요소를 인지할 시간여유가 없으므로, 야생동물을 보는 즉시 발사하는 것은 총기안전사고 예방과는 거리가 있다.

76

② 식별이 가능한 경우라도 일몰 후라면 시야확보가 완전하지 않기 때문에 수렵활동을 자제해야 한다.

77

② 들것이나 구급차가 없더라도, 부축하기, 안아들기, 안아 끌기, 업기 등의 방법으로 환자를 운반할 수 있다.

78

② 뱀에 물렸을 때 가장 먼저 해야 할 조치는 상처를 심장보다 낮게 해 혈액순환을 지연시켜 독의 퍼짐을 늦추는 것이다.

79

② 불법 제조한 실탄의 경우 정품 탄알보다 성능이 떨어진다. 따라서 탄착점이 좋아진다는 서술은 잘못된 서술이다.

80

인공호흡은 이물질 제거 → 기도 확보 → 구강밀착(코 막기) → 불어넣기 → 입을 막고 코로 내쉬게 하기의 과정으로 진행된다.

제3회 정답 및 해설

01	02	03	04	05	06	07	08	09	10	11	12	13	14	15	16	17	18	19	20
①	①	①	④	②	①	①	④	②	①	③	①	③	③	④	②	①	③	④	①
21	22	23	24	25	26	27	28	29	30	31	32	33	34	35	36	37	38	39	40
①	③	①	③	②	②	③	②	③	②	②	②	②	①	③	②	④	②	②	④
41	42	43	44	45	46	47	48	49	50	51	52	53	54	55	56	57	58	59	60
③	③	①	②	③	②	④	②	④	②	②	①	②	②	④	①	①	②	②	③
61	62	63	64	65	66	67	68	69	70	71	72	73	74	75	76	77	78	79	80
②	②	②	②	②	②	②	④	②	④	②	②	①	②	③	④	③	③	③	②

1과목 수렵에 관한 법령 및 수렵의 절차

01

유해야생동물(야생생물 보호 및 관리에 관한 법률 시행규칙 별표 3)

- 장기간에 걸쳐 무리를 지어 농작물 또는 과수에 피해를 주는 참새, 까치, 어치, 직박구리, 까마귀, 갈까마귀, 떼까마귀, 큰부리까마귀
- 일부 지역에 서식밀도가 너무 높아 농·림·수산업에 피해를 주는 꿩, 멧비둘기, 고라니, 멧돼지, 청설모, 두더지, 쥐류 및 오리류(오리류 중 원앙이, 원앙사촌, 황오리, 알락쇠오리, 호사비오리, 뿔쇠오리, 붉은가슴흰죽지는 제외한다)
- 비행장 주변에 출현하여 항공기 또는 특수건조물에 피해를 주거나, 군 작전에 지장을 주는 조수류(멸종위기 야생생물은 제외한다)
- 인가 주변에 출현하여 인명·가축에 위해를 주거나 우해 발생의 우려가 있는 멧돼지 및 맹수류(멸종위기 야생생물은 제외한다)
- 분묘를 훼손하는 멧돼지
- 전주 등 전력시설에 피해를 주는 까치, 까마귀, 갈까마귀, 떼까마귀, 큰부리까마귀
- 일부 지역에 서식밀도가 너무 높아 분변(糞便) 및 털 날림 등으로 국가유산 훼손이나 건물 부식 등의 재산상 피해를 주거나 생활에 피해를 주는 집비둘기
- 일부 지역에 서식밀도가 너무 높아 양식업, 낚시터업, 내수면어업 등의 사업 또는 영업에 피해를 주는 민물가마우지

02

수렵강습(야생생물 보호 및 관리에 관한 법률 제47조 제1항)

수렵면허를 받으려는 사람은 수렵면허시험에 합격한 후 환경부령으로 정하는 바에 따라 환경부장관이 지정하는 전문기관("수렵강습기관"이라 한다)에서 수렵의 역사·문화, 수렵 시 지켜야 할 안전수칙 등에 관한 강습을 받아야 한다.

03

수렵보험의 범위(야생생물 보호 및 관리에 관한 법률 시행령 제35조)

- 수렵 중에 다른 사람을 사망하게 한 경우 : 1억 5천만 원 이상
- 수렵 중에 다른 사람을 부상하게 하거나 다른 사람의 재산에 손해를 입힌 경우 : 3천만 원 이상
- 수렵 중에 다른 사람을 부상하게 하여 그 사람이 부상에 대한 치료를 마친 후 더 이상의 치료효과를 기대할 수 없고 그 증상이 고정된 상태에서 그 부상이 원인이 되는 신체적 장해가 생긴 경우 : 1억 5천만 원 이상

04
수렵장 시설 등의 설치기준(야생생물 보호 및 관리에 관한 법률 시행규칙 제51조 제2항)
- 수렵장 관리소
- 안내시설 및 휴게시설
- 응급의료시설
- 사격연습시설
- 야생동물의 인공사육시설(야생동물을 인공사육하여 수렵대상 동물로 사용하는 수렵장만 해당한다)
- 포획물의 보관 및 처리시설
- 수렵장의 경계표지시설
- 안전관리시설

05
② 수렵장에서 수렵동물을 수렵하고자 하는 사람은 대통령령으로 정하는 바에 따라 그 주소지를 관할하는 시장·군수·구청장으로부터 수렵면허를 받아야 한다(야생생물 보호 및 관리에 관한 법률 제44조 제1항).

06
① 포유류는 귀에 부착하고, 조류는 발목에 부착한다.

07
수렵면허증(야생생물 보호 및 관리에 관한 법률 시행규칙 제61조 제3항)
수렵면허증의 재발급을 신청하려는 사람은 별지 제50호 서식의 수렵면허 재발급 신청서에 다음의 서류를 첨부하여 시장·군수·구청장에게 제출하여야 한다.
- 수렵면허증(수렵면허증을 분실한 경우는 제외한다)
- 증명사진 1장

08
유해야생동물의 포획허가(야생생물 보호 및 관리에 관한 법률 제23조 제1항)
유해야생동물을 포획하려는 자는 환경부령에 따라 시장·군수·구청장의 허가를 받아야 한다.

09
수렵승인신청(야생생물 보호 및 관리에 관한 법률 시행규칙 제63조 제2항 제3호 및 제4호)
수렵장 설정자의 승인을 받아 동물을 수렵한 사람은 수렵기간이 끝난 후 15일 이내에 수렵동물 포획승인서(포획한 야생동물의 종류·수량 및 포획장소 기재)와 미사용 수렵동물 확인표지를 수렵장 설정자에게 반납해야 한다.

10
벌칙(야생생물 보호 및 관리에 관한 법률 제67조 제1항)
멸종위기 야생생물 Ⅰ급을 포획·채취·훼손하거나 죽인 자는 5년 이하의 징역 또는 500만 원 이상 5천만 원 이하의 벌금에 처한다.

11
③ 멧토끼는 2005년 수렵동물(사냥이 가능한 야생동물)에서 제외된 야생동물에 해당한다.

12
수렵 제한(야생생물 보호 및 관리에 관한 법률 제55조 제2호)
해가 진 후부터 해뜨기 전까지는 수렵을 하여서는 아니 된다.

13
① 야생생물 보호 및 관리에 관한 법률 제54조 제9호
② 동법 제54조 제5호
④ 동법 제54조 제1호

14
③ 야간 19:00~익일 07:00까지 지정된 경찰관서 무기고에 총기를 보관하여야 하며, 위반 시 과태료가 부과되고 총기 보관해제가 금지된다.

15
출입 제한(야생생물 보호 및 관리에 관한 법률 제29조 제1항 제3호)
천재지변 또는 이에 준하는 재해가 발생하여 긴급한 조치를 하거나 원상 복구에 필요한 조치를 하는 행위의 경우 특별보호구역 및 제한된 일부 지역에 출입할 수 있다.

16
결격사유(야생생물 보호 및 관리에 관한 법률 제46조 제7호)
수렵면허가 취소된 날부터 1년이 지나지 아니한 사람은 수렵면허를 받을 수 없다.

17
야생생물 보호원(야생생물 보호 및 관리에 관한 법률 제59조 제1항)
환경부장관이나 지방자치단체의 장은 멸종위기 야생생물, 생태계교란 생물, 유해야생동물 등의 보호·관리 및 수렵에 관한 업무를 담당하는 공무원을 보조하는 야생생물 보호원을 둘 수 있다.

18
야생생물 보호 및 이용의 기본원칙(야생생물 보호 및 관리에 관한 법률 제3조 제1항)
야생생물은 현세대와 미래세대의 공동자산임을 인식하고 현세대는 야생생물과 그 서식환경을 적극 보호하여 그 혜택이 미래세대에게 돌아갈 수 있도록 하여야 한다.

19
④ 100만 원 이하의 과태료(야생생물 보호 및 관리에 관한 법률 제73조 제3항 제6호)
①·②·③ 200만 원 이하의 과태료(동법 제73조 제2항 제1호, 제2호, 제3호)

20
① 3년 이하의 징역 또는 300만 원 이상 3천만 원 이하의 벌금(야생생물 보호 및 관리에 관한 법률 제68조 제1항 제2호)
②·③·④ 2년 이하의 징역 또는 2천만 원 이하의 벌금(동법 제69조 제1항 제2호, 제3호, 제15호)

2과목 야생동물의 보호·관리에 관한 사항

21
수렵 가능한 동물의 종류
- 포유류(3종) : 멧돼지, 고라니, 청설모
- 조류(13종) : 꿩(수꿩), 멧비둘기, 까마귀, 갈까마귀, 떼까마귀, 쇠오리, 청둥오리, 홍머리오리, 고방오리, 흰뺨검둥오리, 까치, 어치, 참새

22
③ 꿩은 수컷과 암컷의 몸 빛깔이 아주 달라서 쉽게 구분된다. 즉 빛깔이 고운 수컷을 장끼, 빛깔이 곱지 않은 암컷은 까투리라고 부른다.

23
① 비오리는 깊이 잠수하여 호수 밑바닥 수초를 먹는 잠수성 오리이다.

24
② 수컷 여러 마리가 한 마리의 암컷과 교미하며, 양육에는 관여하지 않는다.

25
③ 산란기는 4~6월 사이지만, 때로는 7~10월 사이에 산란하기도 한다.

26
①·② 여름철새, ③ 텃새

27
①·②·④ 먹는 것이 금지된 포유류

먹는 것이 금지된 조류
- 멸종위기 : 뜸부기, 큰기러기, 흑기러기
- 그 외 : 가창오리, 고방오리, 쇠기러기, 쇠오리, 청둥오리, 흰뺨검둥오리

28
포식종과 피식종의 일반적인 관계
- 포식종의 밀도는 항상 피식종의 밀도보다 낮다.
- 포식종은 다양한 종을 포식한다.
- 피식종의 증식률은 포식종보다 높다.
- 피식종은 포식종보다 크기가 작지만 포식종이 작은 경우 대개 큰 피식종의 새끼를 포식한다.

29
③ 고라니는 암수 모두 뿔이 없다.

30
③ 화재발생 후 자연상태에서 생태계가 완전히 회복되기 위해서는 100년이 걸린다.

31
② 직박구리의 머리와 목은 회색으로 각 깃털 끝은 뾰족하고 엷은 잿빛이며 중부 이남에 매우 흔한 텃새이다.

32
① 흰뺨검둥오리는 우리나라의 텃새이다.
③ 오리류에 속하기 때문에 물가 근처에서 번식한다. 때때로 초원이나 얕은 숲의 가장자리, 심지어 나무 위에서도 번식하는 경우도 있다.
④ 4~7월에 걸쳐 한 번에 10~12개의 알을 낳고 포란기는 21~23일이다.

33
② 후투티는 우리나라의 중부지방에 주로 서식하는 여름철새로 뽕나무밭 주변에 주로 서식하기 때문에 오디새라고도 불린다.

34
① 얼굴은 희고 귀깃과 턱 밑은 흰색으로 암·수 같은 빛깔이다.

35
오리류 중 원앙, 원앙사촌, 황오리, 알락쇠오리, 호사비오리, 뿔쇠오리, 붉은가슴흰죽지는 유해동물 지정에서 제외한다.

36
② 드물게나마 도시 건물에서도 번식하지만, 산지에서 말똥가리나 새매의 둥지를 이용하여 번식하기도 한다.

37
④ 쇠오리는 10월부터 이듬해 3월 사이에 우리나라에 오는 겨울철새이다.

38
② 멸종위기 야생생물 Ⅱ급이다.

멸종위기 야생생물 I급 조류
검독수리, 고니, 넓적부리도요, 노랑부리백로, 느시, 두루미, 먹황새, 뿔제비갈매기, 저어새, 참수리, 청다리도요사촌, 크낙새, 호사비오리, 흑소니, 황새, 흰꼬리수리

39
① 견치가 있는 것은 고라니이다.
③ 노루는 높은 산 또는 야산과 같은 산림지대나 숲 가장자리에 서식하며, 다른 동물과 달리 겨울에도 양지보다 음지를 선택하여 서식하는 특성이 있다.
④ 노루 수컷에만 뿔이 있다.

40
④ 알을 가져와 인공부화를 시켜서는 안 된다. 어미가 돌아와 본능적으로 알의 상태를 알기 때문에 자연 상태 그대로 두는 것이 좋다.

3과목 수렵도구의 사용방법(1종)

41
③ 2호 산탄의 최대도달거리는 300m이다.

42
③ 5호는 수꿩·오리 사냥에 적당하다.

43
① 워드커트형은 본래 사격 경기용으로 설계되었기 때문에 연지탄 중에서 정확도가 가장 높다.

44
③ 스프링식은 가스후퇴식에 비하여 강하고 늦은 반동 때문에 연사속도가 느린 것이 단점이다.

45
② 총열 상단에 부착된 사다리를 닮은 긴 편자이며 총의 조준을 편리하게 하기 위한 것이다. 리브의 끝에 붙은 볼록한 가늠쇠를 비드(Bead)라고 한다.

46
③ 엽탄의 길이에 따라 화약량도 차이가 난다.

47
④ 짧은 총열은 넓은 패턴(탄막)을 형성하나 사거리가 줄어들고 총열이 길면 그 반대의 현상이 나타난다.

48
② 공기총은 조준경을 부착할 수 있다.

49
④ 공기총 사격은 조준사격을 하며, 리드사격이 중요한 것은 엽총사격이다.

50
② 허가관청이 지정한 장소에 보관하기 전 약실검사 및 안전검사를 통하여 총기 내부에 탄약이 있는지 확인한 후 총집에 넣어 보관한다.

51
② 5호 산탄의 유효사거리와 최대도달거리는 각각 45m와 240m이다.

52
① 고라니, ③·④ 고라니·오리

53
① 매그넘탄은 사용이 가능한 총기에 한하여 사용해야 한다.

54
② 탄두가 뾰족한 포인티드(Pointed)형은 관통력이 크고 표적에 깊숙이 박힌다.

55
산탄엽총의 종류
- 상하쌍대 엽총 : 하나의 총열 위에 다른 하나의 총열이 있는 것
- 수평쌍대 엽총 : 총기반동이 크나 가볍고 휴대가 간편해 수렵용으로 적합
- 반자동 엽총 : 총열이 하나이고 아래에 여분의 탄창이 있는 것
- 수동식 엽총 : 연발의 기능이 격발 후 손으로 이루어지는 것
- 단발식 엽총 : 단발이므로 격발 후 탄피제거 및 장탄삽입

56
④ 조준경(스코프)은 공기총의 부착물에 해당한다.

57
① 조준 시 정렬을 돕는 것은 조준경이다.

58
① 위력은 중절식보다 공기 압축식이 더 좋다.

59
② 조준은 고정표적과 이동표적에 따라 각기 다른 방법을 선택한다.

60
③ 성능을 높이기 위해 총기를 개조해서는 아니 된다.

4과목 안전사고의 예방 및 응급조치에 관한 사항

61
② 수렵용 총기를 점검할 때에는 실탄의 이상 유무가 아니라 약실에 실탄이나 탄피가 들어있는지 여부를 확인해야 한다.

62
② 사격연습을 많이 하면 그만큼 안전사고도 줄어든다.

63
① 붉은색 모자는 총기 오인사고를 예방하기 위해 착용한다.

64
③ 안전장치를 신뢰해서는 안 되며 가장 안전한 방법은 실탄을 제거하는 것이다.

65
③ 수렵 중 간단한 음주와 흡연이라도 안전사고의 원인이 될 수 있다.

66
② 독극물을 계란, 물, 우유 등으로 중화시키지 않는다.

67
③ 온찜질보다 얼음찜질을 하여 통증을 가라앉히고, 부종을 막아야 한다.

68
② 동상 부위를 얼음주머니로 마사지하면 동상을 악화시키므로 따뜻한 천으로 상처를 감싸고 가볍게 주무르거나 따뜻한 물에 담근다.

69
파상풍은 흙이나 동물의 분변에 있던 파상풍균의 포자(Spore)가 상처 부위를 통해 들어와 파상풍균이 생산한 신경 독소에 의해 발생한다. 증상으로는 근육 수축, 안면 마비, 전신 경련, 발열, 오한 등이 나타난다.

70
응급환자의 의식여부 확인은 말을 걸어 보거나 꼬집어 보거나 동공을 확인한다. ④의 경우는 응급환자의 호흡여부를 판단하는 방법이다.

71
③ 항상 장전상태를 유지하면 오발 등의 안전사고가 유발될 수 있다.

72
② 미끄러지거나 넘어질 때에도 총기는 절대 포기해선 안 된다.

73
① 수렵견은 1인 2마리 이내로 동반해야 한다.

74
① 귀 보호장비를 착용하지 않고 계속하여 총소리를 듣는 것은 청각장애를 일으킬 수 있다.
② 운동화보다는 수렵화를 신어야 발을 보호할 수 있다.
④ 일몰 후에는 수렵이 금지된다.

75
③ 사고가 발생한 원인을 파악하는 일은 현장에 도착한 구조팀에서 하는 일이다.

76
쇼크의 일반적 증상은 차고 창백한 피부, 약하고 빠른 맥박, 식은땀과 현기증, 오심과 구토, 혈압 저하, 의식소실 등이다.

77
③ 피부 아래 조직이 손상된 경우는 폐쇄성 상처로 타박상, 좌상 등이 있다. 절상은 개방성 상처로 피부가 파괴된 경우로 출혈과 감염이 동반된다.

78
응급의료상담원에게 알려주어야 할 내용
- 응급상황이 발생한 위치
- 응급상황의 내용
- 도움이 필요한 환자의 수
- 환자의 상태
- 환자에게 시행한 응급처치 내용(심폐소생술, 자동제세동기 사용 등)
- 다른 질문이 없는지 확인

79
③ 선택적 동맥 압박법에 대한 설명이다.

80
② 인공호흡을 할 때에는 평상시 호흡과 같은 양을 들이쉰 후에 환자의 입을 통하여 1초에 걸쳐서 숨을 불어넣는다. 불어넣을 때에는 눈으로 환자의 가슴이 부풀어 오르는지를 확인한다.

수렵면허 읽을거리

"수렵 관련 상식"

❶ 수렵에 필요한 장비

수렵은 총기류를 다루고 야외에서 이루어지는 활동이기 때문에 안전사고의 위험성이 항상 도사리고 있어 여러 가지 기본 장비의 휴대가 필요하다.

① 엽복 : 엽복은 바지, 조끼, 재킷, 상의 등이 있으며 위장성을 고려해 대부분 밀리터리 무늬로 되어 있다. 신축성과 통기성, 그리고 엽기가 늦은 가을부터 초봄까지 이어지는 점을 감안해 보온성을 염두에 두어야 한다. 조끼나 재킷의 경우에는 충분한 주머니가 부착되어 있으며 상의에는 개머리판이 닿을 부분에 천이 덧대어 있다.

② 사냥용 나이프 : 포획한 사냥감은 가능한 한 빨리 내장을 제거해야 부패를 방지할 수 있다. 나이프는 사냥감의 배를 가르는 데뿐만이 아니라 야외에서 여러모로 쓸모 있는 도구이다.

③ 탄띠 : 탄환을 하나씩 빼서 사용할 수 있도록 되어 있으며 탄환에 따라 규격이 다르다. 엽탄띠가 무거울 경우에는 벨트에 연결할 수 있는 각탄띠를 사용하기도 한다.

④ 나침반 : 산속에서 길을 잃지 않기 위해서는 나침반과 고도계가 필요하다. 사냥 중에 뿔뿔이 흩어진 팀원들과 다시 만나려면 같은 고도를 유지한 채 방향을 정해서 수평으로 이동하면 된다.

⑤ 피리 : 숨어 있는 꿩, 고라니, 멧돼지 등의 위치를 파악하고, 유인하는 목적으로 이용되는 피리를 말한다. 모양은 비슷하지만 서로 다른 소리가 나며, 엽견용 피리도 따로 있다.

⑥ 모형 오리 : 실제 오리와 비슷하게 만들어진 모형으로 물가에 띄워놓고 오리를 유인할 때 사용된다. 오리, 피리 등과 함께 이용해 물가의 오리가 살상반경 안에 들어올 수 있도록 한다.

⑦ 수렵화 : 수렵화는 등산화보다 발목이 높은 부츠형으로 제작되는 경우가 많다. 땀이 잘 빠지고 방수가 잘되며 미끄러움 방지와 발목이 보호되는 제품을 선택하는 것이 좋으며, 무엇보다 착용감이 좋은 것으로 고른다.

수렵면허 읽을거리

❷ 수렵과 밀렵의 차이점

수렵은 건전한 스포츠로서 자연과 환경에 피해를 최소화하는 것이 원칙이다. 정부에서는 해마다 「야생생물 보호 및 관리에 관한 법률」에 따라 금렵구와 수렵장과 수렵시기를 정하고, 유해조수와 수렵 가능한 동물 및 그 수량 등을 지정해 제한을 가하고 있으며, 수렵은 그 규정에 따라 이루어진다.

밀렵은 수렵과 달리 정부의 허가 없이 이루어지는 것이며 야생동물을 포획·매매하는 등 상업적인 수단이 주목적이다. 천연기념물 지정 조수도 무차별로 포획하며, 포획 수량을 늘리기 위해 올가미나 틀 등을 사용하는 것도 서슴지 않는다.

❸ 수렵인의 수칙

수렵은 사냥감의 무자비한 살생이나 과시와는 거리가 먼 것으로, 사냥감 획득에 집착하지 않으며 자연 속에서 시간을 보내는 것에 중점을 두는 행위이다. 그러므로 필요 이외의 살생은 피하고 동료 수렵인들과 예의를 지키며 여유를 가지고 수렵에 임해야 할 것이다. 또한, 안전사고에 항상 만전을 가해야 하며 총기류 취급 시에는 각별한 주의가 필요하다. 엽장 이외의 지역에서는 장전하지 않으며, 술을 마신 상태에서 총을 다루는 것은 피해야 한다. 특히 총기에 대한 지식이 없는 사람이 만지는 일이 없도록 해야 하며 총기는 언제라도 발사가 가능하다는 점을 숙지하여 사용하지 않을 때도 총구가 사람이나 신체 일부를 향하는 일이 없도록 주의해야 한다. 총기는 항상 손질이 잘 된 상태로 잠금장치가 있는 장소에 보관한다.

❹ 엽 견

수렵견(狩獵犬) 또는 엽견(獵犬)이라고도 한다. 개는 인류가 사육하기 시작했을 때부터 사냥에 이용되어 왔으며 가장 가까운 조력사 구실을 해왔다. 오랜 세월을 거치는 동안 엽견은 사냥 대상, 지역, 환경뿐만 아니라 사용하는 엽구가 어떤 것이냐에 따라서 적합한 기종으로 개발되어 왔다.

엽견의 종류

① **지시견** : 지시견은 말 그대로 사냥감의 위치를 주인 엽사에게 알리는 훈련을 받은 개를 말한다. 일반적으로 지시 전문견과 하운드계 지시견으로 나뉜다.

- 지시 전문견 : 목표 조수가 숨어 있는 위치를 알아내어 주인 엽사에게 알리는 역할을 하며 포인터와 세터 종이 있다.
- 하운드계 지시견 : 목표 조수의 위치를 알리고 몰아내는 역할을 한다. 와이 머라너, 마자르 비스라, 저먼쇼트 헤어드 등이 속한다.

② **수출견** : 목표물이 숨어 있는 곳을 찾아 그 주위를 뛰어다니면서 주인 엽사에게 사격 기회를 준다. 수출견에는 스패니얼 종이 속한다.

③ **회수견** : 총에 맞고 달아났거나 수풀 등에 떨어진 사냥감을 회수해 오는 역할을 한다. 거의 모든 엽견들이 기본적으로 가지고 있는 성질이기는 하나 리트리버, 스패니얼 종이 특히 우수하다.

④ **완추견** : 토끼·너구리·오소리 등 짐승들의 발자취를 천천히 더듬어 들어가 내몰거나 직접 조수에 덤벼들어 공격한다.

⑤ **속추견** : 빠른 속도로 사냥감 뒤를 쫓아 주인에게 기회를 주거나 직접 사냥감에 덤벼드는 역할을 하며 주인과 멀리 떨어진 상태일 때도 수렵이 가능하다.

⑥ **격투견** : 대형 조수에 직접 덤벼들어 넘어뜨리거나 주인이 도착할 때까지 움직임을 저지시키는 역할을 하는 견으로 테리어 종이 대표적이다.

엽견 선택

엽견은 목표로 하는 조수의 특성을 감안하여 선택해야 한다. 보통 많이 선택하는 종은 포인터(Pointer), 리트리버(Retriever), 세터(Setter) 종류이다. 리트리버 종은 운반 회수 능력이 뛰어나기 때문에 오리 사냥 등에 적합하고 목표물을 잘 찾아내는 포인터와 세터는 꿩 등의 사냥에 적합하다.

혈통적으로 우수하고 전문 브리더들에 의해 개발·훈련된 엽견의 경우에는 1년 이내의 중견과 완성견으로 나눠서 판매된다. 다만 이 경우는 분양 가격이 상당하다는 단점이 있다. 그러나 반드시 브리더를 통해 훈련된 종을 구매할 필요는 없으며, 우수한 종자의 어린 강아지를 분양받아 직접 필요한 요소를 훈련시켜 출렵에 동행하는 것도 권할만한 방법이다. 다만 훈련 받지 않은 채 생후 1년이 지나버린 중견은 훈련을 받아들이는 속도가 느릴 뿐더러 잘 되지도 않기 때문에 어린 강아지를 분양받아 생후 3개월부터 훈련시키는 것이 효과적이다.

엽견의 훈련

엽견의 훈련 방법은 사육소나 개인별 취향에 따라 광범위하고 다양하다. 훈련에 앞서 엽견과의 친숙도와 신뢰성을 쌓는 것이 우선이다. 또한, 불필요한 명령은 주입시키지 않도록 하고 조급해 하지 않고 엽견에게 정성을 쏟으며 실습을 반복하는 것을 기본으로 한다.

수렵면허 읽을거리

① **워 훈련(Whoa Training)** : 주인의 명령에 따라 엽견을 서게 하는 훈련으로 가장 기본이 되는 훈련이라고 할 수 있겠다. 여기서 '워'란 엽견을 멈추게 할 때 쓰는 구령 소리를 말한다. 워 훈련의 대표적인 방법은 다음과 같다. 먼저, 끈 등을 이용해 개의 앞가슴과 엉덩이 부분을 묶은 후, 그 끈의 한쪽 끝을 높은 나뭇가지 등에 걸친 후 잡아당겨 개의 몸을 뜨게 만든다. 이때 개는 네 발이 땅에서 떨어지게 되어 큰 공포심을 갖게 되는데 이때 일정한 구령소리(예를 들어 '워' 소리)를 낸다. 상기 과정을 수차례 반복함으로써 개는 점차 구령 소리에 익숙해지며 공포심을 상기해 그 자리에 멈춰 서게 된다. 명령 해제 구령도 일정하게 정하여 행한다.

② **포인 훈련(Point Training)** : 포인 훈련의 대표적인 방법 중 하나는 끝에 메추리나 꿩, 혹은 꿩털 등을 매단 낚싯대나 줄을 이용하는 것이다. 낚싯대 끝은 수렵견 앞에 갖다 댔을 때 수렵견이 덤벼들면 줄을 빼앗는 과정을 반복하다가 특정한 구령 소리로 명령한 후 목표물을 무는 것을 허락한다. 이러한 과정을 어린 강아지 때부터 먹이를 주며 반복하면 자연스럽게 몸에 익히게 된다. 줄에 매단 목표물을 이용한 포인 훈련이 너무 오래 지속되면, 실제 수렵 상황에서도 실제 사냥감은 생각하지 않고 줄에 매단 목표물만을 기대하므로 적절한 단계에서 실제 메추리나 꿩 등으로 훈련을 이어가는 것이 바람직하다. 포인 시간이 길수록 훈련이 잘된 엽견으로, 칭찬과 저지를 반복하면서 서서히 시간을 늘려 나가야 한다.

③ **냄새 추적훈련** : 생후 3개월부터 지속적으로 사냥감의 냄새를 맡게 하여 기억할 수 있게 하면 실제 수렵 시에 해당 목표물을 빠르게 찾아낼 가능성이 높아진다. 혹은 수렵견이 좋아하는 음식 등으로 유도할 수 있는데, 해당 음식을 들고 바람이 부는 반대 방향으로 2~3m 정도 끈 다음, 바람 부는 방향의 끝 지점에 숨겨 놓는다. 수렵견에게 음식 냄새를 맡게 하고, 바람의 역방향 끝 지점에서 '찾아' 따위의 찾을 것을 명령하는 구령 소리를 낸다. 수렵견이 음식물을 찾아내는 데 성공하면 칭찬을 하는 과정을 반복한다.

④ **회수훈련** : 수렵 중에 발견한 사냥감을 흙에 파묻거나 훼손하는 일 없이 그대로 주인에게 가져오는 것이 무엇보다 중요하다. 대표적인 회수훈련 방법은 공이나 장난감 등을 이용하는 것이다. 끝에 묶은 공 등을 수렵견 앞에 내보인 다음 가까운 거리부터 던져 물게 한 후 줄을 끌어 당겨 돌아오게 한다. 성공을 했을 때는 음식을 주는 등의 행위로 개에게 칭찬을 해주고 길이를 늘려가면서 훈련을 반복한다.

❺ 좋은 엽총이란

애초에 총기류에 관심이 있어서 수렵에 입문한 사람들은 예외겠지만, 대부분의 초보자들의 경우에는 엽총 선택이 쉽지만은 않을 것이다. 엽총은 크게 쌍대식과 반자동식으로 나눠지지만 성능

면에서는 큰 차이가 없다. 엽총은 고급엽총부터 대중화된 엽총까지 가격대가 다양하므로 개인의 경제사정을 고려하여 능력에 맞는 엽총을 구매할 수 있다. 무엇보다 야외에서 직접 휴대하고 다녀야 하기 때문에 자신의 몸에 맞는지, 착용감이 어떠한지 꼼꼼히 살펴봐야 할 것이며, 특히 여성의 경우에는 너무 무겁지 않은지 확인해 볼 필요가 있다. 엽총의 무게는 보통 2.8~3.4kg 정도이다. 최근에는 엽총 제조 시에 경금속이 주로 사용되므로 이전에 비해 무게가 가벼워진 것이 사실이지만 지나치게 가벼운 엽총은 탄약 발사 시에 발생되는 반동이 상대적으로 커서 격발 시 총의 중심을 잃어 정확한 명중이 어려울 수 있다. 또한, 재격 시에 정조준 자세를 빠르게 취할 수 없는 등의 단점이 있을 수 있으므로 적절한 무게의 제품을 선택하는 것이 바람직할 것이다. 양팔로 견착한 자세에서 편안한 제품을 우선적으로 고려하는 것이 좋으며, 물론 외관상의 디자인도 간과할 수 없는 부분으로 각자의 취향을 고려하여 애착을 가지고 이용할 수 있는 제품으로 고른다. 또한 부품 조달이 쉬운지, 한국 내에 혹은 가까운 지역에 대리점이 있는지 확인해야 하며, 구매 후 사후 관리부분도 염두에 두어야 한다. 총기는 건조하고 그늘진 곳에 보관해야 하며, 특성상 부식이나 마모가 되기 쉬우므로 관리 방법을 숙지하여 정기적으로 손질해 주는 것을 소홀히 해서는 안 될 것이다.

❻ 브라우닝 자동소총

브라우닝 자동소총(Browning Automatic Rifle 브라우닝 오토매틱 라이플, 흔히 앞 머리 글자를 따서 BAR이라고도 부름)은 20세기 초에 미국의 존 브라우닝의 설계로 제작된 자동소총이자 경기관총으로, 미군에서 Mle1915 쇼샤와 Mle1909 호치키스를 대체하였다.

BAR은 가스 작동식, 오픈 볼트, 공랭, 탄창급탄 방식을 채택한 미군의 자동소총이다. 당시의 제식소총인 스프링필드 M1903과 같은 30-06 스프링필드탄을 빠른 속도로 발사하여 적이 참  호에서 머리를 들지 못하도록 제압하기 위한 목적으로 설계되었다. 훈련된 병사가 들고 뛰기에도 힘들 정도로 무거운 BAR은 20발들이 탄창을 표준으로 사용하였으며, 때로는 40발들이 탄창을 써서 대공용으로 쓰기도 하였다.

수렵면허 읽을거리

1940년에 변형된 M1918A2는 반자동 사격기능이 빠지고 대신 연사기능이 각각 저속연사(Slow-auto, 분당 300~450발)와 고속연사(Fast-auto, 분당 500~650발)의 두 가지로 나눠졌다. 그리고 양각대는 스파이크가 빠지고 탈착할 수 있게 되었고 소염기가 추가되었다. 분대 지원화기로 역할이 바뀌자, 1942년 BAR의 개머리판의 재질은 섬유 유리에서 나무로 바뀌었고, 전쟁이 끝난 뒤에는 총열에 붙은 운반용 손잡이가 추가되었다. 제2차 세계대전과 한국 전쟁을 거치면서 현역으로 쓰이던 M1918A2는 7.62×51mm NATO탄에 맞게 변환되어, 베트남 전쟁에서 잠깐 사용되었고, 곧 M60 기관총에 의해 퇴역되었다. 현재 반자동만 가능한 M1918A3 SLR(Self Loading Rifle)이 민간인을 상대로 생산되고 있다.

종 류	자동소총(전투소총), 경기관총	탄 약	30-06 스프링필드(7.62mm×63mm)
개발국가	미 국	급 탄	20발들이 사다리꼴 탄창
시 대	제1차 세계대전	작동방식	가스 작동식, 틸팅 볼트 방식, 오픈 볼트
개발년도	1917년	총 열	610mm
생산기간	1917~1940년	전 장	1214mm
사용기간	1917~1960년	중 량	8.8kg(탄창 없이)
사용국가	미 국	발사속도	분당 300발(저속)·650발(고속)
사용전쟁	제1차·2차 세계대전, 한국 전쟁, 베트남 전쟁	총구속도	805m/s
파생형	M1918A1, M1922	유효사거리	548m(6000야드)
구 경	7.62mm		

❼ 번경과 게이지(Gauge)

엽총의 총공 계산법은 기타 다른 총기류와 조금 다르다. 일반적으로 총구의 크기를 구경(Caliber)이라고 하는데, 이는 주로 라이플의 총구 너비를 잴 때 쓰는 말이고 엽총의 경우에는 번경 혹은 게이지(Gauge)라는 단위를 사용한다.

게이지는 구경보다 훨씬 오래전부터 사용하던 단위로, 1게이지는 1파운드(453.6g)의 납을 녹여 한 개의 동그란 탄환을 만들었을 때의 지름 혹은 그 탄환이 간신히 통과할 만한 총구의 지름을 말한다. 그러므로 사용이 가장 빈번한 12게이지의 경우에는 12분의 1파운드 분량의 납을 녹여서 동그란 탄환을 만들었을 때의 지름을 뜻한다. 즉, 게이지의 숫자가 작을수록 실제 총구의 지름은 커지게 된다. 이 말은 곧 사용할 수 있는 탄피의 크기 또한 커진다는 뜻이다. 탄피가 커지게 되면 담을 수 있는 탄알의 개수가 많아지므로 적중률을 높일 수 있어 유리하다.

엽총의 총구 너비는 4게이지부터 8, 10, 12, 20, 24, 28, 32게이지 그리고 410구경까지 다양하다. 총구 너비가 가장 좁은 410구경은 유일하게 번경이 아니라 구경으로 표기된다. 구경의 표기법은 인치를 따르기 때문에, 410구경이라는 것은 총구의 지름이 1인치의 1000분의 410이라는 것을 뜻한다. 410구경은 아주 가볍지만 명중률이 낮기 때문에 극히 드물게 사용되고 있다. 수렵에서 주로 사용되는 것은 12게이지로, 국내 수요의 대부분을 차지한다. 다소 무거운 느낌이 있으나 패턴이 넓어 명중률이 높은 편이다. 그 밖에 이용률이 높은 것으로는 20게이지를 들 수 있는데, 12게이지에 비해 무게가 약 200~400g 더 가벼워 신체조건이 다소 왜소한 이용자에게 적합하다. 반면 탄알의 수가 작다는 단점이 있기 때문에 사격에 서툰 초보자에게는 목표물 명중이 더욱 어려울 수 있다.

❽ 탄알의 패턴(Pattern)

엽탄(산탄)은 발사 후 여러 개의 탄알들이 공중으로 퍼져 목표물까지 도달하게 된다. 그러므로 몇 개의 탄알이 얼마만큼의 밀도로 목표물에 명중되는지가 중요하다.

패턴이란 탄알이 퍼져나가는 산개 모양과 목표물에 도달하는 밀도 등을 총 파악해 측정한 값이다. 국제적 기준의 패턴 값은 36m의 거리에서 엽탄을 발사했을 때 지름 76cm의 원 안에 명중된 전체 산탄의 퍼센트를 말한다. 패턴은 샷콜론(Shot Colon)이 길어질수록 나빠진다. 여기서 샷콜론이란 발사되어 날아가는 탄알들 중 맨 앞의 탄알과 맨 끝의 탄알 사이의 길이를 측정한 값을 말한다. 패턴은 보통 초크(Choke)라고 불리는 조리개로 조절할 수 있다. 초크는 총열 끝에 삽입, 총구의 지름을 인위적으로 줄이는 보조 장비로서 산탄의 퍼짐을 조절해 보다 조밀하게 밀집시켜 명중률을 높인다.

초크는 내부삽입식과 외부삽입식으로 구분되는데, 외부삽입식의 경우 전체 총열이 길어지는 효과가 있지만 전체적인 성능 차이는 미미하다. 초크의 종류는 총구 폭을 조절하는 퍼센테이지에 따라 다음과 같이 종류가 나뉘며, 초크 내부에 있는 홈의 개수에 따라 구별된다. 사격 목표에 따라 유연하게 사용해야 한다.

① 풀 초크(줄임폭 : 1.00mm, 패턴 : 70~79%)

    총열 폭을 가장 많이 줄이는 초크로 목표물에 도달하는 탄알의 밀도가 높고, 가장 멀리 나가며 산개의 폭이 좁다. 국제기준 패턴측정에서 총 탄환수의 70~79%가 적중하며 장거리 사격에 적합하다. 오리, 멧돼지, 고라니의 사냥에 알맞다. 초크 내 홈이 1개로 1호라고도 불린다.

수렵면허 읽을거리

② 실린더 초크(줄임폭 : 0.00mm, 패턴 : 34~44%)
  총구 폭을 줄이지 않은 것으로, 모든 초크 중 줄임폭이 가장 낮다. 산탄이 넓게 산개하기 때문에 조준이 정확하지 않더라도 명중률이 좋은 편으로 25m 이내의 근거리 사격에 적합하다. 다만 실제 수렵에서는 슬러그 탄환 사용 시를 제외하고는 거의 이용되지 않는 편이다. 초크 내의 홈이 5개로 5호라고도 한다.

③ 모디파이드 초크(줄임폭 : 0.50mm, 패턴 : 55~64%)
  가장 보편적으로 많이 사용되는 초크이다. 중거리 사격에 적합하며 꿩이나 비둘기, 고라니 등의 수렵에 적합하다. 초크 내 홈이 4거로 4호라고도 통용된다.

❾ 사격술의 기초

산탄을 사용하는 엽총은 주로 이동하는 표적을 목표로 한다. 한 알의 탄으로 명중시키는 것이 아니라 한꺼번에 발사된 여러 개의 탄알이 탄막을 이루며 목표물이 있는 방향으로 날아가다가 그중 탄환 몇 개가 명중하게 되는 것이다. 다리를 어깨너비 정도로 벌리고 발사 축에 맞추어 오른손잡이의 경우 왼쪽 발을 앞으로 내밀어 무게중심은 왼쪽 다리 위에 두는 것이 기본자세이다. 사냥감이 눈앞에 나타나면 사정거리 안에 들어올 때까지 기다렸다가 총을 어깨에 올리기 시작해야 한다. 개머리판을 어깨에 적절하게 잘 대려면, 조준선 정렬이 잘 되어 있어야 하는데, 총기 위치를 바꿀 필요가 최소한도일 때 총은 가장 이상적인 위치에 있게 된다. 사냥감이 멀어지면 신속히 움직이며 총신을 목표물 쪽으로 두고 계속 리드하면서 조준이 완료되는 순간 발사한다. 명중률이 높은 사격을 위한 기본 요건은 이용하는 총기류가 몸에 얼마나 맞는가 하는 부분이다. 오른팔을 구부려서 총의 개머리판을 위에 올렸을때 방아쇠를 당기는 손가락 첫마디가 방아쇠에 닿는거리를 게머리장이라고 한다. 개머리 상층부의 간격을 'Drop At Comb'라고 하며 개머리판 후반 상단부에서 가늠자 수평간의 거리를 'Drop At Heel'이라 한다. 개머리판이 눈과 리브(Rib)와의 평행선을 이루기 위해 휘어진 상태를 'Cast'라고 한다. 일반적으로 오른쪽으로 휘어진 상태를 'Cast Off'라고 하며, 왼손잡이총의 경우 왼쪽으로 휘어진 상태를 'Cast On'이라고 한다. 모든 엽총들은 표준체격을 기초로 생산단계에서 이러한 특징들이 이미 결정되어 생산되기 때문에 맞춤 제작된 고급 엽총을 제외하고는 개머리판 기장을 조절하여 총에 몸을 맞추어 숙지하는 방법밖에는 없다.

❿ 리브와 비드의 사용법

리브(Rib)는 총열 상단에 부착된 사다리를 닮은 가늠을 도와주는 긴 편자를 말한다. 수렵용 엽총의 경우 그 길이는 약 9mm이다. 비드는 리브 끝부분에 붙은 볼록한 가늠쇠를 말한다. 비드는 눈과 똑같은 위치의 평행선을 맞추기 위해 사용한다. 움직이는 목표물을 보고 사격 시 리브와 비드가 눈에 들어와 시각적으로 이를 본인이 느꼈다면 이미 탄환은 물체가 날아간 후방에 맞게 된다. 그러므로 고정된 목표물을 대상으로 진행되는 사격 자세를 연습할 때에는 항상 눈과 비드의 일치점을 확인하는 훈련이 필요하며, 실제 수렵에서는 훈련한 사격 자세를 유지하는 동시에 비행하는 목표물의 이동을 주시하며 사격해야 한다. 조준했을 때 리브의 위치가 적절해 보일 때만이 물체의 중심부에 탄환이 명중하게 된다. 위치가 너무 높아 보일 때는 물체의 상부에 맞게 되며, 낮아 보일 때는 물체의 하부에 맞게 되므로 주의한다.

수렵면허 읽을거리

" 수렵, 이것이 궁금하다 Q&A "

초보 수렵인들에게는 이것저것 궁금한 게 많습니다. 총은 어떤 것을 써야 할지, 엽견은 어떻게 다루어야 하는지 등등 많은 분들이 궁금해하는 사항들을 (사)전국수렵인참여연대의 도움을 받아 정리해 보았습니다. 수록된 답변은 이른에 100% 일치하는 것이 아니라, 보편적으로 사용되는 기준이므로 참고만 하시기 바랍니다.

Q 멧돼지사냥 시 OOOBK탄과 톨탄을 많이 쓰던데, 두 종류의 위력 차이는 어떤가요? 적합한 탄 종류가 궁금합니다.

A OOOBK는 흔히 이야기하는 목사냥에 아주 적합니다. 뛰어가는 짐승에게 쏘기 좋고 8쪽이라서 반쪽만 맞아도 그냥 떨어지는 것이 장점이지요. 그러나 톨은 정확한 사격에만 사용합니다. 단발이기 때문에 조금만 방심해도 맞지 않으므로 정확도를 유지해야 합니다. 개와 함께 수렵을 갔을 경우 쪽탄 OOOBK는 자칫하면 개에게 맞을 수 있지만 톨은 단발이기 때문에 그렇게 될 확률이 적습니다. 모두 꼭 필요한 탄입니다.

Q 총기 베테랑님들께 질문드립니다. 초보 엽사라 총기에 대해선 깜깜합니다. 엽총을 하나 장만하려고 하는데 초보들이 쓸만한 총 있으면 조언 좀 해주세요.

A 총기는 많이 사용하는 것으로 구입하시는 것이 좋습니다. 왜냐하면 고장 시 부품 구입이 용이하고 수리기간을 단축할 수 있고, 매매나 교환이 편합니다. 우리나라에는 현재 이테리 베넬리를 가장 많이 사용하고 있고, 그다음이 베레타입니다.

Q 엽총을 구입할까 생각 중입니다. 어떤 총이 잔고장이 없고 무난히 쓸 수 있는지 알려 주세요.

A 연발총은 베레타, 베넬리, 브라우닝을 주로 사용합니다. 초보 엽사에게 제일 좋은 연발은 가격이 무난하고 잔고장이 없는 베레타를 추천해드리고 싶네요. 총도 잘 맞고 사용하기 좋습니다.

Q 베레타 쌍대 686과 687의 차이점이 궁금합니다.

A 686과 687은 기계적으로는 같은 총입니다. 지금은 모델 번호를 686, 687로 표시하지 않고 다른 이름으로 부르고 있습니다. 다른 것이 있다면 기관부의 조각(대량 생산품이니 기계 조각입니다)과 개머리판과 포어 엔드의 나무의 품질입니다. 물론 687EL 또는 687EELL로 가면서 더욱 좋은 나무를 쓰게 되면 가격은 상대적으로 올라갑니다. 그러나 최근 생산품 중에서 스포팅 모델은 초크가 Multi Choke가 아니고 Optima Choke입니다. 이 초크는 길이가 일반적인 초크보다 길고 총열에는 약실 바로 앞으로 약 5cm의 길이만큼 오버 보어드가 되어 있습니다. 오버 보어드는 백 보어드라고도 부릅니다. 즉 약실 바로 앞에 약 5~10cm 정도만 구경을 조금 더 넓게 만들어 엽탄이 발사되고 바로 납알들이 서로 엉키고 밀리면서 찌그러짐이 생기는 것을 방지하여 납알의 패턴이 좋게 된다는 새로운 가공방식인데 최근의 엽총들은 이 방식을 많이 사용하고 있습니다.

Q 브로우닝 B425 계열의 정보를 부탁드립니다. 결정을 해야 하는데 아는 것이 없어서 답답하네요.

A B425는 Browning사의 오랜 기술 혁신을 통합한 첨단 기술을 그대로 담고 있는 총기입니다(자동 공이-자동 탄피제거장치, 단일 선택 방아쇠, 대형의 평면 발사장치(lock), 단일 부품으로 된 걸쇠). 한편 이것은 총기의 명품인 B25와 B125의 직계품이기도 하며, 명품에 걸맞는 당당한 품격을 지니고 있지요. 이는 고급 목재 계열의 제품으로 시판되면 등급(Privilege, Ultimate, Prestige Elite)에 따라 총에 새겨지는 조각들이 각각 달라집니다. 또한 견고한 마감처리로, 즉 직접 손으로 네 번에 걸쳐 기름칠하여 마감처리함으로써 습지에서의 노출에도 손상될 우려가 전혀 없다고 하네요.

Q 엽견의 종류는 어떤 것이 있나요?

A 엽견의 개량은 특이한 성질대로 고정되어 왔습니다. 헤엄을 잘 치고 운반 회수 능력이 뛰어난 리트리버(Retriever) 종들이 있는 반면 게임의 물체를 잘 찾아내는 포인터(Pointer) 종들과 게임을 주로 후각으로 찾아내는 세터(Setter) 종들이 있습니다.

수렵면허 읽을거리

Q 엽견의 선택은 어떻게 하나요?

A 엽견의 선택은 게임의 목표에 따라 혹은 엽사의 능력에 따라 선택되어야 합니다. 꿩 사냥은 세터(Setter) 혹은 포인터(Pointer) 종이 좋고 도리 사냥은 리트리버(Retriever) 혹은 스파니엘(Spaniel) 종이 적합합니다.

Q 사냥의 초보자 혹은 고령의 엽사는 어느 견종을 선택할까요?

A 사냥의 초보자는 우선 엽견이 멀리 빠지는 경향이 적은 세터(Setter) 혹은 포인터(Pointer) 종을 선택하되 가능하면 암컷을 선택하는 것이 좋습니다. 수컷 혹은 브리타니 종류는 멀리 빠지는 경향이 있으므로 초보자는 사격거리를 놓치게 되는 수가 있기 때문입니다.
- 수컷의 습성 : 힘이 있으며 수색 범위가 넓다.
- 암컷의 습성 : 꼼꼼하고 차분하다.

Q 처음엔 운반을 잘하더니 나중엔 안 합니다.

A '처음에는 공을 잘 물어 오던 개도 자꾸만 시켜서 호기심이 떨어지면 운반을 안 하게 됩니다'라는 얘기를 자주 듣게 되는데 이는 공이나 더미로 운반을 하다가 개가 흥미가 떨어진다 싶으면 메추리 혹은 작은 꿩이나 센트(릴 냄새가 나는 약물)를 이용한 더미 등으로 바꾸어 주어야 합니다. 만일 공이나 더미의 운반에서 실패하게 되면 산 꿩이나 메추리를 던지면서 총소리 등의 자극을 내주면서 운반을 시켜주면 효과적입니다.

Q 수중훈련을 어떻게 시킬까요?

A 개인적인 생각으로 포인터, 세터 종은 반대이나 라브라도 종은 수중 운반에 적합합니다. 먼저 물가에 개가 좋아하는 꿩이나 장난감을 놓아서 흥미를 유발시킨 후 차츰 먼 곳으로 던진 후 가져오게 하여 물에 익숙하게 합니다.

Q 운반한 물체를 제대로 전달하여 주지 않습니다.

A 사냥개가 꿩 혹은 물체를 물고 와서 직접 전달하지 않고 주인의 주위를 빙빙 돌면, 개의 이름을 부른 곳으로 걸어가는 척 하면서 개를 유도하여 보십시오. 그러면 개는 주인을 따라가려고 쫓아올 것입니다. 이럴 때 개의 앞으로 가서 맞이해 주고 칭찬을 하거나 먹을 것과 교환해서 운반 물체를 건네받으십시오.

Q 꿩을 물지 않습니다.

A 사냥개가 꿩을 물지 않는다는 것은 입안에 꿩 털이 묻는 것을 싫어한다는 얘기입니다. 이는 어린 강아지 때부터 털이 있는 메추리 등을 물려주어 꿩을 무는 습관을 들여 주는 것이 좋습니다. 어린 강아지는 털이 있든 없든 간에 무는 습관이 있기 때문입니다.

Q 물체에 호기심을 보이지 않습니다.

A 선천적으로 엽능이 부족한 경우이거나, 환경이 불량한 상태에서 성장했을 경우입니다. 이럴 때는 꿩 혹은 메추리 등을 개 앞에서 흔들어 관심을 유도한 뒤 개가 물체를 물거나 발로 누르려고 할 때 물체를 던지거나 바로 앞에 던져 놓습니다. 그리고 나서 개를 붙잡아서 물체에 대한 호기심을 극대화시킨 후에 운반시키도록 해주어야 합니다.

Q 꿩을 감추어 두고 옵니다.

A 개의 본능이며 훈련 미숙이므로 만일 이런 현상이 자주 일어난다면 꿩을 묻는 그 현장에서 귀를 잡아 비틀거나 코를 꼬집어서 깨갱거릴 정도로 벌을 주어야 합니다. 벌을 주면서 "안 된다" 하고 고정된 목소리로 야단을 쳐주어야 합니다. 정확히 운반하였을 때 칭찬을 많이 해주고 묻을 만한 장소를 미리 선택하여 꿩을 못 감추도록 해주는 것도 좋습니다.

Q 물어 온 꿩을 놓지 않으려고 합니다.

A 이는 운반해 온 꿩을 아무 칭찬이나 보상도 없이 그냥 회수해버리면 사냥개 자체의 의욕 때문에 놓지 않으려는 경향이 있으므로 충분한 보상 및 칭찬을 해주고 자연스럽게 꿩을 회수하여야 합니다.

수렵면허 읽을거리

Q 꿩을 씹어 놓습니다.

A 이는 회수하던 꿩이 아직 살아있다거나 "더미" 등의 운반 물체를 많이 물어 보지 않고 직접 산 꿩이나 메추리를 이용해 훈련하는 경우이므로 처음부터 이러한 훈련은 피하고 엽장에서도 이러한 행동을 하면 사냥한 꿩을 물리고 목줄을 채워 보형하면서 이런 습관을 보이면 "안 돼"라는 명령과 함께 체벌을 가합니다. 게임을 잘 회수하면 반드시 칭찬해야 합니다.

Q 수색을 잘하게 하려면 어떻게 해야 합니까?

A 맨 처음부터 가시덤불로 뛰어드는 사냥개는 드뭅니다. 산을 데리고 다닐 때 처음부터 어려운 코스를 택하지 말고 평지 혹은 학교 운동장 같은 곳에 데리고 다녀보십시오. 개는 넓은 장소에서 주인을 떠나서 잘 돌아다닙니다. 이러기를 몇 번 반복한 후 산이나 들로 나가서 단계를 높여 나가야 합니다.

Q 사냥을 나가면 뒤따라 오는데요.

A 엽능이 부족하거나 훈련 미숙 또는 1년 미단의 어린 엽견은 새로운 환경에 공포심을 느끼므로 주인의 뒤를 따르는 것이 당연합니다. 만일 어른 애를 데리고 산에 가보십시오. 어른이 세 살짜리를 앞세우고 갈 생각은 아니겠지요? 하지만 그 길을 세 살짜리가 몇 번 다녔다고 하면 어른을 앞질러 가려고 할 것입니다. 계속 앞지르게 하려면 잘한다고 칭찬을 해주어야 하겠지요. 사냥개도 마찬가지입니다. 일 년 내내 집에만 갖혀 있던 사냥개가 처음 가보는 산길을 앞지르려고 할까요? 천만의 말씀입니다. 앞지르지 않는다고 야단치는 주인이 잘못된 것입니다.

Q 너무 멀리 나가는 개는 어떻게 훈련시키죠?

A 흔히 엽사들이 자기 개는 너무 멀리 빠진다고들 합니다. 개가 너무 멀리 빠진다는 것은 그만큼 엽능이 강하다는 뜻이므로 교정만 된다면 훌륭한 사냥개가 될 수 있습니다. 자신감을 가지고 교정하여 보십시오.

Q 교정 요령을 알려주세요.

A 우선 다시 개와 친화훈련을 하십시오. 개를 배가 고프도록 한 후 일정한 길이(30~40m)의 줄을 준비한 후 개의 이름을 불러서 오게 되면 먹을 것을 주십시오. 이러한 훈련을 반복한 후 항상 개를 부르면 먹이를 주는 습관을 들이면서, 이름을 불러서 오면 엽사의 진행 방향을 약간 바꾸어 주면서 수색 명령을 내리고, 사냥개가 앞서면 칭찬을 해 주어 엽견이 칭찬을 듣고 꼬리를 흔들 정도로 좋아해야 합니다.

Q 이름을 불러도 오지 않습니다.

A 이는 친화훈련이 부족하다는 증거입니다. 개와 같이 지내는 시간을 더욱 더 투자하여야 할 것입니다.

Q 목소리를 크게 하면 어떻습니까?

A 아무 효과가 없습니다. 사냥개에게 오히려 공포감만 더욱더 불러일으키게 될 것입니다. 어린애에게 큰소리만 계속 친다고 해서 좋은 행동을 보이는 것은 절대 아닙니다. 사냥개도 마찬가지입니다. 아주 부드러운 목소리로 불러 주면서 앉아서 부르거나 그 자리에서 멈추어 서서 개를 불러 주어 개가 방향을 바꾸면, 그때 수색방향을 바꾸어 주면서 걸어가야 합니다.

Q 평상시 잘 수색하던 개가 멀리 빠지고 불러도 안 옵니다.

A 이럴 때는 사냥개가 분명히 무슨 기미를 느껴 꿩 혹은 다른 관심거리가 있다는 증거이므로 개를 부르면 개는 엽능이 떨어지거나 평상시 훈련내용과 일치하지 않아 혼동을 일으킬 수 있으므로, 자꾸 개의 이름을 부르거나 소리를 질러서 개를 당황하게 해서는 절대로 안 됩니다. 개는 청력이 사람에 비해 대단히 예민하므로 큰소리로 자기의 이름을 부른다고 해서 행동을 특히 더 잘하는 것은 절대 아닙니다.

수렵면허 읽을거리

Q 친화훈련 요령을 알려주세요.

A 우선 강아지의 이름을 정하여 똑같은 소리로 이름을 불러주면서 강아지가 좋아하는 먹이를 준다든가 머리 혹은 앞가슴을 쓰다듬어 주면서 반복하여 불러 줍니다. 그때 꼬리를 치며 달려드는 게 친화과정입니다.

Q 친화훈련의 완성은 언제인가요?

A 친화훈련이 완성되었는지의 여부는 멀리서 강아지의 이름을 불러보아 꼬리를 치며 명랑하게 주인을 찾으면 일단 친화훈련은 끝난 것으로 간주합니다.

Q 친화훈련에서의 주의사항은 무엇입니까?

A 강아지에게 큰소리로 야단을 치는 등 큰소리에 강아지가 놀라면 친화훈련은 더욱 어려워집니다. 또 강아지는 주인을 냄새로도 확인하므로 외출했다 돌아오거나 하여 화장품 냄새가 몸에 배어 있을 때에 강아지의 이름을 부른다거나 하면 강아지에게 혼란만 가중시키는 것이므로 삼가는 것이 좋습니다.

Q 친화훈련 완성을 확인하는 방법을 알려주세요.

A 강아지에게 긴 줄을 매어 이름을 불렀을 때 다른 환경에 대한 호기심보다 주인에게 돌아오면 친화훈련은 끝난 것으로 봅니다. 이것은 곧 운반훈련의 기초가 되며, 실제 사냥 시 엽견이 멀리 빠져서 고민하는 것을 줄여주므로 모든 훈련에 있어서 가장 중요합니다.

Q 사냥개는 왜 포인을 합니까?

A 사냥개가 아니더라도 모든 개들의 선조는 사냥을 하여서 먹고 살았을 것입니다. 그 습성을 그대로 이어 받아 개량한 것이 바로 포인터 등의 사냥개이고, 몰래 살며시 다가가려는 습성이 있습니다. 꿩은 개가 날지 못하고 자신보다 느리다고 판단하기 때문에 포인의 기회를 주는 것입니다.

Q 포인 훈련방법은 어떻게 되나요?

A 포인 훈련을 시키는 방법은 여러 가지가 있으나, 기초적인 포인 훈련은 기다리는 훈련부터입니다. 어렸을 때 사료를 주면서 먹는 것을 기다리는 습관부터 길들이면 상당히 쉽습니다. 사냥개가 주인의 명령에("기다려" 혹은 "워") 익숙해져서 사료를 앞에 두고도 기다려 준다면 "기다려"의 명령을 산 혹은 넓은 장소에서 몇 번 해보아 기다려 준다면, 꿩 혹은 메추리 등을 이용하여 그 앞에 가서 기다리는 훈련을 반복합니다.

Q 포인 자세는 무엇입니까?

A 포인 자세는 자세한 규정은 없으나, 똑같은 동작을 되풀이하고 움직이지 않으며 꿩 혹은 사냥물을 응시하기만 하면 됩니다.

Q 포인이 짧습니다.

A 포인이 짧으면 꿩을 사격할 기회를 주지 않게 되므로 포인을 오래할수록 훌륭한 사냥견이 됩니다. 포인을 오랫동안 하게 하려면 사냥견을 "기다려" 혹은 "워" 등의 명령을 계속하게 하거나 꿩 혹은 메추리를 줄로 묶은 후 사냥견의 앞에서 위에서 아래로 아주 천천히 내려주면 사냥개는 꿩을 응시하면서 긴장하게 됩니다. 이러한 훈련을 반복하면서 칭찬을 해주면 포인 시간을 길게 할 수 있습니다.

Q 포인만 하고 들어가질 않습니다.

A 이것은 사냥감이 움직이지 않거나 꿩 등이 있다가 금방 날아간 자리일 것이므로 엽사가 직접 확인하여 개에게 아무 것도 아니라는 신호를 정하여 계속 수색명령을 하여야 합니다.

Q 움직이는 모든 것을 포인합니다.

A 사냥견의 당연한 행동입니다. 가능한 한 메추리를 포인하는 경우와 동일하게 훈련시키고 꿩을 자주 만나도록 노력해 주어야 하며, 그렇지 않을 경우에는 사육 꿩을 준비하여 다리를 낚시줄로 묶어서 수색시켜 꿩을 포인하면 상을 주고 칭찬해 주면 효과적입니다.

수렵면허 읽을거리

Q 현지 엽장에서의 총성 적응 훈련 시기는 어떻게 되나요?

A 총성 적응 훈련의 가장 좋은 요령은 강아지가 어리면 어릴수록 총성 적응이 빠르다는 것입니다. 총성 적응 훈련은 강아지가 다른 환경에 정신이 팔려 있을 때 멀리서 작은 소리로 이름을 불러 보아서 강아지가 주인의 목소리에 관심이 없을 때 약한 소리로 "땅" 하고 총소리를 흉내 내어 보면서 강아지의 반응을 살펴봅니다. 반응이 전혀 없으면 소리의 강도를 높이고 만일 강아지가 놀라거나 꼬리를 감추며 놀라는 반응을 보이면 더 멀리서 소리를 내게 하고 주인이 강아지를 쓰다듬어 주거나 고기 통조림 같은 맛있는 먹이를 주면서 강아지의 관심을 다른 데로 유도합니다. 성견의 음성 적응 훈련은 반드시 적응 훈련 전에 친화훈련부터 실시하셔야 합니다. 만일 친화훈련이 되어 있지 않은 사냥개에게 처음부터 총소리를 내면 어떤 개든지 놀라서 도망가게 됩니다. 그러므로 친화훈련이 충분히 되었다고 인정되었을 때 총성에 적응시키는 것이 좋습니다.

Q 총성훈련에서의 금기사항은 무엇입니까?

A 초보 개에게 필요 없는 총성을 삼가야 합니다. 개에게 총성이 나면 꿩이 연관된 것으로 인정되어야 합니다. 초보 엽사가 빈총을 자주 남발하여 잘하는 개도 총소리에 반응을 안 보이는 경우가 흔하므로 반드시 금해야 합니다.

Q 전에는 반갑다고 달려들었던 개가 전혀 반응이 없습니다.

A 이는 달려들거나 번거롭다고 하여 큰소리로 야단을 쳤거나 구타를 한 경우이므로 사냥개에게 좋아하는 먹이를 주거나 이름을 부르면서 칭찬해 주어 다시 친화하지 않으면 게임을 회수하는 데 어려움이 있습니다.

Q 사람에게 덤벼듭니다.

A 이것은 애견의 당연한 행동입니다. 친화훈련이 완성되었다는 의미이기도 하며 엽견이 엽사를 사랑한다는 뜻도 되지만 흙이 묻은 발로 깨끗한 옷을 더럽히니까 문제입니다. 이럴 때는 "안 돼"라고 명령을 내리면서 사냥개를 붙잡아 진정시키도록 노력합니다. 그래도 안 될 경우 주인이 먼저 반갑다는 인사 표시로 사냥개를 쓰다듬어 주거나 앞가슴 혹은 머리를 두드려 주어 주인도 사냥개를 만나서 반갑다는 표시를 미리 해주어야 합니다.

Q 좋은 엽견의 동행 자세는 무엇입니까?

A 엽견이 어렸을 때부터 목줄을 채우는 습관을 들여서 항상 보행할 때는 우측에 바짝 붙는 것이 좋으며 다른 개나 물건에 흥미를 나타내 도망치려 하면 "안 돼" 하고 꾸짖어 바른 보행 태도를 유지하는 것이 좋습니다.

Q 다른 개만 보면 쫓아갑니다.

A 이는 엽견과 주인과의 친화가 부족하거나 평상시 단독생활을 하던 개에게서 나타나므로 다른 개와 합숙시키기나 친화에 유의하고 "안 돼"라는 명령에 익숙해질 수 있도록 합니다. 강제적인 방법으로 전기적인 충격을 주어서 교정하는 방법도 있습니다. 전기적인 충격의 강도를 잘 조절하여 응용합니다.

Q 멀미를 심하게 합니다. 예방법을 알려주세요.

A 처음 차를 타게 되면 모든 개들은 멀미를 합니다. 이를 극복하려면 가까운 거리부터 시작하여 자주 승차 훈련을 시켜서 멀미를 예방하게 합니다. 승차 전 한두 끼 정도 굶기는 것이 차에서 토하지 않아 좋으며 운반 통을 만들면 관리하기가 쉽습니다. 차량의 뒤 유리창 문을 20cm 정도 내린 후 아크릴판을 접착제로 붙인 다음 구멍을 뚫어서 뒤 유리창에 끼운 후 자바라 연통을 창문 밖으로 2cm 정도 내놓은 후 개장의 환기구와 연결시키고 개장은 완전히 밀폐하면 멀미 및 질식의 위험도 없으며 냄새도 안 납니다.

Q 사냥터에서의 먹이는 어떤 것이 좋습니까?

A 평상시 사냥견에게 적합한 먹이의 단백질 함량은 23% 내외이나 과도한 운동 후에는 단백질 함량을 높여 급여할 필요가 있으므로 개 통조림을 주는 것이 좋습니다.

Q 사냥 후의 피로는 어떻게 회복합니까?

A 사냥 후 사냥견은 무리한 운동으로 지쳐 있으므로 고단백 사료를 준다 해도 칼로리 섭취를 충족시킬 수 없으므로 고단위 농축 영양제를 먹이는 것이 피로회복에 좋습니다.

수렵면허 읽을거리

Q 날씨가 추울 때는 어떻게 하나요?

A 평상시 개 사료의 지방 함량은 15~20% 정도가 적합하나 추위를 이기기 위해서는 지방함량을 25~27% 정도로 높여주는 것이 도움이 되므로 지방이 많이 있는 육류를 사료에 첨가해주는 것이 좋으며 방한복을 준비하여 따뜻하게 옷을 입혀 주는 것이 좋습니다(포인터 성견의 경우 하루 닭 머리 6개 정도를 사료에 추가하면 적당합니다).

Q 꼬리에서 피가 납니다.

A 사냥견이 사육 장소에서부터 꼬리가 한두 번 터지게 되면 계속 사냥 중에도 출혈을 일으키게 되므로 사육환경을 개선하여 주고 출혈이 심하면 꼬리에 붕대를 감아 보호해 줍니다. 우선 꼬리를 샴푸로 목욕시켜 털의 지방분을 없앤 다음 꼬리의 1/3 정도를 붕대로 한 번 감아준 후 그 위에다가 반창고를 이용하여 꼬리 2/3 정도를 감아 줍니다.

Q 훈련소에서 훈련이 끝난 개를 데리고 왔을 때의 주의사항은 어떻게 되나요?

A 먼저 훈련사와 충분히 상의하여 개의 습관, 행동 등을 파악한 후 담당 훈련사와 동행하여 훈련사의 목소리를 그대로 흉내내어 개의 행동이 훈련사와 똑같이 되었을 때 데리고 오는 것이 확실합니다. 개를 데리고 오면 개와 같이 보내는 시간을 충쿤히 갖고 개의 이름을 자주 불러서 그동안 잊었던 주인의 목소리를 개에게 주입시키는 것이 좋습니다.

Q 훈련된 개의 첫 사냥은 어떻게 하죠?

A 훈련을 마친 사냥개의 첫 사냥 시즌은 아주 중요합니다. 가능한 한 꿩 사냥을 자주하여 완전한 습득을 하도록 힘쓰며, 만일 이상이 있으면 담당 훈련사와 상의하여 사냥에 동행하면서 훈련사의 지도를 따르는 것이 좋습니다.

좋은 책을 만드는 길, 독자님과 함께 하겠습니다.

2026 시대에듀 수렵면허시험&헌팅 한권으로 끝내기

개정17판1쇄 발행	2026년 01월 15일 (인쇄 2025년 09월 11일)
초 판 발 행	2009년 04월 10일 (인쇄 2009년 02월 10일)
발 행 인	박영일
책 임 편 집	이해욱
저 자	송병준 · 오종국
편 집 진 행	노윤재 · 유형곤
표지디자인	현수빈
편집디자인	장성복 · 최혜윤
발 행 처	(주)시대고시기획
출 판 등 록	제10-1521호
주 소	서울시 마포구 큰우물로 75 [도화동 538 성지 B/D] 9F
전 화	1600-3600
팩 스	02-701-8823
홈 페 이 지	www.sdedu.co.kr
I S B N	979-11-383-9944-9
정 가	27,000원

※ 이 책은 저작권법의 보호를 받는 저작물이므로 동영상 제작 및 무단전재와 배포를 금합니다.
※ 잘못된 책은 구입하신 서점에서 바꾸어 드립니다.

2026년에도 시대에듀 수상레저 시리즈와
시험의 물살을 힘차게 가르자!

2026 시대에듀 문제만 보고 합격하기!
소형선박조종사 1,900제

- ▶ 진짜 핵심만 담은 과목별 핵심이론
- ▶ 합격의 정석 6개년(2019~2024) 기출 1,900문제 수록
- ▶ 과년도(2015~2018) 기출문제 PDF 무료 제공

2025 시대에듀 답만 외우는 동력수상레저기구
일반조종면허 1·2급(필기+실기) 문제은행 700제

- ▶ 공개 문제 700제 수록
- ▶ 최신 개정법령 완벽 반영
- ▶ 실기시험 필수 가이드 수록
- ▶ 정답과 해설이 한눈에 보이는 구성

2025 시대에듀 답만 외우는 동력수상레저기구
요트조종면허시험(필기+실기) 문제은행 700제

- ▶ 최신 개정법령 완벽 반영
- ▶ 전체 시험 및 실기시험 필수 가이드 수록
- ▶ 정답과 해설이 한눈에 보이는 구성
- ▶ 실제 항해 시 필요한 부록 수록

※ 도서의 이미지 및 구성은 달라질 수 있습니다.

나는 이렇게 합격했다

자격명: 위험물산업기사
구분: 합격수기
작성자: 배*상

나는 할 수 있다 69년생 50중반 직장인 입니다. 요즘 자격증을 2개정도는 가지고 입사하는 젊은친구들에게 일을 시키고 지시하는 역할이지만 정작 제자신에게 부족한점이 많다는 것을 느꼈기 때문에 자격증을 따야겠다고 결심했습니다. 처음 시작할때는 과연되겠냐? 하는 의문과 걱정이 한가득이었지만 시대에듀 인강을 우연히 접하게 되었고 잘 차려진 밥상과 같은 커리큘럼은 뒤늦게 시작한 늦깎이 수험생이었던 저를 합격의 길로 인도해 주었습니다. 직장생활을 하면서 취득했기에 더욱 기뻤습니다.

합격은 시대에듀

감사합니다! ♥

당신의 합격 스토리를 들려주세요.
추첨을 통해 선물을 드립니다.

QR코드 스캔하고 ▷ ▷ ▶
이벤트 참여해 푸짐한 경품받자!

베스트 리뷰	상/하반기 추천 리뷰	인터뷰 참여
갤럭시탭/버즈 2	상품권/스벅커피	백화점 상품권

합격의 공식
시대에듀